다문화시대

교양인의 시각에서 이해하기 쉽게 해설한

세계 종교의 교리와 신앙관

심종석

三知院

머리말

인간은 누구나 과거 어느 한때 태어나 장래 어느 한때에 삶을 마감한다. 거부할 수 없는 숙명이자 만고의 진리이다. 이는 비단 인간에게만 적용되는 것이 아니라 모름지기 살아 숨 쉬는 생명체나 운동력을 지닌 모든 자연에도 예외 없이 적용된다.

인간은 정녕 과거를 지나 현재를 거쳐 언젠가 미래 어느 때에 다다르게 되면 끝내 영원히 사라지는 **절명**(絶命)의 운명을 감당해야 하는 존재일까? 행여라도 아직껏 보고 듣고 경험해 보진 않았으나 다시금 미래를 돌이켜 과거로부터 또다시 새로운 인생을 시작할 수는 없는 것일까? 그건 그렇다고 치고 그 옛날 과거의 처음 시작은 언제부터였을까? 아니 과거는 고사하고 미래 다음에는 어떠한 **시제**(時制, Tense)가 존재하고 있는 것일까?

눈 깜짝할 새보다 빠르다는 빛은 1초에 지구 7바퀴 반에 해당하는 약 30만km를 달린다지만 그것도 거리가 늘어나면 속도도 길어져 눈 깜짝은 일정한 시간으로 가늠할 수 있게 된다. 이를테면 아침에 동에서 떠오른 태양 빛이 지구에 닿으려면 약 8분 남짓 걸린다. 그런데 멀리 북쪽의 잣대가 되는 **북극성**(北極星, Pole Star) 별빛은 약 800년을 달려야 지구에 도달한다. 눈 깜짝할 제아무리 빠른 빛이라도 우리 눈에 비친 태양과 북극성의 빛은 8분 전의 또는 800년 전의 과거를 비추고 있는 셈이 된다. 그렇다면 우주 공간에서의 빛은 우리에게 현재를 통해 과거를 볼 수 있는 유일한 수단이 된다. 이 때문인지 유년 시절 빛보다 더 빠른 기차를 타면 과거로 돌아갈 수 있다는 만화가 있었다. 타임머신이 그것이었다. 모두가 이러한 현상과 논리에 기반한 과학적 예화였다.

그런데 여기서 과거와 미래를 잇는 현재라는 시제가 어딘지 모르게 퀭하다. 아무리 둘러봐도 현재라는 실체나 관념을 확인할 수 없기 때문이다. 현재를 미분하면 지난 과거에 수렴한다. 그런데도 우리는 때마다 지금·찰나·이제·방금 등과 같은 **사이비**(似而非, Pseudo) 단어를 동원하여 이것이 곧이곧대로 마치 현재인 것처럼 꾸며대기를 서슴지 않고 있다. 도대체 언제부터 우리는 현재에 관대했을까? 그보다 궁금한 것이 현재는 어디에 숨어 있는 것일까?

처음이 있으면 끝이 있게 되는 법이 정한 이치라면 시간은 과거와 미래를 구분하는 경계가 된다. 그 기준이 되는 현재는 아무리 눈 씻고 보아도 찾을 수가 없다. 그런데도 우리는 어디 있는지도 모르는 미지의 현재를 착각 속에 가둔 채 지금을 현재로 덮어씌워 오늘을 살고 있다.

알 수 없는 현재는 따지고 보면 과거 이전에 그리고 미래 이후에 존재해야 이치에 합당할 것 같다. 이를테면 과거 이전에 현재가 있었고 미래가 모두 지난 후에 현재가 도래할 것이라는 의미이다. 이처럼 현재의 시제가 과거 이전에 그리고 미래 이후에 존재할 수 있다고 보는 이유는 아마도 거기엔 시간이 흐르지 않을 것이라는 뜬금없는 생각이 터 잡고 있기 때문이다. 북극성에서 출발한 빛은 어제도 오늘도 내일도 과거의 시간을 달리고 있다. 그러다가 마침내 때가 되면 우리 눈에 현재로 보일 것이다. 반면에 지금 우리 눈에 보이는 현재의 북극성이 빛을 잃고 사라지면 분명히 800년 뒤의 먼 미래에나 사라져 보이지 않게 될 것이다.

종교(Religion)는 먼 미래 너머에 존재하는 또 다른 현재를 찾아가는 이정표라고 할 수 있다. 우리가 몰랐던 과거 너머에 존재하는 현재를 미래의 현재로 치환하고 그것을 다시금 역치환 해 가면서 지금의 우리에게 시간이 흐르지 않는 곳, 곧 현재로 이끌어 영원한 안식을 꿈꾸게 하는 통로라고 말할 수 있다.

현재를 찾아가는 과정이 종교이고 그 수단이 **신앙**(Faith)이라면 종교는 현재를 찾아가는 나침반으로써 우리 삶의 존재를 입증하는 특별한 가치를 지니고 있다. 신앙은 이러한 종교의 뼈대를 이루고 있다. 곧 신앙은 종교와 함께 떼려야 뗄 수 없는 비가역적 불가분의 관계를 맺고 있다. 신앙은 저마다 택한 절대적이고 궁극적 가치다. 그러나 그 가치를 넘어 언제고 존재 이유를 깨닫는 지경에 이르게 되면 신앙은 택한 것이 아닌 택함을 받은 가치로서 승화된다. 신앙은 종교의 목적이 되고 종교는 신앙의 길잡이가 되기 때문이다.

종교는 살아 숨 쉬는 유기체다. 인류와 함께 호흡하고 발전하며 진화한다. 때로는 새롭게 탄생하기도 하고 이내 사라지기도 한다. 그러기에 종교의 명멸은 진화하는 인류의 흔적이다. 그 흔적에는 인류의 빛바랜 신앙 체계가 숨 쉬고 있다. 그것은 과거에 살아있는 현재로서 가치를 지니고 있다. 마치 북극성에서 출발한 빛과 같다. 설령 그것이 사라진다고 하더라도 미래 어느 일정한 시점까지 그것은 현재로 재현된다. 모두가 과거와 미래에 존재하는 현재 때문에 가능한 일이다. 북극성과 같은 별빛이 과거를 볼 수 있는 수단이라면 종교에서 비롯된 인류의 신앙 체계도 과거 지나온 신앙 또는 신관의 흔적을 입증하는 수단일 수 있다. 이러한 시각에서 빛과 신앙 체계는 서로 닮아있다.

우리는 삶의 존재와 그 이유 그리고 이로부터 비롯된 가치와 목적을 어디서 구할 수 있을까? 설령 구할 수 있다면 우리는 이를 통해 어떠한 삶의 자세를 지향할 수 있을까?

이 책「**세계 종교의 교리와 신앙관**」은 우리 삶의 이유와 목적을 고스란히 담고 있는 이를테면 종교와 신앙의 세계를 다루고 있는 책이다. 곧 오늘날 우리와 함께 호흡하고 있는 각양의 종교를 한눈에 눈여겨보면서 그들의 신관이나 교의 그밖에 저마다의 신앙을 통해 진리라고 주창하고 있는 신앙 체계를 다루어 보려 함에 출간목적을 두었다. 이로써 과거에 존재했다가 동시에 미래 어느 한 곳에 터 잡은 현재를 발견해 가는 이른바 **지상에서 영원으로**(from Here to Eternity)의 종교여행을 떠나 보고자 한다. 저마다 살아가는 방식과 형편이 다르더라도 한 시대를 함께한 세대로서 궁극적 삶의 가치와 존재 이유를 돌아보는 것은 매우 뜻깊은 일일 것이다. 종교가 우리에게 전하고 있는 우리 삶의 가치일 수 있기 때문이다.

신앙은 마치 사랑하는 사람에 대한 고백과 같이 논리로 풀 수 있는 대상이나 관념이 아니다. 그러기에 신앙과 함께하는 종교의 실체나 가치도 이와 마찬가지로 처음부터 증명할 수 없다.

신앙과 종교는 우리에게 특별한 유산을 남겨주고 있는데 그것은 곧 정신문화이다. 여기서 정신문화는 후대에 계승할만한 문화적 소산이자 신앙을 표창하고 있는 종교적 신앙 체계를 일컫는다. 세계에는 다양한 종교와 신앙관이 존재한다. 그 면면은 독창적으로 발전한 종교도 있고 한곳에서 나와 다른 길로 퍼져 나간 유사종교도 있으며 민족과 함께 흥망성쇠를 같이한 민족종교도 있다. 잠시 사라졌다가 재차 부흥하기도 하고 부흥했다가 아예 사라진 사멸종교도 있다. 게다가 근·현대에 이르러 신흥종교로서 부흥하고 있는 종교도 있으며 반면에 종교라고 보기엔 어딘가 미숙한 **타부**(Taboo)와 같은 이른바 **습속**(習俗)도 있다.

우리는 이 책에서 우리에게 널리 그리고 익히 알려진 이른바 세계 종교를 대상으로 그 면면을 다루어 보고자 한다. 이를 통해 가장 최근과 최후를 살아가는 저마다의 환경 속에서 참다운 삶의 가치를 발견하는 뜻깊은 시간을 꾸릴 수 있었으면 한다.

이 책이 나오기까지 많은 분의 격려와 도움이 있었다. 이를 기억하고 여기에 그 감사함을 옮겨둔다. 이 책이 그나마 먹물을 묻히고 세상에 나오기까지 도서출판 삼지원의 **고성익** 사장님의 도움이 컸다. 상업적 이해에 괘념치 않고 기꺼이 출간을 허락해 주신 배려에 감사함을 표한다. 원고의 정리에서부터 사전 독자로서 역할을 감당해 준 사랑하는 아내에게 고마움을 전한다. **헤세드**(חסד, Chesed)를 기억하면서 장래의 멋진 꿈을 향해 가는 아들 **민섭**(珉燮)과 널리 멀리 담을 넘고 벽을 넘어 **케렌**(Keren, חֲצֹצְרָה)의 소리를 전파하려는 딸 **민주**(珉珠)에게 그간 부끄러운 아빠였기에 표현하지 못했던 하늘만큼 땅만큼 사랑한다는 말 이 지면을 통해 고백해 둔다.

2022년 초여름의 문턱에서

저자 심 종 석 씀

목 차

제1장 신앙과 종교

1. 신앙과 종교의 의의

1) 신앙의 개념과 정의

사전적 의미에서 **신앙**(Faith)은 믿음의 대상으로서 절대적 존재를 인정하고 그 가르침이나 규율을 지키고 따르는 일로 풀이된다. 여기서 믿음의 대상에는 초월적 인격자로서 **신**(God)은 물론이고 **교리**(敎理, Religious Dogma)나 **계율**(戒律, Religious Precepts)과 같은 규범·규율 그 밖에 성역화된 특정한 장소나 오랜 시간에 걸쳐 확립된 **관념**(觀念, Idea) · **습속**(習俗, Usage) · **자연력**(自然力) 등이 포함된다.

모름지기 신앙은 인간의 삶에 대한 숭고한 가치이다. 얼핏 보기에는 인간 저마다의 이성과 주관에 따라 임의로 선택한 결과라 이해하기 쉬우나 꼼꼼히 따져보면 선택한 결과가 아니라 자신의 의지와는 상관없이 선택받은 결과가 상당할 것이라 본다.

부모가 자식을 사랑하는 마음은 인지상정이다. 누구나 자식이니까 사랑한다고 말할 수 있겠지만 만약 어떤 사람이 그러니까 자식인데 왜 사랑하느냐고 따져 묻는다면 딱히 대신할 말이 없을 것이다. 이는 사랑하는 연인도 오랜 친구도 마찬가지다. 왜냐하면 사랑은 논리로 풀 수 있는 대상이나 관념이 아니기 때문이다. 하여 이러한 묵묵부답은 명확한 대답일 수 있다.

그런데도 만에 하나 여기에 그 어떠한 이유를 구차하게 덧붙여 이러쿵저러쿵해서 사랑한다고 말한다면 그것은 십중팔구 한쪽에 숨겨둔 이기심이 발동한 결과로서 분명 자신의 이해에 따라 가벼이 내뱉은 가식적 위선임에 틀림이 없을 것이다.

이처럼 사랑과 마찬가지로 신앙도 말이나 논리로 표현할 수 있는 관념이 아니라고 할 때 앞서 본대로 신앙은 자신도 모르게 선택한 결과로 보는 것이 타당하다. 신앙은 아무리 부정하려고 해도 끝없이 솟는 **귀의**(歸依, turn to Religion)의 힘을 제어할 길이 없는 경우가 허다하다. 반면에 아무리 인정하고 받아들이려 해도 그것이 마음처럼 쉽사리 되지 않는 경우도 허다하다.

니체 (1844-1900)① ※이하 부록 출처표기 참조

저명한 독일 철학자 **니체**(Friedrich Wilhelm Nietzsche, 1844-1900)는 **신은 죽었다**(Gott ist tot, God is dead)라고 말했다. 이 말을 차분히 곱씹어보면 니체의 본심도 살아있는 신에 대한 존재를 암묵적으로 인정하고 있었다고 추측할 수 있다. 그가 말하고자 했던 본래 의도대로라면 애초부터 **신은 없다**고 말했어야 옳았을 것이다.

어쨌거나 신앙은 앞서 말한 대로 초월적 인격자로서 신뿐만 아니라 규범·규율 등도 그 대상이 될 수 있다. 이를테면 ①어떠한 특정한 행위나 규례를 이행해야 한다는 것 ②전통적 관습을 지켜야 한다는 것 ③해야 할 것과 하지 말아야 할 것을 구분해서 실천해야 한다는 것 등이다. 대체로 이러한 규범은 주로 **샤머니즘**(Shamanism)이나 **토테미즘**(Totemism)과 같은 전통적인 **무속신앙**(巫俗信仰, Folk-Beliefs)에서 쉽게 찾아볼 수 있다.

신앙은 명백한 **자기인식**(自己認識, Self-Recognition)이다. 그렇지만 그것이 공허한 사색에서 비롯된 탐색적 호기심이나 심심풀이 땅콩식의 심미적 유희라고는 볼 수 없다. 신앙은 절대적 존재와 끊임없이 대화하고 행동하고 응답하며 또한 그 결과를 주어진 삶 속에서 실천해 나가려는 의지의 수단이기 때문이다.

그러나 신앙도 개인의 본능적인 이해를 아우르고 있는 까닭에 대체로 겉모습은 이기적이고 배타적인 습성으로 나타나는 것이 일반적이다. 일례로 신앙을 빌미로 자신과 타인을 구별하는 것에 무조건적 정당성을 부여하고 막연히 원인 없는 재물을 구하거나 일상의 행복을 추구하고 항구적인 번영을 기원하는 등의 **심사**(心思)를 예로 들 수 있다. 우리는 이러한 일련의 행위를 소위 **기복신앙**(祈福信仰, Religion Praying for Blessings)으로 폄훼하기도 한다.

신앙은 대체로 그 대상을 절대불변의 존재나 진리로 숭배하고 있는 **적극적 신앙**과 끊임없는 회의와 의문을 반복하면서 절대자의 존재 이유를 끝내 해소하지 못한 상황에서 다만 그 대상에 이유 없이 순응하려는 **소극적 신앙**으로 구분할 수 있다.

외견상 완전무결하게 보이는 절대적 신앙도 한때 허상에 불과하고 대개 소극적 신앙과의 정도 차로 구분될 뿐이다. 신앙의 대상 앞에 인간은 항상 불완전하고 미약한 존재이기 때문이다.

달리 소극적 신앙의 경우 회의와 의문이 도를 넘게 되면 종교의 실재나 차원을 바꾸는 **개종**(改宗, Conversion)을 결심하기도 하고 때로는 본래 신앙을 부정하는 극한상황에 이르게도 한다.

한편 신앙은 확고한 세계관이나 인생관과 동일시되는 경우가 허다한데 이 경우 이들 가치관은 선천적이든 후천적이든 학습에 의했든 강제되었든지 여부를 불문하고 신앙에 대립할 수 있는 이른바 **이념**(理念, Ideology)으로 표출된다.

신앙과 이념은 **본질**(本質, Nature)과 **현상**(現象, Appearance) 간 차이에 비견되는데 이는 철학적 사고나 유물론적 사고에서 비롯된 사상적 본류 차이가 아니라 존재에 대한 근원이 인간에게서 비롯된 현상이냐 아니면 신앙의 대상에게서 비롯된 본질이냐에 차이를 두고 있다. 따라서 신앙은 종교와 결합해 본질로 승화되고 가치관은 철학사상이나 이념에 용해되어 실질적 현상으로 해소된다.

표의문자로서 한자 **신앙**(信仰)의 훈은 **믿고 우러러 추앙함**이라는 뜻이다. 따라서 단순히 어떠한 사실이나 대상을 믿는다는 믿음과는 그 실질이 다르다. 신앙은 위로부터 아래로 향하는 **영감**(靈感, Inspiration)의 본질을 지니고 있다면 믿음은 아래로부터 위로 향하는 **육감**(肉感, Intuition)의 본질을 지니고 있다고 이해할 수 있다.

신앙에 관한 위의 논리를 종합하면 신앙은 **위로부터 내려오는 신을 향한 조건 없는 믿음으로 이를 통해 신의 존재와 가르침을 조건 없이 수용하여 따르는 자기인식**이라 정의할 수 있다.

2) 종교의 개념과 정의

신앙은 **종교**(Religion)로써 승화된다. 여기서 종교는 사전적 의미로 절대자나 이에 상응하는 초자연적 힘이나 절대적 진리를 숭배하고 절대 존재의 힘과 진리에 의존하여 인간의 고뇌를 해결하고 삶의 궁극적 의미를 구현하려는 정신문화로 설명된다.

다른 한편 종교는 학문적 시각에 따라 주장하는 사람만큼이나 다양하게 정의되고 있다. 그러나 대체로 인간의 정신문화 양식으로 인간의 가장 원초적인 내재적 의문을 초자연적인 절대자나 원리에 결부하여 그것에 초월적 의미를 부여하고 이로부터 비롯된 신앙에 의지하여 인간의 경험칙으로는 해결할 수 없는 삶의 근본적인 문제를 해결하려는 수단으로 이해되고 있다.

원어로 **종**(宗)은 **산스크리트어**(Sanskrit)로서 **싣다아안타**(Siddhānta)라는 단어에서 유래한 것인데 이는 본래 진리의 궁극적 경지를 뜻한다. 따라서 **종교**(Religion)는 **종에 이르게 하는 가르침**을 뜻한다.

신앙은 종교로써 승화된다. 여기서 종교는 객관적 시각에서 신앙 간의 경계를 구분하는 기준이 되고 신앙적 공동체는 종교를 구분하는 기준이자 단위가 된다. 이를테면 종교는 같은 신앙을 간직한 공동체의 또 다른 이름으로 이해할 수 있고 이는 분명 신앙에 근원을 두고 있다. 인류사에 비추어 종교는 시대별·지역별·민족별·국가별로 특정한 사상에 결부되어 인간 삶의 전반을 지배해 왔고 문명의 진보와 함께 진화·발전해 왔다.

고대 종교(古代宗教, Ancient Region)는 습관이나 경험칙에서 비롯된 일상에 특별한 신앙적 의미를 부여하고 개인에 우선한 공동체적 연대를 숭고한 가치로 이끌어 그 형식을 제사와 같은 의례로 구축하면서 이를 점차 종교로 승화해 나가는 과정을 거쳤다.

그 결과 종교적 의례를 주관하는 **신관**(神官, Hierarch) 계급이 생기고 계통이나 신앙관의 진보와 함께 각지의 절대자나 신들이 수직·수평적으로 통합·재편되면서 그들의 서열과 역할 등이 체계화되었다. 이것이 고대사회에서 흔히 볼 수 있는 전형적인 **다신교**(多神敎, Polytheism)의 **신관**(神觀, Outlook of God)이었다.

고대 그리스의 다신교 형태②

고대사회에서는 정치와 종교가 밀접하게 결탁하여 종교가 민족이나 국가에 의해 뒷받침되는 지도체제를 구축하고 있었기에 지도자는 절대자 또는 신의 반열에서 추앙의 대상이 되었다.

한편 당시 **신화**(神話, Myth)나 **주술**(呪術, Magic)은 고대 종교가 갖추어야 할 필수 요건이었다. 이는 차츰 개인의 신앙관이 문명과 함께 진보하면서 점차 체계적인 사상적 뼈대를 구축해 나갔다.

이후 종교의 빈틈을 메꾸어가던 신앙은 인간 삶의 원초적 의문과 끊임없이 대립하면서 철학·윤리·인문학 등의 영역에 상당한 영향을 끼쳤다. 그러나 이러한 기조는 정치와 종교 간의 공고한 밀월관계와 충돌하면서 서로의 배타적 지경을 넓혀갔다.

철학·윤리·인문학 등의 영역이 인간 삶에 지대한 영향을 미치면서 점차 삶의 지배영역을 확장해 나가자 이에 대응한 종교적 신앙 체계는 현세를 부정하는 초월적 사상 세계에까지 외연을 확장하기에 이르렀다.

고대 종교적 관념에서 이른바 **타계**(他界, The Other World)라는 인식은 현세의 존재와 실존적 가치를 인정하는 기초위에서 널리 수용되었다. 그러나 ①신앙과 사상의 대립을 통해 인간은 영원히 이 세상에서 태어나기를 반복한다는 사상 ②삶은 고통의 연속이라는 사상 ③타고난 원죄 사상 등이 신앙적 사조로 등장하면서 그 결과 새로운 종교를 탄생시키는 동인으로 기능했다.

이러한 신앙적 기조는 종교의 목적으로 승화되기에 이르고 급기야 현세의 경험칙에서 탈피하여 절대적 존재에 의지함으로써 그 신탁에 따라 내세에서 그 목적이 성취된다는 초월적 신앙으로 발전하는 과정을 통해 종교적 지위를 다져나갔다. 이러한 경향은 민족적·국가적·지역적 특유의 종교나 세계적·보편적·이타적인 종교를 움트게 했다.

그러나 현대에 이르러 종교의 지위와 위상은 크게 약화 되었다. 예술·도덕·관습 등이 종교에서 분화해 새로운 영역을 구축하면서 정치·경제·교육 등의 사회제도에 영향력을 키워나갔고 그 결과 종교는 신앙의 자유나 철저한 **정교분리**(政教分離) 원칙 그 밖에 인본주의 등과 대립하며 점차 세가 위축되었다.

여기에 **계몽사상**(啓蒙思想, Enlightenment)과 급속한 과학발전이 모든 분야에 영향력을 미치면서 종교의 진리성과 신앙적 존재의식을 위협하고 있는 차제에 있다. 현대 종교는 이러한 위기상황에 직면하여 본원적 가치에 끊임없이 회의하면서 존재의 해를 구하고 있는 형편이다.

2. 신과 인간의 만남

1) 신에 대한 인식과 신관

신(神, God, Dio, Dieu, かみさま)이란 신앙으로부터 비롯된 종교의 대상으로 초인간적・초자연적 위력을 가지고 삼라만상 및 인간세계 삶의 전반을 지배하고 주관하는 절대적 존재를 뜻한다.

신은 **전지전능**(全知全能, Omniscience and Omnipotence)하거나 혹은 그러한 힘을 지닌 절대적 존재로서 인식되는데 주로 인간 세상의 창조와 소멸에 영향을 미쳤거나 미칠 수 있는 존재로서 지위를 점한다. 묘사되는 종류에 따라 정도의 차이는 있으나 대개 불멸의 존재로 인식되고 있음이 통례이다.

신(神)은 한자의 어의에 비추어 인간의 관점에서 **미증유**(未曾有, Unprecedented)의 이해하기 힘든 또는 이해할 수 없는 신비한 존재를 통칭하는 의미로 사용되어왔다. 그러나 예로부터 일상에서는 시쳇말로 **귀신**(鬼神, Ghost)과 그 의미를 같이했다.

그런데도 한편으로 귀신은 통념과 같이 처음부터 부정적 의미로 사용되지는 않았는데 예컨대 **음양론**(陰陽論, Yin-Yang Philosophy)에서 **귀**(鬼)는 **음**(陰)이고 **신**(神)은 **양**(陽)으로 취급되어 서로가 보완적 역할을 감당해 왔다. 그러나 시나브로 일상에서 귀가 부정적으로 신은 긍정적으로 취급되는 경향이 자리를 잡아 가면서 귀신은 수직적 관계에서 신의 하위영역으로 강등되기에 이르렀다.

동양에서 신이라는 단어는 영어 God라는 의미보다는 Spirit 또는 Ghost에 가깝다. 오래전부터 한자문화권에서 신 또는 귀신은 서양 신학 특히 **그리스도교**(Christianity)가 전파되면서 신이라는 단어는 귀신 등 부정적인 의미가 아닌 초월적인 존재이자 절대자로서 인격을 지닌 신으로 인식되었다.

신은 일반적으로 사람의 친밀한 인식에 따른 결과로 사람의 형상을 띤 친숙한 모습으로 각인되어 있다. 그러나 고대사회에서는 인간이 자신들을 위협하는 동물이나 외계의 위력 등과 차원이 다른 구별된 존재로 인식하기 위해 당시 의존적 차원에서 특이한 형상을 동원해 이를 신으로 형상화하기도 했다.

그 결과 고대사회의 신은 인간의 모습이 아닌 동물이나 형체를 알 수 없는 생물체의 모습을 취하는 경우도 많았다. 그 밖에도 혈연을 중시하여 조상을 조상신으로 신격화하거나 대응할 수 없는 자연재해나 그 원인을 신격화하는 등 이성을 뛰어넘어 관념상의 신을 창조해 내기에 이르렀다. 고대신앙 대부분이 다신론적인 성향이 짙었던 것은 이러한 이유 때문이었다.

고대사회를 거쳐 유사시대에는 서로 다른 종교를 신봉하는 세력이나 국가 또는 민족 간의 상호 전쟁이라는 수단을 거치면서 일방이 상대방을 지배하게 되면 정치적으로 패배한 세력은 승리한 세력의 신앙이나 종교를 조건 없이 수용해야 했다. 이 과정에서 신의 계열이 수직적으로 재편되면서 신들 간의 지배와 통제에 따른 우열이 가려지기도 했다. 그리스·로마·이집트 신화에서 **주신**(主神, Great Spirit)의 존재와 계통을 예로 들 수 있다.

(1) 다신론

다신론(多神論, Polytheism)은 인간을 포함한 우주의 변화가 다중다양한 신의 지배 아래 있다고 믿는 신앙이다. 다수의 신을 인정하고 있다는 이유에서 **일신론**(一神論, Monotheism)을 제외한 대부분 종교가 여기에 해당한다.

그러나 다신교나 일신교는 신을 우주의 절대적 존재로 인정하는 종교문화를 지니고 있는데 다만 그 차이는 신의 계통적·수직적 관계를 인정하고 있는가 그렇지 않은가에 있다.

진화론(進化論, Evolutionary Theory)에 영향을 받은 초기 종교학자들은 다신교를 자연계의 모든 사물과 현상에 영혼이 있다고 믿는 **애니미즘**(Animism)과 일신론의 중간쯤에 해당하는 종교형태로 취급했다. 그러나 영적 존재와 신과의 구별이 명확하지 않고 다신교에서 일신교로 발전한다는 일방적 진화공식도 불분명할 뿐 아니라 그 입증도 모호하다는 이유에서 현재 이러한 주장은 일절 배척되고 있다.

다신론의 신들은 자연력이나 자연물이 신격화된 것에서부터 동·식물 그 밖에 조상이나 영웅에서 비롯된 것들을 포함하여 때로는 인간의 행위에 이르기까지 각양각색이다. 이처럼 구체화된 신들은 인간의 삶을 둘러싼 각양의 초월적 힘들과 결합하면서 인간이 자발적·본능적으로 희사한 제물과 제의를 통해 때마다 교감하면서 상호 우호 관계를 견고히 했다.

다신론은 이러한 신앙관을 배경에 두고 있어 대체로 신의 성격이 인간적이라는 특징이 있다. 그렇지만 그 힘과 영속성에서 신과 인간은 근본적인 차이를 엿보이고 있다.

한편 다신론은 일신론과 같이 창조주와 피조물의 관계를 수직적으로 정형화하고 있지는 않으나 때때로 다신론에서 일신론적 경향을 나타내고 있기도 하다. 이를테면 다른 신의 존재를 부정하지는 않으나 하나의 신이 최고 지위를 점하고 있어 이로써 한 신만을 숭배하는 단일신교로 발전하기도 했고 하나의 원리 또는 하나의 신으로 통합되기도 했다.

일반인의 신앙생활에는 다신교의 신앙적 전통이 대체로 일신론에 견주어 우세한 실정인데 이는 인간의 내재적인 심사가 앞서 본 소극적 신앙에 그 기반을 두고 있음을 의미한다.

(2) 유신론

유신론(有神論, Theism)은 변화하고 명멸하는 자연 세계를 초월한 초자연적·절대적·인격적 존재가 우주와 형체가 있는 모든 사물을 창조하고 그것들을 주장하고 유지하며 섭리한다고 믿는 신앙관을 뜻한다.

유신론은 ①다수의 신을 인정하는 **다신론**과 ②수많은 신 중에서 유일신을 최고신으로 숭배하는 **단일신론**(單一神論, Monarchianism)으로 구분된다. 여기서 최고신이 아니라 한 인격체로서 신만이 유일하게 존재한다는 유신론의 갈래로서 유일·절대적 신관인 **일신론**(單一神論, Monotheism) 또는 **유일신론**(有一神論, Monotheism)이 파생한다.

일신론은 현재 그리스도교의 **하나님**(또는 **하느님**)과 이슬람교의 **알라**(Allāh)가 대표적이다. 한편 유신론의 또 다른 형태인 **이신론**(理神論, Deism)은 계몽주의 시대에 성행했던 종교사상이다.

(3) 이신론

이신론(理神論, Deism)은 인간의 공과에 상벌을 가해 널리 만물의 섭리를 지배한다는 일신론에 대해서 유일신이 천지창조의 주재이지만 창조행위 후 인간세계에 대한 자의적 개입을 그치고 자연에 내재하는 합리적인 이치에 의해 우주를 통치한다는 신관을 뜻한다. 달리 **자연 종교**(自然宗敎, Natural Religion)라고 한다.

이신론은 영국 **명예혁명**(名譽革命, Glorious Revolution)으로 시작되는 시민사회 발전과 자연과학의 부흥에 힘입은 합리적 사고에 의해 종래 전통적 국교의 교의를 부인하면서 발전하였다(17세기 후반).

그리스도교 시각에서 이신론은 **삼위일체**(三位一體, Trinity)나 계시·기적 등 초월적 현상을 부정하고 **성서**(聖書, Bible)의 상징적·비유적 해석을 채용하는 **이단**(異端, Heresy)으로서의 신관을 통칭한다.

이신론은 외견상 신관의 형식을 띠고 있으나 종교를 이성과 조정하려는 이른바 **합리주의**(合理主義, Rationalism)를 가장한 신관으로 대개 신관을 신학적 대상에 두지 않고 다만 광신의 배격과 비판의 논거로 자주 이용했다는 점에서 현재는 배척되고 있다.

(4) 무신론

무신론(無神論, Atheism)은 신의 존재를 부정하는 철학적 학설로 **유신론**(有神論, Theism)에 대립한다. 무신론은 역사적으로 물질 대부분을 1차적·근본적 **실재**(實在, Existence)로 수용하고 마음 또는 정신을 부차적·파생적인 것으로 취급하는 **유물론**(唯物論, Materialism)을 결부하여 주창되었다.

고대 원자론적 유물론은 르네상스 이후 고대사상의 부흥과 함께 발전하여 다양한 무신론적 경향을 개진했는데 무신론이 고전적 형태로서 등장한 종교에 대해 공공연히 선전한 시기는 프랑스 유물론자들이 대거 등장한 때부터였다(18세기 중반).

그들은 기계론적인 자연철학을 지지하면서 감각·사고·의지 등을 모든 물질적 작용에 의한 결과로 환원하고 이에 신의 존재를 부정했다. 게다가 도덕적 기준을 감각적인 쾌락과 고뇌로 구성하고 도덕에 신이 개입될 여지가 없음을 주창하기도 했다.

무신론은 인간주의적 무신론이라는 새로운 사상을 전개하기도 했다(19세기). 그 핵심은 무신론을 배경에 둔 종교비판에 두었다. 곧 종교와 신학의 변혁을 위해 기성종교는 인간이 자기에 대한 충분한 의식에 이르는 일련의 과정이라고 주장했다.

당시 무신론 주창자들은 종교는 인간에게 본질을 계시하는데 인간은 자신의 존재적 본질을 신에게 투영함으로써 스스로 소외시키기에 이르고 이러한 소외는 인간에게서 되레 본질을 빼앗고 인간을 부정하는 역기능을 발생한다고 보았다.

이에 따라 인간이 자신의 존재를 인식하고 목적을 실현하기 위해서는 소외된 본질을 자신으로부터 떼어 놓는 것이 필요하며 이에 신의 부정만이 참된 인간의 존재적 실현의 선결 조건이라 주창했다.

마르크스 (1818-1883)③

이러한 무신론자들의 종교비판은 이윽고 **마르크스**(Karl Marx, 1818-1883)에게 종교적 소외관념을 제공하게 되고 마르크스는 종교적 소외는 인간소외 일부에 불과하고 그 배경에 노동소외가 존재한다고 주장하면서 이를 사적 유물론으로 승화시켜 자본주의 체제를 근본적으로 비판하는 선봉에 나서게 했다.

마르크스는 인간이 소외를 극복하려면 계급을 타파의 **공산주의**(共産主義, Communism) 혁명이 유일하고 이에 종교적 소외는 노동하는 인간의 실천적 일상이 일련의 조건과 합리적 관계를 형성했을 때 소멸한다고 주장하면서 그 배경에 신과 종교를 부정하는 싸움은 무익하다는 논리를 결부하였다. 여기서 마르크스가 주장한 공산주의는 신의 폐기를 지향하는 것에 앞서 신을 필요로 하는 사회적 조건의 폐기를 지향하는 것에 주안점을 두었다.

한편 니체는 유물론자는 아니었지만 철저한 무신론자였는데 니체의 무신론은 앞서 본 **신은 죽었다**라는 명제에 집약된다. 그는 신의 죽음을 되돌릴 수 없는 기정사실로 수용하고 있으면서도 다른 한편으로 신이 보증한 형이상학적·도덕적 가치가 아직도 살아남았다고 주장하면서 뜻밖에 서구 문명이 견인한 각양의 사상적 가치체계를 격렬하게 공격하는 우를 범하기도 했다.

(5) 유물론

유물론(唯物論, Materialism)은 이론적·실천적 관념이나 관념적인 것을 실재적·물질적인 것보다 우선하고 있는 이를테면 **관념론**(觀念論, Idealism)에 대립하는 철학적 견해로 설명된다.

보통 인간은 태생적으로 유물론을 수용하고 있다. 예컨대 인간은 자연물을 포함해 사회적 존재물이 자신의 의식 밖에 독립적으로 존재하고 있으며 자신은 그 가운데 존재하고 그들과 각양의 관계를 맺고 생활하고 있음을 본능적으로 인식하고 있다.

이처럼 유물론은 사물이 인간의 의식 밖에서 독립적으로 존재한다는 사실을 인정하는 것에서 출발한다. 곧 유물론은 본능적이거나 자연발생적인 유물론에서 출발하여 그것을 체계화하는 가운데 이를 이론적으로 정립한 철학사상이다.

유물론은 세계관에 있어 물질이 1차이고 정신과 의식은 2차이며 물질세계는 시간적·공간적으로 영원하고 무한하며 결코 신에 의해 창조된 것이 아닌 그 자체로 존재하는 것이라고 보고 있다. 따라서 정신과 의식은 물질에 기초하여 그 존재의 의미를 찾을 수 있다고 주장하고 있다.

그렇지만 유물론은 외견상 물질 만능주의나 물질만을 존중하거나 추구하고 있다는 시각에서 일련의 도덕적 가치나 모범적인 생활 태도와는 구분된다. 유물론은 물질에 기반을 두고 있기에 무엇보다도 자연상태에 대한 직관과 인식에 출발점을 두고 있다는 이유에서이다.

유물론은 종교적이고 관념론적 입장이 어떤 초자연적인 것에 기조를 두고 세계를 설명하려는 것에 맞서 자연에 관한 이성적·과학적 연구를 수용하여 이와 밀접한 관계를 맺고 있다. 이에 유물론은 역사상 진보계급이나 계층의 철학으로 수용되었다.

한편 유물론 철학은 자연에 대한 인간의 지배력 증대와 생산력 제고에 주안점을 두고 인간 사회의 끊임없는 진보를 촉진해 왔다. 유물론 철학은 이러한 과정을 통해 사회적 실천으로서 특별히 생산활동으로부터 비롯된 인간의 경험 축적과 과학적 지식의 진보를 공유함으로써 유물론의 발전을 촉진하는 매개로서 기능했다. 이러한 진보의 과정은 인류의 경험 축적과 과학기술의 발달에 이바지함으로써 유물론의 발전을 이끌어갔다.

본래 유물론은 고대 **노예제**(奴隸制, Slavery) 사회에서 철학의 발생과 동시에 제기되었는데 이러한 사례는 인도·중국·그리스 등에서 어렵지 않게 찾아볼 수 있다. 이를테면 유물론이 체계화된 때는 그리스였는데(B.C.6세기). 당시 그리스인은 자연물의 운동과 변화를 수용하면서 자연발생적으로 변증법적 논리를 전개해 나갔고 이로써 무수한 자연물로 이루어진 세계에서 원시적·근원적인 물질을 찾고 또 규명하고자 했다. 이러한 논리에 따른 결과로서 **물**(水)이나 **불**(火) 등이 그 대상이라고 주장하기도 했다.

이처럼 만물이 근원적 물질변화에 따라 생성되었다는 주장은 자연에서 인과관계의 법칙을 유도했고 결국 모든 사물의 근원을 **원자**(原子, Atom)로 해석하는 지경에 까지 이끌어 그 결과 형이상학적이고 원자론적 유물론으로 진전하는 계기를 마련했다.

원자론적 고대 유물론은 중세에까지 이어졌다. 중세 봉건사회의 지배적 이데올로기로서 유물론은 유럽 그리스도교 신학에서 **유명론**(唯名論, Nominalism) 형태나 **범신론**(汎神論, Pantheism)의 형태로 명맥을 이어가다 **자본주의**(資本主義, Capitalism) 발전과 함께 중세 신학사상과 관념론의 근거를 무너뜨리는 사상으로 발전해 나갔다. 이후 경험적·합리적 탐구가 병행됨에 따라 종래 종교적·신학적·스콜라적 **사변철학**(思辨哲學, Speculative Philosophy)을 비판하고 배척하면서 영국을 중심으로 이른바 근대 유물론으로 그 개념을 확고히 정립하였다(17세기).

한편 프랑스 유물론은 이신론적 견해를 극복하고 무신론적 입장을 확립했다(18세기). 그러나 르네상스 시대 자연의 개별적 사물의 구체적인 연구에 주안점을 둔 당시 과학이 지닌 한계에 자연히 기계적인 견해로 세계를 이해하게 되고 나아가 세계의 각 영역을 분리된 상태로 수용함에 따라 끝내는 형이상학적인 기계적 유물론으로 전락하는 우를 범하고야 말았다.

당시 유물론은 인간의 사회적 실천을 유물론적 입장에서 설명하는 단계에까지는 이르지 못했는데 이러한 한계로 당시 유물론적 세계관은 관념론적 오류에 빠져있었다.

이후 유물론은 **마르크스주의**(Marxism)의 **변증법적**(辨證法的, Dialectic)·**사적 유물론**(史的唯物論, Historical Materialism)에 따라 새로운 전기를 맞게 되었다. 변증법적·사적 유물론은 세계가 상호 연관된 전체로서 하나이며 이것은 고정된 것이 아닌 부단히 운동·변화·발전하는 이른바 변증법적으로 존재한다는 시각을 확립하였다.

동시에 세계에 대한 사상적 발전은 사회적 실천에 의한 것이고 그 기초는 물질적 생산에 두어야 한다는 시각을 지향했다. 변증법적·사적 유물론은 자연과 사회 및 인간의 의식 등 세계 전체를 모두 이러한 유물론의 시각에서 파악했다.

마르크스주의 유물론 철학이 세계에 대한 진실성을 밝힘에 따라 다수의 과학자도 이를 지지하게 되었다. 이후 마르크스주의 유물론은 자본주의 사회의 각종 모순을 해결하고 새로운 사회로의 이행을 주도할 혁명 세력의 중심으로서 노동자 계급이나 모든 진보적인 혁명가들의 투쟁에 있어 사상적 무기가 되었다.

2) 신과 인간과의 관계

인간의 시각에서 신은 신을 향한 신앙에 의해 성립하고 존재한다. 그러나 신의 시각에서는 인간과 인간의 삶을 향한 신의 절대적 주권과 의지의 실현을 위해 인간이 존재한다.

인간의 존재 이유는 인간을 창조한 신의 의지와 다르지 않고 이 경우 신은 삼라만상의 창조주로서 존재의 의의를 부각한다. 인간에게 신은 관념 속에 존재하는데 그 형상은 앞서 본대로 인간의 모습이거나 또는 일부 변형된 인간의 모습으로 나타난다.

신은 인간의 생사화복을 주장하며 삶의 전반을 지배하는 힘과 지위를 보유한다. 무에서 유를 창조하는 창조 능력은 물론이고 초자연적 능력을 겸비하여 자신의 이해에 따라 또는 인간의 소원에 따라 미래를 예정하는 초월적 존재로서 지위를 점한다.

인간은 신앙을 통하여 신과 교감한다. 신은 인간의 신앙이 지극한지 그것이 자신의 기대와 이해에 부합하는지에 따라 인간의 소원이나 의지대로 그들 삶에 개입하기도 하고 때로는 등을 돌리기도 한다.

인간의 계획과 소원은 언제나 신의 의지에 영향을 미친다. 신이 없는 인간은 상상할 수 없고 또한 인간이 없는 신도 존재의 의미가 무색하기 때문이다.

신과 인간의 대화는 신앙으로부터 비롯되는 것이 통상이지만 신이 인간을 향해 적극적 의지를 실현하는 때도 있다. ①**정의의 실현** ②**악의 징계와 소멸** ③**신(神)과 선(善)과의 동일시** ④**초월적 능력의 현시** 등을 예로 들 수 있다.

대체로 인간은 신을 경외한다. 그러나 다신론의 경우 인간은 신의 지위와 능력에 따라 정도의 차이가 있고 때로는 신의 존재를 부정하거나 경외의 서열이 뒤바뀔 수도 있다. 이러한 현상은 고대사회 신들의 전쟁을 촉발하거나 동기를 제공하는 원인이 되기도 했다.

다른 한편 일신론의 경우 다신론과 같이 인간이 신의 존재를 좌지우지할 수 없는 것이 보통이지만 때에 따라 유일신의 존재를 부정하거나 그에게 대립 또는 대항하는 일면을 엿보이기도 한다. 이러한 현상은 유일신 체계에 인간의 선택으로서 인간의 **자유의지**(自由意志, Free Will)에 따라 다신론을 수용하여 나타나거나 표출되는 경우가 일반적이다.

신과 인간과의 대화는 대개 신앙으로부터 비롯되나 그 형식은 대개 제사나 기도 그 밖에 규례나 율법의 수행 등으로 이루어진다. 곧 신앙은 형식으로부터 본연의 의미가 드러나고 그 내용은 인간에게 제시한 신에 대한 신앙적 기준과 척도에 따라 평가되어 이로써 대화 목적의 성취 여부를 결정짓게 된다.

신을 향한 인간의 대화 의지는 대체로 지극하고 간절하다. 인간을 향한 신의 대화 의지는 너그럽고 풍성하다. 그러나 양자간의 대화 의지가 결핍되거나 이해가 상충 되는 경우 상대방의 무관심이나 분노를 촉발하는 원인으로 작용하고 이 경우 대개 배반과 대립 또는 보복과 징벌을 수반하는 것이 상례이다.

신과 인간과의 관계는 상호 호혜적이다. 저마다의 존재 이유가 필요충분조건으로서 기능하기 때문이다. 여기서 상호 호혜적인 대화의 기본요건을 저버리거나 파기하는 대상은 대부분 인간이다. 인간은 불완전한 존재일 뿐만 아니라 신에 의해 창조된 피조물이기 때문이다. 이는 초월적 존재로서 신의 전지전능한 절대적 능력을 함의한다.

3. 종교와 시제

1) 현재는 존재하는가?

시간(時間, Time)은 삼라만상의 **시제**(時制, Tense)를 구분하는 기준이 되는데 금속원소 **세슘**(Cs, Cesium)의 전자기파 복사주기를 표본으로 **1초**(Second)가 기본 단위가 된다. 이로써 모든 삼라만상은 그들의 과거와 현재 그리고 미래라는 시제를 결정짓게 된다.

과거는 현재 이전의 시제로 미래는 현재 이후의 시제로 구분하고 이러한 구분은 마찬가지로 초를 기본 단위로 삼고 있다. 그런데 초로부터 비롯된 시간은 절대성이나 영속성의 시각에서 **거리**(距離, Distance)와 일정한 함수관계를 갖는다. 곧 삼라만상 중에 우리가 인지하는 가장 빠른 속도는 빛이 가지고 있는데 그것은 앞서 본대로 1초에 30만km의 속도를 자랑한다.

빛은 우리의 경험칙과 관념에서 인지할 수 있는 가장 빠른 대상으로 그러기에 우리는 빛의 속도를 순간과 동일시하고 있다. 그런데 빛보다 더 빠른 대상이 존재한다면 그에 대하여 우리는 또다시 그것을 빛보다 더 빠른 순간이라고 이름할 수 있을까? 이때의 순간은 거리와 일정한 함수관계를 갖는다. 곧 순간을 일정한 거리를 기준으로 한 빠르기에 두었기 때문이다.

다른 한편 **빅뱅**(Big-Bang)은 우주의 대폭발을 뜻하는데 이는 우리가 익히 알고 있듯이 우주의 탄생과 기원 그리고 팽창을 설명하는 과학적 이론으로 정립되어 있다.

빅뱅 이론에 의하면 우주가 탄생한 최초의 순간은 모든 것이

한점에 모여있었을 것이라 해석하고 있다. 이러한 해석은 지금부터 약 138억 년 전의 대폭발을 시작으로 우주가 팽창했다는 가설의 역발상에 따른 결과로서 전폭적인 지지를 받고 있다.

그런데 우주의 끝은 어디이고 그 너머에는 또 그 너머 너머에는 무엇이 어떤 것이 그 누가 존재하고 있을까? 여기에는 순간이라는 시간적 의미는 아무 소용이 없고 또 불필요하다. 제아무리 우리의 경험칙과 관념을 총동원해도 이에 대한 명확한 대답을 추론하기가 불가능하기 때문이다.

그렇다면 시제의 기준인 초나 이보다 더 짧은 순간이나 이를 다시금 미분한 결과로서 시간의 또 다른 초미세 단위도 거리와 관계에서는 무용지물이 된다. 이 경우 거리는 분명히 현상으로 존재하나 그 현상을 관념으로 해석할 수 없다는 사실이 참으로 아이러니하다.

순간이라는 시간적 개념과 거리와의 관계에서처럼 시제도 마찬가지다. 순간이라는 또는 지금이라는 시간적 개념이 멈추어 있는 상태 또는 흐르지 않는 상태 또는 정지된 상태를 논리로 추론하거나 여의치 않다면 관념 속에서나마 상상할 수 있을까?

현재는 그렇다 치고 남은 시제로서 과거와 미래는 어떨까? 우선 과거는 이미 시간이 지난 상태로 우리의 기억이나 객관적으로 인정할 수 있다. 일례로 현존하는 문헌이나 유산에 의해 그 존재를 입증할 수 있다.

과거는 이를 경험한 주체에 따라 다양한 형태나 형식으로 존재한다. 기억이나 문헌이나 유물이나 구전이나 신앙이나 종교나 각양의 형태로 남아있다. 그것에서 우리는 옳고 그름을 판단하고 선과 악을 분별하며 이어갈 것과 끊어야 할 것을 구분한다.

뚜렷한 과거는 삶의 지표가 되기도 하고 희미한 과거는 잊힌 과거로 멀찌감치 사라져 가기도 한다. 여기서 과거도 기억할 수 있는 일정한 거리가 이를테면 한계가 있음은 물론이다.

다른 한편 미래는 아직 한 번도 경험해 보지 못한 또 다른 과거로서 다만 시간이 지나지 않은 과거로 존재한다. 미래는 분명 남겨져 있으나 과거와 다른 점은 기대할 수 있는 일정한 거리인 한계가 없다는 사실이다. 적어도 우리의 관념 속에서 미래는 무한대로 확장된다.

만약 미래의 끝이 존재하면 또 다른 시제가 미래의 뒤를 지탱해 주어야 하는데 마찬가지로 우리의 관념에는 전무 하다. 과거나 현재가 아닌 또 다른 시제는 존재하지 않기 때문이다.

생각해 보기에 여기서 현재는 실제나 현상이 아니라 우리의 관념에서만 존재하는 형체 없는 개념으로서 그 존재 이유와 가치를 명확히 밝힐 수 없는 개념이다. 그렇지만 현재가 존재하려면 무엇보다 시간이 흐르지 않은 상태가 존재해야 한다. 곧 시제는 시간을 조건에 두고 존재하는 개념으로 시간이 존재하지 않으면 마땅히 시제도 존재하지 않을 것이고 그렇다면 과거와 미래도 사라질 수밖에 없을 것이기 때문이다.

시제와 현재는 대립한다. 각자 존재의 배경이 시간을 조건에 두고 있는 까닭에 시제처럼 이를 인식하고 있느냐 현재처럼 그렇지않느냐의 여부에 두고 있기 때문이다. 여기서 2가지 가설을 제기할 수 있다. ①과거 이전이 존재한다면 그곳은 시간이 흐르지 않는 시제로 존재할 것이라는 가설 ②미래 이후가 존재한다면 그곳도 시간이 흐르지 않는 시제로 남아있을 것이라는 가설 등이다. 적어도 우리의 관념에서는 말이다. 따지고 보면 현재는 과거 이전에 존재할 수밖에 없고 또 미래 이후 존재해야 하는 시제 아닌 시제로서 존재의의를 밝히고 있다.

현재는 시간이 흐르지 않거나 무한대로 발산한 시간의 흐름 속에서 존재하는 상상할 수 없는 시제로서 의의가 있다. 그렇다면 현재 그곳은 아마 신들이 거하는 공간적 영역이 아닐까 하는 의문은 공공연해진다. 과거 이전에 그리고 미래 이후에 말이다.

2) 미래 이후의 시제

인간과 마찬가지로 합리적인 이성을 지니고 있다는 가정하에 창공을 나는 독수리에게 두더지가 살아가는 지하세계를 설명할 수 있을까? 초원을 내달리는 말에게 달팽이가 움직이는 한 뼘 세상을 이해시킬 수 있을까? 천부당만부당할 것이다.

뜬금없는 이야기지만 시대를 뛰어넘어 임진왜란 당시 조선의 수군들에게 잠수함을 이해시키거나 왜군들에게 히로시마 핵폭탄의 존재와 위력을 이해시키기는 일도 매한가지일 것이다.

좀 더 가까운 예로 중국 상해에서 미국 샌프란시스코까지는 비행기로 20시간이 넘게 걸리는데 이 거리를 수중에서 그것도 불과 2시간에 주파하는 여객선이 존재한다면 믿을 수 있을까? 어이없게도 듣고 보지 못하고 믿지 못해 그렇지 이는 조만간 우리 눈앞에서 펼쳐질 **초공동**(超空洞, Super-Cavitation) 기술의 현주소다.

이처럼 믿을 수 없는 현상과 실제 그리고 존재 여부에 대한 막연한 의심과 부정은 예나 지금이나 변하지 않고 있는 인간사이다. 이는 관념에서도 실제에서도 매한가지다. 여기서 의심과 부정은 대개 경험칙에 비추어 전혀 이해할 수 없는 것으로 눈으로 확인하기 전까지는 신뢰할 수 없는 관념이자 대상이 된다.

경험칙과 확인되지 않는 사실을 우리는 흔히 상상 또는 공상이라고 한다. 이는 마땅히 실현될 수 없는 사실로서 통상 누구나 널리 지지하고 있는 관념상의 실제로 존재한다.

그런데 우주의 막다른 끝처럼 미래의 끝은 어디쯤일까? 그보다 존재하기는 할까? 만약 존재한다면 어떤 형태일까? 아무리 생각해도 이 의문에 대한 해답은 온갖 상상이나 인식할 수 있는 공상 속을 통해서도 선뜻 그 해를 구할 수가 없다.

요컨대 미래의 끝은 결코 우리의 인식으로는 그 존재 여부를 따질 수 없는 허상이라는 결론에 이르게 된다. 미래의 끝은 의문의 실체가 현상은 물론이고 존재 자체를 부정하고 있기에 이 의문은 그저 원인만이 존재한다는 특성이 있다.

3) 과거 이전의 시제

그렇다면 반대로 과거의 처음이 시작되기 전에는 시제가 어떠했을까? 만약 깜깜한 **암흑**(暗黑, Darkness)에 휩싸여 있었다면 혹여 거기서도 시간은 흐르고 있었을까? 암흑은 빛에 갇힌 암흑이었을까? 아니면 영원히 무한한 그 자체로 영겁의 암흑이었을까?

미래의 끝과 과거의 시작 너머를 논하면서 우리는 매번 저마다의 인식으로 포섭할 수 없는 선천적인 한계를 경험한다. 아마도 그것이 신들의 경지라면 또 모르겠지만 마치 독수리처럼 두더지처럼 달팽이처럼 서로가 모르듯이 그렇게 말이다.

우리는 앞에서 현재를 부정했다. 관념에 터 잡은 존재 없는 허상이라는 시각에서 말이다. 그렇다면 여기서 한가지 생각해 볼 것이 혹시 과거 그 이전에 그리고 미래 이후에 존재하는 시제가 혹여 현재가 아닐까? 우리의 관념으로 인식할 수 없다는 시각에서 말이다. 한 걸음 더 나아가 신의 존재도 매한가지다.

만약 과거 이전 그리고 미래 이후의 시제가 혹시나 신의 영역일 것이라 가정하면 이에 대하여 우리는 이러한 가정이 잘못되었다거나 틀렸다는 반론을 제기하기 어려울 것이다. 원인과 현상을 파악하기 불가능한 관념이자 대상이기 때문이다. 이러한 생각은 신앙과 종교와 밀접한 연관성이 있다. 신앙과 종교가 존재할 수 있는 배경으로서 말이다.

모름지기 시간이 흐르지 않는 현재시제는 신과 종교 그리고 신앙의 배경이자 기원이 된다. 우리의 생각으로 인정할 수 있거나 이해할 수 없는 관념이라 하더라도 그런들 여하히 이를 반박하거나 부인할 수도 없다.

과거 시작 전의 시제와 미래가 끝난 이후 시제는 마치 또 다른 삶이나 사후세계의 존재 여부와 마찬가지로 우리의 관념 속에는 존재하지 않고 어떠한 논리나 실제로도 설명할 수 없으며 더욱이 우리 관념 속에서 다룰 수 있는 문제가 아니다. 그것은 신앙과 종교 그리고 그 원천으로서 신의 영역에서 다룰 수 있는 문제임이 틀림없다.

4. 신과 영혼의 존재

1) 신의 존재에 대한 의문

신은 존재한다 또는 **신은 존재하지 않는다**는 양자의 대립은 인류 역사와 맥을 같이 했다. 이는 과학적 논리로도 합리적 이성으로도 접근할 수 없고 또 풀어낼 수도 없는 사안임에도 인류는 지금까지 이러한 원초적인 질문에 뜻 모를 설전을 거듭하고 있다.

신의 존재에 관한 문제는 신앙을 담보한 종교의 사상적 가치에 이입되어 저마다 독자적인 영역을 구축하고 있다. 그것은 신앙의 원인이자 기초가 되며 목적은 신과 함께 하는 세상을 구현하는 것에 두고 있다. 이를테면 내세의 구현은 신앙의 목적이자 종교의 가치로 기능하며 구현 시제는 대개 현재가 통상이다. 여기서 시간이 흐르지 않는 현재는 **영원**(永遠, Eternity)에 의제 된다.

신의 존재와 영원성은 종교로서 인정할 수 있는 일반적인 기준이 된다. 그밖에도 영원성에 부합할 수 있는 시제는 시간에 구애받지 않는 현재이고 따라서 여기에 참여할 수 있는 대상은 과거와 미래에 존재했거나 존재할 삼라만상으로서 살아 숨 쉬고 있거나 운동력이 있는 물질계가 아닌 그 밖의 것으로 한정된다.

이러한 한정적 대상으로서 물질계를 우리는 유사 이래 이른바 **영혼**(靈魂, Soul, Spirit)이라는 개념으로 포섭해 왔다. 여기서 영혼은 현재와 함께할 수 있는 시제를 내재한 개념으로 신을 향한 신앙과 종교의 절대적·관념적 주체로서 기능한다.

2) 영혼의 존재와 종교

그렇다면 이른바 비물질적 실체로서 영혼의 존재는 종교를 결정짓는 필수 불가결한 요건이 된다. 오늘날 이러한 논점은 종교의 본질과 정체성을 결정하는 결정적 기준으로 작용한다.

만약 영혼의 존재를 인정하지 않는 경우 대두되는 문제는 영혼과 마찬가지로 비물질적 인격체로서 신의 존재나 형상 또한 인정할 수 없다는 결론에 도달하게 된다는 것이다.

각양의 종교적 심볼(Symbol)

이러한 결과는 신앙이나 종교에 대한 부정에 맞닿는 논점으로 비약되고 급기야 신의 존재를 물질적 인격체로 인식할 수밖에 없는 결과에 이르게 한다. 이는 오늘날 사이비 신앙이나 종교의 부조리를 탄생케 하는 동인으로 기능하고 있다.

요컨대 영혼의 존재에 대한 인식은 신앙의 기초가 되며 종교의 뿌리가 된다. 신의 존재에 대한 인식도 영혼과 그 처지가 다를 것이 없다.

세계 종교의 통계지표 (1)

출처 : International Bulletin Missionary Research (2022)

세계인구	79억 5,395만 3천명
세계 성인 (15세↑)	59억 5,186만 1천명
세계 문맹율	15%

세계종교인구대비 %

세계 종교인구	70억 5,682만 8천 명	
그리스도교	25억 5,987만 5천 명	36.3%
이슬람교	19억 6,132만 3천 명	27.9%
힌두교	10억 7,378만 4천 명	15.1%
불교	5억 4,593만 8천 명	7.2%
중국 민속 종교	4억 7,654만 3천 명	
민족종교	2억 7,903만 5천 명	
신흥종교	6,597만 1천 명	
시크교	2,789만 1천 명	
유대교	1,494만 5천 명	
무종교(無宗教)	8억 9,712만 4천 명	
불가지론	7억 5,004만 5천 명	
무신론	1억 4,707만 9천 명	

제2장 세계 종교의 신앙 체계

1. 신앙 체계

종교의 근간으로서 신앙의 원천이 되는 배경을 소위 **신앙 체계**(信仰體系, Belief System) 또는 **신념체계**(信念體系)라고 한다. 이러한 신앙 체계는 대개 ①선천적인 것과 ②후천적인 것으로 구분하는데 양자는 주어진 것이냐 획득한 것이냐의 차이로 설명할 수 있다.

전자의 경우 사람의 계통에서 비롯된 신앙 체계는 대개 세대를 이어 계수되는 특징이 있다. 이러한 신앙 체계는 대개 관습·규례·의식·의례 등으로 표출된다. 이에 반하여 후자의 경우 세계관이나 인생관 등으로부터 파생된 가치관의 확립에 따라 자연스럽게 수용한 종교관을 대표적 실례로 들 수 있다.

때로는 후천적으로 획득한 종교관에 의해 세계관이나 인생관이 형성되기도 하지만 양자는 사람의 인격체계 내에서 상호 보완적으로 기능하는 것이 일반적이다. 이하 신앙 체계의 원천으로서 그 배경이 되는 가치관을 세계관·인생관·종교관·철학적 사고·이데올로기 등으로 구분하여 보면 다음과 같다.

1) 세계관

세계관(世界觀, Worldview)이란 어떤 지식이나 관점을 가지고 세계를 근본적으로 인식하는 방식이나 틀로 정의된다. 세계관은 자연철학의 실질이 되는 이를테면 근본적이고 실존적이며 규범적인 원리와 함께 주제·가치·감정·윤리 등을 포함한다.

세계관으로부터 비롯된 근본적인 질문은 ①우주의 궁극적인 실재는 무엇인가? ②인간은 어디서부터 비롯되었으며 그 존재와 삶의 정체는 무엇인가? ③역사와 문화에서의 가치관은 무엇인가? 등으로 요약할 수 있다.

세계관은 세계와 자신에 대한 의미 있는 관점의 해석이며 그 해석을 자신의 삶에 적용하는 가치관이라 할 수 있다. 곧 세계관은 신의 존재·세상과 자연의 본질·인식론·인간에 대한 문제 등의 영역에서 저마다 주관적 판단하에 정립된 가치관이다.

신의 존재에 관한 문제는 세계관의 근본적 질문이자 가치관이다. ①신의 존재를 부정하는 세계관(무신론·유물론·유가·불교)·②비인격적인 창조신 및 자연법칙으로서 신의 존재를 인정하는 세계관(이신론·범신론)·③인격적인 창조신의 존재를 인정하는 세계관(힌두교·유대교·그리스도교·도교·이슬람교) 등으로 구분할 수 있다.

2) 인생관

인생관(人生觀, View of Life)은 인생의 본질·의미·가치 등에 관한 총체적 견해로서 세계관과 밀접한 견련성을 지니고 있다. 인생관은 ①**비관주의**(悲觀主義, Pessimism)와 **낙천주의**(樂天主義, Optimism) ②**현실주의**(現實主義, Realism)와 **이상주의**(理想主義, Idealism) ③**경험주의**(經驗主義, Empiricism)와 **합리주의**(合理主義, Rationalism) ④**유물론**(唯物論, Materialism)과 **유심론**(唯心論, Spiritualism) ⑤**무신론**(無神論, Atheism)과 **유신론**(有神論, Theism)

등으로 구분한다.

인생관은 사람의 기질과 성격 그리고 환경과 시대 등에 영향을 받는다. 인생관은 세계관과 깊은 연관성을 맺고 있는데 다만 인생관은 주관주의 세계관은 객관주의라는 시각을 지향하고 있다는 점에서 차이가 있다.

인생관은 세계관에 견주어 객관적 인식에 앞서 주체적 인식에 의존하는 정도가 강하지만 주체적 인식은 언제나 객관적 인식과의 순기능적 충돌을 통해 정정되고 수정되는 특징이 있다.

무엇보다 인생관에 있어 생명과 삶에 관한 근본적·원초적 의문은 항상 상존하는데 이러한 질문은 인간은 왜 태어났고 또 어디로 가는가 하는 것에 귀결된다. 그 결과 철학이나 종교 또는 이른바 **이데올로기**(理念, Ideology)가 부수한다.

인생관이 특히 자발적으로 표출되어 개진되는 때는 대개 개인이 불행을 당하거나 사회가 모순에 빠졌을 경우이다. 인생관은 역사와 사회의 추이나 변혁에 따라서 끊임없이 변화한다.

(1) 비관주의와 낙천주의

비관주의(Pessimism)는 인간의 삶은 고통뿐이며 따라서 인생은 살 만한 가치가 없다고 주장하는 철학적 사유로서 곧 세계의 어둡고 좋지 않은 측면을 관찰대상으로 삼는 철학 사조를 일컫는다. 달리 **염세주의**(厭世主義)라고도 한다.

근대 비관주의는 **쇼펜하우어**(Arthur Schopenhauer, 1788-1860)의 사유로부터 큰 주목을 받았다. 현재의 세계를 가장 좋은 세계로 본 **라이프니츠**(Wilhelm Leibniz, 1646-1716)의 입장과는 반대의 시각에서 그는

쇼펜하우어 (1788-1860)①

라이프니츠 (1646-1716)②

인간이 처한 세계가 인간이 생각할 수 있는 세계 중 가장 나쁜 것이라고 보았다.

이러한 사유는 세계를 의지의 작용으로 파악하는 그의 독특한 철학관에서 비롯되었다. 곧 인간을 포함한 각각의 사물은 그 의지의 특정한 발현인데 세계 속의 모든 활동적 충동에 동일시되는 이 의지는 모든 개체에 강제된 조건이며 이에 따라 인간을 포함한 세계 속의 모든 것을 마치 내부의 사람에 의해 조작되는 피노키오 목각인형과 같은 것으로 치부하였다.

그런데 생명을 잉태하는 모든 자연의 근원적 충동인 삶의 의지는 생명의 주기를 지속하는 것밖에는 다른 목적은 없기에 개인은 자연에서 아무런 가치도 없다고 보았다. 자연이 돌보는 것은 개체가 아닌 **종**(種, species)들이라는 인식 때문이었다.

쇼펜하우어는 인간의 삶은 즐거움이 아니라 일련의 임무로서 수행해야 하는 단조롭고 고된 일로 보고 동시에 모든 역사의 발전과 진보를 개체를 지탱하기 위한 그저 덧없고 고통스러운 노력이라 치부하고 이를 배척했다. 나아가 삶은 굶주림과 성적 본능의 만족도 일시적 위안일 뿐 고통의 연속이며 그 원인이 되는 욕망은 대부분 실현될 수 없는 것들이라고 주장했다.

낙천주의(Optimism)는 현세를 최선으로 보는 경향으로 비관주의와 달리 개인의 노력으로 최선에 도달할 수 있다고 보는 사조이다. 라이프니츠 등이 이러한 사조에 정당성을 부여하였다.

낙천주의 시각에서 신이 창조한 세계에서 최선은 반드시 선택되게 마련이고 이에 반하여 미미한 악은 오히려 있는 그대로 그 존재만을 돋보이게 할 뿐이라고 보았다. 낙천주의는 절대적 신앙은 아니라고 하더라도 선을 향해 노력하는 인간의 본성에 대한 무조건적 신앙에 기초를 두고 있다.

(2) 현실주의와 이상주의

현실주의(Realism)는 이상이나 관념보다는 현실을 중시하는 사고나 행동 양식을 뜻한다. **플라톤**(Platon, B.C.427-347)에서 비롯되었고 이후 **아리스토텔레스**(Aristoteles, B.C.384-322)에 의해 체계화되었다.

중세 **스콜라철학**(Scholasticism)에서는 보편적 이념의 실재를 주장하는 학설이었으나 현재는 인간의 주관적 의식에서 독립된 객관적 현실을 주장하는 경향으로 변모하였다. 정치용어로서 현실주의 전형은 정치 현상을 윤리나 종교에서 독립시켜 파악한 **마키아벨리**(Niccolò Machiavelli, 1469-1527)의 주장에서 찾아볼 수 있다.

마키아벨리 (1469-1527)③

현실주의는 한때 정치・외교 분야에서도 논의 대상으로 자주 등장했고 그 의미도 다양해 실현 불가능한 이상이나 탁상공론에 반대되는 사조로서 지지를 받기도 했으나 때때로 **보수주의**(保守主義, Conservatism)나 **편의주의**(便宜主義, Opportunism)와 함께 비판의 대상이 되기도 했다.

이상주의(Idealism)는 어떤 궁극적 목적 혹은 가치 실현을 목표에 두고 노력해 나가는 정신적 태도를 의미한다. 곧 이상주의는 인간성의 무한한 발전 가능성을 배경에 두고 최고의 인격적 가치를 실현하려는 도덕적 사고방식 또는 현실 세계를 어떤 궁극적 가치나 초월적 이념과의 관계에서 새롭게 정립하려는 세계관을 가리킨다.

이상주의는 한편으로 현실적 악을 배척하고 실현 불가능한 환상만을 추구한다는 시각에서 현실주의의 비판을 받고도 있으나 이상주의와 현실주의는 상호 **보충적 역할**(Gap-Filling Role)을 감당하고 있는데 이러한 사고는 플라톤이 주창했다. 곧 초월적 **이데아**(Idea)의 세계를 실재라고 본 플라톤 사상은 현실 세계를 **실재**(實在)로 본 아리스토텔레스의 현실주의와 대립각을 세우고 있다.

미학(美學, Aesthetics)상 이상주의는 사실주의에 반대되는 개념으로서 그 목적은 자연의 단순한 모방에 있는 것이 아닌 오히려 있는 그대로의 불완전한 자연을 이상적으로 승화시켜 완성하는 데에 있다고 주장하는 경향을 말하기도 한다.

(3) 경험주의와 합리주의

경험주의(Empiricism)는 지식의 성립을 경험에 근거해 정당화하는 사조를 뜻한다. 경험주의는 고대 그리스에서 독단적 원칙이나 법의 부당함을 지적하고 경험에서 얻은 현상에 대한 관찰을 중시한 당시 **의사**(醫師, Doctor) 직업을 지칭하기 위해 사용되었다. 이에 경험주의는 현상·관찰·경험 등을 중요하게 취급하고 있다.

프로타고라스 (B.C.485?-414?)④

경험주의는 철학의 인식론 분야에서 가장 널리 알려진 사조로서 통상 **관념**(觀念, Idea)의 기원을 **감각**(感覺, Sensation) 또는 **인상**(印象, Impression)에서 구하려는 시각을 지향하고 있다. 따라서 지식도 태생적이거나 본질적인 것이 아닌 감각기관의 활동에 따라 생성·창출된다고 보았다. 그 결과 경험주의는 모든 관념을 감각 자료로 환원하는 특징을 나타내고 있다.

본래 경험주의는 궤변론자로 불리는 고대 **소피스트**(Sophist)로부터 출현했다. 대표적인 인물로 **프로타고라스**(Protagoras, B.C.485?-414?)는 인간의 지식은 감각에 기초하며 이러한 감각은 사람마다 다르기에 각각의 인식도 다르다는 관점에서 상대주의를 표방했다. 나아가 경험적 관찰을 강조하고 이 관찰이 지닌 주관성을 근거로 **회의주의**(懷疑主義, Scepticism)를 이에 결부하기도 했다.

로크 (1632-1704)⑤

이러한 사조는 **키니코스**(Cynics)와 **에피쿠로스**(Epicurean) 학파를 거치며 중세 유명론(Nominalism)에까지 이어졌다. 중세 유명론을 대표한 **오컴**(William of Ockham, 1285?-1349)은 감

버클리 (1685-1753)⑥

데카르트 (1596-1650)⑦

각적 경험만이 인식을 참되게 해주는 것이라고 주장하고 사유를 통해 확보된 보편성은 허상에 불과하다고 보았다. 이러한 오컴의 급진적 경험주의는 근대 영국 경험론의 전성기를 꽃피운 계기로 작용했다.

근대 영국의 경험론을 대표하는 **로크**(John Locke, 1632-1704)를 필두로 **버클리**(George Berkeley, 1685-1753) · **흄**(David Hume, 1711-1776) 등은 모두 인식 성립의 근본 요소를 감각에 기초한 경험으로 보았다. 이들은 관념이 감각적 경험에서 비롯되었다고 주장하면서 인간은 태어날 때 백지상태였다가 감각적 경험을 통해 비로소 관념과 지식을 갖게 된다고 하였다.

경험주의가 본격화된 것은 영국 경험론자의 영향에 힘입은 바 매우 컸다. 이들은 지성적 직관을 통해 초월적 존재를 인식하고자 했던 형이상학자들과 이성적 사유에 기초로 지식을 정당화하려는 **데카르트**(René Descartes, 1596-1650) · **스피노자**(Baruch Spinoza, 1632-1677) · **라이프니츠**(Gottfried Leibniz, 1646-1716) 등의 이성론자들을 비판의 대상에 두었다. 이들은 관찰과 실험을 기본에 두고 귀납법을 중시하였고 이들의 학문적 경향은 현대 **논리실증주의**(論理實證主義, Logical Positivism)에 계수되었다.

스피노자 (1632-1677)⑧

경험주의는 감각에서 비롯된 경험칙의 한계로 상대주의와 회의주의에서 자유롭지가 못하다는 한계가 있었다. 이에 따라 **선험주의**(先驗主義, Transcendentalism)나 **이성론**(理性論, Rationalism)으로부터 비판을 받고 있다.

한편 **합리주의**(Rationalism)는 비합리적 · 우연적인 것을 배척하고 이성적 · 논리적 · 필연적인 것을 중시하는 사조를 뜻한다. 달리 합리론 · 이성론 · 이성주의라고 한다.

합리주의는 실천의 기준으로서 이성적인 원리만을 구하는 생활 태도를 지칭하는 때도 있다. 형이상학적으로는 이성이나 논리가 세계를 지배하고 있어 이 세상에는 존재 이유가 없는 것은 하나도 없다는 설로 대표되기도 한다. 그리스 고전철학의 합리주의를 대표적인 예로 꼽는다.

신학적으로는 신앙적 진리를 **은총**(恩寵, Grace)에 비추어 계시적으로 이해할 뿐만 아니라 가능한 자연적 이성에 의해 인식하려는 경향을 뜻하기도 한다. 계몽시대 종교비판에서 그 대표적 사상체계를 엿볼 수 있다.

인식론적 견지에서는 경험론과 대립하여 데카르트 · 스피노자 등과 같이 모든 인식은 생래적이고 입증이 가능한 원리에서 유래한다는 시각을 견지하고도 있다. 요컨대 합리주의는 감각적 경험론을 혼란한 것이라 경시하고 수학적 인식을 원형에 둔 것과 같이 논증적 지식을 중시하고 있다.

3) 종교관

종교(Religion)는 초월적·선험적·영적 존재에 대한 믿음을 공유하는 이들로 이루어진 신앙 공동체와 그들이 가진 신앙 체계나 문화 체계를 총칭한다.

종교가 있는 사람은 ①초월적인 대상 ②세계에 대한 궁극적인 진실 ③사람은 어떠한 도덕을 지키며 어떻게 살아가야 하는지 등에 대해 각자의 믿음·신념 등을 갖고 있다.

인본주의를 비롯한 근·현대 철학에서 많은 학자가 종교를 비이성적인 것으로 취급하고 때마다 비판을 일삼았으나 심리학적으로는 종교가 삶의 불확실성을 줄여주고 심신의 안정을 가져다주는 효과가 있다는 긍정적인 견해가 개진되고도 있다.

종교에서 비롯된 신앙의 행동 양식으로 표출된 경건한 마음을 종교심·신심·신앙이라 일컫는데 여기서 이러한 신앙에 따르는 행동규범을 종교의식이라고 한다.

장 칼뱅 (1509-1564)⑨

종교개혁가 **장 칼뱅**(John Calvin, 1509-1564)은 **종교는 경건을 잉태한다**고 주창했다. 여기서 경건은 신에 대한 경외와 사랑이 결합한 마음가짐으로 정의했다. 칼뱅은 **순수하고 참된 종교는 신에 대한 엄숙한 두려움이 수반된 신앙에 기초하고 있으며 여기서 두려움은 자발적인 경외로서 일정한 의식이 뒤따라야 한다**고 설파했다.

종교가 포함하고 있는 규례로서 종교적 교훈은 대개 윤리적 교훈과 일치하는 경우가 많으나 그렇다고 종교적 교훈이 반드시 윤리적 교훈과 일치하는 것은 아니다. 왜냐하면 종교는 윤리로 볼 수 없고 그 사상적 기조도 다르기 때문이다.

신이나 영혼은 초경험적·초자연적 의지를 가진 인격체이다. 예로부터 신의 초인간적 행동은 신화로서 전해지고 여기에 숭배의 형식인 의례가 행해지는데 이러한 종교적 특징은 고대부터 철학자·지식인 사이에 종교에 대한 경멸감을 일으켜 때로는 과학적 인식과 모순된다는 비판을 초래했다. 이에 반하여 일상의 경험으로는 도저히 체험할 수 없는 구체성·실재감은 종교인들에게 종교를 지탱하는 힘이자 매력으로 작용하고 있기도 하다.

종교의 또 다른 특징은 신앙을 함께하는 사람들끼리 신앙적 공동체를 이루고 또 이루어 나가려는 데 있다. 이처럼 같은 신앙을 지니고 있다는 원칙 위에 결성된 종교적 집단을 이른바 **교단**(教團)이라고 한다.

교단은 종교와 공동체를 이끌어갈 수 있는 전문가를 양성하여 신앙인에게 그들이 신봉하는 교리를 가르치며 공동체의 유지를 도모하기도 하고 외부에 대해서는 새로운 신자를 획득하는 포교에 임하고 있기도 하다.

4) 철학적 사고

철학(哲學, Philosophy)은 세계와 인간의 삶에 대한 근본 원리로서 인간의 본질·세계관 등을 탐구하는 학문으로 설명된다. 그 대상은 존재 · 지식 · 가치 · 이성 · 인식 · 언어 · 논리 · 윤리 등의 일반적이며 기본적인 실체에 두고 있다. 여기에 학문으로서 탐색 방법은 질문 · 비판적 토론 · 이성적 주장 · 체계적 진술 등이다.

철학이라는 용어는 고대 그리스어 **지혜에 대한 사랑**(φιλοσοφία, Philosophia)에 어원을 두고 있는데 여기서 지혜는 일상생활에서 실용적 지식이 아닌 인간 자신과 그것을 둘러싼 세계를 관조하는 지식을 포함한다. 이를테면 세계관 · 인생관 · 가치관 등이 이에 해당한다.

일반적으로 철학은 어느 문화권에나 오래전부터 존재해 왔다. 고대 그리스에서는 철학을 학문 자체를 논하는 단어로 사용했고 전통적으로는 세계와 인간과 사물과 현상의 가치와 궁극적인 뜻을 향한 본질적이고 총체적인 원인 규명을 뜻했다.

철학은 일반적으로 형이상학 · 윤리학 · 정치철학 · 과학 · 언어철학 · 사회학 · 논리학 · 미학 등 다양한 학문과 함께 사용되는데 고대 철학의 연구대상은 운동력이 있는 자연에 두었다. **소크라테스**(Socrates, B.C.469?-399) 시기 철학은 인간의 **혼**(魂)을 대상에 두었는데 특히 이로부터 비롯된 윤리적 문제에 특별한 관심을 두었다.

중세 철학에서는 신을 대상에 두었다. 중세는 그리스도 사상이 정신세계의 주류를 이루었기에 종교적으로 주관을 강하게 표출하여 신을 향한 천착에 문제의 중심을 두었다.

근대 철학에서는 인간 지식의 근원이 연구대상이었으며 데카르트 합리론과 로크 경험론이 대립하기도 했다. 여기에 **칸트**(Immanuel Kant, 1724-1804)는 합리론과 경험론을 종합하여 비판 철학을 완성했다. 칸트는 철학의 고유한 문제를 ①**나는 무엇을 아는가?**

칸트 (1724-1804)⑩

②**나는 무엇을 바라는가?** ③**나는 무엇을 알 수 있는가?** ④**인간이란 무엇인가?** 등의 4가지 물음으로 요약했다.

현대 철학은 ①언어의 개별 법칙을 통일적으로 설명하는 **언어철학**(言語哲學, Philosophy of Language) ②어떤 사물의 의미는 개체가 아닌 전체 체계 안에서 다른 사물과의 관계에 따라 규정된다는 인식을 전제로 개인의 행위나 인식 등을 규명하는 **구조주의**(構造主義, Structuralism) ③기존의 지배구조에 대해 비판했던 문화 운동으로 이른바 학생운동·여성운동·인권운동 등과 연계되어 나타난 사조로서 **포스트모더니즘**(Postmodernism) 등이 주요 철학적 분파로 등장하였다.

5) 이데올로기

이데올로기(Ideologie)는 어떤 개인이나 사회 집단이 인간·자연·사회 등에 대해 규정짓는 추상적이면서도 이념적인 의식의 형태를 가리킨다. 일반적으로 **정치이념**(政治理念, Political Belief)과 같은 뜻으로 통용되기에 대개 사회가 어떻게 조직되고 운영되어야 하는지에 대한 사상을 뜻하는 의미를 포함하고 있기도 하다.

이데올로기는 관념형태 또는 의식형태 등으로 번역하기도 하나 원어 그대로 사용되는 경우가 많다. 일반적으로 사상이나 관념형태의 내용을 순수하게 내면적으로 이해하는 방법을 이른바

이데아적 견해(View of Ides)라고도 한다. 이에 대하여 관념형태를 본인의 사회적 기반과 연계하여 그 이해를 반영하는 것으로 추론하는 방법을 **이데올로기적 견해**(View of Ideology)라고 한다.

마르크스주의는 이데올로기를 경제구조에서 하부구조에 대비되는 상부구조로 설명하고 있다. 곧 마르크스는 이데올로기를 사회 내의 상식적 관념 및 널리 수용된 신념으로서 많은 경우 부르주아 지배계급의 이해관계에 봉사하고 그들의 위치를 정당화하는 수단으로서 인식하고 있다.

그 결과 사회학을 비롯한 인문학에서 이데올로기가 최종적으로 타파되어야 할 상부구조를 뜻하고 있는 경우 이는 일반적으로 통용되는 의미가 아닌 **마르크스주의**(Marxism)가 된다. 이 경우 이데올로기를 검증하는 일련의 행위를 사상검증이라고 한다.

이데올로기라는 개념의 실질을 논하기 위해서는 전통적·종교적 **교의**(敎義, Dogma)나 신조가 가진 위계적이고 독단적인 입장을 사회적으로 비판할 수 있을 만큼 민주주의가 성숙하고 다원주의적 사회가 형성되어 있어야 할 필요가 있다.

역사적으로 이데올로기는 부정적 의미와 긍정적 의미를 겸하고 있다. 전자는 비현실적이며 현실을 왜곡하는 일종의 허위의식이며 사람을 선동하는 그릇된 사상이라는 의미로 사용된 것을 대표적인 예로 들 수 있다. 이는 현대에도 통용되고 있다.

후자는 이데올로기라는 단어가 다른 여러 가지 관념·사상·종교들의 사고를 합리적으로 탐구하고 분석하는 작업이라는 의미로 사용된 것이다. 일례로 현대에 주로 활용되는 용법에서 이데올로기는 간략히 세상을 바라보는 틀이라고도 볼 수 있다. 이에 따라 똑같은 현상을 두고도 다른 이데올로기를 가진 사람은 다른 판단을 내릴 수 있게 된다.

이데올로기를 지향해야 하는가 배척해야 하는가에 대한 논쟁이 있다. 마르크스주의는 적극적으로 **프롤레타리아**(Proletarier) 이데올로기를 지향하여 지배계급의 이데올로기인 **자유주의**(自由主義, Liberalism)에 맞서야 한다는 주장을 고수하였다. 이에 자유주의 우익에서는 자유주의에 맞서 보수적인 태도를 지향해야 한다는 주장으로 맞서기도 했다.

2. 종교적 신앙 체계의 유형

신에 대한 인식과 신관 편에서 살펴본 **다신론**(Polytheism) · **유신론**(Theism) · **이신론**(Deism) · **무신론**(Atheism) · **유물론**(Materialism)과 함께 그 밖의 종교적 신앙 체계의 유형을 구분하면 다음과 같다.

1) 결정론

결정론(決定論, Determinism)은 세상에서 일어나는 모든 일은 어떠한 형태로든 본래 이미 결정되어 있다는 소위 필연적 사조를 뜻한다. 여기서 결정의 주체는 초자연적 신 또는 자연법칙 등이다.

종교적 결정론이라고 할 수 있는 **예정설**(豫定說, Predestination)은 세상의 일이라기보다는 인간의 구제가 본래 결정되어 있다는 것을 주장하고 있다는 점에서 일반 결정론과는 다르다. 여기서 예정설은 인간은 신의 뜻에 따라 구원의 운명이 이미 결정되어 있다는 **개신교**(改新敎, Protestantism)의 신학 이론이다.

자연법칙에 의해 세상의 일이 이미 결정되어 있다는 결정론은 **데모크리토스**(Dēmokritos, B.C.460-B.C.370)의 **원자론**(原子論, Atomism)에도 이미 수용되어 있었는데 그것이 구체적인 의미를 띄게 된 때는 근대 후기에 이르러서이다.

데카르트는 창조주로서 신의 전지전능한 능력을 중시하는 시각을 기저에 두고 이때 자연은 창조된 시점에서 신의 전지·전능의 표현 결과로 이미 변형이 불필요한 형태로 완성된 결과 그 운행도 완전히 신의 계획대로 진행된다고 주장했다.

소재와 그것이 행동하기 위한 일련의 법칙만 주어지면 현 세상의 상태를 재현해서 보인다는 데카르트의 말은 이러한 주장을 뒷받침하고 있다.

뉴턴 (1642-1727)[11]

한편 **뉴턴**(Isaac Newton, 1642-1727)은 오히려 이런 데카르트의 기계론적 세계관을 배척했다. 그는 가능하면 **신 없이 구원받고 싶다**고 언급했는데 이는 데카르트가 신의 간섭과 작용을 창조의 시간에만 한정했다는 사실에 대한 불만의 표시였다. 뉴턴에게 신은 어디나 **편재**(遍在, Omnipresence)해 있는 이를테면 어느 때나 어떤 곳에서나 명확히 현존하는 존재로 인식되었다.

그러나 뉴턴의 뜻과는 달리 그의 운동법칙이 데카르트 프로그램 중의 법칙으로 해석되면서 데카르트의 기계론은 명확한 구체성을 띠게 되었다.

그 이유는 자연의 운동에 관한 한 뉴턴의 운동 법칙은 일의적인 인과관계에서 연쇄적 결과를 보증하고 있었기 때문이었다.

뉴턴의 세계에 존재하는 모든 물체가 질점으로 환원되고 그 운동이 모두 운동 법칙에 따라 일의적으로 묘사되고 있는 이상 이 세상에서 발생하는 일체의 현상은 이미 결정되어 있다는 역학적·기계론적 결정론은 프랑스 계몽사상의 정점으로서 이른바 **라플라스의 악마**(Laplace's Demon)라는 개념에 잘 나타나 있다.

라플라스 (1749-1827)⑫

라플라스의 악마라는 개념은 프랑스의 수학자 **라플라스**(Pierre Simon Laplace, 1749-1827)가 상상한 가설이다. 그 내용은 만약 우주에 존재하는 모든 원자의 정확한 위치와 운동량을 알고 있는 존재가 있다면 그는 뉴턴의 운동 법칙을 이용해서 과거·현재 모든 현상을 설명해주고 게다가 미래까지 예언할 수 있다는 것이다.

라플라스는 누군가 전 우주의 모든 원자의 정확한 위치와 운동량을 알고 있다면 고전역학의 법칙들로 원자들의 과거나 미래의 물리 값도 알 수 있다고 주장했다. 후기의 전기 작가는 이러한 능력을 지닌 존재를 **악마**(惡魔, Demon)로 일컬었고 오늘날 라플라스의 악마로 이어지고 있다. 한편 라플라스의 악마에 빗대어 그중에서 인간의 자유의지는 어떤 위치를 점하고 있는가에 관한 의문은 현재까지 계속 제기되고 있다.

2) 교체신교

교체신교(交替神教, Kathenotheism)는 독일의 철학자 **막스 뮐러**(Friedrich Max Müller, 1823-1900)가 처음 사용한 용어로 이를테면 한 번에 하나의 신을 숭배하는 신관을 말한다. 이에 다른 신의 속성을 흡수한 하나의 유력한 신을 유일신으로 숭배하고 종교행사나 의례에 따라 주신을 바꾸기도 한다. 달리 **교환신교**라고도 한다.

막스 뮐러는 **베다**(Veda)를 언급하면서 이 용어를 사용했다. 그는 최고의 신으로 숭배받는 신이 때와 장소에 따라 여러 가지 다른 모습으로 나타난다고 주장했다.

막스 뮐러 (1823-1900)[13]

여기서 베다는 브라만교 및 후신인 힌두교의 신화적·종교적·철학적 경전이자 문헌이다. 곧 베다 문헌들은 베다 산스크리트어로 기록된 것으로 힌두교의 가장 오래된 경전들로 구성되어 있다.

요컨대 교체신교는 다신교로도 일신교로도 분류할 수 없는 신관으로 다신교에서 일신교로 옮겨가는 중간단계라 볼 수 있다.

3) 단일신교

단일신교(單一神教, Henotheism)는 여러 신을 인정하면서도 상황에 따라 그중 하나를 주신으로 섬기는 종교를 말한다. **선택적 일신**

교(選擇的一神教) 또는 **택일신교**(擇一神教)라고 부르기도 한다.

단일신교는 신이 유일해야 한다고 보지 않기 때문에 일신교와 구별되며 많은 신 중에 하나의 신만을 섬기고 있다는 시각에서 절대적인 다신교와도 차이가 있다.

일신교는 기본적으로 하나의 신만을 섬기는 것을 의미하나 하나의 신만을 섬긴다고 해서 그것이 항상 엄격한 일신교인 절대적 일신교를 지칭한다고는 볼 수 없다. 경쟁하고 있는 여러 신 중에서 하나의 신만을 경배한다는 뜻일 수도 있기 때문이다.

한편 다신교라고 할지라도 내재적인 유일신을 인정할 수 있다. 일신 숭배는 여러 신을 인정하며 그중 하나만을 신앙의 대상으로 삼는다는 점에서는 단일신교와 마찬가지로 볼 수 있다.

4) 반신론

반신론(反神論, Antitheism)은 유신론에 적극적으로 반대하는 사상으로 반유신론이라고도 한다. 이는 신이 존재한다는 사상에 대해 적극적으로 반대하는 신관이다.

반신론은 무신론에 포함되는 것으로 취급하고도 있으나 무신론이 신이 없다고 여기고 있음에 반하여 반신론은 신이 존재해서는 안 된다고 주장하고 있다는 점에서 차이가 있다.

반신론은 여러 종교에서 말하는 신의 모습을 지적하면서 때마다 신이 있어서는 안 된다고 주장하고 있는데 이로써 신이 존재함으로 인하여 발생하는 필연적인 모순점을 적시하고 있다.

5) 불가지론

불가지론(不可知論, Agnosticism)은 ①대부분 신의 존재에 대한 신학적 명제의 진위를 알 수 없다고 보는 철학적 관점 또는 ②사물의 본질은 인간에게 있어서 인식 불가능하다는 철학적 관점 등으로 설명된다.

불가지론은 절대적 진실은 부정확하다는 관점을 취하고 있는데 이는 절대적이며 완벽한 진실이 존재한다는 관점을 지닌 이른바 **교조주의**(教條主義, Aogmatism)의 반대개념이라고 할 수 있다.

불가지론은 다음의 각각의 명제로 정체성을 확립할 수 있다. ①신의 존재 여부 혹은 초자연 현상의 인지 여부를 알 수 없다. ②신의 계시로부터 신의 존재를 알 수 있으나 그것을 증명할 수도 확인할 수도 없다. ③신의 존재 여부를 아는 것은 불가능하고 계시 혹은 인식도 불가능하다.

불가지론은 종교의 유무나 종류는 아무런 관련이 없고 오로지 믿음에 확신을 가질 수 없다는데 주안점을 두고 있는 사상이다. 아울러 무신론과는 다르게 신의 존재 여부를 확정적으로 논하지 않고 있다. 다만 신의 존재나 초자연적 현상이 실재할 가능성을 인정할 따름이다.

그 밖에 불가지론은 인간 인식의 한계로 아는 것이 불가능하거나 현재 가지고 있는 근거로는 판단할 수 없다는 시각을 고수하고 있기에 모든 지식의 불확실성을 고려하고 의심하는 방법론으로서의 회의주의와 구별된다. 요컨대 불가지론은 철학적 관점으로 취급되고 신관으로는 취급되고 있지 않은 특성이 있다.

6) 비신론

비신론(非神論, Nontheism)은 무신론의 대안으로 제시된 개념으로서 비유신론이라고도 한다. 무신론은 외견상 신이라는 개념은 있으나 그것은 존재하지 않는다고 보고 있는데 이는 암묵적으로 허구의 존재든 그렇지 않든 여하튼 신을 가정하고 있다. 이에 따라 서양에서는 불교를 비신론으로 취급하고 있다.

그런데 비신론은 애초에 신이라는 존재의 가정마저도 불식하고 있다는 점에서 그 차이가 있다. 그 밖에도 비신론은 ①무신론이 공산주의나 전체주의 등과 함께 부정적으로 분류되고 있는 것을 회피하기 위해 ②불가지론을 무신론 및 반신론과 함께 묶어 두기 위해 ③때로는 진보주의 종교의 반교조주의적인 성격을 표창하기 위해 사용되기도 한다.

7) 샤머니즘

샤머니즘(Shamanism)은 초자연적인 존재와 직접 소통하는 이른바 **샤먼**(Shaman)을 중심으로 하는 주술적 종교이다. 이를테면 샤먼이 **엑스터시**(Ecstasy)와 같은 이상심리 상태에서 초자연적 존재와 직접 접촉·교섭하여 이 과정 중에 점복·예언·치병·제의 등을 행하는 주술이나 종교현상이다. 지역에 따라 다양한 샤머니즘이 있으며 다른 종교와 융합된 변형된 형태도 많다.

본래 샤머니즘은 고대 아시아의 주술적 종교현상을 지칭하는 한정된 의미로 사용되었으나 점차 종교학·민족학·인류학 등의

시베리아의 샤먼(Shaman)⑭

분야에서 세계 각지 유사종교를 의미하는 용어로 확장·사용되었다. 최초 샤머니즘이 관찰된 곳은 **시베리아**(Siberia)였는데 이로 인해 샤머니즘은 북아시아 민족이 행하는 종교현상을 의미했다. 이후 **베링해**(Bering Sea)에서 **스칸디나비아반도**(Scandinavian Pen.)에 이르는 북아시아 전역에 걸쳐 소위 **샤머니즘 문화파동**(Schamanistsche Kulturwelle)이 촉발되었고 그 결과 북아시아 샤머니즘은 가장 고전적·전형적 형태를 띠게 되었다.

그러나 학문적 의미에서 샤머니즘은 북아시아 이외에도 동아시아·동남아시아·중앙아시아·아메리카·오세아니아 등에 분포하는 원초적 종교형태로 그 범위를 특정하고 있다.

역사의 진전에 따른 사회·경제의 변천과 종교적 신앙의 변화를 눈여겨보면서 샤머니즘의 기원을 **토테미즘**(Totemism)에서 찾는 사관도 존재한다. 이 사관에 의하면 샤먼은 원래 정령을 지배하는 일이 가능했던 토템 동물의 계승자로서 신석기시대를 지나 청동기시대에 이르러 토템 신앙을 기반으로 새로운 샤머니즘적 이데올로기와 의례로 진화하였다고 주장하고 있다.

샤먼은 남녀 누구나 될 수 있으나 대개 **입무**(入巫)과정에서 **무병**(巫病)을 심하게 앓거나 **환상**(幻想) 경험이라는 특수한 체험을 거친다. 여기서 환상이나 무병을 경험하는 일은 신이나 정령의 부름을 의미하는 것이기 때문에 여하히 회피할 수는 없다.

샤먼은 신내림을 받아 신을 섬기며 굿을 하는 여성 무속인을 뜻하는 **무당**(巫堂)과 남자 무당을 지칭하는 **박수**(博數)를 신과 인간의 매개체로 생각하는 신앙이다. 여기서 샤먼은 병의 치료자·사제·예언자·정령의 대변자·영혼의 인도자 등으로 기능하며 이에 추종자는 샤먼이 엑스터시의 기술로 초인격적인 상태가 되어 초인적 능력을 발휘한다고 믿는다.

8) 신비주의

신비주의(神秘主義, Mysticism)는 특정한 이념·윤리·의식·신화·전설·마술 등에 의해 깨어 있을 때 의식과 다른 의식 상태로 예컨대 수면이나 최면 상태 따위의 소위 **변성의식상태**(變成意識狀態, Altered State of Consciousness)의 일종인 종교적 황홀경을 일컫는다.

신비주의는 이러한 종교적 황홀경을 통해 일련의 궁극적 지식의 통찰을 얻는 것과 다양한 행위와 실천으로 인간이 새롭게 거듭나는 것 등을 포함한다.

①**광의의 신비주의**는 샤머니즘과 같은 민간 토착 종교로부터 **그리스도교**(Christianity)·**이슬람교**(Islam)·**유대교**(Judaism)·**드루즈**(Druze)·**만다야교**(mandaeanism) 등 이른바 **아브라함계 종교**(Abrahamic Religions)·**인도계 종교**(Indian Religions) 등과 같은 조직적 종교 그리고 **뉴에이지**(New Age)·**신흥종교**(New Religion)와 같은 근대 영성운동에 이르기까지 모든 종교에서 찾아볼 수 있다.

②**협의의 신비주의**는 중세에 그리스도교 수행에 있어 성서적·전례적·영성적·명상적 차원을 가리키는 것이었는데 근대에 이르러 신비주의는 **기이한**(Extraordinary) 경험과 정신의 상태에 관한

신념과 이념으로 그 의미가 정립되었다.

근대 신비주의는 신과 합일되는 의미로써 좁은 정의와 함께 넓은 적용례를 지니게 되었다. 여기서 소위 **신비적 체험**(Mystical Experience)은 신비주의의 요체로서 매우 중요하게 다루어 졌다.

9) 심령주의

심령주의(心靈主義, Spiritualism)는 사람은 육체와 영혼을 겸비한 존재로 육체가 소멸해도 영혼은 소멸하지 않고 존재해 현세의 인간과 교신할 수 있다는 사조를 말한다. 달리 **유심론**(唯心論) · **교령술**(交靈術) · **심령론**(心靈論) · **강신설**(降神說)이라고도 한다.

영혼의 사후 존속이나 죽은 자와의 교류 등은 각양의 종교에서 찾아볼 수 있으나 여기서 심령주의는 미국에서 시작된(19세기 중반) 독특한 신앙 체계를 지칭하는 것으로 이를테면 사후세계와의 교신이나 초능력의 퍼포먼스에 주안점을 둔 일련의 종교 운동으로 이해되고 있다.

심령주의에서 영혼과의 교신은 이른바 **교령회**(交靈會, Seance)를 통해 이루어지는데 이때 죽은 자의 영혼과 살아있는 사람을 소통하게 해주는 이른바 **영매**(靈媒, Mediumship)가 교령회를 이끈다. 근대 심령주의는 일본에서 전성기를 맞았다(1960년대). 일본에 도입된 심령주의는 신흥종교에도 큰 영향을 미쳤다.

근대 심령주의는 죽은 자와의 교류로부터 시작되었으나 교령회를 근간으로 한 심령주의는 그 영역을 확장하여 점차 과학자나 사상가의 지지를 얻으면서 시대정신으로 성장해 일련의 사회개혁 운동으로까지 발전하기도 했다.

심령주의는 제1차 세계 대전까지 모더니즘의 탄생에 결정적 영향을 미친 정신적 사조로 취급되었으나 문화사·사상사에서는 사상적 주류로 자리 잡은 적은 없고 다만 부수적 개별분야로 다루어졌다.

과거 심령주의는 근대 자연과학의 발달(17세기) 계몽주의의 확산(18세기) 통신수단의 발달·그리스도교 권위하락(19세기) 등에 따른 종교적·정신적 고갈 상태 등에 편승하여 교회나 성직자를 대신해 친한 사람의 죽음에 대한 슬픔과 공포라는 근본적인 고민에 대응하는 신앙적 수단으로서 폭넓은 지지를 받았다.

한편 심령주의는 개인의 행복을 최우선에 둔 근대 자기 종교라는 지위를 통해 노예제 폐지 운동이나 여성의 참정권 획득 등의 사회개혁 운동에 적극적으로 나서기도 했다. 현재 심령주의는 유럽과 라틴아메리카에서 그 흔적을 엿볼 수 있으며 특히 브라질에서 널리 성행하고 있다.

10) 신지학

신지학(神智學, Theosophy)은 중세·근세를 통해 신 또는 천사의 **계시**(啓示, Revelation)를 내적 직관으로 인식하는 방법이나 그 인식을 지칭하는 의미로 사용되었다. 신지학은 종교개혁시대 이후 **프로테스탄트**(Protestant) 정신운동 중에서 **연금술**(鍊金術, Alchemy)이나 철학 용어로서 널리 보급되었다.

신지학은 항상 특정한 체계 또는 세계관을 나타내는 말로 사

블라바츠키 (1831-1891)⑮

용되고 있다는 점에서 신비주의와 차이점이 있다. **블라바츠키**(Helena Petrovna Blavatsky, 1831-1891)가 **올코트**(Henry Steel Olcott, 1832-1907)와 함께 미국 뉴욕에서 **신지학협회**(Theosophical Society)를 설립한 후에는(1875) 특히 이 협회를 지칭하는 말로도 사용되었다.

신지학의 태두 블라바츠키는 태고 이후 우주와 인간의 기원을 둘러싼 비밀이 전승되어 후에 각양의 종교가 시대에 따라 특정한 형식을 띠고 발생했는데 현대에 이르러 여러 종교 간 대립을 뛰어넘어 다시금 근원적인 신적 예지하에 복귀해야 할 시기가 다가오고 있다고 설파하였다.

신적 예지에 입문하려는 사람들을 위해 설립된 신지학협회에서는 ①인종・종교・신분 구별 없는 우애 정신 보급 ②전통적인 세계 종교의 비교연구와 보편적 윤리관의 제시 ③개인의 의식에 잠재해 있는 신적인 힘의 연구와 개발이라는 3대 목표를 주창하고 있다. 신지학은 현재 인도・유럽・미국 등에 분산되어 있다.

11) 악신론・혐신론

악신론(惡神論, Dystheism)은 신이 전적으로 선한 존재가 아니고 악한 존재라고 보는 개념이다. 여타 기성종교는 대체로 신이 인간을 위해 일하는 선한 존재로 인식하고 있으나 악신론은 무신론을 기초로 신을 인간에게 악심을 품고 있는 대상으로 인식하고 있다. 한편 악신론은 오랜 기간에 이어져 온 전통적 신관이라는 특징이 있다.

인간이 신에 대한 신앙을 견지하고 있는 이유는 신앙을 통해 현세와 내세의 행복을 얻기 위해서가 일반적이다. 그러나 인간은 신을 이해할 수 없는 처지에 있기에 신이 진정으로 인간을 위하고 있는지 알 수는 없다. 그러기에 한편으로 신이 오히려 인간에게 고통을 주는 존재라고 가정할 수도 있다. 악신론은 이러한 부정적인 시각에서 출발한 신관으로서 그 결과 신을 믿는 행위는 일절 고통의 과정으로 인식하고 있다.

악신론은 신을 초월적인 존재로 인식하는 것이 일절 무익한 일이고 때로는 스스로 위험에 빠뜨릴 수 있는 위험한 행위로 간주하고 있다. 이러한 시각에서 반신론과 유사하다.

다른 한편으로 **혐신론**(嫌神論, Misotheism)은 신을 혐오하는 신관이다. 신이 전적으로 선하지 않을 수도 있으며 어쩌면 악할 수도 있다는 믿음인 악신론과 밀접한 연관성을 견지하고 있다.

12) 애니미즘

애니미즘(Animism)은 무생물계에도 영혼이 있다고 믿는 세계관이다. 곧 각양의 **영적 존재**(Spiritual Beings) 이를테면 **영혼 · 신령 · 생령**(生靈, Living Soul) · **생령**(死靈, Departed Soul) · **조상신**(祖上神, Ancestors Soul) · **요정**(妖精, Fairy) 등에 대한 신앙을 뜻한다.

애니미즘 신앙에서 영혼은 인간의 신체에 머물고 이후 신체를 떠나도 독자적으로 존재할 수 있는 영적 실체이다. 영혼은

아프리카 말리(Mali) 애니미즘(Animism)[16]

인간의 정신적·인격적 특질이나 기능과 함께 독립적 존재로서 기능한다. 나아가 영혼은 사물에 머무는 한 사물을 움직이는 원천이 되며 소멸해 사라져도 독자적으로 존재하기에 **초자연적**(Super-Natural)·**초인간적 존재**(Superhuman Beings)로 나아가 보통사람에게는 불가시적 존재이지만 인간과 똑같은 감정을 지니고 있다고 보아 인격적 존재로도 취급된다.

애니미즘은 이처럼 모든 생물·사물·현상 등에 인정되는 영혼 군을 일괄해서 영적 존재로 취급하고 이들 존재에 대한 신앙을 애니미즘으로 통칭하고 있다.

인간은 이러한 애니미즘의 영혼 관념을 주위의 동·식물이나 자연물에도 이입하여 여기에 다양한 영적 존재의 관념과 그들에 대한 신앙이 정립했다. 그 결과 탄생한 신령·정령·사령 등의 영적 존재가 탄생하게 되었다. 이러한 영혼이나 정령의 영적 관념은 후에 진화해서 다신교나 일신교의 분파를 이루기도 했다.

애니미즘에서 죽음은 신체에서 영혼의 영구이탈을 의미하는데 사후 영혼은 천상·지상·지하 등 타계로 가고 정해진 시기에 세상을 방문한다고 믿는다. 다만 생령·사령·동물령 등은 인간에게 붙어 건강을 해치는 존재로 남는다. 따라서 애니미즘은 인간의 영혼에 대한 관념을 인간 이외의 존재에도 널리 인정하고 그들과 밀접한 관계를 맺으려는 행위로도 설명할 수 있다.

일반적으로 애니미즘은 원시사회나 원시종교의 특질로 현대 사회나 문명종교에서는 그 지위가 현저히 약화 되었다고 보기 쉬우나 현대생활에서도 각양의 종교에서 영혼이나 사령·조령 등 영적 존재를 쉽게 찾아볼 수 있다.

13) 영지주의

영지주의(靈知主義, Gnosticism)는 신적 계시와 현몽에 의한 초자연적 지식으로서 이른바 **그노시스**(Gnosis)를 소유할 때 구원을 받는다는 사상을 말한다. 초기 영지주의자들은 자신들만이 구원에 이르게 하는 비밀스러운 지식을 보유하고 있다고 주장했다.

그노시스는 그리스도교 교리사에서 **그노시스주의**(Gnostizismus)라고 불린 학설의 근원이 된다. 이는 종교적으로 하나님의 신비를 아는 지식이 구원을 가져다준다는 뜻으로 **초대교회**(初代敎會, Early Church) 시대에 쓰였다(1-4세기). 여기서 영지주의가 파생했는데 이는 결국 이원론으로 흘러 창조와 구원을 따로 떼었고 하나님의 능력이 세상에 유입된 사실과 세상 물질에 사로잡혀 이루어진 거짓 지식에서 사람이 벗어나 본래 지식으로 이를테면 하나님의 사정을 앎으로써 구원된다는 구원설을 구분해 주장했다.

영지주의는 그리스 철학과 동양의 이교 사상 그리고 이집트·인도·페르시아의 이원론적 우주론에 유대교 사상이 가미된 혼합주의 철학 체계로 발전했는데 초기 영지주의자들은 심지어 그리스도교 사상까지도 영지주의에 편입하여 새로운 종교 철학을 수립하고자 기도하기도 했다.

영지주의는 발흥한 이후(1세기 중엽) 번성하다가(2-3세기) 시나브로 **마니교**(Manichaeism)에 흡수되었다(4세기). 특히 로마제국 내 수많은 지성적 그리스도인이 영지주의에 영향을 받아 교회 내부에 큰 혼란을 가져오기도 했다(2-3세기).

영지주의에서 영혼은 선하고 순수하며 신비적이지만 육체는 악하고 타락한 것이라는 이원론적 사상을 배경에 두고 세계는 신에 의해 창조된 것이 아닌 저급한 조물주에 의해 만들어졌다고 주창했다. 이를테면 세상은 신을 배신하고 자신의 독자적인 세계를 창조하려 했던 한 천사의 미완성 작품이라고 믿었다.

한편 영지주의자들은 영의 신비성을 강조하면서 영혼의 구원은 소수에게만 허락된 비밀스러운 지식을 통해 가능하기에 이를 전하고자 **예수 그리스도**(Jesus Christ)가 이 땅에 온 것으로 믿었다.

한편 영지주의자들은 육체를 죄악시한 결과 예수의 인성과 **성육신**(成肉身, Incarnation)을 부인하고 예수는 단지 사람으로 나타난 것에 불과하다는 **가현설**(假現說, Docetism)을 주장했다. 곧 예수는 잠시 인간의 모습만 빌렸을 뿐 진짜 인간은 아니었다는 것이다. 온전한 영적 존재는 죄로 가득 찬 육신 속에 갇혀있을 수 없다는 것이 그 이유였다.

신약성서에서는 그들이 ①자유를 남용하고 ②몸의 부활을 부인하며 ③신화와 족보에 집착했고 ④거짓된 지식을 가졌으며 ⑤극단적인 금욕주의자이고 ⑥성적 방종을 일삼고 ⑧그리스도가 육체로 이 땅에 오신 사실을 부인하는 죄 등을 범했다고 적시했다.

다른 한편 영지주의자는 그리스도교 교리를 각 나라와 각 계층의 다양한 사상과 조화시켜 모든 민족이 공감할 수 있는 보편

타당한 진리 체계를 구축하려고 시도했다.

그렇지만 영지주의 사상은 그리스도교 진리를 심하게 왜곡시켰다는 비판 속에 점차 이단 사설로 전락하고야 말았다. 참고로 그리스도교 신앙에서 **사도신경**(使徒信經, Symbolum Apostolicum)은 영지주의 사상으로부터 그리스도교를 지켜내기 위해 마련되었다.

14) 일원론 · 이원론

일원론(一元論, Monism)은 존재의 개념에 단일성을 적용하는 사조다. 과학적 방법론을 수용한 **동일론**(同一論, Identity Philosophy)과 동일시된다. **소재 일원론**(素材一元論, Substance Monism)은 일련의 존재하는 것은 단일한 실체나 물질로 설명할 수 있다는 철학적 시각이다.

다른 정의는 모든 존재하는 것들은 하나의 그것들과 구별되는 하나의 원천으로 환원될 수 있다고 주장한다. 예컨대 **신플라톤주의**(Neoplatonism)에서 모든 것은 일자로부터 파생된다고 보는데 이는 종종 **우선일원론**(于先一元論, Priority Monism)으로 불리며 오직 일자만이 기본이 되는 존재거나 모든 것에 앞선다는 시각이다.

일원론은 ①**소재 일원론**(Substance Monism)과 ②**존재 일원론**(存在一元論, Existence Monism)으로도 구분되는데 전자는 오직 한 종류의 물질이 존재하고 세계는 이러한 물질로 구성되어 있다는 설이고 후자는 엄격히 말하면 인공적이며 임의로 분할될 수 있는 우주와 같은 하나의 존재가 존재한다는 설이다.

이원론(二元論, Dualism)은 세계나 사상을 2개의 상호 독립하는 근본 원리로 설명하는 사상으로 정의할 수 있다. 이원론은 **조로아**

스터교(Zoroastrianism) 등의 종교에서 찾아볼 수 있으나 철학에서는 데카르트의 이원론이 대표적이다.

데카르트(René Descartes, 1596-1650)는 이원론을 주장하여 **정신**(Mind, Soul)과 **물질**(Body)은 전혀 다른 성질의 것이라고 보았다. 그러나 이원론을 철저히 구명하면 끝내 물심이 분열한다는 시각에서 **스피노자**(Baruch de Spinoza, 1632-1677)는 물심을 실체의 표리로 보는 일원론을 주창했다. 다원론도 이원론을 극복하기 위해 파생되었다.

이원론에 등장하는 상호 독립하는 2개의 근본 원리로는 **빛과 어둠**(Light and Darkness) · **선과 악**(Good and Evil) · **신과 자연**(God and Nature) · **신과 물질 우주**(God and material cosmos) · **정신과 물질**(Spirit and Matter) · **의식과 물질**(Consciousness and Matter) · **영혼과 육체**(Soul and Body) · **영성과 물질성**(Spiritual and Material) 등이 있다.

이원론에서 2개 원리가 상호 독립한다는 개념은 2개의 독립적인 원리가 서로 간에 대립하고 투쟁한다는 것을 함의한다. 그리고 대립과 투쟁 과정을 통해 2개의 독립적인 원리 중 어느 하나가 궁극적으로 승리한다는 관점이 이원론의 핵심 논리이다.

15) 인본주의

인본주의(人本主義, Humanism)는 철학 체계의 근원으로 인간의 존재를 중요시하고 인간의 능력과 성품 및 인간의 소망과 행복을 중하게 생각하는 정신이다. 달리 **인문주의**(人文主義)라고 한다.

인본주의는 인간 중심적 사고에 따른 인류 사회의 존엄과 가치를 중시한다. 신이 세상을 지배한다는 신본주의나 모든 사물에 정령이 깃들어 있다는 애니미즘 및 그 밖에 샤머니즘을 포함하여 피상적으로 관찰된 자연의 원리에 따라 살아야 한다는 자연 환원주의를 배척하고 있다. 때로는 인본주의에 근간한 정치사상이자 사회사상을 뜻하기도 한다. 이러한 시각에서 인간주의·휴머니즘이라고 일컬어지기도 한다.

16) 토테미즘

북미의 토템(Totem) 문양[17]

토테미즘(Totemism)은 토템 신앙의 대상을 숭배하는 신앙 형태로 원시사회에서 동·식물이나 자연물을 신성시함으로써 형성되는 종교 및 사회 체제로 설명된다.

토테미즘은 주로 미개사회나 고대 문명에서 많이 볼 수 있으나 문명의 발전을 이룬 현대사회에서도 동족 간의 전통이나 의례로 정착되어 토테미즘을 계승하고 있는 지역도 많다.

토테미즘은 인간집단과 동·식물 또는 자연물이 특수관계를 유지하고 집단 명칭을 동·식물이나 자연물에서 본떠 붙인 예는 원시민족 사이에서 널리 발견되고 있다.

오늘날 **토템**(Totem)이라는 말은 이런 유의 사회현상에 있어 집단의 상징이나 징표로서 동·식물이나 자연물을 가리키는 데 널리 사용되고 있으며 토테미즘이란 토템과 인간집단과 여러 가지 관계를 둘러싼 신념·의례·풍습 등의 제도화된 체계를 뜻한다.

토템은 어느 특정 개인에 관계된 수호신이나 초자연력의 원천으로서의 동물 또는 샤먼의 동물 신 등과 동일시되는 일이 많아 이런 시각에서 보는 토테미즘도 있으나 토템은 본래 집단적 상징이어야 하기에 현재 이것들은 엄밀한 의미에서 토템으로 인정되지는 않고 있다.

어떤 현상이 토테미즘이 되기 위해서는 ①집단은 그 집단의 토템의 이름으로 불리고 있어야 하고 ②집단과 토템과의 관계는 신화나 전설 등에 의하여 뒷받침되어 있어야 하며 ③토템으로 삼고 있는 동·식물을 죽이거나 잡아먹는 일은 금기시되어 있어야 하고 ④아울러 동일 토템 집단 내에서의 결혼은 금지되어 있어야 하며 ⑤토템에 대해서 집단적 의식을 행하고 있어야 한다.

제3장 세계 종교의 계통과 신관

1. 인명·지역별 세계 종교의 계통과 신관

1) 아브라함 계통

아브라함(Abraham)은 **구약성서**(舊約聖書, Old Testament)에서 유일신 **야훼**(YHWH, Yahweh, Yehovah)의 계획과 의지에 따라 **선민**(選民, Chosen People) **이스라엘**(Israel)의 조상으로 선택된 인물이다. 그 이름은 **열국의 아버지**라는 뜻을 담고 있다. 한편 이스라엘은 아브라함의 손자 **야곱**(Jacob)이 야훼의 계시에 따라 바꿔 부르게 된 **인명**(人名)이자 **국명**(國名)이다.

아브라함 계통의 종교는 ①**그리스도교**(Christianity) ②**이슬람교**(Islam) ③**유대교**(Judaism) ④**드루즈**(Druze) ⑤**만다야교**(Mandaeism) ⑥**바하이 신앙**(Baha'i Faith) 등이 있다.

아브라함은 구약성서 및 **히브리 성서**(Hebrew Bible)에서 야훼로부터 택함을 입은 지도자 내지 믿음의 선대로 추앙받고 있다. 이러한 이유에서 비교종교학에서는 아브라함을 **유일신교**(Monotheism)의 효시로 손꼽고 있기도 하다. 이슬람교에서는 이름을 달리하여 **이브라힘**(Ibrahim)으로 칭한다.

아브라함 종교는 유일신교라고 말할 수 있지만 그렇다고 모든 일신교가 아브라함 종교는 아니다. 그렇지만 위에서 아브라함의 종교로 구분한 각양의 종교는 모두 유일신교다.

(1) 야훼

야훼(Yahweh)는 이스라엘인에게 계시 된 하느님 이름을 지칭한다. 히브리어로 쓰인 구약성서에 **4개의 자음**(Tetragrámaton)이 연속된 「יהוה」가 나오는데 이 낱말은 로마자로 YHWH로 표기된다.

이후 유대인들은 YHWH를 발음하지 않았는데(B.C.3세기 이후) 이는 거룩한 신의 칭호이므로 감히 함부로 발언할 수 없다는 고유한 신관 때문이었다. 이에 이스라엘 신의 보편적 주권을 강조하는 속성 명사 **엘로힘**(אֱלֹהִים, Elohim)이 사용되었다. 구약성서 그리스어 번역본인 **70인역**(*Septua Ginta*)은 이를 **퀴리오스**(*Kyrios*)라고 옮겼다.

유대인들은 이 낱말을 예배용어로 **나의 주**라는 뜻의 **아도나이**(Adonai)로 읽었는데 그때 모음 「A-O-ai」를 자음인 YHWH에 삽입해 이를 이어붙여 **여호와**(Yehowah)로 불렀다. 이스라엘인은 이를 그들 신론의 기초로 삼고 있다. 요컨대 통설은 **존재하는 모든 것을 존재케 하는 자**가 YHWH의 가장 정확한 의미라 새기고 있다.

(2) 아브라함

아브라함(Abraham)은 **열국의 아버지 · 많은 국민의 아버지**란 뜻이 있다. **히브리인**(Hebrews) · **아랍인**(Arab) · **에돔인**(Edomites)의 공통된 조상으로 취급되며 유대교 · 그리스도교 · 이슬람의 시조로 일컬어지는 인물이다.

본래 이름은 존귀한 아버지란 뜻의 **아브람**(Abram)이었는데 하나님의 계시에 따라 **아브라함**(Abraham)으로 바꿔 부르게 되었다. **메소포타미아**(Mesopotamia) **갈대아 우르**(Ur of the Chaldeans) 출신으로 하느님의 부르심을 받아 큰 민족과 창대한 이름을 얻고 복이 될 것이라는 약속을 믿고 고향과 친척과 아버지의 집을 떠나 약속의 땅 **가나안**(Canaan)으로 이주한 후 하나님과 언약을 맺었다.

비록 인간적인 면에서 부족한 면도 많았으나 하나님의 간섭으로 아브라함은 가나안 땅의 주역이 되었고 100세 나이에 하나님의 약속대로 아들 **이삭**(Issac)을 얻었다. 또 뜻밖에 아들 이삭을 제물로 바치라는 하나님의 요구에 믿음으로 실행함으로써 언약을 재확인받기도 했다. 175세에 죽어 아내 **사라**(Sarah)가 묻힌 **헤브론**(Hebron)에 장사 되었다. 히브리인의 선조이자 현대 그리스도인에게 신약성서를 통해 이른바 **믿음의 조상**으로 칭송되고 있다.

2) 인도 계통

인도 계통 종교(Indian Religions)는 **다르마 계통 종교**(Dharmic Religions)라고도 하는데 여기에는 인도대륙을 지역적 범위로 **윤회**(Samsara) · **다르마**(Dharma) · **카르마**(Karma) 등의 교리를 공유하고 있는 ①**브라만교**(Brahmanism) ②**힌두교**(Hinduism) ③**불교**(Buddhism) ④**자이나교**(Jainism) ⑤**시크교**(Sikhism) ⑥**바가바트교**(Bhagavata) ⑦**아지비카교**(Ajivika) 등을 포함한다.

(1) 윤회

윤회(輪廻, Samsāra)는 인간이 죽어도 그 **업**(業)에 따라 **육도**(六道)의 세상에서 생사를 거듭한다는 불교 · 힌두교 등의 교리이다. 무릇 생명이 있는 것은 6가지의 세상에 번갈아 태어나고 죽어 간다는 것으로 이를 이른바 **육도윤회**(六道輪廻)라고 한다.

①**지옥도**(地獄道)는 가장 고통이 심한 세상이다. 지옥에 태어난

육도윤회도①

이들은 심한 육체적 고통을 받는다. ② **아귀도**(餓鬼道)는 지옥보다 육체적 고통을 덜 받으나 굶주림의 고통을 심하게 받는다. ③**축생도**(畜生道)는 네발 달린 짐승을 비롯해 새·고기·벌레·뱀까지도 모두 포함된다. ④**아수라도**(阿修羅道)는 노여움이 가득 찬 세상으로서 남의 잘못을 철저히 따지고 들추고 규탄하는 사람은 이 세계에 태어난다. ⑤인간이 사는 **인도**(人道)이다. ⑥행복이 두루 갖추어진 하늘 세계 **천도**(天道)이다.

인간은 현세에서 지은 업에 따라 죽은 후 다시 6세계 중의 한 곳에서 내세를 누리며 다시 그 내세에 사는 동안 저지른 업에 따라 또 다른 내세에 태어나는 윤회를 계속하게 된다.

그러나 이 윤회의 6 세상에는 절대적 영원이란 없다. 수명이 다하고 업이 다하면 지옥에서 다시 인도로 천국에서 아귀도로 몸을 바꾸어서 태어난다. 곧 육도의 세계에서 유한의 생을 번갈아 유지한다는 것이 불교의 윤회 사상이다. 이 윤회는 철저하게 스스로 지은 대로 받는다는 자업자득에 기초를 두고 있다.

윤회는 피할 수 없고 누가 대신 받을 수도 없다. 오직 자신이 지은 업에 따라 다른 세계로 이전만이 가능할 뿐이므로 언제나 새로운 세계를 창조할 수 있는 자율적 의지와 실천이 강조된다.

(2) 다르마

다르마(Dharma)는 인도의 종교사상으로 불교에서는 이른바 **법**(法)으로 통한다. 여기서 법은 고유한 성질을 가지며 사물의 이해를 생성시키는 것으로 해석된다.

다르마는 상황에 따라서 다양한 어의로 사용되는 특징이 있다. ① **규범으로서의 다르마**이다. 힌두교에서는 다르마를 힌두교 자체와 동일시 하고도 있다. 힌두교도에게 다르마는 고대 인도의 종교 지식과 제례 규정을 담고 있는 문헌으로 **베다**(Véda) **성전**(聖典, Holy Book)의 권위를 인정하고 이른바 **카스트 제도**(Caste System)라고 불리는 **브라만**(Brahman, 사제계급) · **크샤트리아**(Ksatriya, 왕 · 귀족 · 무사) · **바이샤**(Vaiśya, 자영농 · 상공업자) · **수드라**(Sudra, 농노 · 육체노동자)라는 4개 계급과 **학생기**(學生期, Brahmacarya, 스승 밑에서 베다 성전을 학습하는 단계) · **가주기**(家住期, Gārhasthya, 집에서 자녀를 낳고 가정 내의 제식을 주재하는 단계) · **임서기**(林棲期, Vānaprastha, 숲에 은둔해서 수행하는 단계) · **유행기**(遊行期, Sannyāsa, 일정한 거주지가 없이 돌아다니는 단계)라는 4개의 이른바 **아슈라마**(Àśrama)라고 불리는 엄격한 생활단계의 사회적 의무를 수행하는 것이다. 다르마가 올바르게 지켜지지 않을 때 인간 사회는 혼란에 빠지고 허위와 부정의가 횡행한다고 한다.

베다 시대(Vedic Age, B.C.1500-B.C.600)에는 전 우주질서를 유지하는 원리로 고안된 **천칙**(天則, Law of Nature)이라는 것이 세계 질서의 근원이라고 보았는데 이는 다르마에 의해 구체화 되었다.

한편 베다는 물론이고 4개 계급과 4개 생활단계를 부정하고 있는 불교나 자이나교에서도 다르마는 매우 중시하고 있다. 이 경우 다르마는 일련의 사회규범이 아닌 해탈을 궁극적 · 종교적 목적에 두고 사람들을 이끄는 교리나 진리를 의미하기도 한다.

②**선업**(善業)**으로서의 다르마**이다. 사회적 규범으로서 다르마를 준수함으로 인간은 사후 천계에서 다시 태어나는 좋은 결과를 얻을 수 있다고 한다. 여기서 다르마는 선업으로 풀이된다. 다르마를 행하여 다르마를 축적하면 다르마가 성숙했을 때 좋은 업보가 비롯된다고 한다.

③**사물로서 다르마**이다. 이는 유지하는 것·지지하는 것이라는 어원에서 파생된 개념으로 예컨대 불교에서 다르마는 신심을 중심으로 세계를 성립시키는 다양한 요소로서도 이해되고 있다.

④**어떤 것을 있는 그대로 본다는 시각에서 성질·속성의 뜻**을 가진다. 특히 인도의 철학적 여러 학파는 이러한 의미로서 다르마를 중시하고 철학이나 논리학 등에서 모든 실체를 다르마 그 자체와 다르마를 가진 것으로 구분하고 양자 관계에서 새로운 이치를 발견하고자 했다.

(3) 카르마

카르마(Karma)는 불교에서 말하는 심신 활동과 일상생활로 이를테면 인간을 비롯하여 생명을 가진 모든 생물을 가리키는 이른바 **중생**(衆生, Sattva)이 몸과 입과 뜻으로 짓는 선악의 소행을 일컫는다. 때때로 전생의 소행으로 말미암아 현세에 받는 **응보**(應報)를 가리키기도 한다. 음역하여 **갈마**(羯磨)라고 칭한다.

카르마는 일반적으로 ①신체적 행동으로 나타나는 **신업**(身業) ②언어적 표현으로 나타나는 **구업**(口業) ③정신적 활동으로 나타나는 **의업**(意業)으로 구분한다.

3) 도 계통

도(道) 계통의 종교는 중국 춘추전국시대에 활약한 학자와 학파의 총칭으로 **제자백가**(諸子百家) 사상 중 하나인 **도가사상**(道家思想, Taoism)의 도를 교리로 추구하거나 토대에 둔 종교들을 지칭한다.

비슷한 사상체계를 지닌 다르마계 종교들과 서로 영향을 주고받기도 하였으며 유교 및 불교와도 밀접한 관계를 맺어 이를 통합한 유·불·선 3교 사상이 생겨나기도 하였다. ①**도교**(Taoism) ②**유교**(Confucianism) ③**선불교**(Zen-Buddhism) ④**천도교**(Chondogyo) ⑤**원불교**(Won-Buddhism) ⑥**증산도**(Jeungsando) 등이 있다.

(1) 제자백가

제자백가는 중국 **춘추전국시대**(B.C.8세기-B.C.3세기)에 활동했던 다양한 사상의 학파와 학자들을 통칭하는 말이다. **제자**(諸子)는 여러 학자를 **백가**(百家)는 수많은 학파를 뜻하는데 이는 다양한 사상과 이론을 가진 학자들이 수많은 학파를 구성하여 자유롭게 학문을 닦았던 시대 상황이 반영되어 있기도 하다.

제자백가 학파의 종류는 **유가**(儒家) · **법가**(法家) · **도가**(道家) · **묵가**(墨家) · **명가**(名家) · **병가**(兵家) · **종횡가**(縱橫家) · **농가**(農家) · **음양가**(陰陽家) · **잡가**(縱橫家) 등이 있다. 이들은 정치사상뿐만 아니라 다양한 학술 분야에서 활동하며 사회 전반적으로 영향을 끼쳤다.

제자백가의 형성은 **주 왕조**(周, B.C.1046-B.C.256) 붕괴 이후 사회적 혼란 속에서 각 지방의 봉건 제후들이 자신의 세력을 넓히기 위해 실력을 갖춘 유능한 인재를 찾는 데에서 비롯되었다. 이 시기는 정치적으로 혼란스러웠지만 다양한 사상과 학문이 발달하면서 중국 문화의 기초가 형성되었다.

(2) 도가사상

도가사상(道家思想)는 달리 **노장사상**(老莊思想)이라고도 하는데 이는 중국사상의 여명기인 춘추전국시대 이래 유가의 사상과 함께 중국 철학의 주류를 이루었던 학파이다. 제자백가의 하나로서 여기에 속하는 대표적인 사상가는 **노자**(老子, ?-?)와 **장자**(B.C.369-B.C.289) 등이 있으며 전국시대 중기에 유가와 함께 주류를 이루었다.

도가는 참된 길로서 추구하여야 할 **도**(道)는 **인위**(人爲)를 초월한 곳에 있으며 그것은 직관으로 체득되는 것으로 사람은 그 참된 길로 돌아가야 한다고 가르쳤다.

유가가 군주의 통치권을 합리화하여 역대 왕조의 통치이념으로써 사회의 기본사상으로 자리를 잡았다면 도가사상은 현실 부정적이고 도피적인 성향이 강해 하층민을 중심으로 뿌리를 내려 이후 도교로 발전하였고 그 결과 주로 민간신앙과 철학적 사고의 원천이 되었다는 것에서 차이점을 구할 수 있다. 유가가 지배자의 사상을 대변하고 있다면 도가는 지배층에 대항하는 피지배자 사상을 대변하고 있다.

도가는 **한나라**(漢, B.C.202-B.C.220) 이후 구체적인 모습을 가진 철학 학파로서의 독립성은 상실했으나 그 사상은 후세 중국 불교에 수용되었을 뿐만 아니라 **도교**(道教) 교리의 형성을 도왔으며 문예의 발달을 촉진하기도 했다.

(3) 유불선 3교 사상

유불선(儒佛仙)은 **유교**(儒敎) · **불교**(佛敎) · **도교**[道敎, **선**(仙)]의 3개 종교의 융합된 사상을 말한다. 이들은 모두 외래종교이나 한국사상 형성에 지대한 영향을 미치고 일찍이 토착화된 종교들이다.

이들 3교는 역사적으로 상당한 갈등 관계도 있었으나 일찍부터 표면화된 3교 협력 내지 3교 합일론의 대두로 일정한 사상적 체계를 갖추게 되었다. 일례로 원불교를 비롯한 대부분의 한국 신종교에서는 3교를 통섭한 사상적 체계를 마련해 두고 있다.

4) 페르시아 계통

조로아스터 (B.C.630?-B.C.553?)②

페르시아계 종교(Persian Religions)는 오늘날 이란인 **페르시아**(Persia)에서 출현한 종교들을 총칭한다. 고대 페르시아에 거주했던 민족의 신앙은 복잡했다. 곧 아리아인 계통의 부족들과 비 아리안계 부족들이 뒤섞여 저마다의 다양한 종교를 파생했다.

본래 고대 페르시아 민족은 태양 · 천둥 등과 같은 자연현상을 숭배했으나 최후에는 페르시아의 예언자 **조로아스터**(Zoroaster, B.C.630?-B.C.553?)의 등장에 따라 페르시아계 종교의 신앙은 유일신 신앙인 곧 일신교로 통합되었다. **조로아스터교**(Zoroastrianism) · **미트라교**(Mithraism) · **야지디**(Yazidis) · **마니교**

(Manichaeism) · **마즈다크교**(Mazdakism) 등이 여기에 속한다.

조로아스터 이전에도 고대 페르시아에는 다양한 종교적 신앙 체계가 있었다. 따라서 조로아스터는 새로운 종교를 창시했다기보다는 기존의 신앙 체계를 보다 견고하게 재편한 인물로 보는 것이 타당하다.

아후라 마즈다 (Ahura Mazdah)③

조로아스터는 당시 최고신으로 숭상되었던 이른바 **아후라 마즈다**(Ahura Mazdah)로부터 직접 계시를 받았다고 주장했다.

현명한 주님이라는 뜻의 아후라 마즈다는 최고의 신이자 천지 만물의 창조주이며 정의의 수호자로서 지위를 겸한다. **현명함**이라는 뜻의 **마즈다**(Mazdah)의 강조를 통해 후일 조로아스터교는 **마즈다교**(Mazdaism)로 일컫게 되었다. 아후라 마즈다는 7가지 속성을 통해 세계를 주관하는데 ①**선한 생각**[보후 마나흐(Vohu Manah)] ②**정의와 진리**[아샤 바히슈타(Asha Vahishta)] ③**다스림**[크샤트라 바이르야(Kshathra Vairya)] ④**헌신과 경건**[스펜타 아르마이티(Spenta Armait)] ⑤**완벽**[하우르바타트(Haurvatat)] ⑥**불멸**[아메레타트(Ameretat)] ⑦**창조적 에너지**[스펜타 마이뉴(Spenta Mainyu)] 등이다.

조로아스터교는 일원론이며 비록 완벽하지는 않아도 어느 정도 유일신 사상을 견지하고 있다. 조로아스터는 자연과 인간의 세계 모두에 선과 악 또는 진리와 거짓 같은 상반되는 가치가 엄연히 존재함을 인정하고 있으면서도 악에 대해 단호히 반대하고 선을 추구하는 윤리적인 결단을 요구하고 있다. 이와 같은 조로아스터교의 직선적 역사관은 훗날 유대교 및 그리스도교와 이슬람교를 비롯한 여러 종교 및 사상에 영향을 미쳤다.

5) 신흥 계통

일반적으로 **신흥종교**(新興宗敎, Newly Risen Religion)는 기존의 기성종교와 비교할 때 비교적 최근에 발생한 종교를 일컫는다. 곧 기성종교와 달리 현재의 시점에서 비교적 가까운 시기에 성립하여 발전한 일련의 종교를 총칭한다.

보통은 기존 종교 어디에도 속하지 않는 새로운 종교를 지칭하는 것이 대부분이나 기성종교의 새로운 분파로서 어디에도 속하지 않고 또 분류하기 어려운 경우에도 신흥종교라 일컫는다.

신흥종교 대부분은 서민 출신 교조의 카리스마적 언동을 구심점으로 종교적 조직체를 결성하고 그 교조가 주창하는 신조 아래 일체감을 형성하며 이를 통해 일련의 대중적 사상운동을 전개한 특징을 보인다.

이러한 시각에서 신흥종교는 권위 · 전통에 의해 위로부터 신도를 지도하는 기성종교와는 다르게 아래로부터 지지를 받는 목적집단의 형태를 취하며 공격적인 포교를 조직 확대의 거점으로 삼고 있다는 특징이 있다.

그러나 신흥종교 조직의 결집력은 교조나 지도자에 대한 절대 신뢰에 의존하고 있어 그 결과 조직은 공동체적 생활을 영위하는 집단을 제외하고는 본부의 중앙 집권을 특색에 두고 있다.

나아가 신흥종교는 사상적으로 서민의 신앙체험에 기한 실용적 · 현세적 기조가 선행하고 종교의 사상적 뼈대가 되는 교리는 대체로 체계화되어 있지 않은 것이 특징이다.

여기에는 **사이언톨로지교**(Church of Scientology) · **천리교**(天理敎, Tenrikyo) · **까오다이교**(Đạo Cao Đài) · **증산도**(甑山道, Jeungsando) · **통일교**(統一敎, Family Federation for World Peace and Unification) · **라스타파리 운동**(Rastafari Movement) · **유니테리언주의**(Unitarianism) · **창가학회**(創價學會, Soka Gakkai International) · **전능하신 하나님 교회**(全能神教會) · **하나님의 교회**(World Mission Society Church of God) · **몰몬교**(The Church of Jesus Christ of Latter-day Saints) 등을 신흥종교의 예로 손꼽을 수 있다.

6) 전통 및 민간신앙 계통

민간신앙(民間信仰, Folk-Beliefs)은 학문적으로 정확히 규정하기 쉽지가 않다. 보통은 **속신**(俗信) 또는 **미신**(迷信, Superstition)이라고 생각되는 것들을 일컫기도 하고 **점복**(占卜) · **금기**(禁忌), **주술**(呪術) 등의 현상이나 신흥종교의 특별한 형태를 민간신앙이라고 총칭하고 있기도 하다. 달리 무속신앙을 지칭하기도 하고 때로는 원시 신앙을 대체하는 의미로도 쓰인다.

그러나 민간신앙의 가장 보편적 의미는 민족적 특성이 강한 전통종교 또는 민속종교나 신앙으로 파악하는 것이 통상이다. 일반적으로 민속종교는 범세계적인 종교와 다른 몇 가지 특성이 있다. ①민속종교는 민족적 전통의 종교라는 의식이 강하다. 외래종교의 요소가 많이 혼합되어 있어도 비교적 자기 민족적 고유한 종교라는 특성이 강하게 작용하고 있다. 그렇다고 모든 민속종교를 고유한 종교라고 할 수는 없으나 다른 외래종교에 비하면 전통성이 강하고 민족적 의식이 강하게 밀착된 종교라는 색채가 짙다.

②흔히 미신과 구분하기 어렵게 원시성이 많은 종교이다. 이때 원시성은 과학적인 입장에서 비과학적이라는 말이 아니라 종교 발달상 아직 형식이나 내용이 정립되지 않은 상태를 뜻한다.

③사회적으로 신자나 지도자가 지배계층이 아닌 서민 또는 대중이라는 점이다. 때때로 지식인이나 지도자는 사회의 지배원리로 종교를 이용하기도 하지만 민속종교는 민간인이 자신들의 생활 속에서 일어나는 문제를 해결하고 키워나가는 시각에서 수용된 종교라는 특징을 갖는다.

2. 고대 종교의 계통과 신관

1) 고대 메소포타미아 계통과 신관

(1) 계통

고대 오리엔트(Ancient Orient)의 문명사적 중심은 **메소포타미아**(Mesopotamia)이다. 여기서 메소포타미아는 서아시아 **티그리스강**(Tigris R., 1,900km)과 **유프라테스강**(Euphrates R., 2,700km) 일대를 지칭한다.

메소포타미아는 그리스어로 **사이**[間]의 의미인 **메소**(*Meso*)와 **강**(江)의 의미인 **포타모스**(*Potamos*)라는 단어의 조합에 연유하고 있는데 때로는 **비옥한 초승달 지대**(Fertile Crescent)라는 미화된 의미로 표현되기도 한다.

이들 두 강의 수원지는 **터키**(Turkey)의 **아르메니아**(Armenia) 지방의 산들이며 하류에서 하나로 합쳐져 **페르시아만**(Persian Gulf)으로 유입된다. 현재 이 지역은 **이라크**(Iraq) · **시리아**(Syria) · **터키** 3개국에 걸쳐 있다. 고대 북부 메소포타미아는 대체로 **아시리아**(Assyria)에 해당하고 남부 메소포타미아는 **바빌론**(Babylon)이며 이는 다시 북부를 **아카드**(Accad, Akkad)로 남부를 **수메르**(Sumer)로 구분한다.

메소포타미아를 광의적으로 지칭하는 경우 북쪽은 터키 산악지대에서 남동쪽은 페르시아만까지 이르고 동쪽은 티그리스강을 건너 현재 이란과의 경계인 **자그로스산맥**(Zagros Mts.)까지 서쪽은 유프라테스강을 건너 시리아 사막까지를 포함하고 협의적으로는 단지 두 강 사이의 지역을 뜻하기도 한다.

메소포타미아는 수많은 민족이 흥망성쇠를 되풀이하는 역사의 무대가 된다. 인류 최고·최초 문명의 주체였던 **수메르**(Sumer)를 포함해서 **아카드**(Accad, Akkad) · **후르리**(Hurrian) · **앗시리아**(Assyria) · **바빌론**(Babylon) · **힛타이트**(Hittite) · **히브리**(Hebrew) · **페니키아**(Phoenicia) · **페르시아**(Persia) 등이 역사의 주체로서 등장한다. 기간은 대략 3,000년에 이르고 지역적 범위는 반경 약 1,600km에 달한다.

메소포타미아 지역은 비옥한 토양 외에는 별다른 천연자원을 보유하고 있지 않았던 까닭에 경제적 기반을 구축하기 위해서는 다른 민족과의 통상이 필수 불가결하였다. 이는 한편으로 각 지역에 수메르 문명이 퍼져 나간 직접적 계기로 작용한다.

메소포타미아 지역에 산재한 고대 **도시국가**(都市國家, City-State)는

사원도시(寺院都市, Temple City)라 일컫는데 이는 경제적・종교적 조직이 토착 신과 융합되어 세워진 사원에 집중되었기 때문이다.

메소포타미아 고대 도시국가는 성직자 계급에 의하여 대표된 도시라고 볼 수 있다. 그들은 관개 및 농경 전반에 걸친 관리감독을 수행하였고 또한 공물이나 조세의 형태로 생산물을 수집하는 일을 주도하였다.

고대 메소포타미아인의 종교는 현세적 다신교로서 사후세계를 인정하지 않고 배척했다. **점성술**(占星術, Astrology)도 현세의 행복을 추구하는 방향으로 발전했다. 두 강 사이의 불규칙한 잦은 범람은 일대를 때마다 참혹한 재앙에 휩싸이게 했고 개방적인 지형은 끊임없는 외적의 침입을 이끌었다.

메소포타미아의 이러한 지리적 자연환경은 그들의 세계관에 큰 영향을 미쳤는데 곧 자연의 이득보다는 재앙 극복에 힘쓰면서 지극히 현세적인 삶에 치중했다. 그 결과 사후세계에 대해서는 거의 관심이 없거나 희망을 두지 않았다.

(2) 신관

인류 최초・최고의 문명으로서 고대 메소포타미아 문명은 고도의 기술이나 물질문명을 양산했고 문학・미술・종교 등에서 농염한 인간미를 표출해 냈다(B.C.4000-).

메소포타미아는 티그리스강과 유프라테스강에 의한 비옥한 퇴적평야로서 당시 고대 최초의 도시국가를 건설했던 **수메르인**(Sumerian)은 각지에 소도시를 중심으로 한 지역사회를 형성했다.

수메르인의 왕은 주신의 하나였던 이른바 **엔릴**(Enlil)의 아들이라 칭하여 신으로서 숭배되었으나 그 뒤를 계승한 **셈**(Shem)족의 왕들은 이와는 달리 자신 스스로 신이라 칭하지는 않았다.

메소포타미아는 주요 3신을 1쌍으로 숭배하는 관습이 있었다. 일례로 수메르에서는 **아누**[**천신**(天神), Anu]・**엔릴**[**지신**(地神), Enlil]・**엔키**[**수신**(水神), Enki] 등이 숭배되었다. 여기서 최고신 아누는 이미 형식적 존재로서 지위를 구가했고 수메르에서 엔릴은 땅뿐만 아니라 하늘까지 다스리는 신으로 그 위상을 점했다.

함무라비왕(Hammurabi, 재위 B.C.1792-B.C.1750) 시대는 셈족 주신인 **마르두크**(Marduk)가 **엔릴**을 계승하여 최고신이었고 이후 **태양신**(太陽神) **샤마쉬**(Shamash)・**월신**(月神) **신**(Sin)과 함께 쌍을 이루었다. 이후 일대 제국으로 발돋움한 **아시리아**(Assyria) 제국에서는 주신 **아슈르**(Ashur)가 최고의 신으로 등극했다(B.C.2000년 말).

(3) 아누

아누[천신(天神, Anu)]④

아누(Anu)는 **바빌로니아**(Babylonia)의 최고신이다. 우주의 3영역인 **하늘**(天)・**창**(空)・**땅**(地) 중 **천**(天)을 지배한다. **아누의 하늘**이라는 가장 높은 곳에 살면서 우주를 주관한다.

권력과 정의를 갖추고 하늘의 왕・신들의 왕・모든 나라의 왕 등의 수사적 칭호로 불리었다. **에아**(Ea) 그리고 운명을 정하는 신으로서 **엔릴**(Enlil)과 함께 이른바 삼위일체의 **신격**(神格)을 이루고 가장 높은 지위를 차지하였다.

아누 숭배는 매우 오래되어 바빌로니아의 전 시대로부터 **셀레우코스**(Seleukos, B.C.323-B.C.60)왕조 시대에까지 계속되었다. 메소포타미아의 여러 도시에서 널리 숭배되었으며 수메르 지방에서는 **우루크**(Uruk) · **아카드**(Akkad) 지방이 신앙의 중심지였다. 그의 신전은 **에 안나**(E-anna, **하늘의 신전**)라고 불렸다.

(4) 엔릴

엔릴[지신(地神), Enlil]⑤

엔릴[**지신**(地神), Enlil]은 수메르 · 바빌로니아의 신으로 **닌릴**(Ninlil)을 아내로 두었다. 수메르에서는 **아누**(Anu)와 **엔키**(Enki)에 버금가는 신으로 하늘 · 바람 · 폭풍우 등을 지배하고 또 인간의 운명도 다스린다. 후에 **셈족**(Semites)에 유입되어(B.C.2300년경) 소위 **벨**(Bel, 왕)이라는 이름으로 숭배되었다. 신앙의 중심지는 수메르 **도시국가**(City-State) **니푸르**(Nippur)로 바빌로니아 초기 **마르두크**(Marduk)에 의해 그 지위가 대체되었다.

(5) 엔키

엔키[**수신**(水神), Enki]는 인류 최초 · 최고 문명의 발상지인 수메르의 신임과 동시에 지혜와 주법의 신으로서 그리고 창조의 신으로 수메르를 포함하여 우주와 사회의 주관자가 된다.

바빌로니아 주신인 **에아**(Ea)에 버금가는 신의 지위를 점한다.

엔키[수신(水神), Enki][⑥]

그의 아내는 **담갈누나**(Damgalnuna)이며 **아살루히**(Asarluhi)는 그의 아들이다.

엔키는 인류를 시종일관 호의적으로 대하며 인간을 보호했다. 이를테면 바빌로니아의 홍수 신화의 주인공으로 구약성서의 **노아**(Noah)에 해당하는 **우투나피슈팀**(Utnapishtim)에게 다른 신들 몰래 홍수를 경고해 주기도 했다. 상징은 산양의 머리를 한 물고기이다.

(6) 아슈르

아슈르(Ashur)[⑦]

아슈르(Ashur)는 메소포타미아 신화에 자주 등장하는 주신으로서 태양신이다. 고대 아시리아의 수도로 자리 잡은 **아수르**(Assur)가 신성시되면서 형성된 신이다.

이후 아시리아의 수호신인 동시에 최고신으로 지위를 견고히 했다. 후대에 이르러 바빌로니아 절대 신으로 등장한 **마르두크**(Marduk)와 동등한 신격을 지녔다.

(7) 마르두크

마르두크(Marduk)는 고대 메소포타미아 신으로 고대 메소포타미

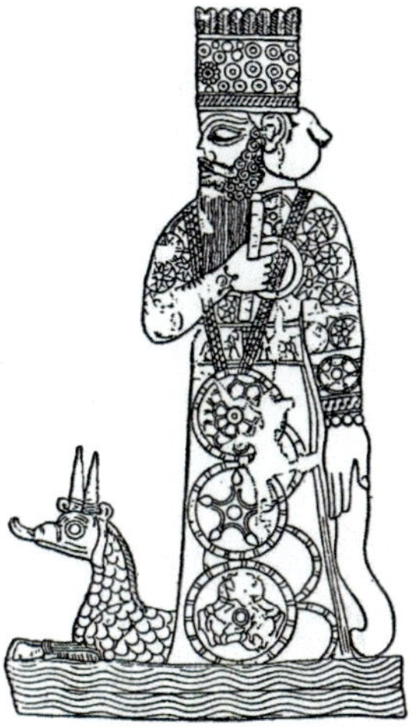

마르두크(Marduk)⑧

아의 **천년고도**(千年古都)로 불렸던 **바빌론**(Babylon)의 수호신이다. 마르두크는 유명한 **함무라비왕**(Hammurabi, 재위 B.C.1792-B.C.1750) 때부터 바빌로니아의 모든 신 가운데 주신 역할을 했고 후일 수메르의 신 **벨**(Bel)과 합쳐져 **벨 마르두크**(Bel Marduk)로 숭배되었다.

에아(Ea)와 **엔릴**(地神, Enlil)의 후계자로 악한 괴물 **티아마트**(Tiamat)를 죽이고 티아마트의 시체를 이용하여 혼돈으로부터 세계를 창조하였다고 전해진다.

전통적으로 바빌로니아의 왕은 마르두크의 현신으로 추앙되었고 이에 마르두크 신앙의 수호자로 여겨졌다. 지혜의 신으로 숭배된 **나부**(Nabu)를 아들로 두었다.

2) 수메르 계통

수메르인(Sumerian)은 태초의 우주가 소금물 바다로 둘러싸여 막혀 있는 돔의 형태라고 생각하였다. 이에 지상의 대지가 돔의 하부를 이루는데 대지 아래에는 지하세계와 **아브주**(Abzu)라고 불리는 담수로 이루어진 바다가 있다고 여겼다. 돔 모양의 창공의 남신을 **안**(An)이라고 대지의 여신은 **키**(Ki)라고 불렀다.

처음에 지하세계는 대지의 여신 키가 관장하는 세계로 믿었는데 후대에서는 지옥과 유사한 그리스 신화의 **하데스**(Hades)나 유대교의 **스올**(Sheol) 개념의 **키갈**(Kigal)로 변모하였다. 아울러 태초의 소금물 바다는 **남무**(Nammu)라는 이름의 여신으로 불렸는데 수메르 부흥기인 우르 제3왕조 당시와 그 이후에는 **티아마트**(Tiamat)라는 이름의 여신으로 회자 되었다.

수메르인은 본래 다신교를 신봉했는데 그들이 신봉한 신은 천상과 지상의 힘들이 의인화된 존재들이었다. 수메르인은 발달한 신전·사제계급을 갖고 있었고 예술·학문뿐만 아니라 세제·금융 등 사회·경제활동도 신전과는 불가분의 관계에 있었다.

수메르의 사제들은 신년에 천지창조의 연극을 공연했다. 그 밖에 신전은 토지나 양의 무리를 소작이나 목축업자에게 빌려주기도 하고 이에 상당한 보수를 징수하거나 이자를 더해 돈을 빌려주거나 물가의 기준이 되는 은의 정제가공 등이 행하기도 했다. 신전의 경내에는 산을 뜻하는 이른바 **지구라트**(Ziggurat)로 불리는 인공의 산이 구축하여 그들 신앙의 기반에 두었다.

(1) 아프수·에아

아프수(Apsû)는 바빌로니아 창세 서사시인 **에누마 엘리쉬**(Enûma Elish)에 등장한다. 천지창조 이전부터 존재한 남성신이자 지하의 담수를 상징하는 신이었다.

아프수와 여신이자 바다의 짠물을 상징하는 **티아마트**(Tiamat)가 태초 혼돈 속에서 서로 섞였을 때 **라흐무**(Lahmu, 장남)·**라하무**(Lahamu, 장녀)·**안샤르**(Anshar, 손자) 등의 신들을 낳았다.

아프수(Apsû)⑨

태어난 신들이 어머니 티아마트의 배 안에서 서로 엉켜 휘젓고 다니며 소란을 피우자 이를 참지 못한 아프수가 신들을 없앨 계획을 세운다. 그러나 지혜의 신 **에아**(Ea, Enki)가 미리 알아차리고 이내 아프수를 죽인다.

에아는 수메르 신화에 등장하는 **엔키**(Enki)의 **아카드**(Akkad)어로 아프수가 죽은 뒤 뒤를 이어 담수를 지배한다.

아프수가 담수의 화신이므로 현재도 이라크의 바빌로니아와 아시리아 지방이었던 신전 뜰에 마련되어 있는 성수를 담은 수조를 **아프수** 또는 **아브주**(abzu)라고 부르고 있다.

(2) 남무

남무(Nammu)⑩

남무(Nammu)는 천지가 탄생하기 이전부터 존재한 깊은 바다의 여신이자 저승의 여신이다. 달리 **남마**(Namma) · **마미**(Mami) · **닌투**(Nintu)라고도 한다. **엔키**(Enki)를 낳았다. 남무는 엔키에게 인간을 창조할 수 있는 힘과 방법을 가르쳤다고 한다.

남무는 진흙을 모아 생명을 불어넣어 사람을 만들었다. 사람을 만든 목적은 작은 신들을 대신하여 노동할 수 있는 일꾼으로 삼기 위함이었다.

남무는 수메르인이 지하 깊은 곳 땅속에 있다고 생각한 민물 바다의 신 **아브주**(Abzu)를 상징하기도 한다. 거의 비가 오지 않는 척박한 메소포타미아 지역에서 아브주는 생명의 원천이자 자손 번식의 상징이었다. 7명의 하위 여신들이 남무의 시중을 들었다.

(3) 스올

스올(Sheol, שְׁאוֹל)은 죽은 자들이 들어가는 처소로 곧 경건한 자나 악한 자 모두 죽은 후에 이르게 되는 장소를 가리키는 명칭이다. **구약성서**(舊約聖書, Old Testament)에서 사용되고 있으며 **신약성서**(新約聖書, New Testament)는 **하데스**(Hades)라고 표현하고 있다.

그러나 엄밀히 스올이라는 용어는 어떠한 특정한 장소를 표시하는 것이 아니라 단순히 육체와 영혼의 분리상태인 죽음을 나타내는 의미로 사용되기도 했다.

그런데 이 용어가 형벌과 고난의 장소를 상징할 때는 지옥이라는 뜻을 나타내며 선한 자들의 영혼과 관련하여 단순히 무덤을 가리킬 때도 있는데 이 경우 한번 가면 돌아올 수 없는 곳이라는 의미를 지닌다. 신약성서에서는 죽음 · 지옥 · 무덤 · **무저갱**(無低坑, Abyss) · 음부 등으로 번역하고 있다.

(4) 지구라트

지구라트(Ziggurat)는 **성탑**(聖塔) · **단탑**(段塔)이라고도 한다. 고대 메소포타미아 각지에서 발견되는 건축물로 일종의 **신전**(神殿)이다. 지구라트는 하늘에 있는 신들과 지상의 인간을 연결하기 위하여 초기부터 지표보다 높게 건축했으며 후대에는 점점 그 높이를 더하게 되었다. 정상부는 이른바 **하얀 집**(White House)이라 하여 신상을 모셔 놓은 성소 역할을 했다.

이란의 초가잔빌(Chogha Zanbil)에 위치한 지구라트(Ziggurat)[11]

고대에서 지구라트에 필적할 규모의 건축물은 이집트의 **피라미드**(Pyramid)밖에 없는데 피라미드가 직선상의 통로로 이어져 있는 것에 비해 지구라트는 곡절의 통로로 연결되어 있다.

수메르(Sumer) **초기왕조 시대**(B.C.2700-B.C.2350)에는 1층에 테라스 형태가 있었으나 **우르**(Ur) **제3왕조 시대**(B.C.2100-B.C.2000)에는 3층의 테라스를 겸한 탑이었다.

신바빌로니아 시대(B.C.700-B.C.600)의 **바빌론**(Babylon)에 세워진 지구라트는 그리스 역사가 **헤로도토스**(Herodotos, B.C.445-B.C.525)에 의하면 8층이었다고 전한다. 여기서 바빌론의 지구라트는 구약성서에서의 이른바 **바벨탑**(Babel Tower)의 전신으로 추정하고 있다.

3) 고대 이집트 계통

고대 이집트 종교는 **지중해**(Mediterranean Sea)권 다른 종교들과 달리 확실한 교리나 믿음에 기초하고 있지 않았다. 이집트 대부분 신은 초기 괴이한 자연의 모습을 담고 있었다. 일부 신들은 타 민족이 신봉하던 신도 있었는데 그들은 대개 이집트 토착 종교와 융화된 신들이었다.

이집트 신화는 그리스 신화와 같이 짜임새가 견고하지는 않으나 주요 신전이 있는 도시나 각각의 시대마다 같은 신이라고 하더라도 신화나 능력에 차이를 엿보이고 있을 뿐만 아니라 심지어 창조신화를 달리하기도 했다.

초기 이집트 종교는 인간과 신과의 관계에 주안점을 두고 있었으나 후기에는 왕권과 신들의 능력에 초점이 맞추어졌고 그 양상도 달랐다. 그러나 사후세계와 태양신 **라**(Ra)의 권력을 포함한 일부 신앙 체계는 거의 모든 이집트 지역에 널리 횡행했다.

주요 이집트 신전의 사제는 신들의 계보나 신화를 **파피루스**(Papyrus)와 같은 매개를 통하여 서술했는데 이 때문에 이후 이집트 신들은 고대 그리스에 유입되어 그리스 신들과 새롭게 융합되기도 했다. 로마제국의 **이시스**(Isis) 축전을 예로 들 수 있다.

고대 이집트인은 모든 자연의 움직임과 원리에 신의 힘이 작용한다고 믿었다. 나아가 신들이 자연현상뿐만 아니라 자연의 요소 안에도 머물고 있다고 믿었다. 이러한 원리는 동물도 예외가 아니었다.

이집트 종교는 자연법칙의 기원과 원리를 설명하면서 대중과 사제들이 기도와 제물의 봉헌을 통해 신을 숭상하고 이로써 인간들에게 피해가 오지 않도록 하려는 의도를 포함하고 있었다.

이러한 다신교 형태는 매우 복잡하게 얽히고설켜 어떤 신들은 수많은 다른 모습으로 표현되고 그 역할도 다종다양했다. 그 결과 고대 이집트 후기에는 태양과 같은 자연의 힘을 가진 여러 비슷한 신들이 새롭게 하나로 연합되는 일도 다반사였다.

이집트인들은 각기 다른 자연현상들이 서로 밀접하게 연관되어 있다고 믿고 있었기 때문에 몇몇 신을 한 데 엮어 연계해 두기도 했다. 일례로 부모와 자식으로 이루어진 3인 가족 형태의 3개의 신을 하나로 묶어두기도 했다.

신들 간의 연대는 다양한 형태로 나타났다. 이를테면 외국의 신과 자국의 신을 합치기도 했고 때때로 하나의 신안에 여러 인격체를 포함하면서 다양한 인격을 지닌 신을 창출하기도 했다.

이집트 역사를 통틀어 최고의 신은 **호루스**(Horus)를 포함한 태양신 **라**(Ra)와 **이시스**(Isis)였다. 이집트 신왕국에 이르러서 아문(Amun)도 이 지위를 물려받았는데 여기서 아문의 신학은 일신교 사상에 가장 근접해 있었다. 아문은 태양신 라와 합쳐져 이른바 **아문 라**(Amun-Ra)로 재탄생하게 되어 이윽고 보이지 않는 모든 힘의 절대자로서 정체성을 부여받기도 했다.

(1) 라

라(Ra)는 이집트 **제5왕조**(B.C.2498-B.C.2345)부터 가장 강하고 위대한 힘을 지닌 주신으로 이집트 신화의 최고신이다. 태양신이자 창조신이기도 한 라는 정오의 태양을 지칭하고 동틀 무렵 태양은 **케프리**(Khepri)로 질 무렵은 **아툼**(Atum)으로 부른다.

라가 땅의 신 **게브**([**지신**(地神), Geb]가 있는 동쪽에서 출발해서 서쪽 하늘과 별의 신인 **누트**[**성신**(星神), Nut]에게 가는 것을 하루로 생

라(Ra)⑫

각한 이집트인은 부활을 상징하는 피라미드와 무덤을 나일강 서쪽에 지어 사후 부활을 염원하기도 했다. 이집트 신화에서 죽은 자들의 신으로 숭배된 남신 **오시리스**(Osiris) 신화의 흔적을 엿볼 수 있다.

라가 하늘을 건너는 배에 올라타 하늘을 일주한 뒤 밤에는 지하세계를 통과한다. 이때 **엔네아드**(Ennead)들이 라의 항해를 돕는다고 한다. 여기서 엔네아드는 남성의 권력이 부각된 창세신화 중 하나로 **아툼**(Atum)을 포함하여 아툼으로 인해 탄생한 8자녀를 뜻한다. 곧 이들 아홉 신을 엔네아드라고 하는데 이들 신성 가족이 세상을 창조한다.

(2) 호루스

호루스(Horus) 고대 이집트의 태양신이자 왕권의 수호신으로 매 또는 매의 머리를 한 인물로서 표현된다. **죽음과 부활의 신 오시리스**(Osiris)와 그의 아내이자 **최고의 여성 신**인 **이시스**(Isis)의 아들이며 **사랑의 여신 하토르**(Hathor)의 남편이다. 이시스가 오시리스를 부활시켜 주문의 힘으로 잉태해 태어났다.

원래는 매우 허약하였으나 이시스의 마법으로 각종 위험이나 병을 물리칠 수 있었고 성

호루스(Horus)⑬

인이 되어서는 오시리스에게 병법을 이어받아 아버지 동생이자 원수인 **세트**(Seth)를 죽이고 통일 이집트 왕이 되었다.

이후 곳곳에 신전을 세우고 통일 이집트를 평화적으로 통치하면서 후대 이집트 왕들의 화신으로서 영원히 이집트에 머물렀다. 그 결과 후대 이집트의 모든 왕은 누구나 살아있는 호루스로 추앙되었다.

(3) 아문 라

아문 라(Amun-Ra)⑭

아문(Amun, Amon, Ammon, Amen)은 고대 이집트 신화에서 이집트 **나일강**(Nail Riv.) 하류 **테베**(Thebe)를 중심으로 숭배되던 바람과 공기의 신으로 후에 태양신 라(Ra)와 합쳐진 후 이름도 **아문 라**(Amun-Ra)로 바뀌어 태양을 상징하는 신으로 자리를 잡았다.

마케도니아(Kingdom of Macedonia) **알렉산더 대왕**(Alexandros the Great, 재위 B.C.336- B.C.323)이 이집트 정복 시(B.C.332) 이집트 문명을 접하고 스스로 이른바 **아문의 아들**(Son of Amun)이라 칭했다.

아문은 주신의 지위로서 후일 그리스인은 **제우스**(Zeus)와 로마인은 **주피터**(Jupiter)와 동일시하였다.

4) 고대 그리스 계통

고대 그리스인 대다수는 다신교를 신봉했다. 주요한 신들은 **제우스**(Zeus, 그리스 신화의 주신) · **포세이돈**(Poseidonm 바다 · 지진 · 돌풍의 신) · **하데스**(Hades, 죽음의 신) · **아폴로**(Apollo, 태양 · 예언의 신) · **아르테미스**(Artemis, 처녀성의 신) · **아프로디테**(Aphrodite, 미와 사랑의 여신) · **아레스**(Ares, 전쟁의 신) · **디오니소스**(Dionysos, 술의 신) · **헤파이스토스**(Hephaistos, 불의 신) · **아테나**(Athena, 전쟁과 지성의 여신) · **헤르메스**(Hermes, 전령의 신) · **데메테르**(Demeter, 대지의 여신) · **헤스티아**(Hestia, 화로 · 불의 여신) · **헤라**(Hera, 결혼과 가정의 여신) 등이었다.

고대 그리스는 서로 다른 도시라도 같은 신을 숭배하는 경우가 흔했다. 그렇지만 같은 신을 숭배하면서도 개별도시는 독특하게도 그 신에 대해 자신들만의 호칭 또는 별칭을 부여하는 경우가 다반사였고 때로는 이름은 같으나 모습과 숭배형식이 전혀 달라 사실상 다른 신으로 취급되는 때도 있었다. **아르테미스**(Artemis)는 **스파르타**(Sparta)에서 사냥의 여신으로 숭배되었는데 에페소스(Ephesus)에서는 다수의 젖가슴을 가진 풍요와 생식의 여신으로 숭배된 것이 비근한 예다.

고대 그리스인의 종교적 교의 · 수행 · 실천 등은 그리스 본토를 넘어 널리 퍼져갔는데 **아나톨리아**(Anatolia, Anatolia)의 **이오니아**(Ionia) 지역의 섬들과 해변 지역을 포함하여 이탈리아 남부와 **시칠리아**(Sicilia) 지역 및 **마르세유**(Marseille)와 같은 서부 지중해 연안의 그리스 식민지들이 해당 지역들이었다.

고대 그리스 종교는 로마 발흥기 전에 중부 이탈리아에서 정치적 · 문화적으로 번영한 **에트루리아**(Etruria)인의 **컬트**(Cult) 종교와 융합되어 후대 고대 로마 종교의 근간으로 자리를 잡기도 했다.

고대 그리스 신학은 수많은 남신과 여신이 존재한다는 인식 하에 다신교를 기반에 두었다. 일례로 제우스를 신들의 왕으로 하는 신들의 계급 체계가 있었는데 여기서 제우스는 비록 전능한 존재는 아니었으나 그 밖의 모든 신과 존재를 지배하는 권능을 보유했다. 어떤 신들은 자연의 특정한 분야에 대해 한정된 지배권을 보유하기도 했다.

고대 그리스의 신들은 불멸의 존재였으나 그렇다고 전지전능한 존재는 아니었다. 그들은 인간과 마찬가지로 모두 주어진 운명에 순응해야 했다. 곧 인간처럼 행동했으며 인간의 덕성을 지니고 있었다. 그들은 인간과 교류하였으며 심지어 인간과 결혼하여 자식을 낳기도 했다. 때때로 어떤 신들은 다른 신들과 대립하기도 했는데 이 경우 서로는 상대를 이기기 위해 함을 쏟아붓고는 했다.

신들은 도시와 관련되어 있었다. ①**아테나**는 **아테네**(Athens) ②**아폴론**은 **델포이**(Delphoi) · **델로스섬**(Delos Is.) ③**제우스**는 **올림피아**(Olympia) ④**아프로디테**는 **코린토스**(Corinth)와 관련되어 있었다. 그 밖의 신은 다른 국가로서 ⑤**포세이돈**은 **에티오피아**(Ethiopia) · **트로이**(Troy) ⑥**아레스**는 **트라키아**(Thracia) 등과 관련되어 있었다.

그리스인은 죽은 자의 영혼이 가는 사후세계 또는 지하세계가 있다고 믿었다. 그리고 장례식을 치르지 않으면 그 사람의 영혼은 사후세계로 가지 못하고 유령이 되어 영원히 세상을 떠돌게 된다고 믿었다.

고대 그리스 종교에서는 사후세계에 대한 여러 가지 견해가 있었으며 이 관념들은 시대가 지나면서 변화하였다. 사후세계 중 가장 널리 알려진 것은 **하데스**(Hades)였다. 하데스는 제우스의 형제인 하데스라는 이름의 신이 지배하는 영역이었다.

(1) 델포이 신탁

델포이 신전(Temple of Delphoi)⑮

델포이(Delphoi)는 그리스 중부의 **파르나소스산**(Parnassós Mt.)의 남쪽에 있는 **아폴론**(Apollōn)의 성지이자 신탁지로도 유명한 곳이다. 그리스 신화에 의하면 이 땅은 처음에 대지의 여신 **가이아**(Gaia)의 성지로 **피톤**(Pythōn)이라는 큰 뱀이 지켰는데 아폴론이 피톤을 죽이고 신탁소를 열었다고 전한다. 이른바 **델포이 신탁**(Oracle of Delphoi)은 최초에는 단지 소소하게 치부되었으나 그리스 식민이 성행한 때(B.C.8세기-7세기)부터 매우 중요시되고 명성도 자자했다.

델포이는 그리스를 넘어서 B.C.7세기 이후 **소아시아**(Asia Minor) 서부 지방에서 번성하였던 **리디아**(Lydia)나 이집트를 포함한 고대 오리엔트 전역에까지 널리 퍼져 나갔다.

델포이 신탁 방법에 대해 알려진 바로는 신역에 있었던 대지의 균열 위에 청동으로 만든 솥이 있고 그 위에 무녀 **피티아**

델포이의 신탁(Oracle of Delphoi)⑯

(Pythia)가 자리 잡고 그가 땅 속에서 분출하는 **영기**(靈氣)를 흡수하여 **몰아**(沒我)의 상태가 되어 신의 말을 전하고 이를 신관이 받아 운문으로 고쳐 질문자에게 건네주었다고 전한다. 델포이는 전성기(B.C.6세기 초)에 원근 각지의 수많은 도시국가·국왕·지도자들이 그들의 중요한 정치적 결정 시에 신의를 묻기 위해서 사절을 파견하기도 했다.

4년마다 개최되는 피티아 사제 경기는 올림피아 경기와 함께 그리스에서 가장 중요한 경기로 개최되었고 우승자에게는 월계수 잎으로 만든 관이 수여되었다.

그렇지만 페르시아전쟁 시(B.C.5세기 전반) 그리스 측에 호의적인 신탁을 전하지 않았다는 이유로 평판이 추락한 이후 점차 쇠퇴하다가 끝내 로마에 예속되었다(B.C.168).

(2) 하데스

그리스 신화에서 **하데스**(Hades)는 죽음을 관장하고 지하세계를 다스리는 신이다. 우리에게 하데스는 **명계**(冥界)라 불리는 지하세계, 곧 **황천**(黃泉)을 다스리는 신으로 알려졌고 개화기 당시의 한자식 이름은 **명왕**(冥王)으로 불려 이 신의 이름을 딴 행성을 한자어로 **명왕성**(冥王星)이라 불렀다.

하데스(Hades)[17]

하데스는 그리스 신화에 나오는 올림포스 주신 **제우스**(Zeus) 아버지인 **크로노스**(Kronos) 아들로서 형제인 제우스와 바다·물·지진·땅·말의 신이었던 **포세이돈**(Poseidon)과 함께 거대하고 강력한 신족(神族)이었던 **티탄**(Titan)을 물리치고 우주를 나누어 가졌다.

크로노스로부터 형과 누이들을 구하고 전쟁을 이끈 막내 제우스가 하늘을 차지하고 포세이돈은 바다를 하데스는 지하세계를 맡았다.

하데스라는 명칭은 보이지 않는 곳을 의미하는데 그의 신격과 연관되어 죽은 자들의 세계 자체를 지칭하기도 한다.

그리스인에게 하데스는 함부로 입에 올리기조차 두려운 단어였다. 그래서 이들은 하데스를 가리켜 부유한 자라는 뜻의 **플루톤**(Plouton)이라는 별칭을 붙여 다르게 사용했다. 이는 땅속에 금이나 은과 같은 귀한 보물이 묻혀 있다는 믿음에서 비롯된 것이었다. 그리고 로마인들은 이와 같은 하데스의 성격을 대부분 모방하여 저승의 신을 **플루토**(Pluto)라는 이름으로 불렀다.

5) 고대 로마 계통

그리스도교가 로마제국의 국교가 이후 로마제국은 종교의 전성기를 구가했다(B.C.8세기-A.D.4세기). 그러나 로마 공화정 말기와 제국 시대에 그리스 전통종교나 로마 종교는 개인성향의 종교적 욕구를 충족시킬 수 없었다.

로마 공화정을 움직인 정치 기구는 ①군대를 지휘하거나 행정을 담당하는 집정관 ②외교·재정 문제 및 집정관에 대한 자문을 담당하는 원로원 ③그리고 관리 선출과 입법·재판 및 국가 주요 정책 등을 결정하는 민회 등이었다. 로마는 귀족 정치의 색채가 강했고 되레 평민은 참정권이 인정되지 않아 귀족과 오랫동안 대립하였다.

이러한 종교적 욕구를 충족시키기 위해 다양한 동양계통의 종교가 수용되었는데 이들 종교는 신도가 일정한 조건을 충족시키면 신은 은총이나 영생을 허락한다는 교리를 앞세워 대체로 신비로운 의식을 포함하고 있었다.

그중 가장 먼저 유입된 종교가 다름 아닌 **이시스**(Isis) 숭배 신앙이었다. 이시스는 이집트에서 유래했으나 서방에 전수되는 과정에서 상당히 변모되었다.

이후 페르시아에서 **미트라**(Mithra) 신앙이 유래했는데 이 신은 남자만을 위한 신으로 특히 군대에서 인기가 높았다. 로마의 초대 황제 **아우구스투스**(Augustus, B.C.63-A.D.14) 시대부터 로마인은 **점성술**(占星術, Astrology)과 마술에 사로잡혀 있었고 태양 숭배는 로마제국 후기에 주로 신봉되었다.

이와 같은 로마 종교의 체제에서 그리스도교가 세력을 키우면서 급기야 **콘스탄티누스 황제**(Constantinus I, 306-337)가 그리스도교로 개종하기도 했으나 그것도 오래가지 못하고 **테오도시우스 황제**(Theodosius I, 379-395) 재위 시 칙령으로 그리스도교를 금지하는 종교입법이 단행되기도 했다.

로마는 나름의 자체종교를 보유하고 있었으나(B.C.3세기경) 그것은 특정한 중심적인 신앙 체계를 이루고 있는 종교가 아닌 오랜 세월 속에서 형성된 독특한 종교의식으로 이를테면 타부·미신 등에 버금가는 저급한 신앙에 불과했다.

로마 종교는 영적인 경험보다는 인간의 존재와 안녕에 의존하는 어떤 절대적인 힘과 인간 사이에 맺어진 일종의 계약 관계로서의 소극적 종교가 대다수를 이루었다.

이시스(Isis) 여신[18]

로마는 그리스 문화의 기초위에 건국되어 그리스 문화를 내부화하고 있었기에 로마 종교의 속성은 그리스 신들과 일체화되었고 단지 이름만 다를 뿐 유형은 비슷했다. 일례로 **다이아나**(Daiana) 여신은 그리스 **아르테미스**(Artemis) 여신이 원형이었다.

본래 로마인은 천지의 모든 사물이나 장소에는 그곳에 내재하는 비인격적 신 또는 영이 있다고 믿었다. 그 신령한 힘을 소위 신성·신의 존재·신의 뜻이라는 뜻을 합체한 이른바 **누멘**(Numen)이라 칭했는데 여기서 누멘은 모든 현상과 관계를 맺고 있어 때때로 사람에게 해를 끼친다고 여기기도 했다.

이후 로마인은 그리스 문화와 밀접하게 접촉하면서 그리스 신화의 신들로 인간과 같은 생활을 하는 구체적 인격을 갖춘 신들을 수용함으로써 로마 고유의 신을 그 성격을 일부 바꾸어 인격을 보유한 신으로 숭배하였다.

이러한 연유에서 서로 비슷한 성격을 지닌 로마의 신과 그리스의 신이 짝을 이루게 되어 마침내 같은 신으로 취급되었다. 여기에는 로마 건국기에 활약한 왕이나 영웅에 관한 전설도 포함되었는데 이를테면 **트로이**(Troy)의 영웅 **아이네아스**(Aeneas)가 이탈리아에 와서 로마 건국의 시조가 된다는 건국 신화도 사실은 그리스 · 로마의 신화적 융합에 따른 결과였다.

(1) 이시스 숭배

이시스(Isis)는 고대 이집트 및 그리스 · 로마 등지에서 숭배된 최고의 여신이다. 이시스는 죽은 자들의 신으로 숭배된 남신 **오시리스**(Osiris)를 남편으로 두고 태양의 신 **호루스**(Horus)의 어머니가 되었다. 이시스는 죽은 자의 수호여신 · 사자를 부활시키는 주술의 소유자 · 어머니신 · 충실한 아내의 전형으로 숭배되었다.

그리스 · 로마 시대에는 우주의 신으로 등극하여 로마제국 전체에 영향을 미쳤다. 이시스는 옥좌를 두상에 얹은 여성으로 표현되는데 사자의 수호신으로는 가끔 날개를 가진 여성으로 표현되며 이때 날개가 생명의 숨결을 불어넣는다고 믿었다.

한편 이시스는 **모신**(母神)으로서 무릎 위에 왕이나 어린 호루스를 안고 때로 수유시키고 있는 모습은 성모상과의 관련성이 있다고 지적되고 있다. 그리스인은 그리스 신화에서 곡물 또는 대지의 여신 **데메테르**(Demeter) 여신과 동일시하였다.

(2) 미트라 신앙

미트라(Mithra)는 고대 인도·이란어 족의 계약과 맹세의 신이자 광명의 신이다. 고대 인도·이란어 족에서 숭배되던 때에는 당시 주신의 지위를 가졌던 하늘의 신 **바루나**(Varuna)에 비견될 정도로 그 격이 높았으며 실제로 인도의 베다 시대 초기엔 여전히 바루나와 함께 주신으로 숭배되었다.

미트라(Mithra)[19]

이후 미트라는 인도계 신앙에서나 이란계 신앙에서나 존재감이 줄어 후기에는 중요한 신으로 여겨지지 않았다. 여기서 미트라는 계약·약속·친구 등을 의미한다. 후일 베다 신격과 조로아스터교 신격으로 분리되었다.

미트라는 헬레니즘 영향으로 고대 로마에 퍼지면서 그곳에서 숭배 대상이 되었다. 당시 주신으로 섬기는 종파도 있었다. 아울러 승리의 신이라는 이미지가 덧씌워지면서 무적의 태양신이라는 호칭도 부여받게 되었다.

(3) 누멘

고대 로마인은 **제우스**(Zeus)·**헤라**(Hera)·**아레스**(Ares) 등 수많은 신을 믿는 다신 신앙을 간직했으며 이에 신들이 자연 세계와 인간사에 영향을 미칠 수 있다고 믿었다. 여기서 이러한 신들이 지닌 신비한 초자연적 힘과 영향력을 이른바 **누멘**(Numen)이라고

했다. 누맨은 그 밖에 신들의 **신성**(神性)이나 때로는 신 그 자체를 지칭하는 말로 사용되기도 했다.

고대 로마인들은 누멘이 특별한 자연현상이나 사물 그 밖에 특이한 능력을 지닌 인간들 속에도 현존한다고 믿었다. 복수형태의 **누미나**(Numina)는 사물들이나 현상을 지칭하는 말이었다.

로마 종교에서 누멘은 어떤 비인격적인 힘이라기보다는 신들이 지닌 특별한 속성을 일컫는 말로 주로 신들의 힘 · 의지 · 영향력 · 활동 · **현현**(顯現) 등에 연관 지을 때 사용되었다.

(4) 밀교

그리스의 밀교(Mysteries)[20]

밀교(密敎, Mysteries) 달리 일컬어 **밀의종교**(密儀宗敎, Mystery Religion)는 종교와 관련된 사람에게만 교리를 전수한 고대 그리스 · 로마의 **사교**(邪敎)를 통칭한다. 밀의종교는 **비전**(秘傳, Initiation)과 종교적 수행과 실천의 세부 내용을 외부로 밝히지 않는 소위 비밀엄수주의를 주된 특징에 두고 있다.

밀교의 대체적인 내용에 관해서는 구전으로 전해진 내용을 추슬러 어렴풋이 추정하고는 있으나 종교적 수행과 실천의 세부 내용은 현재까지도 베일에 싸여 있다.

그리스 · 로마 시대 밀교는 시민 종교와 경쟁이 아닌 보충하는 역할을 감당했다. 당시에 개인은 국가적 사교 의식에 별다른 어려움 없이 참가할 수 있었으며 동시에 하나 혹은 다수의 밀교에서 비전을 받을 수 있었고 또한 이와 동시에 특정 철학 학파를 지지하는 것이 가능했다.

그리스·로마 다신교 사회에서 밀교의 비전 전수는 아무런 제약을 받지 않고 개인의 선택에 따라 행해졌다. 당시 여타 종교에서 희생의식·식사의식·정화의식 등의 종교적 의례도 대개 밀교에서도 행해졌는데 단순한 반복에 그치지 않고 밀교의 독특한 교리 아래 종교적 실천들이 부가되는 형태로 행해졌다.

(5) 신플라톤주의

신플라톤주의(Neoplatonism)[21]

신플라톤주의(Neoplatonism)는 **플라톤**(Platon, B.C.427-B.C.347)을 비롯해 **아리스토텔레스**(Aristoteles, B.C.384-B.C.322) · **스토아학파**(Stoicism) 등 고대 여러 학파의 사상을 종합하기 위해 탄생했다(3세기 이후).

기본적인 사조는 이데아계와 현상계라는 플라톤적 양분론을 계승하고 있으며 특히 이데아계를 세분해 전 존재를 계층적으로 파악하려는 것에 주안점을 두었다.

신플라톤주의 사상 자체는 중세·근세철학에 큰 영향을 미쳤다. 이를테면 중동・소아시아에 걸쳐 존재했던 고대 그리스 철학을 일원론적 통일성에 기반하여 해석했다.

신플라톤주의 사상가는 마음・정신・물질 등을 인식하고 물질과 정신이 일원론을 파생한 만유이자 그 구성물이라는 논리를 전개해 나갔다.

신플라톤주의 사상은 그리스도교 신학 이론에 커다란 영향을 주었으나 대부분의 초기 신플라톤주의자들은 신에 대한 능동주의적 해석 및 인격을 갖춘 신의 개념을 철저히 부정하였으며 기본적으로 범신론 사상을 갖고 있었다.

그러나 후기 신플라톤주의 이후부터는 스토아학파의 사고관이 점점 배제되고 신에 대한 능동주의적 해석이 널리 퍼져 나가 이로써 그리스 신화의 인격 신을 수호하는 전형적・밀교적 철학으로 진전되었다.

(6) 켈트 다신교

켈트 다신교(Celtic Polytheism)는 외견상 뚜렷한 명칭이 없었다. 후일 켈트 다신교의 사제계급이었던 이른바 **드루이드**(Druides)가 켈트 다신교의 대표적인 특징을 엿보이고 있어 이에 **드루이드교**(Druidism)라는 별칭으로 불렀다.

드루이드는 세습 계급이었으나 규율이 엄격하지는 않았고 선거로 구성원을 증원하는 종교적 조직이었다. 드루이드 사제는 교육자・판사 등을 겸했다. 그들은 신과 인간 사이에서 중개 역할을 감당했다. 대체로 흰옷을 입고 **월력**(月曆)도 사용하였다.

아일랜드에서 드루이드는 마술적 색채가 강해 예언도 하고

켈트 다신교(Celtic Polytheism)㉒

병든 사람을 치유하기도 했다. 그러나 한때 사람을 제물로 바치는 **인신공양**(人身供養, Human Sacrifice)을 행하기도 했다(B.C.1세기 경).

드루이드는 로마 점령군에 대항해 민족주의를 내세워 반란을 일으키기도 했고 그리스도교 포교에도 저항하는 등 비밀결사의 중심으로 활동했다. 이 때문에 로마인으로부터 탄압을 받았다. 이후 거의 소멸했으나(6세기 말) 그 영향은 대중 속에 오래 살아있었다(12세기 무렵).

켈트 다신교는 다수의 남성과 여성 신을 숭배하는 다신교였다. ①그리스 신화 ②고대 인도 브라만교 **성전**(聖典, Holy Book)인 4가지 베다 중에 하나로 힌두교 신들이 등장하는 **리그베다**(Rigveda) ③북유럽 신화와 같은 인도·유럽어족의 신화 등에서 공통으로 발견되는 신들의 관계가 켈트 다신교에서도 살아남아 있다.

일례로 ①**올림포스**(Olympos) 신들이 그리스 신화의 거인족인 티탄(Titan)과 싸우고 ②고대 인도 신화에서 전쟁의 신 **인드라**(Indra)와 천신들이 인도 신화 및 불교 신화에 등장하는 종족인 **아수라**(Asura)와 싸우며 ④**에시르**(Æsir)들이 **노르드**(Norde)의 거인 **에틴**(Ettin)들과 싸우듯이 켈트 신화의 신들 역시 선함·밝음·풍요 등을 관장하는 신들과 악함·어둠·빈곤 등을 몰고 오는 신들과의 전쟁으로 신앙 체계가 정립되어 있었다.

제4장 그리스도교의 교리와 신앙관

1. 계통과 구분

1) 계통

그리스도교(Christian Religion)는 **예수 그리스도**(Jesus Christ)의 가르침과 행적을 본받고 예수를 인류의 구원자 또는 해방자라는 의미의 **메시아**(Messiah)로 믿고 따르는 아브라함 계통의 종교이다. 흔히 **기독교**(基督敎)라는 명칭은 중국어에서 차용된 그리스도교의 잘못된 표현이다. 시쳇말로 흔히 입에 오르내리고 있는 **기독교**라는 말은 본래 그리스도의 중국어 음역표현인 **기리사독**(基利斯督, Jilisidu)의 줄임말로서 그리스도교의 잘못된 표현이나 현재는 고유명사로 굳어져 널리 사용되고 있는 형편이다.

메시아는 기름 부음을 받은 자라는 뜻으로 이는 고대 이스라엘의 왕이나 제사장 등의 지도자를 세울 때 그들 머리에 기름을 붓는 예식에서 유래한 말이다. 히브리 구약성서의 그리스어 번역본은 메시아에 해당하는 단어를 **그리스도**(χριστός, Christos)로 번역하고 있다.

본래 그리스도교는 **유대교**(Judaism) 전통과 역사성을 표창하고 있어 비교종교학에서는 유대교와 후대 이슬람교를 포함해 아브라함 계통의 종교로 구분하고 있다. 그 밖에 **만다야교**(Mandaeism) · **드루즈**(Druze) · **바하이 신앙**(Baha'i Faith) 등이 이에 속한다.

2) 유사종교와의 구분

(1) 유대교와 구분

그리스도교는 고대 이스라엘인에게 계시 된 하느님의 고유한 이름으로서 **야훼**(Yahweh)와 예수를 동급인 신으로 보고 신약성서를 **정경**(正經, Canon)으로 인정하고 있다. 그러나 유대교는 예수를 **신**(하나님 · 하느님)으로 인정하지 않고 있어 이에 예수의 행적을 기록한 신약성서를 정경으로 인정하지 않고 있는 차이점이 있다.

(2) 이슬람교와 구분

그리스도교는 외견상 예수를 **성부**(聖父, the Father) · **성령**(聖靈, Holy Spirit) · **성자**(聖子, the Son)의 **위격**(位格)으로 구분하고 이를 **삼위일체론**(三位一體論, Theory of Trinity)으로 수용하고 각 위를 하나의 신으로 신적 본성에서는 유일신으로 취급하고 있다. 이러한 특유의 삼위일체론에 따라 하나님과 동위의 본성과 본질을 보유한 예수를 신으로 믿는 경우가 대부분이지만 모든 종파가 삼위일체의 교리를 따르고 있지는 않다. **이슬람교**(Islam)가 대표적이다.

이슬람은 예수를 신이 아닌 수많은 예언자 중 하나로 보고 있으며 예언자 **무함마드**(Muhammad, 570-632)를 보다 격이 높게 중요시하고 있는 차이가 있다. 이슬람교는 경전인 **꾸란**(Koran)에서 하나님으로 번역하고 있는 **알라**(Allāh)를 유일신으로 신봉하고 있다는 점에서 그리스도교와 일신교라는 공통점이 있다. 요컨대 유대교 · 이슬람교와 비교할 때 그리스도교의 가장 큰 차이점은 하나님으로서 예수를 신격화하고 있다는 사실에 있다.

2. 교리와 신앙 체계

1) 신관

그리스도교는 하나님의 이름을 **야훼**(Yahweh)로 구별해 왔다. 현재는 이름을 직접 부르는 대신에 우리나라의 경우 천주교회·대한 성공회·한국 정교회에서는 하느님으로 그 밖에 개신교는 하나님으로 호칭하고 있다.

콘스탄티누스 대제 (306-337)①

그리스도교 신론(神論, the Doctrine of God)은 여타 아브라함계 종교와의 차이점으로 성부·성자·성령의 이른바 **삼위일체론**(三位一體論, Theory of Trinity)을 믿는 교파가 많다는 점이다. 삼위일체론은 성서에 언급이 없으나 **전승**(傳承)에 따라 대부분 그리스도교에서는 믿고 있는데 여기서 삼위일체론은 하나님은 3개의 구별될 수 있는 격으로 나타나나 본질상 한 분의 하느님이라는 교리이다.

콘스탄티누스 대제(Constantinus I, 306-337)가 로마 밀라노에서 발표한 포고령으로 모든 사람에게 신앙의 자유를 인정함과 동시에 그리스도교의 공인을 선포한 이른바 **밀라노 칙령**(Edict of Milan) 공포 이후(313) 콘스탄티누스 대제가 소집한 세계교회회의 **니케아 공의회**(Councils of Nicaea)에서 주교와 교부들이 성자와 성부는 같은 실체라고 결론 내림으로써 삼위일체 기본 개념을 정립했다.

2) 인간관

그리스도교는 현재 모든 인간은 야훼가 처음 창조한 인간인 **아담**(Adam)과 **하와**(Eve)의 자손이므로 그들의 **원죄**(原罪, Original Sin)를 물려받아 모두 죄인이며 그렇기에 모두 죽으면 영원히 불타는 지옥에 갈 수밖에 없었으나 이 세상을 사랑한 예수가 인간의 죄를 대신하여 십자가에 죽었으므로 이에 예수를 믿는 사람은 구원을 받아 천국에 갈 수 있다는데 교리의 핵심을 두고 있다. 여기서 원죄는 구약성서 창세기에 등장하는 아담이 하나님이 금지한 선악을 분별하는 이른바 **선악과**(善惡果, Forbidden Fruit)를 따먹으면서 발생하였다는 죄를 말한다.

그리스도교는 사람에게는 영혼이 있고 이는 육체의 죽음과 상관없이 불멸한다고 믿는다. 그러나 같은 그리스도교로 분류되고 있는 **제7일 안식일 예수 재림교회**(Seventh Day Adventists)나 **여호와의 증인**(Jehovah's Witnesses) 등은 영혼 불멸과 지옥의 내세관을 믿지 않고 있다.

3) 구원관

하나님이 계신 천국에 들어가는 것을 **구원**(救援, Redemption)이라고 칭하며 대부분의 그리스도교 교파에서 이 구원은 예수가 십자가에 죽음으로써 인간의 죄를 **대속**(代贖, Redemption)한 사실과 예수의 부활을 믿음으로써 얻게 되는 사실을 의미한다.

한편 예수를 믿는 믿음과 그 계명을 지키는 행위로서의 신앙이 있어야 구원을 받을 수 있다고 믿는 종파도 있다. 이러한 종파는 대개 그리스도교 교단으로부터 이단으로 배척되고 있다. 대부분 그리스도교인은 구원받은 사람은 장차 예수 그리스도처럼 영혼과 육신이 온전하게 합쳐져서 부활할 것을 믿고 있다.

3. 그리스도교와 성서

성서는 그리스도교를 비롯하여 유대교의 **성전**(聖典)이다. 본래 성서의 호칭은 그리스어 **비블리아**(Biblia)에 연원을 두고 있는데 이 말은 종이의 원료가 되는 **파피루스**(Papyrus) 줄기의 내피를 가리키는 **비블로스**(Biblos)에 유래하고 있다.

성서는 고대 이스라엘 민족과 원시 그리스도교의 오랜 역사의 흐름 중에서 많은 사람의 손을 거친 다양한 문서를 수록하고 있다. 성서는 **구약성서**(Old Testament)와 **신약성서**(New Testament)로 구성되어 있는데 이러한 구별과 명칭은 초대교회가 복음서나 서간 등을 예수에 의한 새로운 계약을 계시하고 있는 서적이라는 뜻에서 신약성서로 이에 반하여 오래된 계약이라는 뜻에서 구약성서로 부르게 된 것에서 유래한다(2세기).

예수를 **메시아**[מָשִׁיחַ, Messiah, **구세주**(救世主)]로 인정하지 않는 유대교에서는 그리스도교에 의해 구약성서라고 이름 붙여진 문서가 유일한 성전이다.

1) 구약성서

구약성서(舊約聖書, Old Testament)는 그리스도교의 성전이다. **율법서**(律法書)·**역사서**(歷史書)·**예언서**(豫言書)·**성문서**(聖文書) 등으로 편제되어 있다. 요컨대 구약성서는 **여호와**(Jehovah) 하나님과 인간들 사이에 계약이 어떻게 이루어졌으며 지상에서 인간의 사명은 무엇인지에 대하여 이야기해 주고 있다.

(1) 율법서

율법서는 **창세기**(創世記, Genesis)·**출애굽기**(出埃及記, Exodus)·**레위기**(Leviticus)·**민수기**(民數記, Numbers)·**신명기**(申命記, Deuteronomy) 등으로 이루어져 있으며 **토라**(Torah) 혹은 **모세 5경**(Pentateuch)이라고도 한다.

①**창세기**는 태초에 이 세상과 인류가 어떻게 시작되었는가를 밝혀 주고 유대인 조상의 기원 및 **선민**(選民)으로서 그들의 지위와 위상을 위치를 말하고 있다. ②**출애굽기**는 이스라엘 민족이 **이집트**[**애굽**(埃及)]에서 탈출한 과정과 **시나이산**(Senai Mt.)에서 여호와와 계약을 맺을 때 그들이 약속한 율법들을 전하고 있다. ③**레위기**는 여러 가지 **희생제의**(犧牲祭儀)의 율법과 규정들 그밖에 안식일 지키는 법 등이 기록되어 있다. ④**민수기**는 이스라엘 백성의 인구조사와 그들이 광야에서 방랑하는 이야기이며 ⑤**신명기**는 모세의 유언과 개정된 율법에 대해 전하고 있다.

(2) 예언서

예언서(豫言書, Prophets)는 21권으로 되어 있는데 구성은 역사서 6권과 대예언서 3권 그리고 소예언서 12권으로 이루어져 있다.

역사서는 **여호수아서**(Joshua)·**사사기**(士師記, Judges)·**사무엘서**(Samuel I,

II) · **열왕기서**(Kings I, II) 등으로 되어 있으며 이스라엘 민족이 **가나안**(Canaan) 땅에 진입할 때부터 **바빌론유수**[Babylonian Captivity, **유수**(幽囚)]까지 예언자의 관점에서 다루고 있다. ⑥**여호수아서**는 **모세**(Moses)의 후계자로 이스라엘의 지도자가 된 **여호수아**(Joshua) 이야기와 가나안 정복 때의 이야기이다. ⑦**사사기**는 약속의 땅인 가나안에서 마주한 이민족과의 갈등과 난관에 관한 이야기로서 여호와 율법에 대한 순종 그리고 사사들의 활약에 관한 이야기이다. ⑧⑨**사무엘서**(I, II)는 **사울**(Saul, B.C.1030-B.C.1010, **이스라엘 초대왕**)과 **다윗**(David, B.C.1030-B.C.961, **이스라엘 제2대왕**)에 관해 전하고 있다. ⑩⑪**열왕기서**(I, II)는 다윗의 죽음과 그 아들 **솔로몬**(Solomon, B.C.970-B.C.931, **이스라엘 제3대왕**)의 치세에서 **아합**(Ahab, B.C.871-B.C.853, **북이스라엘 제7대왕**)과 **아하시야**(Ahaziah, B.C. 880-B.C.849)까지 역사와 이후 이스라엘이 남유다와 북이스라엘로 분열되어 끝내 멸망에 이르기까지 각양의 사건들을 기록하고 있다.

대예언서(大豫言書, Major Prophets)는 **이사야서**(Isaiah) · **예레미야서**(Jeremiah) · **에스겔서**(Ezekiel) 3권으로 ⑫**이사야서**는 각양의 주제와 상황에 대한 예언자 이사야의 설교 그리고 메시아에 대한 예언과 메시아 도래에 대한 갈망을 기록하고 있다. ⑬**예레미야서**는 40년간 위기에 처할 이스라엘의 운명을 예언하고 새로운 계약에 관하여 예언하는 예레미야의 이야기를 기록하고 있으며 ⑭**에스겔서**는 이스라엘의 잘못에 대한 에스겔의 꾸짖음과 새로운 계약을 통한 구원의 약속을 기록하고 있다.

소예언서(小豫言書, Minor Prophets)라고 칭하고 있는 이유는 기사가 짧기 때문이다. 소예언서는 총 12권으로 구성되어 있다. ⑮사랑의 여호와를 강조하고 있는 **호세아서**(Hosea) 단식과 기도로 참회하면 여호와가 자비를 베푸실 것이라는 약속을 전하는 ⑯**요엘서**(Joel) 여호와가 이스라엘을 죄 때문에 멸할 것이라고 경고하는 ⑰**아모스서**(Amos) 유다의 적과 결탁한 **에돔**(Edom)에 대하여 비난하는 ⑱**오바댜서**(Obadiah) 여호와는 유다뿐만 아니라 모든 사람을 사랑한다는 ⑲**요나서**(Jonah) **베들레헴**(Bethlehem)에서 구세주가 태어날 것을 예고한 ⑳**미가서**(Micha) 당시 **아시리아**(Assyria, B.C.25세기-B.C.609) 제국이 유다를 위협한 직후 아시리아의 수도 **니느웨**(Nineveh)를 단죄하는 ㉑**나훔서**(Nahum) 유다에 대한 징벌로서 바빌론을 이용하는 여호와 계획에 관해 전하는 ㉒**하박국서**(Habakkuk) 우상숭배와 이방인의 풍습을 따르는 패악을 훈계하는 ㉓**스바냐서**(Zephaniah) 바빌론 유배 후 **예루살렘**(Jerusalem)에 돌아온 유대인에게 여호와의 성전을 재건하라고 명령하는 ㉔**학개서**(Haggai) 성전 재건에서 메시아적 환상을 전하는 ㉕**스가랴서**(Zechariah) 악습과 무관심에 대해 설교하는 ㉖**말라기서**(Malachi) 등이다.

(3) 성문서

성문서(聖文書, כְּתוּבִים, Ketubim, Hagiographa)는 율법서와 예언서 이외의 책을 가리키는데 총 13권으로 구성되어 있다. ㉗150편에 달하는 기도와 찬양의 노래인 **시편**(詩篇, Psalms) ㉘솔로몬을 비롯하여 여러 사람이 쓴 종교적·세속적 지혜 및 속담·금언 등의 모음집인 **잠언**(箴言, Proverbs) ㉙선한 자에게 다가오는 고통에 관해 이야기하는 **욥기**(Job) ㉚바빌론으로 끌려간 젊은 유대인 다니엘이 대제국의 고위관리가 되기까지 이야기인 **다니엘서**(Daniel) ㉛바빌론유수에서 유다로 귀환한 이야기인 **에스라서**(Ezra) ㉜유배에서 돌아온 유대인의 생활 및 성전 재건을 위해 페르시아 왕실을 떠난 지도자의 이야기인 **느헤미야서**(Nehemiah) ㉝㉞아담에서부터 다윗까지의 역사 그리고 솔로몬으로부터 분열 왕국 시대에 이르는 유다의 역사를 담고 있는 **역대기**(歷代記, Chronicles, I, II) ㉟이스라엘에 대한 여호와의 자비와 교회를 향한 그리스도 사랑을 나타내는 서정시 **아가서**(雅歌, Song of Songs) ⑨**모압**(Moab) ㊱여인이 이스라엘의 딸이 되고 다윗왕과 예수의 조상이 되었는가를 전하는 이야기인 **룻기**(Ruth) ㊲예루살렘의 멸망과 그로 인한 혼란과 압제를 슬퍼하는 노래집으로 눈물의 선지자 예레미야의 분위기가 담겨 있는 **예레미야애가**(Lamentations) ㊳여호와의 지혜를 설명하는 **전도서**(傳道書, Ecclesiastes) **페르시아**(Persian Empire, B.C.550-330)의 왕후가 되어 자신의 백성을 멸망에서 구해 낸 유대 여인의 이야기이며 히브리 성서 중에 유일하게 여호와 하나님에 대한 언급이 없는 ㊴**에스더서**(Esther) 등이다.

(4) 외경

5권의 율법서 · 21권의 예언서 · 13권의 성문서를 합하여 39권의 히브리 문서들은 **개신교**(改新教, Protestantism)에서 수용하고 있는 구약성서의 내용이다.

개신교에서는 제2경전으로 7권을 이른바 **외경**(外經, Aporypha)이라 칭하고 이를 구약성서 정경에서 제외하고 있으나 **가톨릭교회**(Catholic Church) · **동방정교회**(東方正教會, Eastern Orthodoxy) · **성공회**(聖公會, Anglican Domain) 등에서는 이를 정경에 추가해 총 46권을 구약성서로 특정하고 있다. ①**토비트**(Tobit) ②**유딧서**(Judith) ③**지혜서**(智慧書, Wisdom of Solomon) ④**집회서**(集會書, Ecclesiasticus, Sirach) ⑤**바룩서**(Baruch) ⑥⑦ **마카베오**(Maccabees, I, II) 등이다.

구약성서는 대부분 히브리어로 기록되어 있으나 에스라와 다니엘 I부와 예레미야 한 구절 그리고 창세기 한 단어가 아랍어로 쓰여 있고 그 밖에 외경은 모두 **헬라어**[그리스어]로 쓰여 있다.

(5) 구약성서의 정경확립

예루살렘 성전 붕괴 이후(70) 유대교를 재건하기 위해 이스라엘 **얌니아**[Jamnia, 현재 **야브네**(Yavneh)]에서 개최된 이른바 **얌니아 회의**(Council of Jamnia)에서 성서의 경전 목록이 확정되었다(90).

그런데 많은 유대인은 오랫동안 그리스 문화권에 속해 있었던 까닭에 당시 국제어인 그리스어로 유대교 경전을 번역할 필요성이 제기되었다. 이에 70인의 전문성 있는 학자들에 의해 그리스어 번역본인 이른바 **70인 역 성서**(70人譯聖書, Septuagint, 70인 역)가 간행되기에 이르렀다(B.C.3세기경-2세기경). 이 번역본에는 토비트 · 집회서 등을 정경으로 취급하고 있으며 마카베오와 지혜서도 포함되었다.

한편 가톨릭교회는 공식적으로 로마 주교 회의에서(382) 46권의 정경을 확정하였고 **트리엔트**(Trient) 종교회의 때 이를 다시 재확인하였다(1545-1563). 그러나 종교개혁자들은 제2경전을 **위경**(僞經)이라고 칭하고(16세기) 정경으로 인정하지 않았다. 그 결과 개신교는 현재까지 39권 히브리 성서만을 정경으로 취급하고 있다.

2) 신약성서

(1) 구성체계

신약성서(新約聖書, New Testament) 구성은 70인역을 따른다. 4복음서 ①**마태복음**(Matthew) ②**마가복음**(Mark) ③**누가복음**(Luke) ④**요한복음**(John) 역사서인 ⑤**사도행전**(使徒行傳, Acts) 바울서신인 ⑥**로마서**(Romans) ⑦**갈라디아서**(Galatians) ⑧**에베소서**(Ephesians) ⑨⑩**디모데전후서**(Timothy, I, II) ⑪**디도서**(Titus) ⑫**빌레몬서**(Philemon) ⑬⑭**고린도전후서**(Corinthians, I, II) ⑮**빌립보서**(Philippians) ⑯**골로새서**(Colossians) ⑰⑱**데살로니가전후서**(Thessalonians, I, II) 일반서신인 ⑲**히브리서**(Hebrews) ⑳**야고보서**(James) ㉑㉒**베드로전후서**(Peter, I, II) ㉓㉔㉕**요한 일이삼서**(John, I, II, III) ㉖**유다서**(Jude) 묵시문학인 ㉗**요한계시록**(Revelation) 등 총 27권이다.

(2) 신약성서의 정경확립

구약성서가 가장 오래된 전승의 단계에서 최종적으로 정경으로 완결되기까지 약 1,000년이 소요된 것과 비교하여 신약성서는 고작 100년 간 지중해 동부 연안 여러 지역에서 집필되었다.

무엇보다도 신약성서 출발점은 예수이다. 예수는 공생애(公生涯) 33년 동안 **공의**(公義)와 **박애**(博愛)에 의한 하나님의 지배에 대해 설파하면서 정통 유대교의 율법주의를 비판했다.

예수 사후 그의 제자들은 예수가 전한 말씀을 기초로 전도에 임했는데 이에 신뢰할 수 있는 구전이 기술되고 예수의 소명에서 죽음과 부활에 이르기까지의 언행을 기술한 복음서가 쓰였다(60-90). **4복음서**(**마태복음 · 마가복음 · 부가복음 · 요한복음**)나 사도행전을 완성한 초기 신도들에게 지상의 예수와 부활해 승천한 그리스도는 동일시되었다. 그들은 권위 있는 구약성서에 기록된 예언을 중심으로 ①예수의 탄생 ②전도 및 수난 ③죽음과 부활 ④다시금 제자들에게 나타난 사실 ⑤교회의 출현 ⑥그리스도의 재림과 심판 등에 관한 사실을 신앙적 교의로 확립하였다.

사도 바울(St. Paul)에 의한 바울서신도 예수의 죽음과 부활 및 재림에 주안점을 두고 있다.

영화 「사도 바울(Apostle PAUL)」 ②

이에 바울은 율법주의자와 대결해서 그리스도의 죽음을 인류의 죄의 용서로 보고 신앙에 의한 의를 설파했다.

바울서신은 공개를 목적으로 기술된 것은 아니었으나 그 내용이 중요하여 교회 사이에서 교환되고 사본이 만들어지면서 점차 경전으로 취급되었다.

바울서신을 기반으로 그의 제자들의 편지나 **히브리서**(Hebrews)와 일반서신 등은 편지형식으로 쓰였는데 이를테면 바울 제자들의 편지는 교회형성을 지향하고 있고 히브리서는 그리스도론을 전개하는 설교를 시도하고 있다.

요한계시록(Revelation)은 다가올 종말의 행적에 대해서 예수를 통한 묵시를 전하는 형태로 신도를 압박하는 로마제국이 멸망할 것을 상징적인 필치로 서술하고 신도에게 길을 연 그리스도의 죽음과 승리의 의의를 설교하고 있다. 신약성서의 문서는 초기 교회에서 다양하게 형성된 **전승**(傳承)에 기초하여 예수의 이해와 복음의 기쁨을 사람들에게 전하려는 신앙의 증언이기도 했다.

4. 교파의 분류

그리스도교 신앙을 확인하고 바로 세우기 위해 로마제국이 공인한 신조인 **니케아 신경**(Symbolum Nicaenum, 325)을 따르는 정통 그리스도교 교파로서 이른바 **보편교회**(普遍敎會, Universal Church)는 크게 **서방교회**(西方敎會, Western Christianity)와 **동방교회**(東方敎會, Eastern Christianity)로 구분된다.

니케아 신경은 성부 하느님과 성자 하느님과 성령 하느님의 신격과 위격에 대해 정리한 일종의 **신앙고백문**(告白文, Confession of Faith)을 말한다.

한편 ①**니케아 신경**은 서방교회와 동방교회를 통틀어 정통 그리스도교에서 가장 기본이 되는 신앙고백으로 이를 벗어난 교리는 일절 **이단**[異端, 사이비(似而非), Heresy]으로 취급된다. 오늘날 ②**사도 신경**(使徒信經, Symbolum Apostolicum) ③**아타나시우스 신경**(Symbolum Athanasianum)과 함께 서방교회 3대 신경으로 손꼽히고 있다.

1) 서방교회

서방교회(Western Christianity)에는 **로마 가톨릭교회**(Ecclesia Catholica, Roman Catholic Church)와 **종교개혁**(宗教改革, Reformation) 이후(16세기) **개신교**(改新教, Protestantism)가 속한다.

개신교에는 **루터교**(Lutheran Church) · **침례교**(浸禮教, Baptist) · **성공회**(聖公會, Anglicanism, Episcopal Church) · **감리교**(監理教, Methodist Church) · **장로교**(長老教, Presbyterianism) · **개혁교회**(改革教會, Reformed Church) · **성결교**(聖潔教, Holiness Movement) · **재림교**(再臨教, Seventh-Day Adventist Church) · **오순절교**(五旬節教, Pentecostalism) 등이 있다.

테오도시우스 I세 (346-395)③

서방교회는 동방교회와 구분되는 말로 쓰인다. 곧 서방교회는 지리적으로 로마 황제 **테오도시우스 I세**(Theodosius I, 346-395) 사망 이후 동·서로 분열된 중세 로마제국 중 동로마제국인 **비잔틴**(Byzantine)의 전례를 계수한 동방교회의 서쪽에 자리 잡고 있었기에 붙여진 이름이다. 동방교회 전통을 따르는 교단을 제외한 **가톨릭**[**천주교**(天主教), Roman Catholic Church)]과 **개신교**(改新教, Protestantism)가 여기에 포함된다.

전 세계 로마 가톨릭교회 총칭으로서 이른바 **보편교회**(Universal Church)를 구성했던 5개 교회 연합 중에 로마교회가 분리되었고 나머지 4개 교회가 동방교회를 구성했다.

이후 **종교개혁**(宗教改革, Reformation) 운동에 찬성한 이들은 현재의 개신교로 종교개혁을 반대한 이들은 현재의 천주교로 분리되어 오늘에 이르고 있다.

2) 동방교회

동방교회에는 **러시아 정교회**(Russian Orthodox Church) · **그리스 정교회**(Greek Orthodox Church) 등의 동방정교회와 **이집트 콥트 정교회**(Copts) · **시리아 정교회**(Syriac Orthodox Church) · **에티오피아 교회**(The Ethiopian Orthodox Tewahedo Church) · **아르메니아 교회**(Armenia Orthodox Church) 등의 **오리엔트 정교회**(Oriental Orthodox Church, Oriental Orthodoxy) · **아시리아 동방교회**(Assyrian Church of the East) 등이 있다.

한편 중동 유일의 그리스도교 국가인 레바논과 중동 및 인도 등에 **남인디아 교회**(South-Indian Church) 등이 자생하기도 했다. 그 밖에 **몰몬교**(The Church of Jesus Christ of Latter-day Saints) · **여호와의 증인**(Jehovah's Witnesses) 등 니케아 신경을 따르지 않는 신흥 교파가 있다. 이들은 주류 정통 교단들로부터 이단으로 배척되고 있다.

5. 로마 가톨릭교회

공식명칭으로서 **가톨릭교회**[**천주교**(天主教), Catholic Church]는 전 세계적으로 약 13억 명의 신자를 보유한 세계 최대의 종교이자(2015) 역사적으로 서유럽 문화에서 크나큰 비중을 차지하고 있는 가장 오래된 그리스도교 종파 중의 하나이다.

1) 교계제도

가톨릭교회의 **교계제도**(教階制度, Hierarchy)는 그리스도교 성직자와 신도의 제도적인 질서를 통칭하는데 교회의 성립 이후(1세기경) 현재까지 피라미드식 성직자 제도를 고수하고 있다. 교계제도 핵심은 ①예수는 오직 하나의 교회만을 세웠으며 ②그 교회는 **사도**(Apostle)의 수장으로서 **베드로**(St. Peter)를 효시에 두고 있고 ③이는 현재 **교황**(敎皇, Pope)을 최고지도자로 하는 주교 집단에 이어져 가톨릭교회가 정통성을 지켜가고 있다는데 두고 있다.

이러한 이유로 인간으로서 교황이 비록 완벽하진 않으나 신앙과 도덕에 관한 교리를 확정하는 경우 오류를 범할 수 없다는 소위 **교황무류성**(敎皇無謬性, Papal Infallibility)의 특권을 주장하고 있다.

2) 교리체계

가톨릭교회의 4대 교리는 **천주존재**(天主存在) · **삼위일체**(三位一體) · **상선벌악**(賞善罰惡) · **강생구속**(降生救贖) 등으로 요약된다.

①**천주존재**는 우주를 창조하고 다스리는 창조주로서 **전지전능**(全知全能, Omniscience and Omnipotence)한 **하느님**(天主)이 존재하고 있음을 믿는 것이다.

②**삼위일체**는 성부 · 성자 · 성령의 **삼위**(三位)가 하나의 하느님이라는 뜻으로 세 위격(位格)이 서로 구별됨과 동시에 하나의 신성(神性)을 이루고 있음을 믿는 것이다.

③**상선벌악**은 하느님은 선한 사람에게는 상을 주지만 악한 사람에게는 벌을 내린다고 믿는 것이다.

④**강생구속**은 인간이 죄를 지어 하느님의 영광에 참여하지 못하게 되었으나 하느님의 아들 예수가 **성육신**(成肉身, Incarnation)으로

곧 사람의 몸으로 이 땅에 와서 인간의 죄를 대신 **대속**(代贖, Redemption)했으므로 누구든지 그리스도를 믿고 세례를 받으면 구원을 얻게 됨을 믿는 것이다.

3) 성모의 경배

가톨릭교회는 예수 어머니인 **마리아**(Maria)를 숭배하는 독특한 특징이 있다. 신약성서에서 처녀의 몸으로 예수를 잉태하였다는 기록에 따른 것이다. 그러나 가톨릭교회는 성모 마리아에 대하여 숭배가 아닌 공경이라 항변하고 있다.

가톨릭교회는 여타 그리스도교 교단들과 마찬가지로 숭배는 하느님에게만 사용하며 마리아는 인류의 시조인 아담과 하와가 하느님의 명을 거역하고 선악과를 따 먹은 원죄 때문에 모든 인간이 날 때부터 가지고 있다는 이른바 **원죄**(原罪, Original Sin)가 없으신 분이라는 차원에서 공경하는 것이라 일컫고 있다.

마리아와 관련된 주요 교리는 ①마리아를 간택한 하느님의 특별한 은혜로 그가 잉태되는 순간부터 원죄가 사해졌으며 ②삼위일체에 따라 성자 하느님인 예수의 어머니이며 ③평생을 처녀로 살았고 ④죽은 후 하느님에 의해 하늘로 들어 올림을 받았다는 소위 **성모승천**(聖母昇天, Assumption of the Virgin)으로 요약할 수 있다.

그러나 이러한 교리는 성서에 직접적인 언급이 없고 다만 **전승**(傳承)에 의해 뒷받침되고 있을 따름이다. 이상의 교리는 **교황 비오 9세**(Pius IX, 재위1846-1878)와(1854) **교황 비오 12세**(Pius XII, 재위 1939-1958)에 의해(1950) 앞서 본 교황무류성에 따라 다름없이 믿어야 할 교리로 선포되어 오늘에 이르고 있다. 여기서 교황무류성은 교황이 전 세계 로마 가톨릭교회의 수장으로서 신앙 및 도덕에 관하여 내린 정식 결정은 하느님의 특별한 은총으로 인하여 오류가 있을 수 없다는 주장을 말한다.

성모승천도 수 세기 전부터 그리스도교인 사이에 공공연히 계수된 전승을 배경에 두고 있는데 비록 성서에 기록은 나타나 있지는 않으나 초대교회부터 이어진 신뢰할만한 교회의 전승으로 존중되고 있다.

성서에 기록된 하느님 구원의 역사로서 곧 **구속사**(救贖史, Salvation History, Heilsgeschichte)에 있어 성모의 경배에 관한 문제는 ①마리아의 역할 ②마리아와 예수의 관계 ③교회 안에서 마리아의 지위 등에 관한 교의로 널리 수용되어 있다. 이에 가톨릭교회는 예수의 모친 마리아를 **성모**(聖母, Holy Mother) 또는 **복되신 동정녀**(Blessed Virgin Mary)라고 칭하고 특별히 공경하고 있다.

4) 삼위일체

가톨릭교회는 **하느님**(또는 **천주**)은 한 분이지만 3가지 **위격**(位格)의 **삼위일체**(三位一體, Trinity)을 지녔다고 믿고 있다. 삼위일체는 유일신이자 창조주인 하느님이 완전히 동등한 삼위로 구분되어 일치를 이루고 있음을 뜻한다. 여기서 삼위는 **성부**(聖父, the Father)와 **성자**(聖子, the Son)와 **성령**(聖靈, Holy Spirit)이다.

가톨릭교회는 예수를 삼위일체의 제2위 격인 성자로 취급하고 인류 구원을 위하여 성령의 의지에 따라 동정녀 마리아의 태중에 잉태되었고 신성을 잃지 않으면서 인성을 취하고 있다고 믿고 있다. 이러한 사건을 예수의 **강생**(降生, Incarnation) 또는 **성육신**(成肉身, Incarnation)이라고 한다.

가톨릭교회는 ①예수가 이 땅에 강생한 이유는 하느님의 복음을 세상 사람들에게 전파하여 그들이 믿고 충실히 따름으로써 구원을 받게 하려는데 있다. ②예수는 성부 하느님의 뜻에 철저히 순종하여 인류에 대한 사랑으로 그들의 모든 죄를 대신 짊어지고 십자가에 못 박혀 모든 사람이 하느님과 다시 화해할 수 있는 길을 열어 주었다. ③이로써 모든 사람이 죄로부터 자유로워져 구원받을 자격을 되돌려 주었다. ④그리고 예수가 죽음을 이기고 부활함으로써 모든 사람이 원죄 때문에 불가능했던 하느님의 생명에 참여할 길이 다시 열리게 되었다. ⑤그 결과 예수를 믿는 사람들은 죽어 육체가 땅에 묻히고 썩더라도 마지막 날에 예수처럼 영광스러운 몸으로 부활할 것이라고 가르치고 있다. 요컨대 예수의 부활은 가톨릭 신앙의 근거이며 핵심이다.

가톨릭교회는 예수가 부활한 다음 천국으로 승천했다고 한다. 예수의 승천은 ①그가 이 땅에 와서 사명을 완수했다는 것 ②하느님의 사랑받는 아들로서 하느님의 완전한 영광 안으로 들어갔다는 것 ③세상 만물을 다르시고 인류를 구원하는 모든 주권이 성부와 함께 그리스도에게도 주어졌다는 것 등을 의미한다.

예수는 승천하면서 교회에 성령을 보내고 성령과 함께 세상 끝날까지 교회와 함께하겠다고 약속했다고 한다. 모든 가톨릭 신자는 예수가 하느님의 아들임을 믿고 그 이름으로 영원한 생명을 얻는다고 믿고 있다.

5) 사후심판

최후의 심판 (바티칸 성당, 미켈란젤로)④

가톨릭교회는 사람은 누구나 사후에 곧바로 하느님으로부터 개별적으로 심판을 받게 된다고 하고 언젠가 그리스도가 산 자와 죽은 자를 막론하고 모든 인류에 대한 보편적 심판을 거행할 날이 도래할 것이라고 가르치고 있다.

세상 종말에 이르러 우주적 이변이 발생하는 가운데 예수가 천상 세계로부터 이 땅에 재림하여 **최후의 심판**(Last Judgement)을 거행함으로써 인류 역사는 종식되고 하느님의 정의로운 통치를 받는 새 하늘과 새 땅이 도래할 것이라고 한다.

최후의 심판 때 죽었던 자들은 부활하여 분리되었던 영혼과 육신이 재결합하고 아직 죽지 않고 살아있는 자들과 함께 심판자 그리스도로부터 심판을 받는데 의인들은 천국에서 영원한 복을 누리고 악인들은 지옥에서 영원한 벌을 받을 것이라고 한다. 심판 기준은 예수가 세상에 알려 준 믿음과 사랑의 법을 어떻게 실천했는가에 있다.

한편 죽은 후부터는 죄를 범하거나 공로를 쌓을 수가 없으며 육체를 떠난 영혼은 심판의 결과에 따라 다음 3곳 가운데 한 곳으로 가게 된다고 한다.

(1) 천국

천국(天國, the Heaven)은 하느님과 완전히 일치하여 하느님을 마주 대하고 하나님과 함께 영원한 행복을 누리는 이른바 **지복직관**(至福直觀, Beatífic Vísion)을 누릴 수 있는 상태 또는 그러한 곳을 말한다.

(2) 연옥

연옥(煉獄, Purgatory)은 하느님의 은총과 사랑 안에서 죽었기 때문에 영원한 구원은 보장받았으나 아직 **정화**(淨化, Purification)되지 않은 자들이 거룩함을 얻어 천국에 들어가기 위해 거쳐야 하는 정화의 과정 또는 그러한 장소를 칭한다. 정화는 비록 용서받고 하느님과 화해했더라도 죄에 따르는 벌이 남아있고 또 죄 때문에 파괴된 질서가 아직 회복되지 않았기 때문에 필요한 과정으로 새기고 있다.

그러므로 죄 가운데 하느님의 은총을 잃지는 않을 정도의 죄로서 **소죄**(小罪, Venial Sin)나 **잠벌**(暫罰, Temporal punishment)이 있으면 후세에 가서 연옥 벌을 통해 이를 감당해야 한다.

연옥의 영혼들은 세상에 있는 신자들의 기도로 연옥에서 고통이 경감되거나 정화 기간이 단축되는 등 도움을 받을 수 있다. 이에 따라 교회는 연옥 영혼들을 위한 미사를 봉헌하고 위령 기도를 바칠 것을 권장하고 있다.

연옥은 천국이나 지옥과는 달리 최후의 심판 이후까지 연장되지 않는다. 최후의 심판에 따라 모든 사람의 정화 과정이 끝나면 더는 필요 없기 때문이다.

(3) 지옥

지옥(地獄, Hell, Sheol)은 하느님이 베푸는 사랑과 은총을 거부하고 대죄를 의식적으로 범한 상태에서 회개하지 않고 죽을 때까지 그러한 생활을 청산하지 않은 자들이 스스로 하느님과 영원히 단절되어 벌을 받는 상태 또는 그러한 곳을 일컫는다.

하느님은 아무도 지옥에 가도록 예정하고 있지 않은 까닭에 그곳은 순전히 자유의사에 따라 하느님에게 대항하고 끝까지 그것을 고집함으로써 이르게 되는 곳이다.

전통적인 신학은 지옥의 본질이 천국에서의 영원한 생명을 잃어버린 대가로서 지옥에서 받는 영원한 벌이라고 새기고 있다. 이를 이른바 **실고**(失苦)라고 가르친다. 실고는 지복직관을 상실한 것을 말한다.

실고에 더하여 **각고**(覺苦)라는 것도 있다. 각고는 모든 피조물과의 관계도 끊어지며 느끼는 고통을 말한다. 하느님과 관계가 끊어지므로 피조물과의 관계도 끊어지는 것이다. 아울러 천상의 복락이 영원하듯이 지옥 벌도 끝이 없다. 대죄를 지닌 채 세상을 떠난 영혼은 악질로 고정되어 회개할 수 없으므로 그 죄악도 영원히 남아 그에 따르는 벌 역시 영원히 존속하기 때문이다.

6) 예배의 전통과 형식

(1) 예배의 전통

가톨릭의 예배는 **미사**(Missa) 또는 **성찬예배**(聖餐禮拜, Divine Liturgy)라고 불리며 예배의 절차 중에 빵과 포도주가 예수의 몸과 피로 성스럽게 변화한다는 **성체성사**(聖體聖事, the Sacrament)를 거행한다.

한편 가톨릭교회는 스스로 예수로부터 복음을 전하고 가르치도록 위임을 받았기에 하느님의 특별한 도움으로 그 어떤 종류의 교리적 오류나 잘못을 저지를 수 없다고 믿고 있다. 이를 소위 교황무류성과 더불어 **교회무류성**(Church Infallibility)이라고 한다.

가톨릭 교리의 가르침은 ①신·구약성서 ②고대교회의 전례 ③계시적·초자연적 진리 ④구전된 교리나 신조 등을 일컫는 이른바 **성전**(聖傳, Tradition)으로 이루어진 공적 계시를 근거로 삼고 있다. 이러한 내용을 올바로 해석하는 직무는 예수의 이름으로 권한을 행사하는 **교회의 교도권**(敎導權, Power of Magisterium)에 맡겨져 있다. 여기서 교도권은 교회가 복음 선포 임무를 유권적으로 이행하는 권한을 뜻한다. 따라서 모든 가톨릭 신자는 이 교도권에 따른 성서와 성전 해석에 복종해야 한다.

가톨릭교회가 공인한 성서는 구약성서 46권과 신약성서 27권을 합쳐 총 73권이다. 개신교의 경우 신약성서 27권은 같으나 구약성서가 36권이라는 차이점이 있다(총 66권).

가톨릭교회 구약성서는 **제2경전**(Deuterocanon)이 포함되어 있다. 그러나 개신교는 제2경전의 권위를 부정하고 있다. 다만 동방정교회에서는 가톨릭교회와 마찬가지로 구약성서 일부로 포함하고 있다.

거룩한 전승이라고도 불리는 성전은 앞서 본대로 예수의 제자들로서 사도 시대 때부터 전해져온 ①교회의 기도와 가르침 ②전례 예식 ③권위 있는 저술 등을 포함하는데 가톨릭교회는 성서와 성전을 통틀어 **신앙의 유산**(*Depositum Fidei*)이라 부르고 있다.

그러나 성서와 성전이 다양하게 해석되어 큰 혼란이 일어날 여지가 있어 이를 올바로 해석하는 것이 바로 교황과 주교단으로 구성된 이른바 교회의 가르침이다.

(2) 예배의 형식

가톨릭교회에서 예배는 3가지가 있다. 우선 ①**흠숭지례**(欽崇之禮, *Latrīa*, Adoration)는 가톨릭교회를 위시하여 동방정교회 등의 그리스도교 교파에서 오직 삼위일체 하느님에게만 바치는 최고의 흠모와 숭배의 예를 가리키는 말이다.

②**공경지례**(恭敬之禮, Veneration)는 가톨릭교회가 선정한 **성인**(聖人, Saint) · **성녀**(聖女, Woman Saint)에게 행하는 공경의 예를 뜻한다. 성인은 초대교회부터 신앙이 독실하거나 교회 복음화에 헌신한 사람들로서 신자는 그들을 신심으로 공경하는 전통이 있다. 이러한 전통을 가톨릭에서는(정교회포함) 교회 차원에서 성인으로 선포하고 이에 공경지례 대상으로 삼고 있다. 한편 가톨릭은 성인을 공경하면서 동시에 하느님께 기도해달라고 청하는 소위 **전구**(傳求, Intercessory Prayer)가 있다(정교회포함). **성공회**(聖公會, Anglican Domain)는 대신 기도한다는 뜻으로 **대도**(代禱, Substitution Prayer)로 개신교는 **중보기도**(中保祈禱, Bidding Prayer)라고 칭한다. 가톨릭 전통이 남아있는 성공회도 공경지례가 교회의 전통으로 존중되어 유지되고 있다.

③마리아에 대한 **상경지례**(上敬之禮, *Cultus Hyperduliae*)와 하느님께 드리는 최고의 예배 행위로 **흠숭**(欽崇, Adoration)은 구별된다. 곧 하느님에게는 흠숭지례를 천사와 성인에게는 공경지례를 행하는데 성인 중에 특히 마리아에게는 격이 높은 상경지례를 드린다.

가톨릭 신자들은 하느님에게 기도할 때 무언가를 들어 달라고 직접 청한다. 그러나 성모 마리아를 비롯한 성인들과 천사들에게는 우리를 위해 기도해 달라고 청한다. 곧 성모 마리아를 포함한 성인들과 천사들에게 기도하는 것이 아니라 그들과 함께 하느님에게 기도하는 것이다. 이에 성모 마리아와 성인들 그리고 천사들은 지상의 신자들을 위해 **전구(중보기도)**하게 된다.

7) 7성사

7성사(7聖事, Seven Sacraments)는 가톨릭과 정교회를 필두로 그 밖에 **아르메니아 교회**(Armenian Church) · **콥트 교회**(Copts Church) · **시리아 교회**(Syrian Orthodox) 등 소위 **사도 전승교회**(使徒繼承敎會, Apostolic Succession)에서 교리로 정립된 7가지 거룩한 예식을 뜻한다. 여기서 사도 전승교회는 예수의 12제자로부터 오늘날 주교까지 이어지는 사도직의 계승을 의미한다.

(1) 세례성사

세례성사(洗禮聖事, Baptism)는 하느님 자녀로 새롭게 태어날 수 있게 해주는 성사로 이를 통해 가톨릭 신자 생활에 온전히 참여할 수 있는 자격을 얻게 된다. 이는 세례를 받음으로써 하느님의 자녀로 다시 태어남을 의미한다.

가톨릭에서는 세례성사를 성령 안에서 새로운 삶으로 들어가는 문으로 또 세례성사를 받지 않으면 다른 성사에 참여할 수 없어 다른 성사로 가는 길을 여는 문 등으로 비유하고 있다.

가톨릭교회는 7성사 중에서 **세례성사·견진성사·성체성사**를 합쳐 **입문성사**(入門聖事)라 부른다. 세례성사를 받음으로써 죄에 죽고 그리스도 부활에 동참해 영원한 생명을 얻게 된다. 여기서 죄에 죽는다는 것은 죄에서 해방되어 깨끗해짐을 뜻한다. 세례를 받음으로써 원죄와 본죄를 용서받고 깨끗한 상태로 하느님의 영원한 생명에 들어가게 된다.

(2) 성체성사

성체성사(聖體聖事, Holy Communion)는 예수의 희생을 기념하고 부활하여 승천한 예수가 베푸는 은총에 감사하는 성사이다. 가톨릭교회는 매일 빵과 포도주를 예수의 몸과 피로 변화시키는 성체성사를 거행하면서 예수의 죽음과 부활을 기억하고 기념한다.

성체성사를 통해 예수의 죽음과 부활을 기념하고 예수의 현존을 체험하며 삼위일체 하느님과 교회 공동체 구성원 및 이웃들과 사랑과 일치의 친교를 나눈다.

(3) 견진성사

견진성사(堅振聖事, Sacrament of Confirmation)는 세례성사를 완성하고 성체성사에 충만하게 참여하도록 인도하는 성사이다. 견진성사는 세례를 받은 신자가 성령의 특별한 은총을 받아 더욱 굳건한 신앙인으로 거듭나도록 하기 위한 것에 의미를 두고 있다.

(4) 고해성사

고해성사(告解聖事, Sacrament of Penance)는 알게 모르게 범한 죄를 **성**

찰(省察, Reflection) · **통회**(痛悔, Contrition) · **고백**(告白, Confession) · **보속**(補贖, Penance) 등의 절차를 통하여 용서받는 의례를 말한다.

①**성찰**은 고해성사를 받을 때 먼저 자신이 지은 죄를 자세히 생각해내는 것이다. ②**통회**는 죄를 지은 자로서 나약한 자신을 인식하고 자기 죄를 진심으로 뉘우치며 가슴 아파하는 것이다. ③**고백**은 하느님의 대리자인 사제에게 자신의 죄를 시인하는 것이다. ④**보속**은 죄를 보상하는 마음으로 기도와 사랑의 실천 그리고 생활의 개선 등에 힘쓰는 것이다.

죄를 짓는다는 것은 곧 하느님과의 화평관계에서의 일탈을 의미하는데 고해성사를 통해 화평관계를 회복하게 된다. 한편 고해성사를 시행하는 종교로는 가톨릭 · 성공회 · 정교회가 있다.

(5) 병자성사

병자성사(病者聖事, Sacrament Anointing of the Sick)는 위급한 환자의 고통을 덜어 주고 죄에 대한 회개를 통해 건강의 회복을 기원하며 하느님께 구원을 맡기기 위해 드리는 성사를 말한다. 병자성사는 사제가 안수하고 치유 기도 후에 하느님의 **강복**(降福, Blessing)으로 거룩해진 기름을 병자의 이마에 바르는 순서로 진행된다.

(6) 성품성사

성품성사(聖品聖事, Sacrament of Holy Orders)는 **사제**(司祭 또는 神父, Reverend, Priest)와 **부제**(副祭, Deacon)에게 교회가 목회를 맡기는 의례를 말한다. 성품성사는 **주교**(主教, Bishop)가 집전하고 주교의 경우 가톨릭은 교황이 동방정교회는 총대주교가 임명하고 사제는 해당 교구의 주교가 임명한다. 서품을 성사로 보는 교파는 가톨릭과 정교회이며 성공회는 **서품예식**(敍品禮式, Priesthood)이라고 한다.

(7) 혼인성사

혼인성사(婚姻聖事, Sacrament of Matrimony)는 가톨릭에서 결혼예식을 일컫는 말로 성인이 된 남녀 가톨릭교도의 자유로운 결합을 축복해 주는 의례이다. 교회는 혼인을 신성시하여 7성사의 하나로 실천하고 있는데 곧 교회에 대한 그리스도의 사랑에까지 결혼을 성화시킨다. 이는 두 남녀가 그리스도 안에서 영원한 사랑의 생활을 약속하는 전인격적인 헌신이며 이 성사로 부부는 새 가정을 이룩하여 그리스도의 사랑 안에서 서로 성장하며 하느님의 창조사업에 협조하게 된다. 혼인성사는 사회성을 지닌 성사이므로 공동체 안에서 공개적으로 미사 중에 거행된다.

한편 성공회를 제외한 개신교에서는 세례성사와 성체성사(성만찬) 외의 모든 성사는 아무런 성서적 근거를 찾을 수 없다는 이유에서 이를 부정하고 있다. 다만 혼인예식・병자예식・장례예식・목사안수식 등은 교회의 오랜 전통으로 취급하고 주류 개신교 교파에서도 이를 시행하고 있다.

고해성사는 성공회를 제외한 모든 개신교가 하느님의 권한인 죄의 용서를 인간이 행한다는 이유로 강하게 부정하고 있다. 고해성사는 하등의 성서적 근거가 없고 오히려 성서를 근거로 사제도 인간일 뿐이므로 고해성사는 성립하지 않는다고 보고 있다. 죄를 사하는 것은 하느님일 뿐 인간이 제도로 만든 것이 명백한 대리 면죄는 불가능하다는 것에 신학적 근거를 두고 있다.

6. 개신교

1) 양대 지류

종교개혁의 빌미가 된 면죄부⑤

복음주의로 칭하고 있는 **개신교**(改新敎, **복음주의**, Protestantism)는 서방교회를 향한 **종교개혁**(宗敎改革, Reformation)에서 비롯된 그리스도교 분파이다(16세기). 종교개혁은 **마르틴 루터**(Martin Luther, 1483-1546)가 당시 가톨릭교회가 금전과 재물을 바친 자에게 죄를 면한다는 뜻으로 발행한 **면죄부**(免罪符, Letter of Indulgence)를 죄악시하면서 촉발되었다(1517).

마르틴 루터 (1483-1546)⑥

루터는 교회 부정을 **비텐베르크 교회**(Wittenberger Church)에 95개 조문으로 구성된 반박문을 붙여 고발하였다. 이를 계기로 시작된 대규모 개혁 운동은 종교개혁으로 이어졌다. 종교개혁은 그리스도교는 물론이고 세계사에 큰 영향을 끼친 사건으로 이때 가톨릭에서 분리된 교회를 통틀어 개신교라고 부른다.

역사적으로 교회 대분열로 공교회 중

심의 동방교회에서 서방교회가 분리되었고(11세기) 이후 서방교회에서 종교개혁 반대파 가톨릭과 찬성파 개신교가 분리되었다(16세기). 이후 그리스도교 주된 종파는 ①**동방교회** ②**서방교회**로 분리되고 **서방교회**는 ㉠**정교회** ㉡**가톨릭** ㉢**개신교회**로 재편되었다.

개신교는 ①**개선주의**(凱旋主義, Triumphalism)로서 **공교회주의**(公教會主義, Catholicism)의 ㉠**루터교**(Lutheran Churches) ㉡**성공회**(聖公會, The Anglican Domain) · ㉢**감리교**(監理教, Methodist Church) 등의 교단과 ②**재건주의**(再建主義, Reconstructionism)로서 **개혁주의**(改革主義, Reformism, Calvinism)의 ㉠**장로교**(長老教, Presbyterian) ㉡**침례교**(浸禮教, Baptists) ㉢**성결교**(聖潔教, Holiness Church) ㉣**재림교**(再臨教, Seventh-day Adventist Church) ㉤**재침례파**(再洗禮派, Anabaptists) ㉥**오순절교**(五旬節教, Pentecostalism) 등 교단이 있다.

(1) 개선주의

개선주의(凱旋主義, Triumphalism) 종교개혁 사상을 흔히 **개신교 공교회주의**(改新教公教會主義) 또는 **개신교 보편교회주의**(改新教普遍教會主義)라 한다. 개선주의는 성서를 바탕으로 그리스도교가 로마의 국교로 인정되기까지 형성되었던 그리스도교의 총칭인 **초대교회**(初代教會, Early Church)와 **공교회**(公教會, 普遍教會, Universal Church)의 제도와 사상을 보전 · 활용하고(11세기) 공교회의 사상에 따라 왜곡된 서방교회의 **교황주의**(教皇主義, Vaticanism, Curialism)와 부조리를 제거하는 그리스도교의 방향을 따르는 교단들이다.

독일과 유럽의 루터교 · 성공회 · 감리교회 · 구세군교회 · 성결교회 일부와 오순절교회 일부가 이에 해당한다. 이들 대부분은 감독제를 시행하여 감독 · 주교 · 목사 · 사제 등의 직제를 성직으로 보고 모든 교인이 동등하다는 이른바 **만인제사장설**(萬人祭司長說, Priesthood of All Believers)을 따르고 있다. 이는 모든 이들이 제사장과 같이 기도하고 예배하는 동등한 교인임을 천명하고 있지만 그렇다고 모든 신도가 목사라는 의미는 아니다.

개선주의에서 성직자의 이해는 마치 변호사는 국민의 한 사람으로서 권리와 의무를 지니지만 전문교육과 일정한 훈련 과정 그리고 국가 자격시험을 거쳐 면허를 취득해야 그들 고유의 직무로써 변호사업무를 수행하는 것과 유사하다.

(2) 재건주의

재건주의(再建主義, Reconstructionism)는 **개혁주의**(改革主義, Reformism)라고도 한다. 재건주의는 초대교회 사상으로 개혁해야 한다는 기치 아래 서방교회 **교황지상주의**(敎皇至上主義, Vaticanism, Ultramontanism) · 부조리한 제도 · 관습 등을 개혁대상에 두고 성서로 돌아가 초대교회 사상과 초기 신학 사상을 중심으로 서방교회를 새롭게 개혁해야 한다는 운동을 전개했다(16세기).

유럽을 중심으로 개혁교회 · 장로교회 · 회중교회 · 침례교회 · 재림교회 · 오순절교회 일부가 이에 해당하며 목사와 교인은 동등한 자격을 지닌다고 보고 장로를 선발하여 그중 1명을 목사가 되게 하거나 장로를 목사로 삼기도 했다.

재건주의는 만인제사장설을 수용하여 모든 교인이 제사장의 자격을 지닌 것으로 선포하고 있으나 재건주의도 온건한 교단과 급진적인 교단으로 양분되어 있다.

①전자(온건한 교단)는 개혁교회 · 장로교회 · 오순절교회 교파 등

이 속해 있다. 이들은 장로를 세워 그중에서 1명을 목사로 세우는 **원로주의**(元老主義, Veteranism) 구조를 취하고 있다.

②후자(급진적 교단)는 침례교회·회중교회·재림교회·그리스도교회 등이 속해 있다. 이들은 1명의 장로만 세우고 그가 목사 역할을 하게 하는 **회중제**(會衆制, Congregationalism) 구조를 띠고 있다. 재건주의 교회의 성직자 이해는 마치 어느 조직의 구성원 중 한 사람이 여러 이유로 조직대표가 되었다가 임기를 마치면 다시 조직 구성원이 되는 것과 유사하다.

현재 개선주의나 재건주의 사상을 바탕에 둔 교회는 대부분 교회 내에서 목사 예비자로 인정받은 4년제 학사 학위를 지닌 사람이 3년제 신학대학원을 졸업한 뒤 일정한 훈련을 받고 목사로서 안수받는 성직과정을 보유하고 있다.

2) 교의

개신교의 주요 교리는 ①예수의 복음을 그리스도의 의도대로 회복하여 교회를 그리스도의 몸이 되도록 해야 한다는 것을 배경에 두고 ②기존의 제왕적 교회주의를 배격하고 그리스도 복음을 중심으로 하는 교회주의를 따르고 ③복음이 기록된 성서를 따라 하나님이 준 인간의 이성과 경험 그리고 그리스도의 몸으로서 그리스도교회의 전통을 회복하는 것에 역점을 두고 있다. ④나아가 교회는 그리스도의 몸으로 하나님 나라를 경험하고 복음 안에서 복음을 따르는 믿음·사랑·소망을 지닌 그리스도를 닮은 인간 형성에 본연의 사명을 두고 있다.

3) 교계제도

(1) 구조

서방교회의 사회적·정치적 타락으로 촉발된 전면적이고 대대적인 종교개혁의 요구는 이를 지지하는 찬성파와 기성체제를 유지하려는 반대파로 극명한 대립을 이루었다(16세기).

그 결과 종교개혁을 찬성하고 이를 주도한 **복음 중심주의자**들에 의한 개신교와 종교개혁을 반대하고 기존의 교회제도를 지지한 **교황 중심주의자**들에 의한 가톨릭으로 분리되었다.

종교개혁은 서방교회의 심각한 세속화 문제가 빌미가 되었는데(15세기-16세기) 이는 마르틴 루터 전후 각지에서 동시다발적으로 복음 중심의 개혁 운동으로 전개되었다. 초창기 개신교는 특정 교파가 아닌 복음을 다시 회복하고 복음을 교회의 중심에 두려는 서방교회의 대대적인 그리스도교 운동으로 전개되었다.

다른 한편 전통을 고수하려는 교황 중심주의자들은 개혁 찬성파를 일명 복음주의자로 칭했는데 이는 현재까지 유럽 본토에서 복음주의 교회는 개신교회임을 지칭하는 연원이 되고 있다.

영국에서는 서방교회 개혁반대파와 연계된 정치제도에 **항의**(Protest)하며 등장한 모든 운동과 전통을 한데 묶어 이른바 항의자를 뜻하는 **프로테스탄트**(Protestant)로 칭했는데 이에 영어권에서는 현재 개신교회 전체를 지칭하는 뜻으로 사용되고 있다.

개신교회의 등장으로 서방교회에서는 계급적 교회 구조를 타파하고 공교회 구조로의 변혁을 꾀한 각양의 새로운 구조의 그리스도교가 태동하기 시작했다.

칼뱅 (1509-1564)⑦

공교회 구조는 로마교회의 절대적 계급주의를 타파하고 감독·주교 등의 임기가 종신제가 아닌 임기제로서 변혁을 꾀했다. 이로써 공교회 감독의 임무를 따라 수행하는 초대교회의 구조를 재구축하기 위해 힘을 쏟았다.

한편 새로운 교회 구조로 원로나 장로를 선발해 그중에서 신학을 공부하고 소명이 있는 자가 목사 역할을 감당하는 이른바 원로구조의 교회 구조가 **칼뱅**(Jean Calvin, 1509-1564)에 의해서 형성되었고 이에 개혁교회·장로교회·성결교회·오순절교회 일부 등에서 이를 따라 교회 구조를 형성하였다.

다른 한편 회중제도의 교회도 형성되었는데 이를테면 **영국성공회**(Anglicanism)와 같이 정부 중심의 제도적 교회는 공교회일 수 없다는 시각에서 이에 회중을 중심으로 재편되어야 한다는 주장에 따라 회중 가운데 원로 또는 장로를 선발하여 목사의 역할을 맡기는 구조의 회중제도 교회가 등장하였다. **회중교회·침례교회·그리스도교회** 등이 이런 구조를 취하고 있다.

(2) 성찬식의 회복

개신교는 **성찬식**(聖餐式, Eucharist, Sacraments)을 예수의 수난을 기념하고 하나님의 **구속사**(救贖史)에 대한 감사를 표창하는 공교회의 예배로 새롭게 수용하였다. 오늘날 그리스도교 예배에서 말씀의 성례와 성찬의 성례는 가장 중요한 예배의 핵심요소로 자리 잡고 있다. 공교회 전통을 되살린 개신교의 성찬식은 가톨릭과 달리 동일한 성도로서 성직자와 신자가 함께 마주 보고 빵과 포도주를 함께 나누는 예식이 되었다.

공교회의 성찬과 거리가 있었던 서방교회의 기존 성찬은 교황과 직계를 이루는 계급적 성직자로 구성된 로마교회에서 계급적 방식으로 변모하였고(11세기 이후) 이에 따라 철저한 성직자 중심의 예식으로 변화하였다.

종교개혁 이후에도 여전히 가톨릭 성찬 예식은 **제2차 바티칸 공의회**(*Concilium Vaticanum Secundum*, 1962-1965) 이전까지 **예수를 대신**(*Alter Christus*)하는 사제에 의한 행위로써 그리고 신도들은 십자가만 바라보며 **하느님만 향하는**(*Coram Deo*) 형식으로 행해졌다.

이에 반하여 개신교 성찬식은 성도와 성직자가 동등하게 참여하고 나누는 상시적 예전으로 회복되었는데 종교개혁 시기부터(16세기) 개신교 성찬식은 성직자와 성도가 해당 지역 언어로 진행했고 빵과 포도주를 함께 나눠 먹으며 성찬식을 거행하는 동안 성직자는 예배당 십자가를 등에 지고 성도들 향해 서서 성찬 예전과 축사를 하였고 마칠 때까지 성도들을 바라보았다.

이러한 개신교의 성찬식은 이후 개신교의 전통이 되어 성찬탁자에 십자가가 놓이고 포도주와 빵이 놓이는 성찬대의 모습으로 전개되었다. 이후 다양한 형식의 성찬식이 발전하였고 성찬식과 관련한 목회 신학적 접근이 가능하게 되었다.

개신교회는 종교개혁 이후 성찬을 회복하기 위해 가톨릭 성찬 방식을 거부하고 복음을 전하는 예배로서 성찬식의 의미를 재정립했다. 이로 인해 성찬식과 예배의 새로운 변화가 발생하였는데 특히 예배당만이 아니라 성도들이 있는 장소에서 성직자가 언제나 예배를 볼 수 있는 새로운 지평이 개진되기도 했다.

가톨릭은 이러한 개신교의 성찬 예전의 변화를 인식하고 수용하여 19세기 제1차 바티칸회의에서 매주 성찬을 교회법으로 정했다. 이후 20세기 제2차 바티칸회의에서는 성찬식에서 **성도들을 바라보는**(*Coram Populo*) 형식으로 변경하고 나아가 라틴어가 아닌 모국어를 사용하도록 규정하기도 했다.

(3) 성직자

개신교회의 성직자는 **목사**(牧師, Minister, Pastor)이다. 성직자는 종교개혁 이전에는 귀족과 유사한 지위를 누렸으며 이에 따라 성도와 성직자 간의 엄격한 계급적 관계가 형성되었다. 그러나 개신교의 성직자인 목사는 **만인제사장설**(萬人祭司長說, Priesthood of All Believers)에 따라 성도와 평등적 관계를 형성하게 되었다.

개신교는 교회 내 계급적 관계를 반대한다. 성직자인 목사는 자신 또한 성도로서 그 직분은 거룩한 사명이라고 인식하고 있다. 이는 절대적 신분제도를 거부하는 평등적 관계를 전제에 두고 하느님 앞에서 누구나 동등하고 평등한 하느님의 성도이며 똑같은 피조물이라는 인식을 그 배경에 두고 있다.

(4) 성서의 연구방법

서방교회는 종교개혁 이전까지 성서와 교회전통 중에서 교회전통을 강조하는 신학적 견해를 보였다. 게다가 교리와 칙령에 따른 규범에 교회법의 근원을 두는 전통을 고수했다. 이로써 초대교회부터 전해지는 역사적 성서해석이 사라지고 교황의 해석이나 그를 따르는 교회 학자들의 해석과 교리에 의존하는 이른바 **알레고리 성서해석**(Allegorical Interpretation of the Bible)이 성행했다.

그러나 개신교는 성서와 교회전통에서 성서에 중심을 둔 해석으로 **역사적 성서해석**(Historical Interpretation of the Bible)을 발전시키고 이에 주안점을 두었다. 여기에 절대적인 것은 인간이 아니라 복음이라는 종교개혁의 전통적 복음주의 사상을 기저에 두었다.

이러한 배경하에서 개신교회는 성서를 종전의 **조직신학**(組織神學, Systematic Theology)적 측면으로 접근하지 않고 성서 그 자체가 직접 전하고 있는 복음의 진수를 찾고자 노력하였다.

이러한 성서연구의 접근방식에 따라 성서연구가 구약신학과 신약신학으로 발전하였고 여기에 문헌연구 · 본문연구 · 역사적 배경 · 문체 · 기사의 구조 등을 연구하는 다양한 성서연구 기법이 파생하게 되었다. 현재 가톨릭과 정교회 성서연구는 개신교가 형성한 성서연구기법을 바탕으로 전개되고 있다. 이로써 다양한 성서연구 교류가 교파를 넘어 상호 협력하고 있다.

4) 교파

(1) 루터교

루터교회(Lutheran Churches)는 마르틴 루터의 종교개혁에서 시작된 교파로 ①**오직 믿음으로**(*Sola Fide*) ②**오직 은총으로**(*Sola Gratia*) ③**오직 성서로**(*Sola Scriptura*)라는 3대 기치를 내걸고 바른 교회로 돌아가기 위해 시작된 순수 복음 운동에서 출발하였다.

로마 가톨릭과 그리스 정교회를 제외한 그리스도교 계파 중에 가장 교세가 크고 역사가 오래된 교파이다. 루터교는 마르틴 루터가 주도한 종교개혁의 영향으로 탄생한 교회라는 이유에서 통상 개신교와는 매우 다르고 오히려 성공회처럼 천주교와 전례·교리·교회 구조 면에서 비슷한 점이 많다.

통상은 루터회 또는 루터교회로 칭하고 있으나 유럽에서는 국가별로 그 명칭이 다르다. 이를테면 독일·핀란드에서는 루터교회로 그 밖에 북유럽에서는 보통 **국교회**(國敎會, State Church) 또는 **루터교회**라는 명칭을 혼용하고 있다.

루터교회는 소위 **신성로마제국**(Holy Roman Empire, Sacrum Imperium Romanum)이 소멸한 뒤 사실상 왕과 같은 권력을 지닌 독일의 대영주들과 스웨덴·덴마크 등 북유럽 군주들을 중심으로 수용되었다. 이는 북유럽 군주들이 이탈리아 교황의 간섭에서 벗어나 세속 군주의 왕권을 강화하려는 의도에서 비롯되었다. 신성로마제국은 고대 로마제국의 부활과 고대 로마의 전통을 보존하고 있는 그리스도교회와 일체라는 뜻에서 붙여진 이름이다(15세기).

이와 같은 정치적 배경 속에서 루터교회는 오늘날 북유럽과 독일 등에서 국교회로서 지위를 인정받고 있다. 루터교는 가장 오래된 개신교로서 전체적으로 성공회와 함께 예배의 특성이나 교회제도 등에 있어 가톨릭과 유사한 면이 많다.

루터교는 가톨릭처럼 성모 공경을 인정하고 있으나 7성사를 유지하고 있는 가톨릭·성공회와는 달리 이른바 **준성사**(準聖事, Sacramentalia)라는 개념을 통해 다른 개신교와 마찬가지로 **세례**(洗禮,

Baptism)와 **성찬**(聖餐, Eucharist)의 2가지 성사만을 인정하고 있다.

한편 성인이나 순교자에 대한 공경도 가톨릭과 같이 축일로 기념하지만 전례적이지 않다. 또 죽은 자를 위해 기도하거나 위령비를 건립하거나 세례명 수여제도 등을 일절 폐지하였다.

루터교 주요 신조는 ①**니케아 신조**(Symbolum Nicaenum) ②**사도신경**(使徒信經, Symbolum Apostolicum) ③**아타나시우스 신조**(Athanasian Creed, Symbolum Athanasianum) ④**아우크스부르크 신앙고백**(Augsburger Bekenntnis) ⑤**아우크스부르크 신앙고백 변증서**(1531년) ⑥**슈말칼트 신조**(Smalcald Articles, Schmalkald Articles) ⑦**일치신조**(Formula of Concord) 등이다.

가이사랴 유세비우스 (260-340?)⑧

①**니케아 신조**는 니케아 공의회에서 채택된 신조로서(385) 이른바 **교회사의 아버지**로 불리는 가이사랴의 **유세비우스**(Eusebius of Caesarea, 260-340?)가 제출한 신조를 기초로 제정된 신앙고백이다. 성삼위일체에 대한 믿음을 간결하게 표현하고 있는 특징이 있고 성자와 성부의 동일 실체를 강조하면서 특히 그리스도 신성과 인성의 결합을 이른바 **호모우시오스**(*Homoousios*)라고 규정하고 있으며 성자의 강생·죽으심·부활 등을 강조하고 있다.

②**사도신경**은 그리스도교 신도가 믿어야 할 기본적인 교의를 간결하게 요약한 신앙고백이다. **사도신조**(使徒信條)라고도 하는데 이 명칭은 사도로서 예수의 12제자가 각기 1구절씩 만들었다는

전승에 유래하고 있다. 서방교회에 보급되어 미사 **전례**(典禮) 절차에 삽입되었고(4세기경) 루터와 칼뱅은 이를 미사 전례에서 떼어내어 **교리문답**(敎理問答, Catechism)에 삽입해두었다.

③**아타나시우스 신조**는 초대교회 이후 중세까지 서방교회에서 널리 사용된 삼위일체론 및 성육신론적 신조이다. **믿는 자만이 구원될 수 있다**(*Quicumque Rult*)로 시작된다. 40개 조목으로 된 신조로 전반부는 삼위일체와 성육신에 대해 후반부는 사도신경과 유사한 그리스도의 **구속사**(救贖史)에 관한 내용을 담고 있다. 사도신경·니케아 신조와 함께 서방 그리스도교의 대표적인 신조로 인정받고 있다. 그러나 동방교회는 그 권위를 인정하지 않고 있다.

필리프 멜란히톤 (1497-1560)⑨

④**아우크스부르크 신앙고백**은 종교개혁 당시에 루터교의 신앙고백으로 **멜란히톤**(Philipp Melanchthon, 1497-1560)이 작성했다(1530). 마르틴 루터 사상에 기반한 프로테스탄트 신앙고백이다. 루터교 신학과 신앙을 모두 28개 조문에 압축했다. 하나님·원죄·세례에 등은 로마 가톨릭과 같았으나 죄인이 오직 **믿음으로만 의롭다고 칭함을 받는다**는 이른바 **이신칭의**(以信稱義, Justification by Faith)·성찬·선행 등에 관해서는 다른 의견을 내었고 **츠빙글리**(Ulrich Zwingli, 1484-1531)와 **재세례파**(Anabaptism) 입장을 비난했다. 성서 권위·교황직·만인제사장직·연옥 등은 언급하지 않고 오직 은혜·오직 믿음에 의한 **칭의**(稱

츠빙글리 (1484-1531)⑩

義, Justification)만을 주장하였다.

⑤**아우크스부르크 신앙고백 변증서**는 **아우크스부르크 화의**(The Peace of Augsburg, Augsburg Settlement)에서 개신교의 신앙을 대변하는 신앙고백이 제시되자(1555) 가톨릭은 이를 반박하는 선언서를 발표했다. 멜란히톤은 이에 대항하여 아우크스부르크 신앙고백을 부연하는 변증서를 써서 이에 대항했다. 이 변증서는 아우크스부르크 신앙고백에 대한 신학적인 해설서로서 의의를 지닌다.

⑥**슈말칼트 신조**는 마르틴 루터가 교회 연합회의를 준비하는 중에 슈말칼트 동맹회의를 위해 루터교 교리를 요약하여 작성한 신조이다(1537). ㉠사도신경과 아타나시우스 신경을 4가지로 나누어 간략하게 소개하고 하나님의 통일성・삼위일체・성육신・그리스도를 다루고 있다. 이 부분은 대체로 가톨릭교회와 맥을 같이 한다. ㉡그리스도의 사역과 직분 그리고 구원에 대한 것으로 가톨릭 교리 중 미사・연옥・성직자에 대한 기도・교황제도・수도원 등을 배척하고 있다. ㉢15개 항목을 추가하여 교황에 대한 전제와 같은 다툼이 될 만한 주제를 다루고 있다.

⑦**일치신조**는 종교개혁 이후 제2세대 신학자들이 작성한 것으로 그 이전에 나온 루터교회 신앙고백서들과는 차이점이 있다(1577). 로마 가톨릭에 대항하면서 개신교회로 존립하느냐 하는 긴박성은 이미 사라져서 개신교의 교리를 변호하기보다는 루터

교회 내의 신학적으로 서로 다른 견해를 조정하려는데 역점을 두고 있다. 루터 사후 루터교회의 불일치를 극복하려는 일치운동이 전개되었는데 일치신조는 그 결과물이라고 할 수 있다.

(2) 침례교

메노 시몬스 (1496-1561)[11]

침례교(浸禮敎, Baptists)의 유래는 불명확하나 종교개혁에 수반하여 출현한 비자각적인 유아세례를 비성서적이라 보고 세례 지원자에게 다시 세례를 베푸는 프로테스탄트 종파이다. 유럽의 **재침례파**(Anabaptist)와 이들 중 네덜란드 종교개혁자 **메노 시몬스**(Menno Simons, 1496-1561)에 의해 생겨난 재침례파 중 최대 교파로 **메노나이트파**(Mennonite) 그리고 영국 **회중교회**(會衆敎會, Congregational Church)에서 분파된 청교도들로부터 유래되었다고 알려져 있다(17세기). 침례교회란 이름은 영국에서 처음 사용되었다(1644).

침례교는 신약성서를 신앙의 표본이자 최고 권위로 삼고 신약성서의 원리 보존을 강조하고 있다. **만인사제**(萬人司祭)와 정교분리·개교회주의를 지향하는 침례교는 특히 유아세례를 인정하지 않고 개인적·자발적 신앙고백에 의한 침례만 인정하며 세례의 식으로 **침수례**(浸水禮)를 특별히 강조하고 있다.

침수례는 세례를 받는 자의 온몸이나 머리만을 세례 수에 잠

그는 예식으로 3번 물에 잠그면서 성삼위 하나님의 이름을 부르며 세례를 주는 것이다. 세례 지원자가 물속에 들어가는 것은 그리스도의 죽음과 무덤에 묻힘을 뜻하며 물에서 나오는 것은 그리스도와 일치하여 부활함을 상징한다. 대개 주례자는 3차례의 침수 중에 ①성부와 ②성자와 ③성령의 이름으로 세례를 준다고 공표한다. 연혁에 비추어 침수례는 초창기에 박해를 많이 당했으며 로마 가톨릭은 물론 영국 국교회 · 루터교 · 장로교 등으로부터 침례교도라는 이름으로 배척되기도 했다.

침례교는 종교의 자유를 찾아 건너온 프로테스탄트와 함께 미국에 정착하여 **대각성 부흥 운동**(the Great Awakening, 1차 1735-1755, 2차 1790-1840, 3차 1850-1900, 4차 1960-1981) 등을 거치면서 세계적 교단으로 성장하였다. 일례로 미국 남침례회는 단일교파로는 개신교 중 세계에서 제일 큰 교파로 가장 많은 해외선교사를 파송한 교단의 지위를 점하고 있다. 침례교의 특징은 의식 · 교리 · 조직 · 대사회적 관계로 나누어 살펴볼 수 있다.

①의식에 있어 침례교는 다른 개신교와는 달리 ㉠물속에 담그는 침례식을 통해 세례를 주고 있다. ㉡아울러 **모태교인**(母胎教人)을 인정하지 않기 때문에 유아세례를 인정하지 않고 있다. 어린아이는 자신의 믿음을 보여줄 수 없으므로 유아세례는 아무런 의미가 없다는 이유에서이다. ㉢가톨릭의 7성사를 배척하고 다른 개신교 교파와 마찬가지로 침례식과 성찬식만을 성사로 인정하고 있는 공통점이 있다. 그러나 성찬식에 대한 시각은 다른 개신교 교파들과 상이하다. 곧 성찬이 그리스도의 몸과 피의 실체로 변한다는 가톨릭의 **화체설**(化體說, Transubstantiation)이나 그리스도

가 성찬 음식에 임한다는 견해로서 칼뱅과 루터가 지지하는 **공재설**(共在說, Consubstantiation Theory) 등을 거부하고 이른바 **상징설**(象徵說, Symbology)을 채택하여 그리스도가 떡과 포도주에 실제로 임하는 것이 아니며 떡과 포도주는 단지 그리스도의 몸과 피를 상징할 뿐이라고 주장하고 있다.

②교리에 있어 침례교는 성서에 무한정의 권위를 부여하고 성서는 하나님 말씀을 빠짐없이 적어 놓은 책이므로 결코 틀린 부분이 없다는 **성서무오설**(聖書無誤說, Biblical Inerrancy)을 지지하고 있다. 나아가 특별한 신조나 교파 신학을 수립하지 않으려는 경향이 있다. 또 침례교는 성서에 대한 교단의 권위 있는 해석보다 개인의 자유로운 해석을 인정하고 있다. 이러한 입장은 침례교가 영적 개인주의와 양심의 자유 그리고 영혼의 자유와 개인의 책임을 다른 어느 교파보다도 강조하여 모든 신자가 똑같이 제사장의 지위를 가진다는 시각을 천명하고 있음을 의미한다.

③조직 면에서 침례교는 개교회가 모든 행정을 독자적으로 수행하며 어떤 기관으로부터도 행정적 간섭을 받지 않아야 한다는 철저한 **개교회주의**(個敎會主義)를 지향하고 있다. 이러한 침례교의 교단조직은 가톨릭은 물론이고 다른 개신교의 교단조직과 비교할 때 돋보이는 특징으로 손꼽을 수 있다. 이처럼 침례교의 교단조직이 중앙집권적인 형태가 아니라 회중제도라는 민주적인 형태를 지니고 있기에 성직자와 평신도는 기본적으로 동등한 권한을 가진다. 외견상 개교회 내에 목사와 집사라는 직분이 있기는 하지만 이러한 직분은 계급의 직분이 아니라 어디까지나 기능상의 직분으로 기능한다.

④대사회적 관계에 있어 침례교는 교회와 국가의 분리를 강력하게 주장하고 있다. 곧 국가는 특정 교파를 선호해서는 안 되며 그 어떤 종류의 종교적 견해에 대해서도 처벌할 권리가 없으며 특정 종교에 대한 지원을 위해 세금을 부과할 수 없다고 주장하고 있다. 나아가 교회연합운동에 대해서도 비교적 소극적인 태도를 지향하고 있다.

(3) 성공회

성공회(聖公會, Anglican Church)는 로마 가톨릭에서 분리된(1534) 영국 국교회의 전통과 교리를 따르는 교회를 총칭한다. 성공회라는 명칭은 하나요 **거룩하고**[**성**(聖)] **공번**(公反, **공평**)되고 **사도적**(使徒的, Disciple)인 교회라는 교회에 관한 신앙고백 가운데 **성**(聖)과 **공**(公)에 근원을 두고 있다.

크랜머 (1489-1556)⑫

영국에 가톨릭이 전파된 이후(1세기 중엽) 영국교회는 가톨릭에 정치적으로 예속되어 있었고 교회 법정도 국가 사법권을 대체하고 있었다. 영국 종교개혁은 대주교 **크랜머**(Thomas Cranmer, 1489-1556)에 의해 프로테스탄트 시각에서 전개되었는데 **엘리자베스 I세**(Elisabeth I, 1533-1603) 즉위 후 종교개혁의 정착기를 맞이했다.

여왕은 로마 가톨릭과 프로테스탄트를 포용하는 기도서를 제정하고(1559) 중용 노선을 추구하는 39개 신조를 발표

엘리자베스 I세 (1533-1603)[13]

하여(1563) 가톨릭적이지만 개혁적인 성공회의 전통을 형성하게 되었다. 이에 **교황 비오 V세**(Pius V, 1504-1572)는 엘리자베스 I세를 파문하기에 이르고(1570) 이로 인하여 성공회는 로마교회와 완전히 갈라서게 되었다.

성공회는 온건한 칼뱅주의로 세례식과 성찬식은 성사로 혼인·견진·고해·서품·조병 등을 예식으로 행하며 구약성서와 신약성서 66권 외에도 외경 14권을 **준정경**(準正經, Deuterocanon)으로 삼고 있다. 성서와 이성 그리고 전통에 의한 신앙을 추구하며 이른바 **람베드 시카고 4개조**(Lambeth-Chicago Quadrilateral, 1888)를 신앙적 기준으로 삼고 있다.

①구약성서와 신약성서 66권은 구원에 필요한 모든 것을 담고 있는 하나님 계시의 말씀이다. ②초대교회의 신앙고백인 **사도신경**(使徒信經, *Symbolum Apostolicum*)과 **니케아 신경**(*Symbolum Nicaenum*)은 그리스도 신앙을 표창하기에 충분한 선언이다. ③세례식과 성찬식은 그리스도가 제정하신 2가지 성사다. ④역사적 주교직은 교회 일치를 위한 적절한 처리방법이며 형태는 다양할 수 있다. 성직에는 영국성공회 수장인 **캔터베리 대주교**(Archbishop of Canterbury)를 지도자로 **주교**(主教, Bishop)·**사제**(司祭, Reverend)·**부제**(副祭, Deacon)의 3계급이 있다. 4개 이상의 교구가 있으면 관구를 형성할 수 있고 교구는 많은 전도구로 이루어져 있으며 전도구역에는 하나 또는

여러 개의 교회가 속해 있다.

성공회는 ①복음을 전하려는 전도 의욕·학문에 대한 존중·교회의 토착화 정신을 존중하고 ②동·서방교회로 분리되기 이전에 **공의회**(公議會)가 결정한 모든 교리를 다름없이 지키고 성서와 7성사를 신앙생활의 중심으로 삼으며 ③극단적 그리스도교와 가톨릭 사이에 중도를 취하는 것에 신앙적 기조를 두고 있다.

한편 성공회 교리 성격을 온건한 칼뱅주의라고 보는 견해도 있는데 이는 성서의 권위와 원죄설을 인정하고 있기 때문이다. 성공회는 그리스도교에서 교회가 공적인 의례에 따라 드리는 예배를 중시하는 이른바 **전례**(典禮, Liturgy)에 따라 예배를 드린다. 나아가 가톨릭에서와 마찬가지로 7성사를 수용하고 있다. 또 교회법상 사제는 신부로서 교구를 돌보며 미사를 집전한다. 부제는 사제를 보좌하며 성사집행권은 없으나 설교할 수 있고 교회의 제반 업무를 담당한다.

성공회는 가톨릭 신앙을 지키며 초대교회 때부터 전해 내려오는 사도신경·니케아 신경·아타나시오 신경 등을 고백하고 있다. 구약성서 39권과 신약성서 27권을 **정경**(正經, Canon)으로 인정하고 있고 여기에 **외경**(外經, Apocrypha) 14권을 **준정경**(準正經, Deuterocanonical Books)으로 삼아 신앙적 교훈서로 삼고 있다.

한편 **세계 성공회**(Anglican Communion)는 중앙헌법이나 통치체제가 없는 모임으로 2-3년마다 평신도와 성직자들이 참여하는 회의기구다. 각국 교회의 관계는 영국성공회에서 출발하여 자율성과 독립성을 갖고 자유로이 협력관계를 유지하며 공동의 역사와 전통 및 선교사업에 상호책임을 감당하고 있다.

(4) 감리교

존 웨슬리 (1705-1791)⑭

감리회(監理會, Methodist Church)는 성공회 사제인 **존 웨슬리**(John Wesley, 1705-1791)가 이끈 복음주의적 **성공회 쇄신 운동을 따르던 사람들**(Methodist)이 성공회로부터 이탈하여 창설한 교단이다(18세기).

당시 쇄신 운동은 경직된 성공회에 새로운 활력을 불어넣었을 뿐만 아니라 영국 사회 전반에도 큰 영향을 미쳤다. 신학적으로는 성공회 기조를 계수하고 있으나 칼뱅의 **예정론**(豫定說, Predestination)과 **제한속죄설**(制限贖罪說, Limited Atonement)을 배격하고 **자유의지**(自由意志, Free Will)와 **만인속죄설**(萬人贖罪說, Universal Salvation)의 입장을 지지하고 있다. 여기서 예정론은 인간 개개인의 구원은 행위나 노력으로 이루어지는 것이 아니라 하나님의 의지로 미리 정해져 있다는 교리를 말한다.

칼뱅주의는 원죄를 물려받은 인간의 자유의지가 완전히 타락해서 하나님 은총 없이는 누구도 하나님을 믿을 수 없고 따라서 하나님을 믿게끔 하는 은총은 하나님이 특별히 택한 사람들에게만 주어졌으며 예수는 이 택한 사람을 위해 희생했다고 본다.

그러나 감리회는 사람이 하나님을 믿는 것이 하나님 은총으로 되는 것이지만 사람의 자유의지가 선을 피할 정도로 완전히 타락한 것이 아니어서 모든 사람은 선과 사랑을 추구하는 본능이 있고 이에 예수는 모든 사람을 위해 희생했다고 보고 있다.

이러한 교리상의 차이 때문에 극단적인 칼뱅주의자는 이단적인 교리를 가르친다는 이유에서 감리교를 비난하고도 있다.

감리교의 교회 체제는 국가별로 상이하지만 대개 **감독제**(監督制, Episcopalian)를 택하고 있다. 감리교회는 **감독**(監督, Bishop)이 치리하는 교회를 뜻한다. 영국의 경우 최근 신도감소에 따라 성공회와 감리교가 통합하기로 의견을 모으고 이에 대한 세부사항을 논의하고 있는 차제에 있다(2018).

감리교는 개인의 신앙체험을 중요시하며 이로써 모든 교회활동과 사회활동이 비롯된다. 이러한 체험적 성격이 감리교의 신앙 형태를 지배하고 있는데 구체적인 특색은 다음과 같다.

①**만인구원론**(萬人救援論, Universalism)으로 이는 구원이 예정되어 있다는 칼뱅의 예정론을 배척하고 누구나 하나님을 믿으면 예정과 관계없이 구원을 받을 수 있다는 주장이다.

②하나님에 대한 개인적 체험신앙을 강조하고 있다. 이는 예수가 인류의 구세주라는 추상적인 신앙이 아니라 예수가 인간의 죄를 위해 대신 죽고 부활한 구세주임을 확인하고 감격하는 신앙을 배경에 두고 있다.

③인간의 자유의지를 중시하고 있다. 인간은 피조물이나 자유의지가 있으므로 구원도 하나님의 일방적 의사나 행동으로서가 아니라 인간의 결단이 요구된다고 믿고 있다.

④교리를 노래와 찬송으로 고백하는 특성이 있다. 존 웨슬리의 동생 **찰스 웨슬리**(Charles Wesley, 1707-1788)는 형의 순회전도 시에 영감에 넘치는 수많은 찬송가를 작사하고 불러서 감리교 발전에 크게 공헌했다.

찰스 웨슬리 (1707-1788)⑮

⑤평신도들에게 교회를 개방하고 각양의 평신도 전도역량을 강화하고 있다.

⑥그리스도인의 완전성을 추구한다. 웨슬리는 완전성이 이론의 전개에 있는 것이 아니라 그 실천에 있는데 이는 도덕적인 완전성이 아니고 사랑의 완전성을 의미하는 것이라 주장하고 있다.

⑦교육을 중요시하고 있다. 자녀를 그리스도의 말씀으로 훈육하고 이로써 그들에게 예수를 본받게 하여 그리스도의 장성한 인격으로 훈련 시킬 것을 강조하고 있다.

⑧사회적 관심을 부양하고 있다. 웨슬리는 고아·노인·빈민·노동자들의 영혼 구원뿐만이 아니라 그들의 실생활에 대한 복지에 관심을 두고 이를 위한 사회제도의 개선을 역설하였다. 이를테면 ㉠노예제의 폐지 ㉡사회적 절제 운동 ㉢미성년자 노동 폐지 ㉣8시간 노동제 엄수 ㉤고리대금업 폐지 등 사회개혁 운동을 통해 산업혁명으로부터 비롯된 영국의 각종 정치적·사회적·경제적 갈등 해소에 크게 이바지했다.

⑨교회의 연합정신을 강조하고 있다. 이에 따라 20세기 개신교회들이 교파와 교단을 초월해서 연합하여 추진하는 선교 및 사회활동의 일환으로서 이른바 **에큐메니컬 운동**(Ecumenical Movement)에 적극적으로 참여하여 복음과 봉사를 위해 연합할 것을 강조하고 있기도 하다.

(5) 장로교

장로교회(長老敎會, Presbyterian)는 **칼뱅**(Jean Calvin, 1509-1564)의 신학과 신앙고백을 중심으로 성립한 개신교 교파이다. 오늘날 넓은 의미에서 칼뱅주의로서 개혁교회 전체를 장로회로 칭한다. 신학적으로는 종교개혁 시대에 체계화된 개혁주의를 표방하고 있다.

종교개혁 때 처음 대두된 개신교 5가지 표어인 소위 **5솔라**(Five Solas)를 핵심 교리로 인정하고 있다. 또 영국 청교도 정부에서 채택된 **웨스트민스터 신앙고백**(The Westminster Confession of Faith)과 **대·소 요리문답**(大·小要理問答, Catechisms)이 성서와 함께 신앙과 기본교리의 고백과 기준으로 삼고 있다. 5솔라는 다음과 같다.

①**오직 성서**(*Sola Scriptura*)이다. 성서는 유일신 하나님의 영감으로 쓰인 권위 있는 말씀이며 그리스도교 교리의 유일한 원천으로 누구에게나 공개되어 있고 문체가 명료하며 자기 해석이 가능하다는 것이다. 성서만이 거룩한 전승은 아니고 성서에 기록되지 않은 전승도 인정하며 교회가 권위적으로 성서를 해석할 수 있다는 기성교회의 전통과는 반대된다. 그리스도교의 모든 전통은 오직 성서의 권위 아래에 있어야 하며 성서에서 근거를 찾을 수 없는 전통은 인정하지 않는다.

②**오직 그리스도**(*Solus Christus*)는 모든 인간은 죄로 인해 참된 생명을 잃은 절망 상태로 죄의 종노릇을 하고 있으며 이에 현세에서도 하나님의 진노는 물론 사후심판에서도 죄의 대가로 영원한 형벌을 받을 수밖에 없다. 이러한 상태에서 인간이 구원받을 수 있는 구원의 유일한 길은 십자가에서 죄의 값을 치르고 하나님의 의를 완전히 이룬 예수의 공로를 덧입어야 한다는 것이다.

③**오직 은혜**(*Sola Gratia*)이다. 예수의 공로를 덧입혀 주는 것은 전적인 하나님의 선물로서 하나님이 인간 쪽에 아무런 조건을 찾지 않는다는 내용이다. 인간의 믿음 역시 하나님의 선물이며 믿음은 구원의 은혜를 받는 통로 역할을 할 뿐이며 그것의 대가로 구원을 받지는 않는다고 주창하고 있다.

④**오직 믿음**(*Sola Fide*)이다. 하나님의 선물로서 구원의 은혜는 오직 믿음을 통해 받을 뿐이지 그 밖에 다른 어떤 것이 요구되지 않는다는 것이다.

⑤**오직 하나님께 영광**(*Soli Deo Gloria*)이다. 성직자의 권위가 하느님의 권위와 혼동되던 기존의 교회에 반하여 모든 영광은 사람이 아닌 하나님에게 돌려야 한다는 것이다. 나아가 구원은 하나님이 시작하고 완성하는 일이며 거기에 인간이 참여하는 부분은 없기에 모든 영광을 하나님이 받는다는 내용이다.

한편 요리문답은 **웨스트민스터 회의**(Westminster Assembly, 1643-1649) 기간에 마련된 장로교의 신앙 문답서로서 교역자를 위한 **대요리문답**(大要理問答, Larger Catechism, 196문답)과 평신도를 위한 **소요리문답**(小要理問答, Shorter Catechism, 107문답)이 있다. 그 내용은 **십계명**(十誡命, Ten Commandments) 및 **주기도문**(主祈禱文, Lord's Prayer)의 해설과 칼뱅주의의 형태를 따른 교리체계의 독자적 진술로 되어 있고 **사도신경**(使徒信經, The Apostles' Creed)이 부록으로 첨가되어 있다. 이는 간결함과 철저한 논리를 특징에 두고 있다.

장로교는 우리나라에서 그리스도교 교파 중 상당수를 차지하나 전 세계적으로 개신교 교파에 견주어 그 세는 미미한 편이다. 네덜란드·독일 일부·남아공·스위스·체코·태평양 도서 등에서 칼뱅파 교단의 교세가 강한 편이다. 칼뱅은 스위스 제네바에 **츠빙글리**(Ulrich Zwingli)의 뒤를 이은 **불링거**(Johann Heinrich Bullinger, 1504-1575)와 종교개혁을 이어갔는데 이것이 개혁교회 시초이다.

불링거 (1504-1575)[16]

이후 네덜란드가 개혁교회 독립의 구심점이 되었고 프랑스에서는 프로테스탄트 칼뱅파 신도에 대한 호칭인 **위그노**(Huguenot)를 통해 가톨릭에 맞섰다.

장로교회는 칼뱅의 영향을 받은 **녹스**(John Knox, 1513-1572)에 의해 스코틀랜드 개혁교회로서 최초로 세워지게 된다. 녹스를 비롯한 영국 종교개혁자들은 제네바 성서를 번역했고 영국 국교회의 개혁에 동참했다. 이후 이들의 후예들은 청교도가 되어 회중교회·독립교회·침례교회 등의 일부를 이루었다.

존 녹스 (1513-1572)[17]

일반적으로 칼뱅주의 신학을 따르는 교회 중에 유럽대륙 교회를 개혁교회라 칭하고 녹스에 의한 스코틀랜드 교회를 장로교회라고 부른다. 장로교는 우리나라 개신교 약 70%를 차지하는 가장 큰 교파이다. 스코틀랜드에서도 약 40%가 장로회 소속으로 최대의 종파이고 대만도 개신교에서 장로회 신자 비율이 50%에 이른다.

개혁교회의 분파로서 장로교는 역사·문화적으로 외부의 간섭에 저항적이고 중앙 권력이 상대적으로 느슨하며 해당 지역 내에서도 지역별 특색이 강해 서로 확실한 우열이 없었던 스코틀랜드·스위스·네덜란드 등에서 주로 채택되었던 개신교 교회라 할 수 있다.

보통은 개혁교회가 장로회보다 더 넓은 의미이나 최근에는 장로회와 개혁교회를 넓은 의미에서 같은 교파로 분류하며 통계에도 개혁교회의 범주에 장로회를 포함해 같은 교파로 분류하는 추세이다. 장로교는 신학적으로 칼뱅주의를 따르고 있으나 교회 내의 의사결정을 장로제가 아닌 회중제로도 운영되고 있다.

성공회나 감리회가 어느 정도 보편교회의 전례를 따라 주교나 감독 등을 두어 중앙집권적인 체제를 보유하고 있다면 장로교는 개신교 교회에서 목사를 도와 교회 운영에 참여하는 평신도 최고의 직급으로서 철저한 **장로**(長老, Presbyter) 정치시스템에 따라 상위 치리회의 치리를 통한 정치체제를 따르고 있다.

우리나라는 개교회주의와 장로교 헌법 체제가 혼합되어 있으나 원칙적으로 장로회 정치시스템에서는 개교회주의는 인정되지 않는다. 개교회주의는 회중교회나 침례교의 특징이다.

장로회의 정치체제에 의하면 개교회들의 연합체인 노회가 개교회 이상의 권한을 가지고 있고 노회의 상위기구인 총회가 그 이상의 최고권한을 가지고 있다. 노회 아래의 개교회는 노회의 치리를 받으며 노회와 개교회는 총회의 치리를 받는다. 따라서 장로교는 단일 교단만이 존재한다면 개교회주의가 절대 불가능한 구조를 취하고 있다. 이론상 교단의 헌법으로 통일된 장로회의 정치체제는 개교회주의를 가질 수 없다.

이러한 장로교의 정치시스템은 통일된 헌법과 신학적 교의가 맞지 않으면 자신에게 맞는 새로운 교단을 세워서 분리·독립하는 병폐를 만들어냈다. 일례로 외국의 장로회도 우리나라만큼은 아니어도 여러 개로 나뉘어 있다.

우리나라는 장로교의 전래 과정에서 다양한 신학적 성향을 보유한 선교사가 파송되어 오늘날 각양의 교단으로 나뉘어 있는 차제에 있다. 가장 교세가 컸던 대한예수교장로회도 신학 성향의 차이와 교단 설립이 매우 쉽다는 이유에서 현재 **고신**(高神, The General Assembly of Presbyterian Church in Korea)·**기장**(基長, The Presbyterian Church in the Republic of Korea)·**통합**(統合, The Presbyterian Church of Korea)·**합동**(合同, The General Assembly of Presbyterian Church in Korea)·**대신**(大神, The General Assembly of Presbyterian Church of Korea Daeshin)·**백석**(白石, The Presbyterian Church in Korea Baekseok) 등으로 나뉘어 있다.

①**고신**은 현재 고신대학교를 모체로 하여 형성된 교단이다(1946). 일제강점기 후 신사참배를 반대한 교회 지도자들을 중심으로 경남노회에서 회개 운동이 벌어졌고 기성교회 지도자들과 갈등이 표출되어 독립 교단을 형성했다(1952). 합동과 통합을 이루기도 했으나(1960) 다시금 본래 교단으로 돌아가면서 교세가 크게 쇠퇴하였다(1963). 현재 약 50여 만의 신도가 있다.

②**기장**은 대한 성공회와 함께 가장 대표적 진보교단 중 하나이다. **신정통주의**(新正統主義, Neo-Orthodoxy)와 **포스트모더니즘**(Post-Modernism) 신학을 수용한 교단으로 알려졌다. 진보적 성향을 추구하여 서로 다른 그리스도교 교파 간에 일치를 추구하는 이른바 **에큐메**

니컬 운동(敎會一致運動, Ecumenical Movement)에 적극적이다. 신학교는 한신대학교가 있다.

③**통합**은 합동과 분열해 설립된 교단이다(1960). 에큐메니컬 운동을 지지하고 **세계교회협의회**(World Council of Churches, WCC)와 유대 강화를 주장한 것이 분열의 원인이었다. 현재 약 3백여 만의 신도가 있다. 신학교는 장로회신학대학교 6개 지방신학교가 있다.

③**합동**은 조선 예수교 장로회 공의회를 모체로(1901) 설립(1912)된 한국을 대표하는 최대 교단이다. 에큐메니컬 운동 반대와 세계교회협의회와 결별을 주장하며 통합과 분리되었다(1959). 한때 고신과 합쳤다고 하여 합동이라 칭한다(1960). 현재 약 3백여 만의 신도가 있다. 신학교는 총신대학교가 있다.

④**백석**은 신학적으로 중도 보수 성향이 매우 강한 교단이다(1980). **성서무오설**(聖書無誤說, Biblical Inerrancy)과 **웨스트민스터 신앙고백서**(Westminster Confession)를 따르는 것을 가장 큰 특징으로 손꼽을 수 있다. 또 장로 정치체제를 취하고 있다. 백석총회는 **한국기독교교회협의회**(The National Council of Churches in Korea, NCCK)에 가입하지 않고 **세계교회협의회**(World Council of Churches, WCC)에 대해서는 비판적이다. 그러나 에큐메니컬 운동은 수용하고 있고 중도인 통합과 보수인 합동의 중간 정도인 중도 보수 성향을 띠고 있다. 신학교는 백석대학교가 있다.

이들 장로교의 가장 큰 특징은 개별교회를 완전한 교회로 보지 않고 노회에 속한 교구로 취급하고 있다. 개별교회 목사도 노회 소속이며 노회 **치리권**(治理權, Jurisdiction)을 중시하는 직제를 가진다. 이는 개별교회가 타락하는 것을 막고 공교회성을 유지하기 위해 종교개혁 시대부터 유지해온 시스템으로 볼 수 있다. 그러나 한국에 형성된 장로교회는 대형교회 위주로 재편되어 작은 교회는 각자도생의 길을 걸으면서 개교회 중심이 되었고 노회도 장로보다는 목사 위주로 운영되고 있다.

그 결과 개별교회 당회와 노회는 사실상 치리기능을 상실하고 있는 형편이다. 이에 교인이 범죄를 저질러 치리하면 다른 교회로 옮기면 아무런 문제가 없게 되고 심지어 목회자도 해당 노회에서 징계를 받으면 타 노회나 교파로 옮기거나 노회를 탈퇴하면 아무런 문제가 없게 된다. 이로 인하여 현재 장로교는 본연의 정체성에 큰 위기를 맞고 있는 형편이다. 요컨대 장로교는 일반정치로 따지면 간접·대의민주주의에 가까운 형태로 실제로 교단별 교회 헌법이 존재하며 통계로 보아 전 세계 장로교 신자 약 700만 명 중 약 600만 명 정도가 한국에 분포한다.

(6) 재림교

공식명칭은 소위 **제7일 안식일 예수재림교회**(再臨教, Seventh-Day Adventist Church, SDA)이다. 예수의 실제적 재림과 재림의 임박함 그리고 제7일 안식일 준수를 강조하는 교파이다.

미국 침례교 **윌리엄 밀러**(William Miller, 1782-1849)의 재림운동을 기원에 두고 있다. 재림교는 미국의 신앙부흥 운동으로서 **대각성 운동**(Great Awakening, 19세기)과 재림주의 운동의 계보를 이어받은 성서주의 및 복음주의를 표방하고 있다.

일반적으로 재림교는 그리스도교에서 개신교의 분파로 인정하고 있으나 우리나라를 포함해 일부 국가에서는 ①성화를 강조

윌리엄 밀러 (1782-1849)⑱

제임스 화이트 (1821-1881)⑲

하는 율법주의적 구원론 ②삼위일체와 예수의 신성과 인성 등을 포함한 기본적 그리스도교 교리를 거부하는 **회복주의**(回復主義, Restorationism) 교회관 ③사후세계에 관한 신학적 차이 등으로 이단 시비가 존재한다. 안식교·안식일교로도 칭하며 달리 재림교·제7일 재림교·제7일 안식교·제7일 안식일교라 칭하기도 한다.

미국 **제임스 화이트**(James Springer White, 1821-1881) 등을 중심으로 침례교와 감리교 등 여러 교파 출신 인물에 의해 설립되었으며(1863) 그리스도교 근본주의·회중주의·회복주의 성향을 띠고 있다.

미국 교계를 비롯하여 세계적으로는 다수의 주류 그리스도교 교단으로 취급되고 있으나 우리나라 개신교계에서는 율법주의적 이단으로 배척하고 있다.

남미·아프리카·아시아 지역을 중심으로 의료선교·문서선교에 활발히 임하고 있다. 개신교처럼 교단이 지역에 따라 구분되어 있지 않고 단일조직 체제를 갖추고 있는 특징이 있다. 일부 교인들은 채식을 실천하며 영육 간의 전인적인 건강을 강조하고 있기도 하다.

재림교에 영향을 미친 윌리엄 밀러는 구약성서인 **다니엘서**(Book of Damiel)의 예언을 기반으로 이를 예수 재림과 천년왕국의 시작으로 해석하여 예수의 재림을 주장하였고(1844) 이에 감리교와 침례교를 중심으로 수십만 목회자와 평신도가 이 운동에 참여하였다. 그러나 재림은 불발되었고 그 여파로 상당수가 그리스도교 신앙을 포기했으나 남은 이들이 성서연구를 계속해 밀러의 주장을 수정하면서 예수 재림에 대한 신앙을 유지하였다.

제7일 안식일교는 우리나라 여러 개신교 교단에서 이단으로 취급하고 있으나 해외에서는 삼위일체를 비롯한 보편적 그리스도교 근본 교리와 특히 **5솔라**(Five *Sola*) 등을 공유하고 있어 종교개혁 전통을 계수한 보수적 복음주의 개신교로 인식하고 있다.

재림교는 저승세계나 연옥 그 밖에 악인이 죽은 직후 귀신이 되어 즉시 지옥에 간다는 교리를 부정하고 있다. 또 성서에 나오는 히브리어 **스올**(Sheol)과 그리스어 **하데스**(Hades)는 유대교 사후세계관과 같이 지옥이 아니라 사망 그 자체 또는 사망한 자의 영혼이 잠자면서 오감이 완전히 차단된 상태에서 겪는 암흑과 고요와 무감각을 빗댄 표현으로 인식하고 있다.

한편 재림교는 지옥에 대해서 다수의 그리스도교와 다른 시각을 견지하고 있는데 이를테면 영생이 생명의 부활로 나오는 자에게만 주어진다는 교리에 따라 악인이 영혼으로서 지옥에서 영생한다는 것은 있을 수 없는 일로 여겨 악인 영생설과 영원지옥설을 부정하고 있다. 여기서 재림교가 주창하는 영원지옥무용론은 보통 악인의 멸절 교리와 함께 재림교를 이단으로 적시하고 있는 가장 큰 이유가 되고 있다.

재림교에서 주장하고 있는 제7일 안식일은 토요일에만 해당하지 않고 금요일 해 질 녘부터 토요일 해 질 녘까지로 금요일 저녁 예배와 토요예배가 연속으로 있다. 그러나 안식일 예배는 토요일 낮 예배를 의미한다. 일요일을 주일로 예배하는 대다수 개신교는 일요일 이후 셋째 날인 수요일 저녁 예배를 드린다. 마찬가지로 토요일을 안식일로 지키는 재림교회에서는 토요일 이후 셋째 날인 화요일 저녁 예배를 드린다.

재림교는 사도신경이 성서에 기록되어 있지 않고 천주교 잔재라고 주장하고 이에 사도신경을 부인하고 있다. 또 여성에게 직분으로서 권사가 없으나 여성 장로와 여성 목사는 인정하고 있다. 그 밖에 재림교 교인들은 통성기도를 하지 않고 예배의 경건함을 위해 드럼 등 타악기를 사용하지 않는다.

(7) 성결교

성결교(聖潔教, Holiness Church)는 감리교 **존 웨슬리**의 **그리스도인의 완전**(Perfectionism, Christian Perfection, Doctrine of Entire Sanctification)이라는 **완전성화론**(完全聖化論)을 수용해(18세기) 형성된 교파로(19세기 말) 미국에서 전개된 **성결 운동**(Holiness movement)에 기원한다(20세기 초).

루터교와 칼뱅주의는 성결 운동에서 비롯된 가르침을 배척하고 있는데 그 이유는 하나님이 죄인들을 용서하시는 것은 인간의 행위로서가 아니라 **오직 믿음**(*Sola Fide*)을 통해 받아들여지는 이른바 **이신칭의**(以信得義, Justification by Faith)에 근거한 교리로 인해 이 땅에서의 완전함은 불가능하다는데 두고 있다.

이에 성결교는 **중생**(重生, Regeneration) · **성결**(聖潔, Holiness) · **신유**(神癒,

Healing) · **재림**(再臨, Second Coming) 등의 **4중 복음**(四重福音, Foursquare Gospel)을 중요시하고 있는데 이중 성결을 가장 강조하고 있다.

①**중생**은 새사람으로 다시 태어나는 영적으로 거듭난 구원 상태를 뜻한다. 이는 죄로 인해 영원히 죽게 된 자가 예수 보혈의 공로를 믿어 영생을 얻게 되는 **거듭남의 도**(道)를 말한다. 중생은 순간 이루어지며 전 인격적 변화로 지속적이다. 유사한 표현으로 ㉠거듭나다 ㉡하나님께로부터 나다 ㉢위로부터 나다 ㉣살아나다 ㉤사망에서 생명으로 옮기다 ㉥중생의 씻음 ㉦새롭게 되다 등이 있다. 다른 한편 중생은 인간이 범죄를 저지르고 타락할 때 인간의 지배권 아래 있다가 함께 타락한 만물의 회복에도 사용된다. 곧 중생이란 신자들의 인격적·존재론적 변화와 회복은 물론 장차 이루어질 만물의 회복을 함축하고 있는 용어이다.

②**성결**은 성령의 역사로 내면이 정결해짐을 뜻한다. 성결은 거룩한 하나님에 따른 것으로 항상 하나님과 관계에서 생각할 수 있다. 흠과 죄 없는 예수가 이 땅의 죄를 사하기 위해 왔으니 예수 앞에 모든 죄를 고하고 사죄의 은총을 입은 자는 하나님 앞에서 성결한 존재로 인정받게 된다는 것에 핵심을 두고 있다.

②**신유**는 신앙으로 질병을 치료하는 것이다. 육신이 병들었을 때 하나님께 기도하여 병 고침을 받는 경험을 일컫는다. 신유는 육체적 질병의 치유만이 아닌 정신적 치유를 포함한다. 신유는 예수가 **공생애**(公生涯, Public Life) 때 보인 이적이며 초대교회 때 공동체를 위해 주어진 성령의 은사라는 시각에서 중시하고 있다.

④**재림**은 예수가 다시 오는 것을 뜻한다. 곧 예수가 다시금 지상에 강림해 믿는 자를 구원한다는 사실을 믿는 것이다. 성결교

는 이른바 **전천년설**(前千年說)과 **휴거**(携擧, the Rapture)를 믿고 있다. ㉠전천년설은 예수 재림 및 천년왕국과 관련된 설로 천년왕국이 임하기 전에 예수 재림이 먼저 있다는 견해이다. 이 견해는 천년을 문자 그대로 보아 예수 재림 후 천년왕국이 실현된다는데 주안점을 두고 있다. ㉡**휴거**는 하늘로 들림을 받는다는 뜻으로 예수가 재림할 때 믿음 안에서 죽은 성도가 먼저 부활하고 그때까지 살아있는 성도는 육체의 변화를 받아 공중으로 들림을 받아 예수를 만나게 되는 종말적인 사건을 뜻한다.

성결교는 ①복음주의 ②성결 운동(19세기) ③웨슬리의 신학적 배경으로 **알미니안 주의**(Arminianism)를 배경에 두고 있다. 알미니안 주의는 종교경험을 강조하는 **신비주의 신학**(Mystical Theology)에 반하고 이성을 강조하는 그리스도교 신학의 분파이다. 일반적으로 개신교 계통에서 통용되며 가톨릭교회에서는 부정하고 있다.

야코부스 아르미니우스 (1560-1609)[20]

칼뱅주의 구원이 하나님 주권을 강조하고 있음에 비해 인간의 자유와 능력을 구원에서 인정한다는 시각에서 차이가 있다. 이는 네덜란드 개혁교회 신학자 **야코부스 아르미니우스**(Jacobus Arminius, 1560-1609)와 그 제자가 발전시킨 신학 사상으로 **아르미니우스 주의**(Arminiusism)라고 한다. 교리상 감리교・재림교・성결교・오순절교회 등이 아르미니우스 주의를 수정한 웨슬리 주의를 구원론으로 택하고 있다.

웨슬리는 칼뱅이 **예정론**(豫定論, Predestinarianism) 교리에서 창세 전 하나님 예정에 의한 구원을 강조한 것에 맞서 현재 믿는 자의 구원을 주장했고 또 하나님의 절대 주권에 대한 칼뱅의 견해에 하나님의 주권을 인정하면서도 하나님의 주권에 의해 위임된 인간의 자유와 책임성을 강조했다. 이런 신학적 전제에 의한 논리적 귀결로서 웨슬리 주의는 소위 **복음적 신인협동설**(福音的 神人協同說, Evangelical Synergism)을 주장했다.

(8) 오순절교

오순절교(五旬節運動, Pentecostalism)는 **오순절 운동**(五旬節運動) 혹은 **오순절교회**(五旬節敎會)로 불리는데 단일 교단은 없고 오순절 신학에 영향받은 여러 교단을 통칭한다. 그리스도교에서 성령의 초자연적인 능력 등의 **은사주의**(恩賜主義, Charismatism)를 강조하는 개신교의 신학상 분파이다. 은사주의는 진리를 통한 구원보다 성령체험 · **방언**(方言, Tongues) · 신유 · 귀신 쫓음 등 성령의 은사를 받은 것을 구원의 징표로 삼는 경향을 말한다. 미국에서 시작되어(20세기 초) 교계에 큰 영향을 미쳤는데 대개 **신비주의**(神秘主義, Mysticism) 및 **종교혼합주의**(宗敎混合主義, Syncretism)와 맥을 같이 하고 있다.

오순절교는 미국에서 탄생했고(1914) 현재 신도 수는 개신교에서 가장 많은 약 2억 8천만 신도를 확보하고 있다. 한국에서 대표적인 오순절파로는 **하나님의 성회**(The Assembly of God)가 있다. 역사적으로 미국에서 일어난 **오순절 운동**(五旬節運動, Pentecostalism)은 성결 운동에 참여한 교인들이 성령세례의 체험과 방언을 경험하는데(20세기 초) 여기서 성령세례에 반드시 방언이 동반되어야 함을 강조함으로 성결 운동에서 독립하여 오순절 교단이 창설되었다.

①성령세례 ②방언 ③**성서의 무오성**(聖書無誤說, Biblical Inerrancy) ④믿음을 통한 병 고침 ⑤예언 등 종교적 신비주의 체험과 선교를 강조하고 있다. 우리나라에서 여의도 순복음교회가 여기에 속한다. 오순절교에 속한 대부분의 교회 이름에 이른바 **순복음교회**(純福音敎會)를 사용하고 있어서 통상 순복음교회로 불리기도 한다.

오순절(五旬節, Pentecost, Whitsunday)은 예수가 부활한 날부터 50일째 되는 날이다. 오순절 당시 예수 제자들로서 사도들이 모인 곳에 약속대로 **성령**(聖靈, Holy Spirit)이 임하고 그때부터 사도들이 전도 활동을 시작한 것을 기념해 그날을 성령강림일 또는 오순절이라 부른다. 곧 그리스도교와 교회가 탄생한 날이라고 볼 수 있다. 우리말로 **순**(旬)은 10일로 **오순**(五旬)은 50일을 뜻한다. 현재 아프리카·남미·아시아 등 개도국과 신흥국을 중심으로 가장 빠른 성장세를 엿보이고 있다. 일설에 미래에 남을 주요 그리스도교 교파로 가톨릭·정교회·오순절교회를 꼽고 있기도 하다.

오순절 주의는 복음주의 신앙으로 성서의 신뢰성과 예수에 대한 신앙을 통한 개인 삶의 변화를 강조한다. 아울러 성서의 신성한 영감과 성서무오설을 고수하고 있고 성령의 감동으로 쓰인 하나님의 말씀을 **그대로**(Fully) **전적으로**(Totally) 믿고 받아들이는 충만한 복음이란 뜻의 **순복음**(純福音, Full Gospel) 또는 앞서 본 **사중복음**(四重福音, Foursquare Gospel)의 가르침을 강조한다.

순복음은 ①십자가 신앙 ②오순절 신앙 ③땅끝까지 전도하는 신앙 ④좋으신 하나님 신앙 ⑤예수의 신앙 ⑥재림 예수의 신앙 ⑦나누어 주는 신앙 등의 총 7가지를 신앙의 기초로 삼고 있다.

오순절교의 교리는 예수가 약속했던 성령이 오순절에 임할 때 사도들이 성령 충만함을 받고 각기 다른 나라의 언어로 말했다는 성서의 기록에 따라 이러한 사건이 현시대에도 재현될 수 있음을 주장하는 성령론을 따르고 있다. 여타 개신교 교파에 견주어 성령 충만과 **방언**(方言, Tongues)을 강조하는 성향이 있다. 감리회도 이러한 시각을 견지하고 있다.

예배 형식도 상당히 유연한데 예컨대 통성기도에 매우 친숙해 있다. 세례도 감리교·성결교·장로교에서 행하는 약식 세례가 아닌 침례회와 같이 온몸이 물에 잠기는 침례식을 거행한다.

일부 오순절 교단은 은사주의 방식을 고수하여 성령에 의한 방언의 은사를 구원에 결부시키고도 있다. 곧 성령에 의한 방언의 은사를 받지 않았다면 구원을 못 받은 것으로 취급하고 있다. 이 때문에 비은사주의 계열 그리스도교파는 은사주의를 사실상 **이단**(異端, Heresy)에 준하여 적시하고 있기도 하다.

(9) 재세례파

재세례파(再洗禮派, Anabaptist)는 유아세례를 인정하지 않고 다시 세례를 베풀었다는 이유에서 명명된 교파로서, 곧 재세례파를 반대하던 당시 종교개혁자들에 의해 붙여진 이름이다. 재침례파라고도 한다. 실제로 재세례파는 유아세례를 인정하지 않고 있어 그들의 세례가 재세례는 아니라고 주장하고 있다.

재세례파 창시자는 종교개혁 당시 스위스 **콘라드 그레벨**(Conrad Grebel, 1560-1609)이다. 그는 개혁을 위해 이른바 **스위스 형제단**(Swiss Brethren)을 창설하기도 했는데 재세례파는 이로부터 탄생하였다.

콘라드 그레벨 (1560-1609)㉑

블라우록 (1491-1529)㉒

이들은 당시 교회 부모로부터 태어난 아이에게 유아세례를 주거나 국가가 교회 회원권을 발행하던 제도를 폐지하고 스스로 중생을 체험한 자에게만 세례를 베풀면서 이들로 구성된 교회가 참된 교회라고 주장했다. 또 재세례파가 되려면 죄를 회개하고 그리스도에 대한 확신을 가지며 거듭난 생활로써 모범을 보여야 한다고 주장했다.

재세례파는 가톨릭과 루터교회 및 스위스 개혁교회로부터 박해를 받았고 끝내 스위스에서 재세례파는 국가 기강과 사회를 어지럽히는 자들로 적시되어 탄압을 받았다. 창시자 그레벨은 체포되어 사망했고(1526) 그의 동료 **블라우록**(George Blaurock, 1491-1529)은 화형을 당했다.

재세례파 핵심 교리는 ①유아세례 배척 ②회개하지 않는 자의 추방과 교회의 순수성 보존 ③예배와 신학과 교회 행정의 초대교회 형태로 회귀 ④성서적 근거 없는 찬송가 반대 ⑤정교분리 ⑥정치 참여와 군입대 거부 등으로 요약할 수 있다. **메노나이트**(Mennonite) · **아미시**(Amish) · **퀘이커교**(Quakers)가 여기에 속한다.

①**메노나이트**는 네덜란드 **메노 시몬스**(Menno Simons, 1496-1561)의 이른바 **평화 신학**(Theology of Peace)을 추종하는 자들이 그 이름을 본떠 만든 재세례파 최대 교파이다. 시몬스는 온건한 가톨릭 사제로 **독일 농민전쟁**(German Peasants' War, 1525)을 겪으며 북유럽에 흩어진 신도를 규합해 교회를 세웠는데 이것이 메노나이트의 기원이 되었다. 이들은 정교분리를 주장하며 외부와 단절하고 엄격한 규율로 집단생활을 하는 특징이 있다. 미국 독립전쟁과 제1차 세계 대전 당시 **평화주의**(Pacifism)를 앞세워 병역 거부로 박해를 받기도 했다. 오늘날 네덜란드·미국·캐나다·남미 등에서 공동체를 이루고 있다. 전 세계 약 180만 명의 메노나이트가 있다.

②**아미시**는 17세기 말 스위스에서 시작된 침례교 종파로(17세기 말) 이후 유럽과 미국을 중심으로 세를 확장해 나갔다. 주로 미국을 중심으로 활동하고 있으며 전화·자동차 등 현대문명의 이기(利器) 사용을 거부하고 교회를 중심으로 가족 단위의 공동체를 형성하고 있다. 남성은 턱수염을 기르며 여성은 땋아 올린 머리에 두건을 쓰고 앞치마를 두르고 생활한다. 아미시 전통에 따르면 남성에게 수염은 남성성을 여성에게 머리카락은 여성성을 상징하는 것으로 결혼 후에는 자르지 않는다.

③**퀘이커교**는 영국 **조지 팍스**(George Fox, 1624-1691)가 창설한 재세례파 분파이다(1647). 조지 팍스는 성직자나 기존 교회로부터의 특별한 예배 형식이 없어도 내면의 빛을 통해 구원을 얻는다고 주장하며 성령의 감동을 중시하였다. 그는 자신이 깨달은 진리의 빛을 전파하면서 성서보다는 내적 계시를 중시하고 별도의 교리도 정하지 않았다. 예배도 인도자 없이 정해진 시간과 처소

조지 팍스 (1624-1691)[23]

에서 침묵과 명상으로 이를 대체하였다. 또 진리는 변화된 성스러운 생활 가운데 나타나는 것이라 하여 노예·전쟁·사형 제도에 반대하는 사회개혁에 주력했고 금주와 검소한 생활을 강조했다. 형식주의를 배격하고 내적이며 정신적인 경험을 중시했다. 최초 그를 추종하는 **친우회**(親友會, Society of Friends)이라는 퀘이커 공동체를 통해(1652) 조지 팍스는 진리의 말씀을 듣게 되면 떨라고 가르쳤는데 이러한 이유에서 외부로부터 **떠는 자**(Quaker)로 조롱받게 되었고 이후 교파명 퀘이커가 되었다. 현재 미국·캐나다에 약 20만여 명의 교도가 있다.

(10) 구세군

윌리엄 부스(William Booth, 1829-1912) 부부[24]

개신교 교파로 분류되는 **구세군**(救世軍, Salvation Army)은 영국의 **윌리엄 부스**(William Booth, 1829-1912) 부부에 의해 감리회에서 분리되어 창설되었다(1865). 교파상으로 성공회 및 감리회와 연관이 있다. 참고로 구세군과 같이 선교단체로 시작해 정식 종파가 된 실례로는 성결교가 있다.

구세군은 그 명칭과 같이 군대식 조직 명칭을 갖고 있는데 교회는 **영문**(營門)으로 목사는 **사관**(士官)으로 신학교는 **구세군사관학교**(救世軍士官學校, The Salvation Army Officer Training College)라 칭하고 있다. 여기서 사관은 구세군 사관과만 결혼할 수 있다. 이에 따라 부부 사관은 모두 구세군 성직자가 된다.

구세군은 군대의 체계를 활용하여 구제 활동의 효율성을 높이려는데 목적을 두고 있다. 그러나 조직과 체계만 군을 모방하고 있을 뿐 군기나 상명하복의 군대 문화는 전혀 관계가 없다.

예배 방식은 영문마다 차이는 있으나 보통 개신교 방식과 유사한 경우가 많다. 다만 신앙고백을 사도신경 대신에 11가지 **구세군 교리문**(救世軍敎理文, The Salvation Army Doctrine)으로 대체하고 있는 특징이 있다.

①신・구약성서는 하나님의 영감으로 이루어졌으며 성서만이 그리스도인의 신앙과 실천의 표준임을 믿는다.

②유일하시고 완전하신 하나님만이 만물의 창조자・보존자・통치자이시며 예배의 참 대상임을 믿는다.

③하나님 안에 성부・성자・성령의 3위가 있으며 권능과 영광으로도 동등하심을 믿는다.

④예수의 인격 안에 신성과 인성이 합하여 있으며 그는 참 하느님이시고 참 인간이심을 믿는다.

⑤인류의 시조가 본래 죄 없이 창조되었으나 그들의 불순종으로 모든 사람이 죄인이 되고 전적으로 타락하여 정결과 행복을 잃고 하나님의 진노 대상이 된 것을 믿는다.

⑥예수가 고난받고 죽음으로 인간의 죄를 대속했으니 누구든지 그를 믿으면 구원받을 수 있음을 믿는다.

⑦하나님께 회개하고 예수를 믿고 성령으로 거듭나는 것은 구원에 필요한 것임을 믿는다.

⑧예수를 믿음으로 은혜로 의롭다 하심을 얻으며 믿는 자마다 그 안에 증거가 있음을 믿는다.

⑨구원의 상태는 그리스도 안에서 순종하는 믿음을 계속 가져야 함을 믿는다.

⑩온전히 거룩하게 되는 것은 모든 신자의 특전이며 저들의 심령과 영혼과 육체를 예수가 다시 오시는 날까지 완전하고 흠없게 지켜주실 것을 믿는다.

⑪영원한 생명·육체의 부활·세상 끝의 심판·의인의 영원한 행복과 악인의 영원한 형벌을 믿는다.

한편 구세군은 여타 개신교 교단과 같은 성찬식을 진행하지는 않는데 이것은 성찬식의 의미를 부정하는 것이 아니라 초기 자선단체로 시작한 교단이었기에 당시 알콜 중독자 등 환자가 많아 포도주를 사용해 성찬식을 진행할 수 없었던 것에 연유한다. 이에 구세군은 성찬식 대신 함께 음식을 나누며 친교를 나눔으로 성찬의 의미를 되새기는 방식으로 대체하고 있다.

그 밖에 구세군 찬송가는 개신교의 찬송가와 구세군에서 자체적으로 만든 구세군가를 함께 사용하며 연말에 자선냄비는 공익에 이바지하고 자사 브랜드를 널리 알리기 위해 독일의 조리기구 제조·판매기업인 **휘슬러**(Fissler)가 기부한 것을 사용한다.

(11) 독립교회

독립교회(獨立敎會, Independent Church)는 **초교파 교회**라고도 하는데 일반적으로 특정 개신교 교단과 공식적으로 제휴하지 않음으로써 다른 그리스도교 공동체의 **신조주의**(信條主義, Confessionalism)와 거리를 두는 교회들로 구성되어 있다.

목회자 개개인에 의해 설립되는 경우가 많으며 역사적 개신교 교파와 연대는 거의 없지만 전형적으로 복음주의적인 개신교를 고수하고 있어 개신교의 한 유형으로 보고 있다. 독립교회가 지향하고 있는 주요 원칙은 다음과 같다.

①초교파는 개신교와 성서에 기록된 예수의 복음을 중시하는 그리스도교 시각으로서 **복음주의**(福音主義, Evangelicalism)를 수용하여 그 테두리 안에서 주요 교파들의 신학적 교리를 초월한 교파로 지위를 갖는다. 다만 개신교의 신학적 기조를 벗어난 이단적인 교리는 허용하지 않고 이에 복음주의의 테두리 밖에 있는 일부 성공회는 초교파에 참여할 수 없다.

②개신교계에서 이단으로 분류된 교파·교단·목사들은 초교파에 포함되지 않는다. 개신교인에게 초교파 의미는 계파나 교파를 초월한 것으로 인식되고 있다. 특히 소속 교단이 있는 교회나 개신교 단체나 목사가 교단을 가리지 않고 사역을 할 때 초교파의 일원이 될 수 있다. 정통 교단소속이기만 하면 교단소속과 무관하게 누구나 회원이 될 수 있다.

독립교회(초교파)는 특정 개신교 교파의 관점에 구속되지 않고 다양한 교파의 신학을 배울 수 있다는 점 때문에 초교파 산하 신학대학은 모든 개신교 신학을 배우려는 신학생들에게 매우 인기가 많다. 반대로 다른 교파를 적대시하는 근본주의 성향 신학생들에겐 혐오의 대상으로 취급되고 있기도 하다.

독립교회의 특징은 복음주의 테두리 안에서 개신교 성향의 다원주의를 표창하고 있다는 것이다. 그 결과 개신교의 기조를 벗어나지 않는다면 모든 교리에 동조하고 있다.

독립교회는 중앙집권적 구조가 없다는 점에서 장로회와 비교되기도 하지만 장로회는 총회 헌법과 장로교 신학을 배경에 두고 강력한 교파적 특징을 엿보이고 있다. 그러나 초교파는 개신교 계통의 복음주의라는 특성을 제외하면 통일된 헌법이나 신학이 존재하지 않는다. 이에 이단성을 띠고 있는 교회에게 상대적으로 취약하다는 비판을 받고 있다.

초교파는 개신교의 범주에 포함된 것이라면 모두 수용하는 다원주의 신학이라서 교회 간 충돌이나 목사 간의 신학적 견해차가 매우 심하다는 특징이 있다.

초교파는 특정 교파에 속하지 않고 있어 각 교파의 장점을 모두 수용하여 넓은 시각으로 신학 연구에 임할 수 있고 또 교회별로 자유로운 정체성을 확립할 수 있다는 장점이 있다.

반대로 모호한 정체성으로 그리스도교의 교리에 반할 수 있는 개연성이 있다. 특히 이단 논란 시에 독립교회들이 자주 적시되고 있는 이유는 바로 이러한 점 때문이다.

한편 특이할 것은 초교파 주의를 지향하고 있는 교회의 경우 기성 개신교 교단과의 구분이 사실상 어려울 정도로 외견상 일반인이 쉽게 구분하기 어려울 정도로 그 명칭이나 교회의 운영 및 조직 등이 비슷한 경우가 많다는 특징이 있다.

7. 동방정교회

1) 역사

초기 그리스도교의 전파 시 지중해 인근은 그리스 문화와 언어가 광범위하게 보급되어 있어 성서 또한 고대 그리스어로 기록되어 전파되었고 그 과정에서 고대 그리스 철학이 그리스도교 확산에 일익을 감당하였다.

동방정교회가 성립된 역사적 경위는 로마 **콘스탄티누스 대제**(Constantinus I, 272-337)가 십자가를 앞세워 나간 전쟁에서 승리한 것을 계기로(312) 밀라노 칙령을 앞세워 그리스도교를 공인하기에 이르고(313) 자신의 이름을 본떠 **콘스탄티노플**[Constantinople, 현재 터키의 **이스탄불**(Istanbul)]에 수도를 건설했다. 그러나 당시 **게르만족**(Germanic Peoples)의 남하에 시달리던 로마제국은 콘스탄티노플로 수도를 옮기게 되었고(330) 이후 콘스탄티노플이 동로마제국의 수도로 발전하면서 동방교회도 더불어 성장하게 되었다.

이후 로마제국은 동・서로 분열되고(395) 이에 따라 그리스도교 또한 동・서로 분리되면서 서로는 저마다의 정통성을 주장하며 극렬히 대립각을 세웠다. 이윽고 콘스탄티노플은 정치의 중심지가 되었고 로마는 교회의 중심지가 되었다.

그 결과 동・서로 분열된 로마제국 내에서는 로마의 정통성을 내세워 로마교회 교황이 전체 그리스도교의 최고수장임을 주장했고 이에 대하여 동로마제국 황제는 수도가 이전되었으므로 교회의 최고수장도 당연히 자신이라고 주장하면서 동・서 교회

카를로스 대제 (742-814)[25]

간의 갈등은 극으로 치달았다.

카를로스 대제(Carolus Magnus, 742-814)는 폐위된(471-) 서로마제국의 황위를 계승하여 **신성로마제국**(Holy Roman Empire, *Sacrum Romanum Imperium*)을 선포하고(800) 동로마제국의 지위와 권위를 부정하기에 이르렀다. 나아가 로마 교황의 권위를 부정하면서 서로가 **파문**(破門, Excommunication)을 선언했다(1054). 이에 따라 신성로마제국의 그리스도교는 로마 가톨릭이 계수하고 동로마제국의 그리스도교는 정교회가 계수하여 각각 분리되었다. 이처럼 그리스도교가 동·서로 분리되면서 이후 동방교회는 올바른 믿음의 교회라는 의미에서 정교회로 칭했다.

후일 정교회는 제4차 십자군 전쟁 때(1202-1204) 로마 가톨릭으로부터 막대한 물적·인적·정신적 고통을 당했고 또한 로마 가톨릭의 콘스탄티노플 공격은 **오스만제국**(Osman Empire)이 콘스탄티노플을 장악하는데 빌미를 제공했다. 이후 정교회는 터키 위협에 직면해 로마 가톨릭과 화의를 시도했으나 무산되고 끝내 콘스탄티노플이 터키에 함락되면서(1453) 세력이 점차 약화 되었다.

그러나 러시아에서는 **키예프 공국**(Kievskaya Russia)이 정교회를 국교로 채택한 이래(988) 점차 러시아 전역으로 전파되었다. 그러나 러시아가 일시적으로 몽골의 지배에 예속되면서 침체기를 맞았으나(1240) 이윽고 몽골을 몰아내고(1380) 재차 정교회를 부활시킬 수 있었다. 정교회는 공산주의하에서 탄압을 받았으나(20세기) 이후 종교 자유가 보장되면서(1990-) 급속히 세를 회복하고 있다.

우리나라 정교회는 러시아 정교회 선교사 파송으로 시작되어(1897) 러일전쟁(1904) 1·2차 세계 대전을 거치며 약해졌다가 6.25 전쟁 시(1950) 그리스군 참전을 계기로 명맥을 잇고 있다.

현재 정교회의 세계 총 대주교청은 터키의 이스탄불에 소재하고 있어 사실상 터키 정부의 정치적 영향 아래 놓여있다. 터키 점령 시부터(15세기) 전통으로서 **총대주교**(Ecumenical Patriarch)는 출생지가 터키인 정교회 주교 중에서 선임되고 있다.

2) 교리와 예배의식

(1) 동방정교회와 가톨릭교회

동방정교회는 로마제국이 동·서로 분열된 이후 **동로마제국**(Byzantine Empire)에 속한 교회를 통칭한다. 이들은 내부적으로 **그리스도교 대분열**(Great Schism, 1054) 외부적으로는 이슬람의 확산 등으로 역사적 격변기를 경험했다. 그리스도교의 대분열은 **니케아 신조**(Symbolum Nicaenum)·**칼케돈 신조**(Chalcedon Creed) 등 **세계 공의회**(世界公議會, Ecumenical Councils) 합의를 따르는 동방교회와 서방교회가 분열되어(1054) 동방정교회와 가톨릭으로 갈라선 사건으로 그리스도교 역사와 세계사에 중대한 영향을 미쳤다.

동방정교회는 대분열 사건을 이른바 **서방대이교**(*Magnum Schisma Occidentale*)라고 칭하고 일개 로마 주교가 그리스도를 대신해 자신이 머리가 되기 위해 참된 교회를 쪼개어 나간 일종의 종파 분리주의로 적시하고 있다. 나아가 정교회는 대분열 사건의 핵심

쟁점으로서 이른바 **교황수위권**(敎皇首位權, Papal Primacy) · **교황무류성**(敎皇無謬性, Papal Infallibility) · **필리오퀘**(*Filióque*) 등의 문제 역시 매우 이단적인 주장이라고 폄훼하고 있다.

①**교황수위권**은 로마 주교가 전 세계 그리스도교 주교단의 대표성을 지닌 교황으로서 주교단을 실질적으로 영도할 수 있다는 가톨릭의 교리를 말한다. 가톨릭은 교황이 사도들의 으뜸인 **사도 베드로**(St. Peter)의 후계자이기에 주교단에서 으뜸이고 로마 주교는 베드로와 **사도 바울**(St. Paul)의 순교로 축성된 성좌로서 전체 교회의 수장이라는데 주안점을 두고 있다. 이러한 교리는 그리스도교 종파별로 입장이 첨예하게 다른데 정교회는 그나마 형식적으로 교황을 대표성을 지닌 공식적인 주교로 인정하고 있으나 거의 모든 개신교 교단은 이를 철저히 배격하고 있다.

②**교황무류성**은 교황이 전 그리스도교의 수장으로서 신앙이나 도덕에 관하여 내린 결정은 성령의 특별한 은사로 보증되기 때문에 결단코 오류가 있을 수 없다는 교리이다.

③**필리오퀘**는 라틴어로 그리고 아들이라는 뜻으로 이는 성령이 성부에게서만 발하는지 아니면 성자에게서도 발하는지에 대한 논쟁이다. 이 문제는 지금껏 완전한 해결을 이루지 못한 채 동방정교회에서는 전자의 입장을 가톨릭과 개신교에서는 후자의 입장을 지지하고 있다. 이후 동·서방교회의 갈등은 교회일치운동의 확산으로 화해되기 시작하여(20세기) 이윽고 상호 파문을 취소하고 현재 교류를 재개하고 있다(1965).

동방정교회는 정통 **가톨릭교회**(Orthodox Catholic Church)의 고유한 정체성을 보유하고 있고 **니케아 콘스탄티노폴리스 신경**(Symbolum

서방교회(가톨릭)와 동방교회(정교회)의 화합 운동(2020)[26]

Nicaeno-Constatinopolitanum)에 근거한 교회의 4가지 속성으로서 ①하나인 교회 · ②거룩한 교회 · ③보편적 교회 · ④사도로부터 이어오는 교회 등을 지향하고 있다. 그 밖에 성서와 7차례 공의회를 통해 확립된 교회 **규범**(Canon)을 포함한 이른바 거룩한 **전승**(聖傳, Sacred Tradition)을 신앙의 기준에 두고 있으며 니케아-콘스탄티노폴리스 신경을 신앙고백으로 삼고 있다. 아울러 신 · 구약성서를 정경으로 채택하고 있으나 다만 성서의 궁극적 권위는 교회의 선택을 받은 문헌이기에 순전히 교회로부터 나온다고 주장하고 있다. 이를테면 종교개혁 이후 개신교는 성서에 최고의 권위를 두고 있으나 정교회 및 로마 가톨릭은 종교회의인 공의회에 최고의 권위를 부여하고 있다.

(2) 동방정교회의 전례

동방정교회는 **삼위일체**(三位一體, *Trinitas*)를 공통된 신학의 기초로 삼고 있고 2차원 그림인 **이콘**(*Icon*)에 묘사된 삼위일체 하나님이나 성모 마리아 그 밖에 성인들에 대한 공경을 인정하고 있다. 그러나 **성상**(聖像)은 매우 엄격하여 매우 제한적으로 허용하고 있다. 일례로 예수의 십자가 성상을 제외한 성상 제작은 원천적으로 인정하지 않고 있다. 여기서 이콘은 그리스도 · 12명 사도 · 성모 마리아 · 성인을 그린 그림을 뜻하는데 흔히 그림을 **성화**(聖畵) 그리고 이콘과 관련된 조각을 **성상**(聖像)이라고 한다.

동방정교회는 가톨릭과 마찬가지로 **7성사**(**세례 · 견진 · 결혼 · 고백 · 신품 · 성유 · 성체성혈**)를 집전한다. 특히 성찬예배는 **성체와 성혈**(聖體聖血, Most Blessed Sacrament)을 동시에 받드는 것을 기본에 두고 있다. 이는 성찬 시 빵과 포도주를 구분하지 않고 함께 나누는 예배로서 이른바 **성체성혈성사**라는 표현으로 강조하고 있다.

(3) 성모 마리아에 관한 교리

성모 마리아에 관한 교리로 니케아-콘스탄티노폴리스 신경의 내용에 따라 삼위일체에 따른 신을 낳은 자라는 뜻임과 동시에 성모 마리아의 호칭으로서 **테오토코스**(Theotokos)로 인정하고 있다.

테오토코스는 예수가 인성과 함께 신성을 보유한 존재로 태어났음을 의미하는 용어인데 이는 교회에서 심각한 문제를 일으켰던 초기 그리스도교 **영지주의**(靈知主義, *Gnosis*)의 **가현설**(假現說, *Doketismus*)에 대응하여 예수가 몸을 입은 인간이었으며 동시에 신성을 보유한 존재라는 교리를 담고 있다. 요컨대 가현설은 세상에서 그리스도의 육체는 실제 육체가 아니고 단지 **환영**(幻影, Ghost)처럼 유령의 몸을 갖고 이 땅에 임했다는 사상이다.

성모 마리아에 대한 교리로서 테오토코스만 인정하고 원죄 감면에 대한 교리는 없다. 공식적 교리문답에는 **성모영보**(聖母領報, 受胎告知, Annunciatio) 이후 성모 마리아의 원죄 없음에 대한 전승을 다루고는 있으나 이를 교리로 인정하고 있지는 않다. 성모영보는 예수의 어머니 마리아에게 천사 **가브리엘**(Gabriel)이 찾아와 성령에 의해 처녀의 몸으로 예수를 잉태할 것이라 말하고 이를 마리아가 받아들인 사건이다. 이는 그리스도교 문화권에서 성모 공경 사상을 드러내기 위해 이용하는 신앙적 수단의 의미가 있다. 성모영보에 관한 의식은 최초 동방교회에서 시작되었으며 이후 중세에 이르러 서방교회에 전해졌다. 현재 동방정교회나 가톨릭에서는 이 사건의 축일로 지정하여 기념하고 있다.

그러나 동방정교회는 마리아가 평생 동정녀임을 인정하면서도 다만 존경할만한 성인이자 생과 사를 지닌 인간으로 보고 있다. 따라서 가톨릭과 같이 마리아 승천과 같은 전승은 인정하지 않고 있다. 요컨대 가톨릭과 정교회 모두 성모 마리아를 공경하고 있으나 정교회는 마리아를 하느님의 어머니로 가톨릭은 성모로 호칭하고 있는 차이점이 있다.

다른 한편 동방정교회는 고대 이스라엘 **다윗 왕**(King of David, 1030-961)의 후손으로 마리아의 친모이자 예수의 외조모인 안나(Hannah)에 대한 신심이 발현되어(6세기) 현재까지 **성녀 안나**(St. Anne)의 축일을 기념하고 있는 특징이 있다.

동방정교회의 성직은 주교·사제·부제가 있고 가톨릭과 달리 기혼자와 독신자 누구나 성직자가 될 수 있다. 다만 주교직은 독신자 사제 중에서만 선출하여 대체로 독신 수도원 사제가 주교가 되는 전통을 고수하고 있다. 로마 가톨릭교회는 로마 교황을 중심으로 한 중앙집권적인 조직이고 정교회는 각 지역교회의 자치를 인정하는 분권적 자율적 조직의 특징을 지니고 있다.

3) 교파

(1) 러시아 정교회

러시아 정교회(Russian Orthodox Church)는 동방정교회 중 최대 교세를 보유하고 있다. 역사적으로 러시아 그리스도교는 **키예프**(Kyiv) **공국** **블라디미르 I세**(Vladimir I, 958-1015)에 의해 전파되었다(988-989).

블라디미르 I세 (958-1015)[27]

본래 블라디미르는 비잔티움 제국의 교회에서 세례를 받았는데 이는 그가 러시아가 그리스도교 문화 도입 시 비잔티움 제국의 것을 수용하여 동방정교 문화를 러시아 문화의 기반으로 자리잡게 하는 데 크나큰 영향을 미쳤다.

이후 러시아 정교회는 동방정교회의 수도 생활과 전례 및 예술 등 비잔티움 제국 문화를 이어받아 독자적으로 발전했으나 이러한 황금시대도 몽골의 침입으로 남러시아는 초토화되고 러시아 중심은 북방으로 이동할 수밖에 없는 지경에 이르게 했다(13세기 초).

그러나 몽골은 그리스도교에 대해 관대한 정책을 펼쳤는데 그 결과 각지에 수도원이 성행하는 일대 전기를 맞게 했다. 러시아 정교회는 비잔티움 제국의 쇠퇴와 함께 독립성을 강화하고자 가톨릭교회와 공조를 모색한 비잔티움 교회에 대항해 사실상 독립을 이루게 되었다(1448).

표트르 I세 (1672-1725)[28]

이후 **로마노프 왕조**(Romanov Dynasty, 1613-1917)시대 교회는 총대주교나 교의나 관례에 따라 공적 장소에서 행하는 의식으로서 **전례**(典禮, Liturgy) 개혁에 임했다. 당시 전례 개혁은 다른 동방정교회와 차이를 바로 잡는 것에 주안점을 두었다. 그러나 다수 성직자의 반대로 정교회는 분리되어 세력은 약해지고 이내 **표트르 I세**(Pyotr I, 1672-1725)에 의해 교회제도는 개혁의 길을 걸었다(18세기). 그는 **총대주교제**(總大主敎制, Patriarch)를 폐지하고 대신에 교회 최고 의사결정기구로 이른바 **시노드**(Synod)를 설치했다. 당시 시노드는 성직자가 운영한다는 원칙을 두었으나 명목에 불과했고 실제는 황제의 관리가 의장을 맡았다. 이로써 교회는 국가 부속기관으로 전락했다.

이후 러시아 정교회 내부에서 교회개혁 필요성이 일었는데(19세기 후반) 이러한 움직임은 러시아 혁명으로(1905) 러시아 제정이 붕괴하자(1917) 교회는 재차 총대주교제를 부활시키게 되었다.

그러나 **소비에트**(Soviet) 정권의 철저한 정교분리정책과 탄압으로 교회는 존폐위기를 맞게 되고 교회 내부에서도 다양한 분파운동이 전개되었다. 이후 제2차 세계 대전으로 정부와 교회의 타협이 이루어졌는데 교회는 사회주의 체제에서 자유를 보장받는 대신 교회는 정부 정책에 협력해야 했다. 현재 러시아 정교회는 제정시대와 비교할 수 없을 만큼 세력이 미미하나 그런데

동방정교회의 시노드(Synod)[23]

도 동방정교회 중에서 최대의 교세를 유지하고 있다.

동방정교회는 동일 교파에 국가별 명칭을 달리한다. 일례로 그리스 정교회는 정교회가 그리스에 속한다는 뜻이 아니고 지리적 위치상 그리스에 자리 잡고 있다는 의미이다. 그 밖의 정교회도 마찬가지다. 한편 정교회가 로마 가톨릭에서 분리될 때 문제시된 사안이 **성상숭배**(聖像崇拜, Iconolatry)였는데 정교회는 성상을 동상 등 입체화된 형상으로는 만들지 않지만 이콘 등의 초상화를 널리 사용하고 있다.

(2) 콥트 정교회

콥트 정교회(Coptic Orthodox Church)는 그리스도의 품격을 둘러싼 논란을 다룬 **에페수스 공의회**(Council of Ephesos, 431)와 예수의 신성을 확인한 **칼케돈 공의회**(Council of Chalcedon, 451)에서 결의된 교리를 거부한 서아시아 · 이집트 · 에티오피아 전통 그리스도교 교회로 구성된 **오리엔트 정교회**(Oriental Orthodox Church)의 종파이다. 요컨대 **비칼케돈파**(Anti-Chalcedon)인 알렉산드리아 **총대주교**(Patriarch of Alexandria)를 수장으로 하는 교회로 고대 이집트 교회가 보유한 많은 전통을 지니고 있다.

이집트 콥트교의 예배[31]

콥트 정교회는 이슬람 확산 전까지는 비칼케돈파 교회의 총본산이었고 이슬람의 오랜 종교 탄압에도 교세를 이어 현재 많은 신도가 남아있다. 비공식적으로 이집트 인구의 20-25% 그리고 이집트 내 그리스도교인 중에서 95%가 콥트교인이라 추정하고 있다. 전 세계적으로 약 2천만 명의 신도가 있다.

콥트 정교회의 전례는 다소 독특하다. 이를테면 알렉산드리아 전례를 바탕으로 독자적 콥트 전례를 사용하고 있다. 그리스도 구속사를 기념하는 축일을 수록한 달력인 **전례력**(典禮曆, Liturgical Calendar)도 고대 이집트 태양력을 사용하고 있는데 이를테면 각 달의 이름이 **신왕국 시대**(B.C.1567-525) 이집트어와 거의 유사하다.

콥트 정교회는 이집트 그리스도인을 심하게 박해했던 **디오클레티아누스 황제**(Diocletianus, 재위284-305) 즉위(284)를 교회력 원년으로 삼고 있다. 콥트 정교회에서 지키는 크리스마스는 1월 7일이고 성탄절 40일 전부터 금식에 임한다. 또 부활절 이전 55일 동안 단식을 하며 낮에 음식을 먹지 않고 육식을 피하며 올리브유로 요리한 음식만 먹는다. 또 콥트 정교회 신자는 예수의 십자가형을 기억하고 일평생 그리스도인으로서 신앙과 정체성을 유지하겠다는 의미로 손목 안쪽에 청색 십자가 문신을 새기기도 한다.

(3) 시리아 정교회

시리아 정교회(Syriac Orthodox Church)는 시리아를 중심으로 발전한 정교회 교파로 오리엔트 정교회를 이루고 있는 그리스도교 교파이다. 그리스도교가 성장함에 따라 동방교회와 서방교회 등 다양한 분파로 분리하게 되고 예수의 인성과 신성을 해석하는 방식에 따라 **양성론**(兩性論, Dyophysitism)과 **단성론**(單性論, Monophysitism)으로 나뉘었다. 여기서 양성론을 주장하는 서방 로마 가톨릭에 의해 단성론을 주장하는 동방정교회는 이단으로 규정되어 현재까지 이르고 있는데 이 파의 하나가 시리아 정교회이다.

시리아 정교회의 예배[31]

단성론은 육신을 지니고 세상에 온 예수는 단일한 인성만이 존재한다는 뜻이다. 이에 대해 가톨릭교회는 칼케돈 공의회를 통해 예수는 신성과 인성을 모두 가지되 이들 2가지 본질이 분리되지 않고 조화를 이룬다는 양성설을 교리로 확정하고 있다.

시리아 정교회는 단성론을 크게 발전시켜 이른바 **야콥 교회**(Jacobite Church)로 불리었으나 교파회의에서 시리아 정교회라는 이름으로 통일하고 오늘에 이르고 있다(2000). 지정학적으로 동·서 문명의 교류가 활발한 지역에 위치해 시·찬송·문학·미술·고고학 등에서 상당한 발전을 이루고 있다. 사제들은 기도와 명상 등 엄격한 수도원 생활을 수행하며 서방교회인 가톨릭교회에 비해 중동의 이슬람과 비교적 우호적인 관계를 유지하여 현재까지도 시리아를 비롯한 주변 지역에 명맥을 유지하고 있다.

(4) 에티오피아 정교회

에티오피아 정교회(Ethiopian Orthodox Church)는 에티오피아 동방정교회 분파이다. 칼케돈 공의회 이후 단성론을 지지했던 이집트 콥트 교회 예하에 있었으나 현재 자치권을 가진 에티오피아 총대주교가 수장으로 있다. 에티오피아 제국에서 국교로 신봉되었으며 이 때문에 에티오피아 황실과도 깊은 연관을 맺고 있었다. 현재 에티오피아 인구 절반가량이 에티오피아 정교회 신도이다.

에티오피아 정교회의 예배[32]

본래 에티오피아 정교회는 선교 활동 주체가 알렉산드리아교회였기에 지역적으로 가까운 콥트 교회 또는 이집트교회와 유대가 강했다. 그러나 예수의 인성을 부정하는 이단적 주장인 단성론을 수용하여 로마 가톨릭에서 분리되었다. 에티오피아 정교회는 콥트 정교회에 이어 동방정교회로서는 2번째로 우리나라에 진출했고(2019) 현재 한국 정교회와 협력해 포교에 임하고 있다.

(5) 아르메니아 정교회

아르메니아 정교회(Armenian Orthodox Church)는 서남아시아의 터키와 페르시아 북방 **카스피해**(Caspian Sea)와 **흑해**(Black Sea)를 가르는 지역인 아르메니아 지방에 널리 퍼진 동방정교회의 분파로서 **아르메니아 이교**(離教)**교회**와 **아르메니아 귀일**(歸一)**교회**가 있다.

아르메니아 정교회의 예배[33]

아르메니아 이교교회는 그리스 신학자 **그레고리우스**(Gregorius, 329?-389?)가 창시한 것으로(3-4세기) **그레고리오 교회**(Gregorian Church)라고도 한다. 단성론을 택해 이단으로 취급되어 가톨릭에서 분리되었다. 이후 로마 공의회에 복귀를 선언했으나 실현하지 못하고(1198) 결국 가톨릭교회를 완전히 이탈하였다(1373).

교리는 대개 동방정교회와 비슷한데 예수의 본성이나 지옥 및 성사 해석에서 가톨릭과 차이가 있다. 이혼을 인정하고 사제나 부제의 결혼을 허락하고 있다. 총주교가 전 교회를 관장하고 있으나 고립적이고 민족적인 교회로서 세가 미미한 실정이다.

아르메니아 귀일교회는 아르메니아 이교교회로부터 로마 가톨릭교회로 복귀한 교파로 시리아에 총주교구가 있고 터키 이스탄불에 대주교구를 두고 있는데 수도회의 각별한 노력에도 불구하고 크게 발전하지 못하고 있다. **전례**(典禮)나 용어에 독특한 점이 있고 전례 의식 절차는 동방정교회와 비슷하다.

(6) 아시리아 동방교회

아시리아 동방교회(Assyrian Church of the East) 기원이 되는 **네스토리우스파**(Nestorians)는 **에페소 공의회**(Council of Ephesos, 431)와 **칼케돈 공의회**(Council of Chalcedon, 451)에서 이단으로 파문당한 후 이라크 일대로 전파된 역사를 보유하고 있다.

네스토리우스파는 예수의 위격은 하나가 아니며 신격과 인격이라는 2개의 성격으로 분리 구별된다고 보는 양성론을 수용하고 있다. 아시리아 동방교회는 자신들을 초기 그리스도교 **아람어**(Aramaic)를 보존하는 정통 그리스도교이자 고대 아람어를 전파 ·

보급한 아시리아 제국의 후예로서 이른바 **아시리아인**(Assyrian)으로 자칭하고 있다.

본래 아시리아 동방교회는 십자가상을 사용했으나 이슬람 세력과의 전쟁역사를 경험하면서 생존을 위해 모든 **성상**(聖像) 사용을 포기하고 단순한 십자가만 사용하게 되었으며 현재도 성당 내부에는 십자가 외의 다른 형상을 일절 사용하고 있지 않다.

그러나 예배의식 및 전례 등에 있어 전형적인 동방정교회의 특징을 띄고 있다. 한편 개신교와 아시리아 동방교회는 많은 공통점이 개신교계는 비칼케돈 종파 중에서 아시리아 동방교회를 가장 호의적으로 대하고 있다.

아시리아 동방교회의 예배[34]

8. 반삼위일체 신흥종교

1) 반삼위일체론의 개요

반삼위일체론(反三位一體論, Nontrinitarianism)은 그리스도교의 전통적·보편적·공식적 교리인 삼위일체론을 부정하는 신학 사상을 뜻한다. 여기에는 **예수그리스도 후기 성도교회**[몰몬교(Mormonism), The Church of Jesus Christ of Latter-day Saints]·**여호와의 증인**[Jehovah's Witnesses, 왕국회관(王國會館, Kingdom Hall)]·**참예수교회**(True Jesus Church)·**단일오순절교**(單一五旬節教, Oneness Pentecostalism)·**그리스도아델피안**(Christadelphian)·**유니테리언주의**(Unitarianism) 등을 비롯한 일부 종파에서 이 사상을 지지하고 있다. 가톨릭·정교회·개신교 등의 그리스도교의 교단은 이를 이단으로 적시하고 있다.

삼위일체론의 핵심 가운데 하느님의 인격으로서 **동등한 영광과 지위와 능력과 동일한 본질**이라는 개념 속에는 3위 모두가 존재의 영원성에서 시작도 끝도 없고 먼저 나신 분도 나중에 나신 분도 없으며 영원 전부터 영원까지 존재하며 지식도 우열이 없고 권위의 상하도 복종의 관계도 있을 수 없다는 개념이 내포되어 있다. 이러한 내용에 동의하지 않는 시각에서 성서를 해석하는 것이 반삼위일체론자들의 논증이다.

2) 반삼위일체론의 신학 사상

(1) 신성부인설

예수가 하나님이 아니거나 신과 동등하지 않다고 믿고 하나님의 천사이거나 전령사 또는 예언자 또는 완벽히 창조된 인간이었다고 믿는 설로 다음과 같은 다양한 설이 존재한다.

①**창조설**로 예수는 하나님이 아니고 신과 동등하지도 않으며 다만 하나님의 천사이거나 전령사 또는 예언자 또는 완벽한 창조된 인간이었다고 믿는 설이다.

②**양자론**(Adoptionism)은 **단일신론**(Unitheolism)의 하나로 예수가 **세례요한**(John the Baptist)에 의한 세례 및 부활 또는 승천 시 하나님의 힘을 받아 신의 자녀가 되었다는 논리이다. 여기서 예수가 양자로 선택된 것은 그리스도에 의한 하나님의 뜻에 무고한 헌신 때문이라 보고 있다.

③**아리우스설**(Arianism)은 이집트 신학자 **아리우스**(Arius, 250?-336)가 주창한 설로 곧 성자가 하나님의 창조물 중 가장 먼저 나온 것으로 나중에 아버지가 성자를 통해 만물을 창조했다는 설이다.

④**인성론**으로 **에비온파**(Ebionism, 1-4세기)가 주장했는데 성서법 · **탈무드**(Talmud) · 랍비법 · 관습과 전통 등을 포함한 유대교의 종교법인 **할라카**(Halakha)를 준수하고 예수의 동정녀 탄생을 부인하며 예수를 예언자로만 여기고 있는 설이다.

⑤**소시니안주의**(Socinianism)는 예수가 죄 없는 메시아와 구원자이고 유일무이한 하나님의 완벽한 인간인 아들로 인간 이전의 존재는 없다는 설이다.

⑥**유니테리언주의**(Unitarianism)는 **이신론**(理神論, Deism)의 영향을 받은 반삼위일체론 계통의 그리스도교 신앙이다(18세기). 이들은 신은 하나라는 유일신 신앙인 **단일신론**(單一神論, Unitheolism)을 주장하여

성자 예수를 성부 하나님과 같은 분이며 권능과 영광이 동일한 것을 믿지 않기에 삼위일체를 지향하고 있는 주류 그리스도교와는 교리상 차이가 있다.

(2) 양태론적 단일신론

양태론적 단일신론(Modalistic Monarchianism)은 성부와 아들 성자 그리고 성령이 구별된다기보다 신자가 인식하는 신의 서로 다른 면이라고 믿는 설이다. 이 설은 성부·성자·성령 하나님의 양태가 각기 다르게 나타나지만 하나의 하나님이라는 설이다. 이를테면 성육신 시에 하나님이 그리스도 안에 거주한다는 것이다. 여기서 아버지와 아들의 용어는 하나님의 초월성과 그리스도의 성육신을 구별하기 위해 사용되었다고 주장한다. 하나님은 영이므로 성령은 별개의 독립된 개체가 아닌 활동하는 하나님을 묘사할 때 쓰인다고 주장한다. 현대의 양태론은 **단일오순절교**(Oneness Pentecostalism)에서 교리로 수용하고 있다.

(3) 삼신론

삼신론(三神論, Tritheism)은 예수가 전능하신 하나님이라고 믿고는 있으나 아버지·아들·성령은 사실 뚜렷한 성품을 가진 3개의 뚜렷한 전지전능한 신들이며 하나의 신성한 집단으로 목적에 합치된 것이라고 믿는 설이다.

(4) 그 밖의 반삼위일체론

①**이위일체론**(二位一體論, Binitarianism)은 신자가 역사를 통해 하느님

이 3위가 아니라 아버지와 말씀이라는 2위가 같고 성령이 뚜렷한 인격이 아니라 성부와 성자의 힘이나 신의 영향이며 우주와 창조와 신자들에게 발산되는 것이라는 설이다.

②**마르키온주의**(Marcionism)는 로마 **마르키온**(Marcion of Sinope, 85-160)의 가르침을 따르는 초기 그리스도교의 이원론과 이를 신봉하는 자를 총칭한다(144). 마르키온은 구약성서의 하나님과 신약성서의 하나님은 전혀 다른 분이라고 가르쳤다. 이를테면 구약의 하나님은 폭력과 복수의 잔인한 하나님이고 신약의 하나님은 사랑과 정의와 용서의 신이라고 주창했다. 그러나 서구 마르키온주의는 **마니교**(摩尼敎, Manichaeism)에 흡수되어 쇠퇴하기 시작했고(3세기경) 이후 소멸의 길을 걸었다(7세기경).

3) 반삼위일체 신흥종교 교파

(1) 예수그리스도 후기 성도교회(몰몬교)

예수그리스도 후기 성도교회[몰몬교(Mormonism), The Church of Jesus Christ of Latter-day Saints]는 전통적 그리스도교의 교리를 배척하는 반삼위일체의 종교단체이다. 미국의 **조셉 스미스 주니어**(Joseph Smith Jr, 1805-1844)를 중심으로 공식 설립되었다(1830).

이 교회는 처음부터 스스로 기존 서방교회의 일원이 아니며 특별한 계통으로부터 파생된 종파도 아니고 오직 초대교회에 준한 권능과 조직과 복음 원리가 그대로 회복된 그리스도교임을 자칭했다. 니케아 신경과 기본적인 그리스도교 신학을 거부하고 있어 일반 그리스도교와는 존립 유형을 달리하는 독특한 교리를

조셉 스미스 주니어 (1805-1844)[35]

형성하고 있기에 종교학계에서 그리스도교와 관계없는 별도의 종교로 분류되고 있다. 이에 주류 그리스도교에서는 이교 혹은 이단으로 규정하고 있다.

신·구약성서와 함께 소위 **몰몬경**(The Book of Mormon)을 경전으로 공인하고 있어 속칭 **몰몬교**로 칭해진다. 전 세계 약 1천 6백만 신도를 보유하고 있다. 미국의 경우 신도 수로 가톨릭·남침례교·연합감리교 다음의 4번째 교단이다.

예수그리스도 후기 성도교회는 스스로 하나님의 계시와 천사들의 시현을 통해 기적으로 회복되고 인도되어 온 종교라고 믿고 있다. 그리스도교 가운데 독특한 신학과 교리를 보유하고 있기도 한데 이를테면 삼위일체론을 부정하고 있다는 것이 그것이다. 곧 성부와 성자가 부활의 주체로서 살과 뼈로 된 신령한 형체를 지닌 영이며 성신은 살과 뼈의 몸체를 지니지 않은 영의 실체로서 인격체라고 믿는다. 이러한 믿음에 따라 예수그리스도 후기 성도교회는 삼위일체라는 용어를 사용하지 않으며 대신 영원한 한 하나님 또는 성삼위라는 용어를 사용하고 있다.

예수그리스도 후기 성도교회는 교리상 인간의 영은 영원한 속성을 가지고 있으며 4가지 단계와 형태의 삶으로 구성되어 있다고 보고 있다. ①사람은 태어나기 전부터 하나님 자녀로서 영의 실체로 존재했고 ②이생에서 영이 육신을 입은 상태로 살며

조셉 스미스 주니어의 예언자적 계시[36]

③사후 육과 영이 분리되어 육은 땅으로 돌아가되 영은 영의 세계에서 부활 때까지 살고 ④그리스도 재림 이후 최후심판 때는 부활해 영과 육이 결합되어 영원히 산다는 것 등이다.

예수그리스도 후기 성도교회는 예수가 인간의 죄를 대신하여 속죄하고 죽었다가 3일 만에 부활함으로써 이를 믿는 자를 포함하여 모든 사람이 부활할 수 있다고 하며 죽은 자는 최후의 심판 때에 육체를 가진 완전한 사람으로 다시금 부활해 지상에서 사는 동안 소망과 믿음과 행동의 결과에 따라 심판을 받고 각각 자신에게 맞는 영원한 왕국을 기업으로 받게 된다고 한다. 나아가 최후의 심판 이전까지는 죽음을 통해 사람이 육을 벗어난 영의 존재로서 생전의 형체와 의식과 성품을 그대로 보유한 채 영의 세계에서 생활한다고 한다.

어느 종교의 신앙을 막론하고 겸손하고 양심적이며 도덕적인 삶을 산 선한 자는 그리스도의 빛으로 인도받아 영의 세계 중 낙원이라는 곳에서 살게 되지만 교만하고 이기적이며 위선적이고 부도덕한 삶을 산 악한 사람들은 영의 세계 중 지옥에서 마지막 심판 때까지 생활한다는 것이다.

한편 예수그리스도 후기 성도교회는 예수가 재림하여 지상에 천년왕국을 건설할 것이란 것과 그 천년왕국의 중심인 시온이 아메리카 대륙 내에 세워지게 될 것이라고 믿고 있다. ①**성서** ②

몰몬경 ③**교리와 성약**(Doctrine and Covenants) ④**값진 진주**(Pearl of Great Price) 등의 4종류 경전을 사용한다.

몰몬경은 조셉 스미스 주니어가 천사의 인도에 따라 발견하였다는 것으로 기록에 의하면 고대 이스라엘의 한 무리가 아메리카로 이주하여(B.C.600경) 고대 선지자 **몰몬**(Mormon)이 이를 요약·정리하여 금판에 기록하였고(421) 그의 아들 **모로나이**(Moroni)가 마지막을 기록하고 땅속에 봉인했던 것이라고 한다.

예수그리스도 후기 성도교회에서 매우 중시하는 교리로서 **신권**(神權, Divine Right)은 지상에서 인간의 구원을 위해 하나님의 사업을 수행할 수 있도록 지상의 평범하고 합당한 남성에게 위임된 권능으로 설명하고 있는데 이에 권능이 없으면 어떤 의식도 참된 효력이 발휘될 수 없다고 가르치고 있다.

예수그리스도 후기 성도교회는 여타 그리스도교와는 역사와 정체성 면에서 구별되는 독특한 교리를 보유하고 있는데 이를테면 구원의 원리로서 ①신앙과 회개 ②합당한 신권의 권능을 지닌 이로부터 정해진 승인과 절차에 따라 신앙고백 이후의 침례 ③성신의 안수 등을 요건에 두고 있다. 그 밖에 ④매주 행하는 성찬식 ⑤자신과 조상의 영원한 구원을 위한 성전 의식 ⑥유아에게 이름을 명명하고 축복을 주는 유아 축복 ⑦병자 축복 ⑧가장의 축복 등의 의식 등을 이에 덧붙여 두고 있다.

(2) 여호와의 증인

여호와의 증인[Jehovah's Witnesses, **왕국회관**(王國會館, Kingdom Hall)]은 미국의 성서학자 **찰스 테이즈 러셀**(Charles Taze Russell, 1852-1916)이 창시한

찰스 테이즈 러셀 (1852-1916)㊲

그리스도교 계통 신흥종교로서(1870대 초). 미국 **재림파**(再臨派, Adventism)의 태두였던 윌리엄 밀러의 세상 종말 예언이 실패한(1844) 이른바 **대실망 사건**(Great Disappointment) 이후 분열과 이합집산을 반복하던 재림파 일부 세력의 영향을 받은 종교이다. 여호와의 증인 교리는 다음과 같이 요약할 수 있다.

①예수가 성자의 신성이 있다는 삼위일체론을 부정한다. 그리스도의 신성을 부인하는 것이 아니라 하나님과 그리스도가 같은 위격이 아니라는 것이다. 달리 예수를 하나님의 첫 피조물인 **천사장**(天使長, Archangel) **미카엘**(Michael)이라고 주장한다.

②십자가를 수용하지 않고 있는데 곧 그리스도의 **대속**(代贖, Redemption)을 부인하는 게 아니라 예수가 처형된 도구가 2개의 나무로 이루어진 십자가가 아닌 오직 1개의 나무로 이루어진 단순한 기둥이라는 것이다. 이에 따라 예수는 십자가에서 죽지 않았다고 주장하고 있다. 그 이유는 십자가에 해당하는 그리스어 단어 중 하나인 **스타우로스**(σταυρός, Staurŏs)는 고전 그리스어에서 주로 곧은 기둥 즉 장대를 의미한다는 것에 두고 있다.

③종말론을 수용하여 그리스도의 재림이 임박한 것으로 믿는다. 또 하늘 왕국에서 예수와 함께 땅을 통치할 자는 적은 무리로 불리며 그 수는 이스라엘 12지파에서 비롯된 144,000명을 꼽고 있다. 이들이 하늘에서 그리스도와 함께 공동으로 지상을 다

스리는 역할을 하며 나머지 큰 무리는 낙원으로 회복된 지상에서 삶을 산다고 여기고 있다. 그 과정은 천년왕국 시기가 도래해 죽은 자가 부활하고 점차 세상을 낙원으로 건설한 후 이윽고 천년이 지나면 **무저갱**(無低坑, Abyss)에 갇혀있던 마귀가 일시적으로 풀려나서 마지막 시험을 가하고 이 최종시험을 이긴 사람들은 아담과 같은 완전성으로 돌아가 영원히 살게 된다는 것이다.

여호와의 증인은 성서을 인용하여 현재 그리스도교에서 말하는 천국과 지옥에 관한 교리가 이교에서 비롯된 잘못된 교리라고 주장하고 있다. 사랑의 하나님이 피조물에게 영원한 고통을 줄 리가 없다는 사실을 앞세워 죽은 자는 지옥에 가는 것이 아니고 그냥 **무**(無)로 돌아가며 악한 자는 인류 최후의 전쟁인 **아마겟돈**(Armageddon) 때 그리스도에게 심판을 받고 역시나 지옥이 아닌 무로 돌아간다고 한다.

여호와의 증인은 기본적으로 국가권력이나 최고 통치자에 복종하나 다만 국기에 대한 의례 및 군 복무 등 국가 혹은 국가의 상징물에 대한 숭배로 여겨질 수 있는 행위는 거부한다. 심지어 전쟁을 다루는 파괴적인 것들도 악영향을 미칠 수 있다는 이유에서 폭력성 짙은 게임과 영상물도 멀리하고 있다. 또 **피를 먹지 말라**는 구약성서의 기사에 따라 이를 확대해석하여 피가 들어간 음식은 물론이고 수혈을 배척하고 있다. 아울러 결혼도 여호와의 증인은 여호와의 증인을 믿는 정식 신자와 결혼하도록 권고하고 있기도 하다.

구원받는 여호와의 증인을 통해 구원받을 수 있는 대상은 크게 두 부류로 구분되는데 이는 서로 다른 구원의 희망을 지니고 있다는 교리에서 출발한다. 한 부류는 **적은 무리**(Little Flock)로 이들은 죽은 후 하늘로 올라가 아마겟돈 이후 그리스도와 함께 하늘 왕국을 상속받고 왕 겸 제사장으로서 이 땅을 다스릴 희망을 지니고 있다고 말한다. 다른 한 부류는 적은 무리를 제외한 그 밖의 **큰 무리**인데 이들은 하늘이 아니라 땅에서 영원히 살 희망을 지니고 있다고 믿는다. 여기서 적은 무리의 숫자는 요한계시록에서 나오는 바를 문자적으로 해석해 정확히 144,000명이라고 한다(요한계시록, 7:4).

(3) 참예수교회

위바울 (1877-1919)[38]

참예수교회(眞耶穌敎會, True Jesus Church)는 그리스도교 초대교회의 회복을 주장하는 반삼위일체 계열의 종교단체로 중국 베이징에서 처음 창설되었다(1917).

참예수교회는 초대교회의 신앙으로 돌아가야 한다는 기치 아래 현재 중국·대만을 중심으로 세계 63개국에 60여만 명의 신도를 보유하고 있다(2019).

참예수교회는 특정 교단이나 교파로부터 분리된 교회가 아니고 또 특정 인물이 창립한 교회도 아니라는 특징이 있다. 초기 사역자 **위바울**(魏保羅, 1877-1919) 등이 베이징에서 독립적인 교회를 설립할 것을 결정하고 이른바 **참예수교회**(眞耶穌敎會)라는 이름을 정하여 중국 베이징에서 교회를 정식 등록한 것을 시초로 보고 있다(1917).

참예수교회의 교리는 10대 기본신앙으로 대표되는데 여타 그리스도교와 차이점이 있다면 ①일요일이 아닌 토요일을 안식일로 지켜야 한다는 것 ②예수의 이름으로 온몸이 물에 잠기는 침례를 받으면 죄 사함을 받을 수 있다는 것 ③사도들이 오순절에 받았던 것과 같은 성령을 받고 방언을 말하는 것이 구원의 증거라고 믿는 것 등이다.

한편 공통점도 있는데 ①예수를 유일한 구주로 섬긴다는 것 ②66권의 성서를 유일한 경전으로 받아들인다는 것 ③어떤 인물이나 새긴 물건을 우상으로 섬기지 않는다는 점 등이다.

(4) 단일오순절교

단일오순절교(單一五旬節教, Oneness Pentecostalism)는 성령의 초자연적 능력의 은사로 예컨대 방언·치유·이적 등을 강조함과 동시에 **오순절 운동**(五旬節運動, Pentecostalism)을 표방하는 반삼위일체 그리스도교 계열 교파이다(1914). 현재 전 세계적으로 약 240만여 명의 교인를 보유하고 있다.

성부와 성자와 성령이 서로 다른 위격을 가지고 있다는 양태론적 단일신론인 이른바 **양태론**(樣態論, Modalism)적 교리를 주창하고 있다. 아울러 죄에서 구원받기 위한 필수요소로 세례와 방언을 꼽고 있다. 단일오순절교는 양태론을 앞세워 삼위일체론을 부정하고 있어 주류 그리스도교에서는 이단으로 규정하고 있다.

양태론의 핵심은 하나님은 한 분이시고 그리스도는 완전한 신성을 가졌으므로 아버지와 아들은 하나라는 것에 두고 있다.

이를테면 한 분 하나님께서 모양만 성부·성자·성령의 다른 **형식**(Forms)으로 나타났다는 것이다. 이렇게 되면 그리스도의 인격과 성령의 인격은 없어지고 오로지 단일한 신격만 남게 되어 결국 그리스도교 시각에서 이단 사상으로 전락하게 된다. 곧 그리스도교 시각에서 양태론은 같은 하나님이 창조 시에는 성부 하나님으로 구속에는 성자 하나님으로 성화 때는 성령 하나님으로 활동한다고 본다. 이에 단일오순절교는 양태론의 지지를 통해 그리스도교회의 정통적 삼위일체론을 정면으로 부정하고 있다.

(5) 그리스도아델피안

존 토마스 (1805-1871)[39]

그리스도아델피안(Christadelphian)은 미국 **존 토마스**(John Thomas, 1805-1871)가 창설한(1848) **유니테리언**(Unitarian) 계열의 종교단체이다. 초대교회의 신앙으로 돌아가자는 신앙 운동을 배경에 두고 있다.

초기 같은 취지의 그리스도교와 연합했다가 후에 독자적인 교파를 형성했다. 성서의 절대적 권위를 인정하고 있으나 삼위일체는 부인하고 있다. 목사와 같은 직제를 두지 않고 있다.

그리스도아델피안은 그리스어로 **그리스도 안의 형제자매**(*Adelphoi en Cristou*)에서 유래한다. **영혼불멸설**(靈魂不滅說, Immortality of the Soul)·영원한 지옥의 부정·예수의 인성 강조 등 교리는 여호와의 증인과 재림교회에 큰 영향을 미쳤다.

그리스도아델피안의 주요 교리는 다음과 같이 요약할 수 있다. ①예수는 탄생하기 전에 존재하지 않았다는 이유에서 삼위일체를 인정하지 않고 있다. ②영혼불멸설을 수용하고 있다. 사후 영혼이 하늘로 올라간다는 교리도 믿지 않고 있다. 인간은 죽게 마련이고 죽음은 잠자는 것으로 보고 있다. ④음부는 무덤이고 지옥은 마지막 심판을 비유하는 것으로 이해하고 있다. ⑤하나님 나라는 하늘에 세워지는 것이 아니라 이 땅에 세워진다고 믿는다. ⑥그리스도는 지상에서 낙원을 복원하기 위해 재림한다. ⑦사탄은 초자연적인 존재가 아니다. ⑧침례는 구원의 필수요소이다.

(6) 유니테리언주의

윌리엄 채닝 (1780-1842)[40]

유니테리언주의(Unitarianism)는 이신론 영향을 받은 반삼위일체론 계통의 그리스도교 신앙이다(18세기). 이들은 신은 하나라는 유일신 신앙인 **단일신론**(Unitheolism)을 주장하여 성자 예수를 성부 하나님과 다르게 취급하고 있어 삼위일체 신앙을 고수하는 여타 그리스도교와 차이가 있다.

유니테리언은 **윌리엄 채닝**(William Ellery Channing, 1780-1842)에 의한 반칼뱅주의적 교리에서 기인했다. 그는 칼뱅의 이중 예정론으로서 구원받지 못한 자에 대한 하나님의 가혹한 형벌에 대하여 비판하면서 사랑의 하나님이 구원받지 못한 자에 대한 가혹한 처벌은 불가능하다고 전제하고 칼뱅주의를 공격하였다.

삼위일체의 성자 하나님에 대해서도 그리스도의 신성을 부인하면서 예수의 인성만을 믿는 한 분이신 하나님을 강조하였다. 또 아담의 범죄가 온 인류의 범죄로 유전된 것을 부인하여 **펠라기우스 주의**(Pelagianism)에 기반한 가르침을 수용하였다. 펠라기우스 주의는 인간의 원죄는 인간의 본성을 오염시키지 않았으며 도덕적 의지는 여전히 신의 도움 없이 선과 악을 선택할 수 있다는 신학 사상으로 요컨대 인간의 자유의지를 강조하고 원죄 및 그리스도의 구원과 세례 등을 부정하는 사상이다.

유니테리언은 신약성서와 예수를 인정하나 하나님은 한 분이라는 유일신론을 신봉하는 교의에 따라 예수가 위대한 사람이자 하나님의 예언자였지만 하나님은 아니라고 주장하고 있다.

유니테리언주의는 ①한 분의 하나님에 대한 믿음 ②예수의 삶과 가르침 ③신앙과 이성 ④합리적 사고 ⑤평화의 공존 ⑥인간은 책임을 감당하는 자유의지와 윤리적인 태도를 실천할 능력이 있다는 점 ⑦인간의 본성은 원래부터 타락한 것이 아니고 하나님이 의도한 대로 선과 악 모두를 행할 능력이 있다는 믿음 ⑧어떠한 종교도 성령이나 신학적 진리를 독점할 수 없다는 사상 ⑨성서의 저자도 인간이었기에 오류를 범할 수 있다는 믿음 ⑩예정설·영원한 저주·예수의 속죄에 대한 보상설 및 대속 등과 같이 예수의 진정한 본성에 반하거나 하나님의 본성을 해하는 전통적 교리에 대한 거부 등에 교리의 주안점을 두고 있다.

제5장 이슬람교의 교리와 신앙관

1. 계통과 구분

1) 계통

이슬람교(Islam)는 **전지전능**(全知全能, Omniscience and Omnipotence)한 **알라**(الله, Allāh)의 가르침이 **대천사**(大天使, Archangel) **가브리엘**(Gabriel)을 통해 예언자이자 사도로서 **무함마드**(Muhammad, 570-632)에게 계시가 되었다는 전승을 이어받은 아브라함계 유일신 종교이다.

유럽에서는 창시자 이름을 본떠 **무함마드교**(Mahometism)라고도 하고 중국에서는 **위구르족**(回紇族, Uyghur)을 통해 전해졌다는 이유에서 **회회교**(回回敎)라고 불린다. 우리나라에서는 일반적으로 **이슬람교** 또는 **회교**(回敎)로 칭하고 있다.

이슬람교는 무함마드가 유일신 알라의 사도이자 예언자라고 가르치는 아브라함 계통의 유일신교로 여기서 이슬람은 복종·순종을 뜻한다. 알라는 아랍어로 「al」(정관사)과 「ilāh」[신(神)]가 합쳐져 알라가 된 것으로 추정하고 있다. **무슬림**(Muslim)은 이슬람에 복종한 자로서 통상 이슬람교를 신봉하는 신자를 가리킨다. 여자는 **무슬리마**(Muslimah)로 부른다.

이슬람 경전은 **꾸란**(Koran)이며 이는 예언자 무함마드가 알라의 말을 천사 가브리엘로부터 전수하여 기록한 것이라 한다. 종전에는 속칭 코란이라 칭했다. 이슬람의 대표 종파는 **수니파**(Sunnite,

80-90%)가 압도적이며 **시아파**(Shi'ite, 10-20%)가 그 뒤를 잇고 있다. 그 밖에 일종의 신비주의 사상으로서 소위 **수피즘**(Sufism)도 무슬림 계통으로 분류되고 있다. 이슬람은 경전인 꾸란 다음으로 예언자 무함마드 언행록인 이른바 **하디스**(Hadîth)를 중요시하고 있다.

2) 구분

(1) 알라

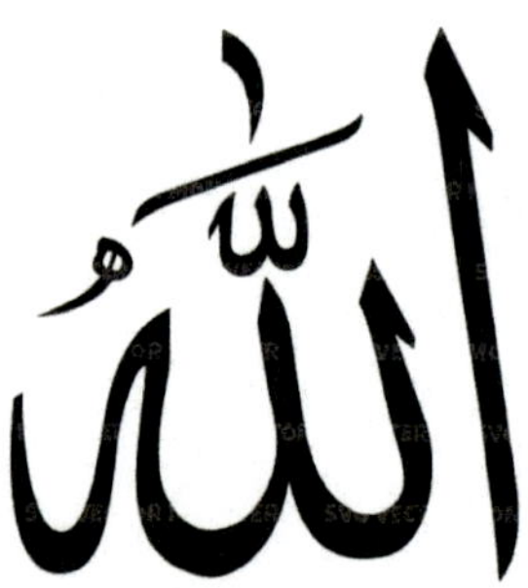

알라후 아크바르 (알라는 위대하다)

알라(Allāh)는 신을 의미하는 아랍어로 아랍권에서는 유대교나 그리스도교를 막론하고 신을 지칭할 때 사용하고 있다. 이슬람에서 알라는 그리스도교와 유대교에서 신의 속성과 다르지 않다.

이슬람교에서 알라는 전지전능하고 유일무이한 존재이다. 모든 것을 초월해 눈이 없어도 보고 귀가 없어도 들으며 입이 없어도 말하는 존재로 본다. 이러한 절대 지존성에 따라 알라를 표식하는 그림이나 조각 등은 일절 용납하지 않고 특정 이미지를 사용하는 예배 또한 우상숭배로 취급하여 배척하고 있다.

이슬람은 신의 가르침(말씀)이라는 정체성을 확립하기 위해 알라를 유대교와 그리스도교의 **야훼**(Yahweh)와 동일시하고 있다. 알라는 6일 만에 천지를 창조했으며 최후의 날에 전 인류를 죽음에서 부활시켜 최후의 심판에 임한다고 믿고 있다. 알라 외에 그 속성을 나타내는 명칭으로 **자비로운 분**(al-Rahmān) · **자애로운 분**(al-Rahím) 등의 관용구로 표현하고 있다.

그러나 이슬람은 유대교나 그리스도교와는 달리 전지전능한 신이 창조 이후 휴식을 취할 이유가 없다는 이유에서 천지창조 후 신이 휴식을 취했다는 **안식일**(安息日, Sabbath)을 부정하고 있다. 이슬람의 교의로서 알라의 속성은 다음과 같다.

①**알라의 독존성**(獨存性)으로 알라는 누가 낳은 것도 어디서 태어난 존재도 아니며 부모나 처자나 형제나 동료나 성별도 없다. 색도 형태도 모양도 없고 감정 표현도 없고 잠을 자지도 잊어버리지도 않고 무언가를 먹지도 않고 말도 병도 없으며 시작도 끝도 없으며 외계의 영향을 받지 않는 무형의 존재다. 따라서 그 어떠한 공물이나 제물이 필요하지 않다.

②**알라의 무한성**(無限性)으로 알라는 시 · 공간적 제약을 받지 않고 모든 한계를 초월해 영원히 존재하고 모든 사물과 장소 그리고 인간을 위해 존재하며 모든 민족 위에 있다. 인간은 알라 앞에서 모두 평등하며 똑같이 알라 앞에서 최후의 심판을 받게 되므로 일시적 차이나 차별을 앞세우거나 내세워서는 안 된다.

③**알라의 창조성**(創造性)으로 알라는 6일 만에 우주를 창조한 천지 만물의 창조주이다. 인간은 알라가 흙으로 만들어낸 알라의 대리인에 불과하다.

④**알라의 자비성**(慈悲性)으로 꾸란 대부분에서 **인자하고 자애로우신 알라의 이름으로**라는 기사가 반복되며 그 속성을 반영한 경칭도 자비성과 관련된 말이 많다. 알라는 인간을 포함한 우주 만물을 창조했으며 특히 알라가 창조한 천지의 모든 것을 인간 소유로

제공했는데 이는 인간을 향한 알라의 은총이자 자비로 보고 있다. 따라서 인간은 마땅히 알라에 감사하고 보답해야 하며 이러한 감사를 무시하는 것은 큰 죄악으로 보고 있다.

(2) 가브리엘

①**가브리엘**(Gabriel)은 ②**미카엘**(Michael) 및 ③**라파엘**(Raphael)과 함께 3대 천사로 취급된다. 히브리어로 강한 자 · 영웅 등을 뜻하는 **게베르**(גבר)와 하느님을 뜻하는 **엘**(אל)이 합쳐진 이름으로 하느님의 영웅 혹은 강한 하느님 등의 뜻을 담고 있다.

가브리엘의 주된 임무는 예언과 계시로 그리스도교에서는 신약성서에서 예수의 탄생을 예고했고 이슬람교에서는 무함마드에게 알라의 계시를 전했다고 한다. 경전 꾸란에서는 **지브릴**(Jibril)이라는 이름으로 불린다. 실제로 이슬람은 가브리엘이 모든 천사를 주관하는 **천사장**(天使長, Archangel)이라고 믿고 있으며 여기에 그리스도교 삼위일체에서 말하는 성령을 가브리엘로 보고 있다.

한편 가브리엘은 무함마드가 어렸을 때 그 심장을 꺼내 아담 이후 전 인류가 지닌 **원죄**(原罪, Original Sin)의 검은 물방울을 깨끗이 씻어낸 후 다시금 되돌려 놓았는데 이로써 전 인류 가운데 무함마드만이 원죄를 지지 않은 인간이 되었다고 전한다.

원죄는 인류 시조인 아담과 하와가 선악과를 먹지 말라는 신의 명령을 어겨 이로써 모든 인류가 이어가게 된 죄를 말한다. 가톨릭에서는 마리아가 원죄 없음을 교리로 수용하고 있다.

고아로 자란 무함마드는 유복한 미망인이었던 **카디자**(Khadījah, ?-619)와 결혼해(25세) 평온하고 안정된 상인 생활에 임했으나 결혼

무함마드와 가브리엘①

이후 특별한 심리적 변화를 경험하게 되는데(40세) 그것은 신앙과 명상을 향한 갈망에 사로잡히게 된 것이었다. 이에 그는 입산하여 동굴에서 명상에 임했는데 그때 천사 가브리엘을 만나게 된다. 가브리엘은 무함마드에게 신비한 문자가 기록된 문서를 보여주고 또 낭독해 주었는데 그것은 창조주 알라의 자비에 관한 기사였다.

이후 가브리엘은 무함마드에게 신 알라의 말을 전했고 그것이 신 알라가 가브리엘에게 명하여 예언자 무함마드가 받아적은 꾸란의 모태가 된다.

참고로 유대교나 그리스도교에서 천사는 단순히 **신의 사자**(Messenger) 역할만을 감당하고 있으나 이슬람교에서는 천사 가브리엘이 그리스도교의 핵심 교리로서 삼위일체 중 성령의 본체라고 가르치고 있다.

한편 가브리엘은 고대 이스라엘의 영도자 **모세**(Moses)를 매장한 천사 중 하나이고 **최후의 심판**(The Last Judgement) 때 나팔을 불 임무를 맡은 천사로 지명되고 있다.

(3) 무함마드

무함마드는 오늘날 사우디아라비아 **히자즈**(Hejaz) 지방의 **메카**

(Mecca)에서 유복자로 태어났는데(570) 어릴 때 고아가 되어(6세) 숙부 슬하에서 양육되었다. 성인이 되어 성실하고 정직한 인품으로 메카의 **대상**(隊商, Caravane)이 되었고 15세 연상으로 미망인이자 부호였던 카디자와 결혼했다(25세).

무함마드는 결혼 후 극적인 종교체험을 통해(610). **천사 가브리엘을 통해 읽으라 하느님께서 사람들에게 계시한 것을**이라는 3번의 음성과 **그대는 알라의 사자로다**라는 계시까지 듣게 된다. 이러한 신앙적 종교체험은 무함마드가 죽기 전까지 20여 년간 계속 반복되었다고 전한다.

꾸란은 무함마드가 외운 것을 주변 사람이 받아 적고 후일 편집한 것이라는 이유에서 기적의 기록으로 취급된다. 문맹으로 자신의 이름도 제대로 쓸 줄 모르던 무함마드가 문법적으로 완벽하고 시적으로도 감탄할 만큼 미려한 말을 읊었다는 사실 그 자체가 누가 보아도 평범한 일이 아니기 때문이다.

무함마드는 종교체험을 통해 자신이 받은 계시를 동료들에게 전하다가 마침내 공개적인 전도에 나서게 되고(613). 그 과정에서 각지에서 몰려든 그를 추종하는 이들을 규합하게 된다.

그러나 무함마드가 전한 신의 계시는 당시 아랍 세계에 널리 횡행하던 각양의 우상들을 배척하고 유일신 신앙을 강조함과 동시에 저마다의 윤리적 삶을 강조하는 것에 주안점을 두고 있었던 까닭에 상업 도시 메카의 기득권 세력은 너나 할 것 없이 무함마드의 전도에 반감을 보이게 되었고 그 결과 무함마드에 대한 박해는 가일층 심해지게 되었다.

이후 아내 카디자와 후견인이었던 숙부가 사망한 뒤 무함마드에 대한 박해는 더욱더 심해졌고(619) 이에 무함마드는 어쩔 수 없이 메카를 떠나 **야스리브**[Yathtib, 후일 **메디나**(Medina)]로 이주하게 된다(622). 이슬람은 이 사건을 소위 **헤지라**(Hegira, Hijrah)라고 칭하고 있다. 헤지라는 현재 태양의 운동을 전혀 반영하지 않는 순수한 태음력인 이슬람력의 기원이 되고 있다(1년 354.3일).

무함마드 묘(중심 초록색 돔) 위에 세워진 모스크 알 나바위 모스크②

또다시 메디나에서 전도에 임한 무함마드는 점차 세력을 확장하여 정치・군사의 지도자가 되었고 이내 숙적 메카의 군대와 치른 결전에서 최종 승리하게 되었다(630). 이후 이슬람 교세는 각지에 퍼져 나갔고 무함마드 사후(632) 그의 제자였던 **아부 바크르**(Abū Bakr, 573?-634)가 무함마드의 뒤를 이어 새로운 이슬람 지도자로서 바야흐로 이슬람 제국 확장에 나서게 된다.

무함마드 사후 종교지도자이자 이슬람 제국의 주권자로 칭하는 이른바 **칼리프**(Caliph, Khalīfa)들은 무함마드의 기록을 모아 꾸란을 편집했는데 편집은 제1대 칼리프 **아부 바크르**와 제2대 칼리프 **우마르**(Umar ibn al-Khattāb, 586?-644)를 거쳐 제3대 칼리프 **우스만**(Uthmān ibn Affān, 574?-656) 시대에 와서 정본으로 완성을 보게 되었다. 무함마드 사후 불과 20년 만에 이루어진 일이었다. 당시 칼리프들은 전방위적인 정복 정책을 펼쳐 현재 포르투갈에서 파키스탄에 이르는 거대 제국을 건설했는데(8세기 초). 이 제국은 이슬람과 동일시되었고 또한 이슬람 문명의 기반이 되었다.

(4) 꾸란

꾸란(Koran)은 이슬람교 경전으로 무함마드가 천사 가브리엘의 계시를 듣고 읽은 것을 정리한 것이다. 무함마드는 알라의 사자 가브리엘로부터 계시의 음성을 들으며 그 내용을 전파하게 되는데 여기서 당시 무함마드가 이를 동료들에게 들려줄 때 그들 중 일부가 이를 받아 적은 후 나중에 엮어 편집한 책이 꾸란이다.

오늘날 꾸란은 알라의 계시를 한 글자도 틀림없이 충실하게 기록한 것이기에 무슬림은 이를 삶의 지표로 삼아 늘 외우고 지키며 삶의 한 중심에 두고 있다.

꾸란은 아랍어로 받은 신의 계시라는 이유로 그간 다른 언어로 번역되지 않았다. 곧 아랍어가 아닌 판본은 알라의 말씀이 아니라는 주장이 힘을 얻어 최근까지 꾸란은 일절 번역되지 않았다. 이것은 그리스도교의 경전인 성서가 전 세계 2,000개가 훨씬 넘는 언어로 번역된 것과 크게 대비된다. 또 성서나 불교의 대장경은 저자가 다수이고 심지어 저자불명인 경우도 있으나 꾸란은 오직 무함마드가 계시를 듣고 읽은 것을 정리한 것이라는 차이점도 있다.

무슬림은 때마다 꾸란을 읽고 암송하면서 신에 대한 믿음과 복종을 다짐하고 있다. 꾸란은 예배는 물론 공적 회합이나 모임에서 낭송되며 때로는 처처에서 낭송 시합을 열기도 한다.

이슬람교는 유구한 교회음악도 종교미술도 보유하고 있지 않으나 ①**꾸란의 낭송문화**와 ②**아라베스크**(Arabesque) **장식 문양**은 그나마 이슬람 신앙의 예술적 문화로 취급받고 있다.

(5) 하디스

하디스(Hadith)는 무함마드가 말하고 행동하고 다른 사람의 행위를 용인한 내용을 기록한 책으로 꾸란에 이어 이슬람 제2의 경전으로 취급된다. ②**하디스**(Hadith)는 ①**꾸란**(Koran) ③**이즈마**(Ijmā) ④**끼야쓰**(Qiyas) 등과 함께 **샤리아**(Sharī'ah)의 4대 원전으로 기능한다. 여기서 **샤리아**는 종교에서부터 가족・사회・경제・정치・국제관계에 이르기까지 무슬림 세계의 모든 것을 규정하고 있는 포괄적 법체계를 말한다.

이즈마는 꾸란과 하디스에 기록된 무함마드 언행인 이른바 **순나**(Sunnah)로 해결할 수 없는 법 해석을 위해 이슬람 신학자 집단인 **울라마**(Ulamā)의 합의에 따라 마련된 지침을 의미한다. 이즈마는 꾸란과 하디스 어구의 확실함을 보증하는 동시에 어구 읽는 법이나 의미 그 밖에 적용방법 등을 결정하는 기준이 된다.

끼야스는 새로운 입법에 대응하여 꾸란과 순나에도 불구하고 법적 판단 기준을 찾지 못한 경우 활용된다. 유추·추론 등의 사전적 의미를 담은 끼야스는 이미 확립된 기존의 법적 결정 중에서 유사한 상황을 발췌해서 적용하는 방법이다. 이를테면 현재의 판례법 적용과도 같다.

한편 무슬림은 꾸란과 더불어 하디스에 기록된 무함마드 언행인 소위 순나에 따라 행동하는 것을 기반에 두고 있다. 여기서 순나는 특정한 관습을 사회와 개인을 구속하는 규범적 가치로 삼아 이에 강제력을 인정한 것으로 이를테면 종교적 어록이라고 할 수 있다.

하디스는 예언자 언행을 기록한 **마튼**(Matn)과 전승자 이름과 전승 경로를 기록한 **이스나드**(Isnād)로 구성되어 있다. 형식에 따라 전승자별로 편집한 것을 **무스나드**(musnad) 양식이라고 하고 주제별로 편집한 것을 **모산나프**(muçnnaf) 양식이라고 한다.

요컨대 하디스는 무함마드의 언행을 담은 **전승록**(傳承錄)으로서 무함마드의 제자들이 무함마드에게 궁금한 점을 묻고 답하는 문답집 형식으로 구성되어 있다. 꾸란에 담긴 기사는 대체로 함축적이고 난해한 의미를 담고 있어 하디스는 꾸란의 해설을 주요 내용에 두고 꾸란을 보충하고 있다. 이로써 무슬림이 생활 속에서 실천해야 하는 지침 등을 명확히 하고 있다.

무슬림은 꾸란에 적힌 교리뿐만 아니라 하디스의 가르침을 준수해야 한다. 이를테면 꾸란은 정기적인 예배를 강권하고 있으나 하루에 몇 번 예배를 드려야 하는지 그 형식은 어떻게 치러야 하는지 등에 관해서는 기록하지 않고 있다. 이러한 사항을 명확히 보충하고 있는 것이 하디스이다.

2. 교리와 신앙 체계

1) 교리

이슬람의 교리는 **이만**(Imān)이라고 칭하는 6가지 종교적 신앙과 이슬람의 종교적 의무로서 이른바 **이슬람의 5개 기둥**(Arkan-al-Islam, Five Pillars of Islam)이라 불리는 실천 의무에 그 배경에 두고 있다. 이를 이른바 **6신**(信) **5행**(行)이라 칭한다.

6신은 ①알라 ②알라가 불을 재료로 만들어 알라와 인간의 중개자로 삼은 **천사**[天使, **말라이카**(Malaika)] ③**성전**(聖典, Holy Book) ④**예언자 또는 사도**(使徒) ⑤**내세와 부활** ⑥**예정** 등이다. 이 가운데 특히 이슬람의 근본 교리에 관한 핵심은 알라와 사도에 관한 이만에 담겨 있는데 곧 무슬림 신앙은 알라가 유일한 하나님인 것과 그 사명을 감당한 예언자로서 무함마드가 진정한 알라의 사도임을 굳게 믿는 것에서부터 출발한다. 이에 따라 일반인은 특정한 의식이나 특별한 형식에 구애됨이 없이 이른바 **샤하다**(Shahada)라는 신앙 고백만으로 무슬림이 될 수 있다. 그 내용은 ①**알라 외에 다른 신은 없다** ②**무함마드는 알라의 사도이다**(lā ʾilāha ʾillā llāh muḥammadun rasūlu llāh)라는 2개 구절로 되어 있다. 여기서 **라술룰라**(rasūlu llāh)는 **성사**(聖使)라는 뜻으로 알라가 보낸 사람인 무함마드를 가리킨다. 이슬람에서 무함마드는 보통의 예언자인 **이브라힘**[그리스도교에서 **아브라함**(Abraham)]·**무사**[그리스도교에서 **모세**(Moses)]·**이사**[그리스도교에서 **예수**(Jesus Christ)]보다도 격이 한층 높다.

이슬람에서 이만은 그 자체로 신앙이며 이슬람의 일부인 믿음을 지칭한다. 곧 이만은 ①**알라** ②**알라의 천사들과 계시** ③**알라의 예언자와 심판의 날에 대한 믿음**으로 정의된다. 이슬람에서는 마음으로 하나님을 이해할 수 없기에 구원에 이를 수 있는 것은 오로지 믿음이라고 가르치고 있다. 무함마드는 **믿음**(Imān)은 혀로 하는 고백이며 가슴으로 하는 검증이자 추종자들이 하는 행동이다고 설파하고 있다.

이슬람의 5개 기둥은 순서대로 ①**샤하다**(Shahada)로 알라 외에 다른 신이 없고 무함마드는 알라의 사도라는 신앙고백이다. ②**살라트**(Salat)로 새벽·정오·오후 일몰·자기 전 이렇게 하루에 5번씩 메카를 향해서 기도해야 한다. ③**자카트**(Zakāt)로 자산이나 교역품은 2.5% 농업·생산물은 5-10%를 가난한 자에게 기부해야 한다. ④**라마단**(Ramadan)으로 이는 금식에 관한 규율인데 곧 금식하는 기간에는 낮에는 먹고 마시는 것 그리고 흡연과 성행위 등은 금해야 한다. 이를 달리 **사움**(Sawm)이라고 한다. ⑤**하즈**(Hajj)로 일생에 1번은 메카를 순례해야 한다. 다만 이슬람의 최대 종파로서 수니파와 시아파는 이러한 교리의 실천에는 뜻을 같이하고 있으나 소수파인 시아파에서는 동일한 이름으로 언급하고 있지는 않다.

그 밖에 이슬람교 교파에 따라서는 **성전**[聖戰, **지하드**(Jihad)]를 6번째 기둥으로 취급하고 있기도 하다. 지하드는 전쟁만을 의미하지 않고 본래 알라를 위해 힘쓴다는 뜻을 지니고 있어 무엇이든 알라를 위하는 것이면 지하드가 된다.

최근 이슬람 국가나 종교가 위협을 받을 때 이를 정치적으로나 군사적으로 방어하는 일을 지하드의 본질로 이해하고 있으나 본래 지하드는 자신이 사는 곳에 모스크를 짓는 일이나 멀리 떠나서 전도하는 일 그 밖에 선한 일을 도모하는 일체의 광범위한 종교 활동도 포함된다.

2) 신앙 체계

이슬람교와 그리스도교는 ①동일한 절대자를 숭배하고 있다는 점 ②천국과 지옥을 경계로 한 사후세계를 믿는다는 점 ③그리스도의 업적과 성서를 존중한다는 점 등의 공통점이 있다.

그러나 차이점으로 ①이슬람교의 경우 그리스도교와 같은 원죄의 교리가 없다. 이슬람에서 인간은 사회적 환경과 교육환경 그 밖에 다양한 주변 환경에 따라 선악의 갈림길에서 방황하고 있을 뿐 자체로는 선하지도 악하지도 않은 존재로 보고 있다.

②그리스도교에서 그리스도의 **대속**(代贖, Redemption)의 개념도 부정하고 있다. 이를테면 개인이 저지른 죄는 스스로가 신에게 회개함으로써 용서받을 수 있다고 믿고 있다. 실례로 이슬람은 아담과 하와는 **사탄**(Satan)의 순간적인 유혹에 넘어가 타락했지만 결국 신에게 용서를 구하고 구원받았다고 가르치고 있다. 나아가 이후 **카인**(Cain)과 **아벨**(Abel)의 죄 그리고 그들의 후손 대대로 끊임없이 이어지는 인간의 죄는 조상으로부터 물려받은 것이 아니라 그들 자신의 죄로 보고 있다.

③이슬람은 예수를 위대한 예언자로 존중하고 있으나 예수는 어디까지나 신이 인간의 중재자로서 선택한 다수의 예언자 중 한 사람일 뿐이고 가장 위대한 예언자는 오직 무함마드 한 사람이라고 보고 있다.

④성서 역시 신의 말씀이 일부 들어있다는 것에는 동의하고 있으나 성서는 세월을 거치면서 여러 사람에 의해 왜곡되고 변형된 측면이 많다고 주장하고 있다. 이에 이슬람에서 신앙의 기준으로 삼고 있는 것은 오로지 꾸란이며 꾸란은 앞으로도 더해지거나 감해지지 않는 완전한 형태의 경전으로 취급하고 있다.

3. 이슬람의 사법제도

이슬람에서 신은 유일한 법 제정권자이기에 국가는 이와 관련한 법적인 권한을 일절 행사할 수 없으며 다만 무슬림은 누구나가 **샤리아**(Sharīah)라는 법체계에 복종하고 그에 따라야 한다.

주권은 이슬람법에 따라 국가나 국민에게 주어진 권리가 아니라 신에게 속하며 이에 이슬람 국가의 국가 기관은 절대 권력을 보유하지 못한다. 다만 신법에 따라 제한된 범위 내에서 집행권 일부만을 행사할 수 있다.

이슬람 실정법은 무슬림의 시각에서 신의 법과 일치를 이루어야 한다. 이에 따라 샤리아는 통치자가 적용해야 하는 법적 기준을 자세히 설명하고 있다.

이슬람 국가가 샤리아를 실정법으로 대체하고 있는 주요 수단은 이슬람의 재판관으로서 소위 **까디**(Qāḍī)라고 부르는 사법제도이다. 까디는 주요 도시에서 사법권의 행사를 대리하는데 까디는 자신의 의견을 바탕으로 판결할 수 있는 권리를 부여받고 있다. 이에 까디가 될 수 있는 자격은 매우 까다로운데 이를테면 다음에 살펴볼 샤리아의 주요 4개 법학파의 법체계에 정통해

이슬람의 재판관 까디(Qāḍī)③

야 하고 공평하고 정직한 남자 무슬림이어야 한다. 아울러 이슬람 국가는 다른 문화와 관습을 가진 민족들을 대거 흡수해야 했기에 특히 관습법에 폭넓은 법적 지식을 보유하고 있어야 한다.

이슬람 시대의 초기에는 사법 기능을 특별한 사법기관에 위임하는 관행이 있었는데 이에 탄생한 직책이 까디이다.

까디는 국가의 법 적용을 위한 대리인으로서 샤리아를 적용하고 국가는 까디가 내린 결정을 집행하면서 이슬람 실정법을 구현한다. 초기 이슬람법은 이처럼 까디를 중심으로 운영되었다.

그러나 까디가 사법권 시행을 전부 독점한 것은 아니고 그 적용상 신중을 기하기 위하여 이른바 **마잘림**(Mazalim)이라는 항소 법원을 존치해 두기도 했다. 마잘림은 5명으로 구성되었는데 주로 칼리프나 통치자들이 관장했다.

이슬람에 있어 범죄의 사법권은 외견상 까디에게 속하나 실제는 경찰청으로 볼 수 있는 **슈르타**(Shurta)라는 특별기관에서 행해진다. 까디가 법적 기준에 두고 있는 증거 규정은 대체로 매우 엄격하고 더군다나 샤리아에 포함된 형법이 특정 범죄를 낱

낱이 고려하지 않고 있다는 이유에서 범죄에 관한 재판은 까디보다는 슈르타에서 처리하고 있다.

까디가 어떤 사건에 적용할 샤리아는 소위 **울라마**(Ulamā)로 알려진 이슬람 사회의 신학자·법학자에 의해 다듬어진 법 지식으로서 방대한 규정집에 의존하고 있는데 이에 따라 까디는 원칙적으로 이슬람의 교의와 이슬람법에 정통해야 한다.

그러나 샤리아는 무슬림의 전반적인 생활 관계를 의무와 금지뿐만 아니라 충고와 권고로 분류하고 그 결과를 평가하고 있기에 울라마는 신중한 연구와 해석을 통해 샤리아의 상세한 부분들을 유추해 이를 명확히 정립해 두어야 한다.

이러한 법리적 연구결과는 너무나 방대한 까닭에 울라마의 법학 지식도 이에 따라 고도로 전문화되어 있어야 한다. 일반적으로 무슬림은 샤리아에 따라 모든 생활 관계가 이루어지고 있기 때문에 울라마에 대한 의존성이 크다.

요컨대 울라마는 이슬람 사회에서 대단히 중요한 역할을 담당하고 있는데 곧 신의 법에 전문적인 지식을 가지고 있어야 하고 이 지식을 공유하면서 공동체를 이끌어야 하는 책무를 부담하고 있다. 무엇보다도 울라마에게 있어 가장 중요한 학문은 법의 기본적 원천인 꾸란과 하디스와 관련된 것들이다.

한편 울라마가 대부분의 법적 핵심 내용에 동의했다고 하더라도 세부사항에 이견이 있는 때가 있는데 이에 이슬람 법이론의 대가들의 가르침에 바탕을 둔 4개 법학파가 저마다 **법원**(法源, Source of Law)을 형성하고 순니 법학파로 형성되었다(9세기). 여기서 법원은 ① **꾸란** ② **하디스** ③ **합의** ④ **유추** 등이다. 여기서 합의는 초기 칼리프들의 결정과 그동안 축적된 공동체의 지혜 및 의견을 참고해 결정하는 것이다.

4개 법학파의 법률 해석은 개별학파를 주도했던 지도자의 가르침에 따라 각각의 차이점이 있으나 이슬람 법체계의 큰 틀에서 서로 공존과 상호 관용을 정당화했던 까닭에 이후 순니파 이슬람 세계에 널리 전파되었다. 차례로 보면 다음과 같다.

①**하나피파**(Hanafi)는 이슬람 신학자 **하니파**(Abū Ḥanīfa, 699-767)의 저술을 중심으로 성립한 수니파 법학파이다. 하나피파는 그 밖의 수니파 법학파에 견주어 지역적 법 관행이나 학자의 개인적 견해에 관대하며 특히 상업과 상인의 이해에 관심을 보이는 학파라는 특징이 있다. 초기 이라크 · 시리아 · 이란 · 중앙아시아 · 인도 등에서 인기를 얻었고 서방 이슬람 세계의 지지를 받았다. 북아프리카와 시칠리아에서 번성했다. 특히 터키에서 하나피파는 **셀주크**(Seljuk, 11세기-14세기)와 **오스만**(Osman, 14세기-1922) 왕조 군주들의 보호 아래 오스만제국 및 인도의 **무굴**(Mughal, 16세기-19세기 중엽) 제국에서 가장 권위 있는 법학파로서 지위를 점했다.

②**말리키**(Mālik)**학파**는 **메디나**(Medina) 출신이었던 **말리키**(Mālik b. Anas, 709-795)에 의해 세워졌다. 그는 이슬람 전승과 관행에 관한 권위자였던 까닭에 이 학파는 꾸란과 하디스뿐만 아니라 메디나 전통과 전승에 준거한 법 이론을 발전시켰다. 말리키 학파는 오늘날 모로코 · 알제리 · 튀니지 등 북아프리카와 이집트 남부 · 수단 · 쿠웨이트 · 바레인 등지에서 우세하다.

③**샤피이**(Shafi'i)**학파**는 **샤피이**(Muhammad b. Idris al-Shafi'i: 767-820)에 의해 성립되었다. 샤피이 학파는 순나의 적용(말리키파)과 이성적 판

단과 합리성 적용(하나피파)을 최소화하고 또 엄격하게 적용함으로써 법이론의 통합과 절충을 모색했다. 아울러 법적 쟁점에 관해서는 법학자와 무슬림 모두 고려해 전체 공동체의 동의와 합의를 통한 해결책을 모색했다. 오늘날 샤피이 학파는 팔레스타인·레바논·예멘·동남아시아 등지에서 우세하다.

④**한발리**(Ḥanbalī)**파**는 **한발**(Ahmad b. Hanbal, 780-855)에 의해 성립된 법학파이다. 한발리파는 법 판단에 이성을 적용하는 것은 그만큼 신의 뜻인 순수한 진리에서 멀어지고 또 인위적으로 흐를 위험이 크다고 지적하고 전통과 전승에 대한 확고한 신념을 배경에 두었다. 이 학파는 매우 보수적이고 엄격하며 경직되고 융통성이 적은 법체계를 이루고 있다. 오늘날 사우디아라비아·카타르 등의 국가에서 인정하는 공식 법학파이다.

4. 이슬람의 종파

1) 수니파

수니파(Sunnite)는 이슬람교에서 가장 큰 종파이고 다음으로 **시아파**(Shi'ites)가 뒤를 잇고 있다. 이들 두 종파 간의 차이는 무함마드의 계승자를 누구로 보느냐에 따라 구분된다. 수니파는 제국의 지도자로서 **칼리프**(Caliph)를 계승자로 취급하고 있는 반면에 시아파는 무함마드의 사촌이자 사위인 제4대 칼리프인 **알리**(Alī ibn Abī Ṭālib, 601-661) 계열을 계승자로 보고 있다.

수니파는 신의 말씀인 꾸란과 함께 예언자 무함마드의 언행과 관행을 의미하는 **순나**(Sunnah)**를 따르는 사람들**(Ahl al-Sunnah)을 말한다. 시아파가 신비주의적 경향을 띠고 비합리주의적인 신학을 발전시켰다면 수니파는 일탈과 혁신을 격렬하게 비난하는 신학과 시대변화에 따른 합리적 변화를 수용할 것을 주장하는 정통 신학을 발전시켰다.

시아파가 예언자의 혈통을 잇고 후계자인 이슬람 공동체를 이끄는 **이맘**(Imām)의 종교적 권위를 존중해서 그의 **전승**(傳承)을 통해 순나를 해석하고 있음에 반하여 수니파는 무함마드의 동료들인 이른바 **사하바**(Sahāba)로부터 전승되어 온 하디스 중에 순나를 발견하고 해석하는데 주안점을 두었다.

수니파 무슬림은 형식적으로 **6신**(信) **5행**(行)의 기본적 의무를 수행하고 동시에 공동체적 승인을 얻은 수니파의 공적인 법학파로서 앞서 본대로 **하나피**(Hanafi)·**말리키**(Mālik)·**샤피이**(Shafi'i)·**한발리**(Hanbali)**파** 등의 4법학파 중 어느 하나의 법학파를 따라 신앙생활에 임하고 있다.

2) 시아파

시아파(Shi'ites)는 수니파와 함께 이슬람의 한 갈래로 대부분이 이란·이라크에 집중적으로 분포되어 있다. 시아파가 출현하게 된 계기는 무함마드 사후에 누가 이슬람 공동체의 지도자가 되느냐에 대한 교권 문제에서 비롯되었다.

시아파는 무함마드 가족이 후계자의 지위를 계승해야 한다고 주장하고 무함마드 사촌 동생이자 그의 딸 **파띠마**(Fāṭimah, 605-633)

와 결혼해 사위가 된 제4대 칼리프 **알리**를 적격자로 여겼다.

그러나 칼리프 선출은 선거로 대표자를 뽑는 전통에 의해 알리가 아닌 **아부 바크르**가 제1대 칼리프로 선출되기에 이른다. 이에 아부 바크르를 인정하지 않고 알리를 추종하던 자들이 따로 시아파를 결성하게 되었다. 이후 제3대 칼리프 **우스만**(Uthmān)에서 제4대 칼리프 **알리**로 계승되는 과정에서 정치적 갈등이 표면화되면서 끝내 시아파는 분리되기에 이른다.

제3대 칼리프 **우스만**은 뜻밖에 새벽기도 중 암살당하게 되는데 암살의 배후가 밝혀지기도 전에 알리가 제4대 칼리프로 선출된다. 그러자 우스만의 6촌 동생인 **무아위야**(Mu'awiyah, 602-680)가 우스만의 복수를 명분으로 군사를 일으켜 칼리프인 알리에게 도전했다. 알리는 수적인 열세에도 불구하고 무아위야 군을 **낙타 전투**(Battle of the Camel, 656)에서 물리치고 또 **시핀 전투**(Battle of Siffin, 657)에서도 유리한 전세를 이끈다.

이후 알리와 무아위야는 협상에 임했으나 그 자체로 칼리프로서 알리는 군사적 손실뿐만 아니라 정치적으로도 큰 타격을 입게 되었다. 이에 당시 협상을 극렬히 반대하던 세력들이 끝내 알리와 결별을 선언하고 **카와리지파**(Kharijites)를 형성하게 되었다. 장기간의 협상 끝에 중재자들은 무아위야에게 유리한 결정을 내리고 이에 이슬람 세계는 양분된다. 아울러 칼리프로서 위상이 실추된 알리 또한 카와리지파에 죽임을 당한다(661). 알리의 사후 무아위야는 분열된 이슬람 세계를 통합하는 한편 이윽고 자신이 칼리프에 등극하여 무아위야 왕조를 세웠다.

무아위야(재위 661-680)는 당시까지 선출로 칼리프를 뽑는 전통을 무시하고 그의 아들 **야지드**(Yazīd ibn Muāwiya, 647-683)에게 칼리프 자리를 물려주어 당시 정적이던 알리의 차남 **후세인**(Husayn)을 견제하고자 했다.

궁지에 몰린 후세인은 자신을 칼리프로 추대하려는 지지자들과 함께하고자 메카를 등지고 이라크 **쿠파**(Kūfah)로 향했으나 뜻밖에 무아위야 수하에게 가족과 함께 살해당한다(680).

후세인의 비참한 최후 소식을 접한 이라크의 이슬람은 알리 가문에 대한 동정과 함께 무아위야에 대한 반감이 고조되었고 결국 이들은 후세인의 죽음을 순교로 받아들여 하나의 종파로 발전하게 된다. 이들이 이른바 알리의 추종자라는 **시아 알리**(Shia Ali) 혹은 **시아**(Shia)라고 불린 시아파의 시초가 되었다.

수니파는 무함마드의 후계자를 정통 칼리프와 역대 칼리프로 한정하고 있으나 시아파는 무함마드의 사촌이자 사위인 알리만을 정통 칼리프로 보고 이에 알리의 혈통을 이어받은 후계자들을 종교지도자 **이맘**(Imām)으로 인정했다.

수니파에게 이맘은 예배를 관장하는 종교지도자이며 칼리프는 신의 계시와 명령에 따라 종교를 보호하고 세속적 일에 대한 통치권을 행사하는 정교일치의 수장으로서 지위를 점한다.

그러나 시아파에게 이맘은 위대하고 훌륭한 스승이며 알리와 그의 후계자로서 이맘은 모두 신성한 존재로 추앙된다. 요컨대 이맘은 무오류의 초인적 존재로서 현세 문제뿐만 아니라 이슬람 율법 **샤리아**(Sharī'a)상의 제반 문제의 절대적 해석권과 판결권을 가진 절대적 권한을 지니고 있다.

시아파는 무아위야에 대항하는 수차례의 정치적 무장봉기가 연속적으로 실패하고 이후 심한 박해와 좌절로 지하로 숨게 되었고 이후 오랜 지하 활동으로 각양의 이단적 사상에 쉽게 빠지게 되었다. 그 결과 동방의 이교적 요소가 혼입되어 **수피즘**(Sufism)과 같은 신비주의적 색채를 띠게 되었다. 이란은 전 세계 시아파의 종주국으로서 국민의 90% 이상이 시아파이다. 그 밖에 이라크·레바논·시리아·아제르바이잔·예멘·바레인·터키·쿠웨이트 등에 소수 분포되어 있다.

3) 카와리즈파

카와리즈파(Kharijites)는 앞서 본대로 알리와 무아위야의 협상에 불만을 품고 알리로부터 분리된 호전적인 극렬분자들로 이후 성전(聖戰)으로 번역되는 이른바 **지하드**(Jihad)를 이슬람의 6번째 신앙의 기둥으로 삼기도 했다. 카와리즈파는 수니파와 시아파와는 다르게 독실한 무슬림은 너나 할 것 없이 누구나 칼리프가 될 수 있어야 한다고 주장했다.

만민 평등주의적 입장을 기반으로 아랍 귀족층에 대한 적개심을 앞세워 아랍인으로서 유목민인 **베두인**(Bedouin)과 비아랍계 무슬림 세력의 지지를 받았다. 그러나 계속되는 내분에 갈수록 세가 줄어들어 현재는 알제리·튀니지·탄자니아·오만 등에서 일부 명맥을 유지하고 있다.

그러나 이들의 청교도적인 정신은 아라비아에서 일어난 이슬람교의 복고주의 운동으로서 사우디아라비아 건국의 기반이 된 이른바 **와하브**(Wahhāb) 운동의 밑거름이 되기도 했다(18세기 중엽).

4) 12 이맘파와 자이드파

(1) 12 이맘파

시아파의 약 85%를 점하고 있는 12 **이맘파**(Imamiyyah, Twelver)는 이란과 이라크 인구의 주축을 이루고 있다. 아라비아반도에는 드물게 분포하고 있고 레바논 · 파키스탄 · 인도 등지에 소수파로 존재한다.

(2) 자이드파

자이드파(Zaidiyyah)는 알리의 차남인 후세인의 손자 **자이드**(Zayd)에서 유래했다. 이들은 12 이맘 중 후세인의 아들인 4대 이맘까지만 인정한다. 자이드파는 알리 이후의 수니파 칼리프를 인정하고 있지 않다는 점을 빼면 교리상 수니파와 동일하다. 예멘 지역에 널리 분포한다.

5) 이스마일파

이스마일파(Ismāʻīlīs)는 시아파 분파 중 하나로 역사적으로는 **7이맘파**라고 불린다(8세기 후반). 교리는 시아파 중에서도 **영지주의**(Gnosticism) 및 **신비주의**(Mysticism) 경향이 강하며 수많은 분파가 있다. 이슬람에서는 환생 · 윤회 등과 관련한 교리가 없으나 이스마일파에서는 전생의 죄는 용서받아야 한다는 교리가 존재한다.

이스마일파는 자신들의 이맘이야말로 진정한 이맘이라고 주장하고 있다. 중세 **파티마**(Fāṭimah, 909-1171) 왕조는 이맘의 승계와 역사의 종말론적 순환개념을 재정의하여 자신들이 6번째 이맘의 주기를 이어가고 있으며 **마흐디**(Mahdī)로 표현되는 구세주의 등장과 역사의 종말은 먼 훗날로 미루어졌다는 논리를 주창했다. 이에 **신플라톤주의**(Neo-Platonism)와 영지주의 등의 여러 신학 사조들이 이스마일파의 사유방식에 혼합되었다.

현재는 타지키스탄 동부에 제일 많이 분포되어 있으며 아프가니스탄 · 파키스탄 · 중국 신장 위구르 자치구에도 일부가 거주하며 그 밖에 키르기스스탄 · 우즈베키스탄 · 투르크메니스탄 등에 소수가 존재한다.

6) 아사신파

아사신파(Hashshashin)는 이스마일파의 분파로서 엄격한 규율과 훈련을 통해 종파 간의 적대자와 정적을 암살하는 것으로 유명한 분파이다. 이란의 수도 테헤란 인근의 **알라무트 요새**(Fort of Alamūt)를 중심으로 활동했던 페르시아 아사신과 시리아 **마시아프 요새**(Fort of Masyaf)를 중심으로 활동했던 시리아 아사신으로 이루어져 있다. 이들은 시리아 · 팔레스타인 · 이집트 · 이란 · 이라크 등을 주 무대로 삼았다(11세기-13세기).

아사신이라는 이름은 페르시아어로 **대마초를 피우는 사람**을 의미하는데 전승에 따르면 이 교단의 암살자들이 대마초와 같은 일종의 환각제를 복용하고 암살에 나섰다고 해서 이름이 붙여졌다. 아사신은 영어로 암살을 뜻하는 **어쌔시네이션**(Assassination)의 어원이 되었다(14세기).

7) 알라위파와 드루즈파

알라위파(Alawites)와 **드루즈파**(Druzes)는 이스마일파의 영향을 받아 생겨난 종파들로 오늘날 레바논·시리아 등지에 분포한다. 대체로 이들은 이슬람의 주요 교리에서 많이 벗어나 있어 수니파·시아파 이외의 제3의 종파로 분류되기도 하며 때때로 이슬람이 아닌 그 밖의 다른 종교로 분류되기도 한다.

(1) 알라위파

알라위파(Alawites)와 **드루즈파**(Druzes)는 이스마일파의 영향을 받아 생겨난 종파들로 오늘날 레바논·시리아 등지에 분포한다. 대체로 이들은 이슬람의 주요 교리에서 많이 벗어나 있어 수니파·시아파 이외의 제3의 종파로 분류되기도 하며 때때로 이슬람이 아닌 그 밖의 다른 종교로 분류되기도 한다.

알라위파는 시아파의 알리를 극단적으로 신격화한 종파로 창시자인 **무함마드 누사이르**(Muhammad ibn Nusayr, 640-716)의 이름을 본떠 **누사이리파**라 불리기도 한다.

레바논과 시리아에 많은 성스러운 숲을 숭배할 뿐 아니라 삼위일체를 신앙으로 삼아 그리스도교의 의례까지 받아들여 부활절 그리고 성탄절까지 기념하기도 하고 성당에서처럼 포도주 등 술을 마시며 축배를 하기도 한다. 또 **성상**(聖像)을 두기도 한다.

사후 내세에서는 세상에서의 행위에 따라 천국 혹은 지옥에 가게 된다는 일반적 종파의 내용과는 달리 알라위파는 내세에 보상은 없으며 대신 죽기 전 세상에서의 행위가 어떠했느냐에 따라 다음 생에서의 환생 결과가 정해진다고 믿는다. 알라위파의 대부분은 시리아에 속하며 인구의 11% 정도가 알라위파이다.

(2) 드루즈파

드루즈파(Druze)는 이스마일파에서 나온 현재 우즈베키스탄 출신 **다라지**(Muḥammad ibn Ismā'īl ad-Darazī, ?-1019)라는 인물이 스스로를 숨은 이맘 **마흐디**(Mahdī)라고 칭하면서 창시했다(11세기).

드루즈파는 비밀주의가 강하며 시리아 · 레바논에 주로 분포하고 있다. 신의 예언자 무함마드를 따르는 이슬람과 달리 **알 하킴**(al-Ḥākim bi-Amr Allāh, 985-1021?)이라는 칼리파가 신의 현신이라 주장하며 일신론을 믿는다. 일부다처제는 금지돼 있고 여성의 지위는 남성과 동등하며 영혼은 윤회한다고 믿는다.

이슬람 순례 기간인 **하즈**(Hajj)를 기념하나 순례는 의무로 두고 있지 않고 **라마단**(Ramadan) 금식도 하지 않는다. 공동체 생활을 하는 경우가 많고 금욕 생활을 지향한다. 교리와 관행으로 보아 이슬람교 종파라기보다는 별도의 종교로 취급하는 경향이 짙다.

8) 바비파와 바하이파

(1) 바비파

바비파(Bābīs)는 이란에서 탄생했는데(19세기 중반) 종파명은 아랍어로 **문**(Door)를 뜻하는 **밥**(Bāb)이라는 말에서 파생했다. 이는 진리의 문을 뜻한다. 바비파는 구약성서 · 조로아스터교를 위시하여 중국에서 전래된 유교 · 불교 등의 예언자들을 모두 인정하고 있다. 한때 이들은 이란의 부패한 왕정에 반대하다가 잔혹한 탄압을 당하기도 했다.

(2) 바하이파

바하올라 (1817-1892)④

대량학살을 피해 생존한 추종자들은 **바하올라**(Bahá'u'lláh, 1817-1892)라는 예언자를 추종하는 **바하이파**(Bahā'īs)로 흡수되었다. 바하이파의 특징은 관용과 사회의식이다. 이들은 제4대 칼리프 알리를 신봉하는데 특히 사회를 개혁하고 살기 좋게 만드는 책무를 중요시하고 있다. 바하이파는 대개 평화주의자로 양심적 병역거부와 금주·금연·채식 등을 선호한다. 이란 정부의 끊임없는 박해를 받고 있다.

9) 수피즘

수피즘(Sufism)은 이슬람 신비주의로 취급되는데 종교라기보다는 철학·사상에 가깝다. 신과의 직접적인 교류를 요구하는 신비주의는 이슬람교가 수니파와 시아파로 분열된 후 시아파에서 탄생했다(8세기경). 수피즘은 철저한 금욕주의와 함께 자기 수행과 고행을 요구한다.

메블레빌리크 셰마 의식(Mevlevi Sema Ceremony)⑤

수피즘의 특징은 일종의 도취 상태에서 현세의 경지를 만끽하는 데 있는데 이러한 이유에서 스스로 절대자로 칭하는 이들이 등장하기도 했다. 수피즘을 신봉하는 많은 종파 중에 터키계의 **데르비시**(Dervish)는 극도의 금욕 생활을 서약하는 이슬람교 일원으로서 명성이 자자한데 일례로 자가도취 수단으로서 수행방법 중 하나인 이른바 **메블레빌리크 셰마 의식**[(Mevlevi Sema Ceremony, Sema Dance), **회전춤**(Whirling Dance)]이 유명하다. 이에 수니파는 수피즘을 비아랍적·비정통적이라 적시하고 인정하지 않고 있다.

제6장 힌두교의 교리와 신앙관

1. 계통과 신앙 체계

1) 계통

힌두교(Hinduism)의 명칭은 고대 인도 표준문장어인 **산스크리트어**[Sanskrit, **범어**(梵語)]로 **인더스강**(Indus Riv., 3,200Km)의 옛 명칭인 **신두**[Sindhu, **대하**(大河)]에서 유래한 것으로 오늘날 국가명으로서 **인도**(印度, India)와 **어원**(語源, Origin of a Word)이 같다.

힌두교는 백색 계통의 인도·게르만족 지파인 **아리아인**(Aryan)의 침입(B.C.2000-B.C.1500?) 이후에 형성된 **브라만교**[**바라문교**(婆羅門敎), Brahmanism]를 포함하고 있어 그 역사가 인더스 문명(B.C.2500경)에까지 이르는 유구한 역사를 지니고 있다.

그러나 좁은 의미로 힌두교는 아리안 계통의 브라만교가 인도 토착의 민간신앙과 융합하여 불교 등의 영향을 받으면서 종교형태를 갖춘 때를 기원으로 보고 있음이 정설이다(300).

힌두교는 이처럼 오랜 세월에 걸쳐 형성·발전해 왔기에 특정한 교리와 신앙 체계를 지니고 있지는 않으나 다만 다양한 신화·**성전**(聖典, Holy Book)·전설·의례·제도·관습 등을 포함하고 있는 특징이 있다. 이러한 다양성을 포함하고 있는 힌두교가 하나의 종교로서 기능할 수 있게 한 기반은 인도 사회 특유의 신분제도인 이른바 **카스트 제도**(Caste System)이다.

카스트 제도의 기원은 브라만교의 **4성**(四姓)인 ①**브라만**(Brahman) ②**크샤트리아**(Ksatriya) ③**바이샤**(Vaiśya) ④**수드라**(Sudra) 제도에 두고 있는데 오늘날 카스트 제도는 역사적으로 다양하게 변화하여 종족·직업·종교적인 모든 조건이 복잡하게 얽혀 있는 상황이다.

고대 브라만교와 힌두교의 가장 큰 차이점은 브라만교가 **베다**(Vedas, Véda)에 근거해 희생제물을 중심으로 신전이나 **신상**(神像) 없이 자연신을 숭배하고 있음에 반하여 힌두교는 신전·신상 그리고 인격적인 신을 예배의 대상에 두고 있다는 점이다. 아울러 힌두교는 브라만교와는 달리 **희생제물**[**공희**(供犧), Sacrifice]를 금하여 육식을 멀리하고 있기도 하다.

(1) 브라만교

브라만교는 아리아인이 인도에 정착한 이후 널리 신봉된 고대 종교로(B.C.1500) 힌두교·불교 등 인도를 탄생배경에 둔 각양의 종교에 교리적 원천을 제공한 종교로서 위상을 점한다. **성전**(聖典, Holy Book)인 **베다**(Véda) 이름을 본떠 **베다교**(Védisme)라고 한다.

브라만교는 베다에 규정된 제례의식을 존중하여 충실한 이행을 강조했고 이에 제례의식을 집행하는 사제계급은 신과 인간의 매개하는 중재자 역할을 감당했다. 또 인간 사회를 **바르나슈라마다르마**(Varnashrama-dharma)라고 부르는 ①**4성**(四姓) 계급제도와 ②4단계 생활기로 구분하고 이를 도덕적 관념의 기초로 삼았다. 전자는 ㉠**브라만**(사제)·㉡**크샤트리아**(무사)·㉢**바이샤**(상인)·㉣**수드라**(노동자) 등이고 후자는 ㉠**브라마차리아**[Brahmacharya, **학생기**(學生期)]·㉡**그리하스타**[Gṛhastha, **가주기**(家住期)]·㉢**바나프라스타**[Vānaprastha, **은둔기**(隱遁期)]·㉣**산야**

사[Sannyāsa, **유행기**(遊行期)] 등이다.

요컨대 브라만교는 경전 베다에 기초하여 성립된 고대 종교로서 우주의 근본 원리인 **브라만**[Brahman, **범**(梵)]과 숨쉬는 생명으로서 개인의 본체인 **아트만**[Atman, **아**(我)]이 같다는 우파니샤드의 이른바 **범아일여**(梵我一如) 사상을 중심에 두고 있다.

브라만의 기초 교리는 ①생은 반복된다는 **윤회**(輪回, Samsāra) ②자연계 법칙인 **다르마**[**달마**(達磨), Dharma] ③심신의 활동과 일상생활을 의미하는 **업**(業, Karma) ④제사나 계율의 실행으로 도달할 수 있는 **해탈**(解脫, Vimokṣa) 등이며 이후 이러한 사상은 인도를 배경에 둔 각양의 종교에 기본적인 교리로 수용되었다.

브라만교는 한때 불교에 밀려 쇠퇴하다가(1세기-3세기) 여러 토착종교와 결합해(4세기경) **비슈누**(Vishnu, Viṣṇu)와 **시바**(Śiva)를 최고신으로 숭배하는 힌두교로 발전하게 되었다. 브라만교 교리의 실천 배경으로 **바르나슈라마다르마** 4단계의 생활기를 순서대로 보면 다음과 같다.

①**브라마차리아**[Brahmacharya, **학생기**(學生期)]는 힌두교의 근본 경전인 **베다**(Véda)와 스승과 제자 사이의 철학적 토론내용을 담은 **우파니샤드**(Upaniṣad)를 공부하는 학생기 또는 학습기를 말하며 영적인 삶을 지향하는데 필수적인 기간으로 취급된다. 올바른 수행을 위해 성(性)적 개념이 없는 어린 시절부터 시작한다. 기간은 출생에서 24세까지이며 보통 5살에 **구루쿨라**(Guru-kula)라고 부르는 스승으로부터 엄격한 훈육을 받는다. 보통 이 단계의 남자를 **브라마차리아**(Brahmacharya)로 여자는 **브라마차리니**(Brahmacarini)로 부른다. 브라마차리아가 되려면 금욕과 독신생활을 서약해야 하며 베다

를 공부하고 영적 스승에게 봉사하는 의무를 부담한다. 그밖에도 통제·청결·정직·요리·예배·설교·음악·순종 등을 훈련받는다. 여기에 브라마차리아가 반드시 지켜야 할 금지규정을 부가하고 있는데 이는 대부분 **성**(性)에 관한 것이다. ㉠여자를 생각하는 것 ㉡성에 대해 말하는 것 ㉢여자를 희롱하는 것 ㉣음탕한 눈길로 여자를 바라보는 것 ㉤여자와 친하게 어울리는 것 ㉥성생활을 결심하는 것 ㉦성생활을 위해 노력하는 것 ㉧성생활을 시작하는 것 등이다. 이에 따라 영적인 진보를 위해 엄격한 금욕을 유지해야 하고 육식과 도박 그리고 술이나 마약처럼 사람을 취하게 만드는 것들을 철저히 금하고 있다.

②**그리하스타**[Gṛhastha, **가주기**(家住期)]는 결혼해 가정을 돌보는 단계이다. 전통적 베다에서는 브라마차리아에서 5년간 훈련을 받고 인성을 기른 후 25-30세 때 결혼하는 것을 권하고 있다. 남편은 가장으로서 아내와 가족을 보호하고 부양하며 또 종교의식을 지키고 베다를 공부하면서 생계를 책임져야 한다. 아내는 가사를 돌보고 아이의 육아와 교육을 책임져야 한다. 공통적으로는 자선이나 기부활동에 임해야 한다. 이 단계는 강한 책임과 희생이 요구되는 단계로 기간은 약 25년이다. 경제활동과 가문의 번식이 이뤄지는 시기로 철저히 금욕적인 생활을 요구하고 있는 여타 단계에 견주어 세속적 쾌락을 허용하고 있는 단계이다.

③**바나프라스타**[Vānaprastha, **은둔기**(隱遁期)]는 가정을 떠나 종교 활동에 전념하면서 영적인 삶을 추구하는 은퇴기를 말한다. 기간은 일반적으로 50-74세이다. 집을 떠나 엄격한 금욕과 고행을 실천한다는 특징이 있다. 이 시기에 부부간의 성관계는 금지되며 남

편은 외모를 가꾸지 않고 아내도 남편을 따라서 모든 사치스러운 습관을 포기해야 한다.

산야신(Sannyasin)①

④**산야사**[Sannyāsa, **유행기**(遊行期)]는 세속적인 것을 포기하고 금욕과 무소유 그리고 영적 탐구에 헌신하는 단계이다. 기간은 일반적으로 75세에서 죽는 때까지이다. 이 단계는 ㉠두려움을 모르고 ㉡순결하고 ㉢아는 것이 많은 3가지 특성이 있으며 여기에 자제·비폭력 등의 의무를 더해야 한다. 특별히 산야사 단계에는 베다의 전통에 따라 4단계를 덧붙여 두고 있는데 이를테면 ㉠마을 밖에 머물며 필수품은 집에서 공급받는 **쿠티차카**(Kuticaka) 단계 ㉡어떤 것도 공급받지 않고 유랑하며 음식을 얻는 **바후다카**(Bahudaka) 단계 ㉢신의 영광을 전파하러 각지를 떠도는 **파리브라자카차리아**(Parivrajakacarya) 단계 ㉣종일 신만 생각하고 모든 것을 신에 바치는 **파라마함사**(Paramahamsa) 단계 등이다. 이처럼 포기하는 삶의 단계를 받아들이는 사람을 일컬어 **산야신**[Sannyasin 또는 **산야시**(Sannaysi)]이라 부른다. 산야신은 전통적인 주황색 승복을 입고 암자 또는 동굴에 거주하거나 전국을 떠도는 방랑 생활을 한다.

(2) 베다

베다(Vedas, Véda)는 브라만교 **성전**(聖典, Holy Book)을 총칭한다. 고대 인도 최고 문헌으로 종교·신화는 물론이고 사회를 꿰뚫어 볼 수 있는 중요한 자료이다. 베다는 산스크리트어로 안다는 의미에서 파생되었는데 본래 성스러운 지식·종교적 지식 등의 뜻으로 사용되다가 이후 어의가 변용되어 종교적 지식을 수록한 성전을 총칭하는 뜻으로 자리 잡게 되었다.

베다는 브라만교의 제례의식과 밀접한 연관성을 갖고 발달한 문헌으로 제례의식을 실행하는 제관의 역할분담에 따라 ①신을 찬미하는 운문형식의 찬가 모음집인 **리그베다**(Rig-Véda) ②리그베다에서 발췌한 찬가에 운율을 붙여 노래 부르도록 한 모음집으로서 **사마베다**(Sama-Véda) ③제사 예법과 제사 때 쓰이는 노래를 집성한 문헌인 **야주르베다**(Yajur-Véda) ④재앙을 막고 복을 얻기 위한 **주문**(呪文, Mantra)이 담긴 주술서인 **아타르바베다**(Atharva-Véda) 등의 4종류가 있다. 이러한 구분은 제례의식에 참여하는 제관 4명의 역할(찬가·노래·집행·주술)에 따라 나뉜 것으로 추정하고 있다. 이상의 4베다는 내용에 따라 여러 가지 방식으로 나뉜다.

①**삼히타**(Samhita, Mantra)는 찬가·기도문을 담은 본집이다. ②**브라마나**(Brahmana)는 삼히타에 속해 기도·주문·공물을 바칠 때 형식과 제례의 유래와 의의를 담고 있다. ③**아라냐카**(Aranyaka)는 마을에서 떨어져 따로 수련하는 자를 위해 작성된 것이다. ④**우파니샤드**(Upanishad)는 우주의 원리에 대한 심오한 사상과 베다 해석 방식을 담은 것으로 이 중에 가장 중요하게 취급되고 있다.

베다는 오랜 세월을 거치면서 학파에 따라 여러 가지 방식으로 발전·변모되었다. 이에 따라 문헌 자체가 상당히 복잡한 형식을 띠고 있으며 다채로운 신화적·철학적 의미가 부여되어 있기도 하다. 문헌 일부가 사라지거나 새로 삽입되기도 했고 베다의 이해를 돕기 위한 보조 학문으로 **시크샤**(Siksa, 음성학)·**칼파수트라**(Kalpasutra, 제식학)·**비야카라나**(Vyākarana, 문법학)·**니루크타**(Nirukta, 어원학)·**찬다스**(Chandas, 음률학)·**조티샤**(Jyotisa, 천문학) 등이 발달했다.

베다는 고대 인도의 종교와 철학사상을 이해하기 위한 문헌으로 종교뿐만 아니라 출생·결혼·장례 등 인간의 삶과 관련된 의례와 제식 등을 망라하고 있기에 고대 인도의 사회·정치·경제·문화상을 보여주는 사료로 매우 중요하게 취급되고 있다.

힌두교 근본 경전은 베다와 우파니샤드이며 그 밖에 베다 해설서 **브라흐마나**(梵書, Brāhmaṇas)·베다 이해를 위한 규범이나 규칙으로서 **수트라**(Sūtra) 등의 문헌이 있다. 이것들은 오늘날 인도의 종교적·사회적 기본이념으로 기능하고 있기도 하다.

경전에 버금가는 성전으로는 **마하바라타**(Mahābhārata)·**라마야나**(Rāmāyaṇa) 등 서사시가 있고 그 밖에 **푸라나**(Purāṇa)·**탄트라**(Tantra)·**아가마**[**전승**(傳承), Agama]·**삼히타**(Samhita) 등이 있다.

2) 신앙 체계

힌두교는 브라만교에서 많은 **신관**(神觀)과 신화를 계수하고 있어 외견상 **다신교**(多神教, Polytheism)처럼 보이지만 신들의 배후에 유일한 최고신을 특정하고 그 신들을 최고신의 한가지 형체로 통일시키고 있다는 점에서 일신교적 형태를 취한다. 이를테면 역

브라흐마(Brahmā)②

비슈누(유지신Viṣṇu)③

시바[파괴신(破壞神), Śiva]④

사적이고 우화적 설화를 통해 베다의 가르침을 해설하는 힌두교 성전 문학으로서 이른바 **푸라나**(Purāṇa) 문헌에 나타나는 **트리무르티**[Trimūrti, **삼신일체**(三神一體) 또는 **삼위일체**]를 예시할 수 있다. 여기서 트리무르티는 **브라흐마**[**창조신**(創造神), Brahmā, **범신**(梵天)] · **비슈누**[**유지신**(維持神), Viṣṇu] · **시바**[**파괴신**(破壞神), Śiva] 3신을 일체로 최고의 신적 원리로 삼고 있다. 그중에 비슈누와 시바를 숭배하는 사람들이 힌두교 주류를 형성하고 있다.

비슈누파(Vaisnava)는 학문적 성격이 강하며 비교적 사회의 상층부에 속한다. 비슈누는 때로 인간과 동물의 모습으로 지상에 출현하고 **라마**(Rāma)와 **크리슈나**(Kṛṣṇa)는 2대 서사시의 영웅으로 추앙되고 있다.

시바파(Śaiva)는 수행자의 고행 · 주술 · 제의(祭儀)를 특징에 두고 있다. 또 인도는 예로부터 신의 **배우자**[**신비**(神妃)] 숭배가 성행했는데 이에 브라흐마는 **사라스바티**(Saraswati) 비슈누는 **락슈미**(Lakshmi)가 신비로 취급되고 있고 시바신은 **두르가**(Durga) · **파르바티**(Pārvatī) · **우마**(Umā) · **칼리**(Kālī) 등 많은 이명이 있다. 이들 여신을 **샤크티**(Shakti)라고 하며 이들을 전적으로 숭배하는 **샤크티파**(Śāktaṃ)도 있다.

라마(Rāma)⑤

크리슈나(Kṛṣṇa)⑥

힌두교의 교의는 ①**윤회**(輪廻, Samsāra) **업**(業, Karma) **해탈**(解脫, Nirvāna) ②**도덕적 행위** ③**경건한 신앙** 등으로 요약할 수 있다. 윤회와 업 사상은 민간신앙에서 본떠 수용한 것으로 이미 우파니샤드에서도 나타나며 서사시 **마하바라타**(Mahābhārata)에 특히 강조되고 있다. 이러한 사상은 인도인의 도덕 관념을 키웠으나 다른 한편 숙명론을 전가함으로써 사회 발전을 저해하는 요인으로 기능하기도 했다.

한편 인간 사후에도 깊은 성찰이 있었다. 여기에는 신들도 예외가 아니어서 업의 속박에서 벗어나는 것은 어려웠다. 이러한 속박에서 해탈하는 방법으로 출가한 후 유랑 생활과 고행 또는 요가가 중요시되었다.

힌두교 사회에서 도덕 관념은 브라만교 법전에 규정된 **다르마**[법(法), dharma)]이다. 또 힌두교는 이슬람교 및 그리스도교와 접촉해 많은 영향을 받아 근세에는 **브라마 사마지**(Bramo Samaj, 1828) · **아리아 사마지**(Arya Samâj, 1875) 등 종교개혁운동이 일기도 했다.

특별히 **스와미 비베카난다**(Swami Vivekananda, 1863-1902)는 스승이자 성자인 **라마크리슈나**(Ramakrishna, 1836-1886) 수하에서 수행하고 그에게서 영향을 받아 이른바 **라마크리슈나 미션**(Ramakrishna Mission, 1897)을 설립하고 모든 종교가 하나로 귀결된다고 보는 보편주의적 종교관을 전파하기도 했다.

라마크리슈나 미션은 인도의 전통적 승려조직과 서구의 그리스도교조직을 혼합한 종교조직을 통해 인도주의적 사회봉사에 힘썼다. 이에 세계적으로 많은 신자를 보유하고 있기도 하다.

라마크리슈나 (1836-1886)⑦

스와미 비베카난나 (1863-1902)⑧

한편 **스와미 비베카난다**는 라마크리슈나의 가르침을 국제무대로 확산시켰다는 평가를 받고있는 인물로서 특히 실천적 베다의 가르침인 **베단타**(Vedanta) 철학과 **요가**(Yoga)에 관한 강연으로 전 세계적으로 요가의 확산과 서양에 동양의 영성을 전하는데 지대한 영향력을 미쳤다. 특히나 인도 내에서는 힌두 개혁가로서 민족주의 표방한 영웅으로서 그리고 영혼의 스승으로 존경을 한몸에 받고 있기도 하다.

2. 힌두교의 교리

힌두교의 기본교리는 우주의 법칙과 인간의 윤회를 배경에 두고 있다. 힌두교의 교리를 구성하는 기본 개념은 대부분 이후로 인도를 종교의 탄생배경에 두고 있는 **불교**(Buddhism) · **자이나교**(Jainism) · **시크교**(Sikhism) 등에 계수되었다.

1) 우주관

힌두교에 따르면 우주는 생성 · 발전 · 소멸을 반복한다. **브라만**(Brahman)이 우주를 생성하고 **비슈누신**(Viṣṇu)이 우주를 유지 · 발전시키며 파괴신으로서 **시바신**(Śiva)이 우주를 소멸시킨다고 한다. 계절이 바뀌듯 우주의 시간도 바뀌며 결국에는 낡은 우주는 소멸하고 새로운 우주가 생성된다고 본다.

2) 윤회와 업

윤회(輪廻, Samsara)는 **해탈**(解脫, Vimukta)의 경지에 도달하지 못한 자는 그 깨달음 · 경지 · 구원된 상태에 도달할 때까지 계속하여 이 세상으로 재탄생한다는 교리이다. 이 세상에서 겪는 삶의 경험이 자신의 발전에 더는 필요치 않은 상태 또는 경지에 도달할 때 비로소 이 세상으로의 윤회가 끝이 나게 된다. 윤회로 비롯된 삶과 죽음의 인생사는 어둠을 극복하여 깨달음 또는 구원에 이르는 여정이라고 볼 수 있다.

힌두교를 필두로 자이나교·불교·시크교 등 주로 인도 계통 종교에서 윤회를 교리로 수용하고 있다. 서양의 경우 고대 이집트 종교·**피타고라스학파**(Pythagoreans)·**영지주의**(靈知主義, Gnosticism)·**헤르메스주의**(Hermeticism) 등에서도 마찬가지다.

힌두교에서 윤회를 부정하는 것은 인과응보 또는 원인과 결과의 인과법칙을 부정하는 것과 마찬가지로 취급되는데 이를테면 인과법칙을 부정하면 인간 삶에 있어 도덕적 행위의 정당성을 뒷받침하는 근거를 무너뜨리는 것과 마찬가지로 본다.

한편 힌두교에서 탄생은 영혼이 육체·감각기관·마음과 연결되는 것으로 새로운 존재가 생겨나는 것이 아니라 새로운 연결을 맺는 것이며 죽음은 완전한 소멸 또는 파괴가 아니라 영혼이 육체와 분리되는 것이라 믿고 있다.

요컨대 힌두교 교리에 의하면 해탈에 도달하지 못한 자들은 우주 안에서 끊임없이 낳고 죽기를 반복하며 윤회한다. 인간은 다음 생애에는 짐승으로 때로는 신으로 태어나기도 한다.

이처럼 수없이 반복되는 윤회의 과정에서 사람은 현재 인생을 살면서 쌓은 선악의 결과로서 **카르마**(Karma)에 의해 다음 생애가 정해진다.

다르마에 따른 삶을 살다 죽으면 다음 생애는 존귀한 카스트 출신으로 태어나나 다르마에 어긋나는 삶을 살게 되면 다음 생애에는 더 비천한 카스트 출신으로 태어난다.

힌두교에서 윤회를 부정하는 것은 카르마에 따라 도덕적 법칙을 부정 또는 무시하는 것이고 위대한 성인들의 가르침을 무의미한 헛된 일로 치부하는 것과 마찬가지로 취급하고 있다.

3) 해탈

힌두교에서 **해탈**(解脫, Moksha)은 ①**윤회로부터 해탈** 또는 ②**무지로부터의 해방** 등의 의미로 사용된다. 이를테면 해탈은 완전한 자유를 찾은 경지로 절대적인 구원이자 최상의 쾌락으로 인식되고 있다. 불교·자이나교·시크교 등 베다의 전통과 관련 없는 종교에서도 해방 또는 해탈이라는 의미로 사용하고 있다. 다만 불교의 경우에는 **열반**(涅槃, Nirvana)이라는 용어로 사용한다.

해탈의 개념은 **우파니샤드**(Upaniṣad) 전통에 따라 정립되었는데 이를테면 윤회의 굴레에서 벗어나 영원의 세계로 입성하는 것을 궁극적 구원의 길이라고 보아 이를 해탈로 인식하였다.

해탈은 절대 변치 않는 가장 내밀하고 초월적인 자아로서 숨쉬는 자아로서 **아트만**(Ātman)이 우주의 근본적 실재나·원리로서 **브라만**(Brahman)과 본래 합일적인 존재라는 근원적 지혜를 깨달아야 획득할 수 있는 경지로 보았다.

이후 해탈의 개념은 힌두교를 비롯하여 불교나 자이나교와 같은 수많은 파생 종교들에서도 마찬가지로 추구되었던 구원의 길로 인식되었고 그에 도달하는 다양한 방법론이 제시되었다.

우파니샤드 초기에 해탈은 출가수행과 고행이 중심이 된 속세 이탈의 경향이 주류를 이루었고 그나마 대중들이 이해하고 실천할 수 있는 해탈은 등한시되었다.

한편 베다 전통의 부흥 운동으로 해탈에 관한 인식도 세속적인 요소들과 결합하여 중도적인 입장으로 재정립되었다. 이에 해탈은 기존의 초월적인 존재 상태에서 심리적인 평정의 상태까지 의미가 확장되었고 그에 이르는 길도 다양화되었다. 이는 종교로서 힌두교가 탄생하게 된 결정적인 계기가 되었다.

힌두교에서는 현상세계를 끝없는 윤회가 반복되는 고통의 근원으로 생각했기에 그 무상한 실체를 **마야**[Maya, **환상**(幻想)]로 지칭해 왔다. 그리고 이에 대한 구원으로는 ①**다르마**(Dharma)와 그 공덕을 바탕으로 천상에서 환생하는 방법 ②해탈에 도달하여 윤회의 굴레에서 완전히 탈출하는 방법 등으로 해소했다. 전자는 천상에서 태어나더라도 업에 따라 지상으로 언제든지 환생할 수 있기에 후자에 견주어 일시적이고 불완전한 방법으로 여겨졌다. 이에 따라 후자인 해탈의 방법이 구원의 길로 선호되었다. 힌두교에서 해탈에 이르는 방법은 원초적인 기복신앙에서부터 각양의 제례의식에 이르기까지 다양한 신행 방법이 제시되고 있다.

해탈은 힌두교 전통에서 사람이 추구해야 할 삶의 목표로서 고대 인도인의 인생관인 소위 **푸루사르타**(Purusartha)의 하나로서 속세 이탈의 궁극적 가치를 담고 있어 대개 카스트 제도 중에서 가장 높은 브라만 계급과 연관이 깊은 것으로 보았다.

본능적 욕망을 의미하는 **카마**(Kama) · 세속적 성취를 뜻하는 **아르타**(Artha) · 소명과 의무를 의하는 **다르마**(Dharma) 등은 이러한 해탈에 도달하기 위해 충족되어야 하는 요건이 되었다. 아울러 인생의 4가지 단계를 의미하는 **아슈라마**(Ashrama)도 해탈을 성취하기 위한 모범적인 인생의 단계라고 보았다. 그중 4번째 단계인 **산야사**(Sannyāsa)가 해탈에 이르는 최종 단계로 인식되었다.

한편 힌두교에서 해탈에 이르는 수행방법으로 **즈나나 요가**(Jnana Yoga) · **카르마 요가**(Karma Yoga) · **박티 요가**(Bhakti Yoga) 등이 있다. 이는 힌두교 **성전**(聖典, Holy Book)인 **바가바드 기타**(Bhagavad Gītā)를 통해 정립된 뒤 크게 대중화되었다. 이들 3가지 요가는 방법론에서만 차이가 있을 뿐 해탈에 지향점을 두고 있는 공통점이 있다.

①**즈나나 요가**는 **지혜의 요가**라는 뜻으로 우파니샤드에서 제시된 구원론으로 올바른 지혜와 통찰을 통해 고통에서 해방되는 방법을 제시하고 있다. 여기서 일체의 고통은 나와 내가 아닌 것을 구별하는 것에서 시작하는데 이른바 **범아일여**(梵我一如)라는 근원적 지혜를 깨달음으로써 구원에 도달할 수 있다고 보고 있다. 요가의 방법론으로 깊은 명상과 철저한 수행을 제시하고 있는데 이를 통해 무상의 경지에 이르러 자의식의 멸각상태인 **삼매**(三昧, Samādhi)의 경지에서 해탈에 이를 수 있다고 보고 있다. 여기서 삼매는 **고요함**(寂寂) · **적멸**(寂滅) · **정적**(靜寂)의 상태 또는 고도의 정신집중 상태를 말한다. 다만 이 요가는 전문적인 수행자를 대상에 두고 있어 일반인에게는 매우 난해하다는 특성이 있다.

②**카르마 요가**는 **행위의 요가**라는 뜻으로 자신에게 주어진 각종 다르마를 이행하고 어떤 결과에 집착하거나 헛된 욕망을 품지 않는 것만으로도 해탈에 도달할 수 있다고 보고 있다. 방법론으로는 각종 규칙을 충실히 이행하고 선행으로 공덕을 쌓아야 한다는 행위론적 방법이 제시되고 있는데 이는 출가수행이 보편화된 초기 우파니샤드 한계에서 벗어나 보편적 구원의 가능성을 선보였다는 점에서 획기적인 발상으로 평가되고 있다.

③**박티 요가**는 **사랑의 요가**라는 뜻으로 **박티**(Bhakti) 신앙에서 추구하고 있는 구원관이다. 박티는 인간이 신에게 결합함을 말하는데 신에 대한 믿음과 사랑으로 최고신에게 귀의하면 그 은총

힌두교 상징 성스러운 음절 옴(Aum)

에 의해 해탈할 수 있다고 믿고 있다.

힌두교 전통에 따르면 박티 요가는 해탈에 이르는 가장 쉬운 길로 인식되고 있다. 방법론으로 종교적인 실천에 따라 상대성이 사라진 존재로 경험되는 신과 하나가 되고 자아에서 신과 만나 신과 하나가 되는 경지에 도달해야 한다. 박티 요가는 **만트라**(Mantra)로 불리는 예컨대 **옴**(Oum)과 같은 **진언**(眞言)을 유성 또는 무성으로 반복해 읊어 수련함으로써 이로써 **삼매**(Samādhi)에 이를 수 있음을 강조하고 있는 요가다. 여기서 만트라는 영적 또는 물리적 변형을 일으킬 수 있다고 여겨지고 있는 발음·음절·낱말·구절을 말한다. 달리 **밀주**(密呪) 또는 **다라니**(陀羅尼)라고도 한다.

4) 신앙생활과 의례

힌두교 사회의 기반은 **카스트 제도**(Caste System)와 브라만의 혈연집단을 의미하는 **고트라**[Gotra, **우사**(牛舍)·**우군**(牛群)]의 제도에 두고 있다. 고트라는 본래 혈연집단을 뜻하며 그 이름(고트라 명)에는 그의 조상이라는 **성선**(聖仙)에서 딴 이름을 이용하고 그 수는 본래 7이었다고 하는데 후세로 갈수록 증가하였다.

모든 브라만은 성선의 자손이라고 하며 고트라는 그 성선에서 본떠 명명하고 있다. 이에 따라 동일한 성선의 자손은 동일한 씨족에 속한다고 하며 이에 동일 씨족끼리의 혼인은 금지되었다. 한편 카스트 제도는 족내혼을 규정하고 있는데 부계로 7대 모계로 5대 이내 친족 간의 결혼은 금지하고 있다.

전통적으로 브라만의 고승을 만날 때 남자는 **도티**(Dhoti)라는 복장을 여자는 1장의 이음새 없는 천으로 만든 **사리**(Saree)를 착용한다. 브라만은 비폭력 정신을 계수하여 채식주의를 지키고 특히 **소**[**우**(牛), Cow]의 숭배가 보편화 되어 쇠고기를 피하고 있다.

힌두교는 우상숭배가 성행해서 매일 강과 저수지에서 목욕하고 시바신 등의 신상에 예배한 후 식사에 임한다. 일생을 통해 행해야 할 약 40여 개에 이르는 제례의식이 있다. 탄생제를 비롯하여 남자가 정식으로 힌두교 사회의 일원이 되는 입문식·결혼식 등의 제례의식은 삶에 있어 매우 중요하게 취급하고 있다.

가정의례로는 ①우주의 근본 원리인 브라만을 위해서 **만트라**[Mantra, **진언**(眞言)]를 제창하는 브라만제 ②각양의 신들에 대한 공양제 ③일체의 생물에 공물을 바치는 제례 ④조령을 공양하는 조령제 ⑤손님을 공양하는 공양제 등이 있다.

3. 힌두교의 종파

힌두교 종파는 **주신**(主神)에 따라 구분된다. 힌두교는 수많은 종파가 있으나 **비슈누파**(Vaishnavism)·**시바파**(Shaivism, Saiva)·**샤크티파**(Shaktism)·**스마르타파**(Smartism)의 4개 종파를 주요 종파로 꼽는다.

이들 4종파는 의식·믿음·전통 등을 공유하고는 있으나 삶의 궁극적 목표인 **아트마 즈나나**[Atma Jnana, **자기인식**(Self-Realization)]를 성취하는 방법에 있어 서로 다른 철학 또는 교리를 보유하고 있다. 숭배 대상인 주신이 다르고 궁극적 목표를 성취하는 방법에 대한 철학 또는 교의가 다르다는 점에서 이들 힌두교 종파들은 서로 다른 종교라 보고 있기도 하다.

힌두교는 본래 단일체가 아니어서 여러 종파를 서로 다른 분파로 취급하지 않고 있음에 따라 힌두교를 구성하는 서로 다른 여러 종파는 그 밖의 종교와는 달리 서로에 대한 갈등이나 적의를 가지고 있지 않은 특징이 있다.

반면에 각 종파 또는 철학적 분파 간에는 건강한 교류와 체계적인 논쟁을 그치지 않고 있다. 힌두교에서는 특정 종파 또는 철학적 분파에 속한 개인이 특정 문제에 관해서는 다른 종파 또는 철학적 분파의 관점을 취하는 것이 드문 일이 아니며 또한 이런 태도를 금지하고 있지도 않다.

1) 비슈누파

비슈누파(Vaishnavism)는 **비슈누**(Viṣṇu)를 최고신으로 숭배하고 있다. 본래 비슈누신은 베다 종교에서 다수의 태양신 중 하나에 불과했는데 각지의 토착신과의 이합집산을 통해 **시바**(Śiva)와 함께 힌두교 최고 신의 지위를 점하게 되었다.

비슈누는 화신(火神)으로 악신인 **아수라**(阿修羅, Asura)와 악이 만연하자 다양한 신격으로 세상에 나타나 정의를 구현하는 신으로 인식되었다. 이러한 이유에서 비슈누는 다양한 이름으로 불리고 있는데 대부분 각 지역 및 부족의 토착 신이 되었다. 비슈누파는 **바가바타파**(Bhagavata)**파**와 **판차라트라**(Pañcaratra)**파**로 나뉜다.

(1) 바가바타파

라마(Rāma)와 아내 시타(Sītā)[9]

크리슈나(Kṛṣṇa)와 아내 라다(Rādhā)[10]

바가바타(Bhagavata)파 최고신은 **바가바드**(Bhagavad)이다. 초기 **바스데바**(Vasudeva)라고 했으나 이후 **크리슈나**(Kṛṣṇa)나 **비슈누**라고 불렀다. 본래 크리슈나는 브라만교 밖에서 숭배된 전략가로 영웅이었는데 후일 크리슈나가 다른 신과 뒤섞여 강대한 한 종파를 형성했다.

당시 브라만교는 불교 등 비브라만교적 종교의 융성에 위기감을 느껴 급기야 크리슈나를 베다의 태양신 비슈누와 동일시하고 자신들의 세력확대 수단으로 삼았다. 이를 주도한 일파가 곧 바가바타파이다.

바가바타파는 비슈누 화신을 특히 강조하는데 이를테면 비슈누는 세상에 10가지 모습으로 나타난다고 가르쳤다. 이에 여신숭배와 맞물려 **라마**(Rāma)와 그의 아내 **시타**(Sītā) 그리고 크리슈나와 아내 **라다**(Rādhā)는 인도 전역에서 숭배되었다.

바가바타파의 교의가 체계적으로 정리되어 성전의 형태를 갖춘 때는 서사시 **마하바라타**(Mahābhārata)에 기록된 **바가바드 기타**(Bhagavad Gītā)에서이다(B.C.5세기-4세기).

(2) 판차라트라파

바가바타파는 특히 브라만교 색채가 짙었으나 **판차라트라(Pañcaratra)파**는 밀교 수행법을 중시해 정통 비슈누교를 주장하고 비슈누와 아내 **라크슈미**(Laksrni)를 숭배했다.

판차라트라파는 후일 남인도에서 신에 대한 시를 열렬히 노래하는 신비주의적 활동으로 명성이 자자했던 **슈리 바이슈나바파**(Sri Vaishnavism)의 모태가 되었다. 인도 양대 철학가 중 한 사람으로 손꼽히는 유명한 철학가 **라마누자**(Rāmānuja, 1055-1137)가 바가바타파 교의를 이른바 **베단타**(Vedānt) 철학으로 정비하였다.

2) 시바파

시바파(Saiva)는 시바를 최고신으로서 숭배한다. 시바파 수행자는 몸에 재를 바르는 행위나 인간의 해골을 연결해서 목걸이를 만드는 이른바 **외도**(外道)를 행한 것으로 유명하다. 시바파는 힌두교의 유력한 종파로 대체로 다음과 같은 교파가 존재한다.

(1) 샤이바 시단타

샤이바 시단타(Śaiva-siddhānta)는 남인도 지역에서 번성했다. 28개 **성전**(聖典)을 가지고 있는데 이들 성전은 최고신 시바의 5개의 입으로 전파되었다고 한다. 샤이바 시단타 신학은 세계를 ①**파티**[주(主), Pati] ②**파슈**(가축, Pasu) ③**파샤**[삭승(索繩), Pāsa] 등의 3원리로 분류하고 있다. **파티**는 최고신 **시바** · **파슈**는 살아있는 **개아**(個我) · **파샤**는 **비정신적 물질**로 구분한다.

개아는 본래 일체의 더러움을 벗어난 청정한 것인데 **무지**(無知, Ignorance) · **업**(業, Karma)과 **마야**(세상을 존재하게 하는 우주적 환상, Māyā) 등으로 윤회 세계에 속박되어 있다고 보고 있다. 이에 시바신은 특수한 능력인 **샤크티**(Sakti)를 가지고 있어 개아의 속박과 해탈을 2개로 지배하고 있다고 믿고 있다. 이를테면 개아는 시바신의 은총에 의해 신통력을 가지게 되며 해탈해서 시바신과 동등해지게 되는데 다만 시바신과 합체되는 것이 아니라 결합하는 것이라고 보고 있다.

(2) 카시미르 시바파

카슈미르 시바파(Kashmir Shaivism)는 인도 북서부 카슈미르를 중심으로 성립된 종파이다. 본래는 샤이바 시단타와 동일한 **성전**(聖典)을 보유했고 이른바 **불이일원론**(不二一元論, Advaita) 사상을 강조하고 있다. 불이일원론은 만유의 근본에는 유일한 절대자인 **브라만**[Brahman, 범(梵)]이 있으며 브라만은 본질적으로 **아트만**[Atman, 아(我)]과 동일하다는 **범아일여**(梵我一如) 이론의 또 다른 이름이다.

카슈미르 시바파에 의하면 윤회하는 개아는 실제로는 절대자인 시바신과 같은데 그런데도 윤회의 고초를 겪고 있는 것은 개아가 자신이 본래 시바신과 동일하다는 것을 무지로 인해 자각하지 못하기 때문이라 보고 있다. 따라서 해탈은 이러한 무지를 극복하고 통일성을 다시금 확인하는 것이라고 가르치고 있다.

(3) 파슈파타파

파슈파타(Pāśupata)파는 ①**원인**(原因) ②**결과**(結果) ③**요가**(Yoga) ④**의궤**(儀軌)

고통종식(苦痛終熄) 등의 5가지 원리를 정립하고 있다. **원인**은 주인 시바신 **결과**는 가축인 개아 **요가**는 시바신과 개아와의 합일 **의궤**는 합일을 위한 수행법을 말한다.

파슈파타파 수행법은 자의적으로 사람들이 싫어하는 온갖 기행을 행한다는 것에서 그 특징을 찾을 수 있다. 이러한 행위를 통해 사람들로부터 오해를 받음으로써 그렇게 오해한 사람들의 공덕을 자신의 몸에 이행해서 축적하려는 데 뜻을 두고 있다.

(4) 그 밖의 시바파

①**성력**(性力)을 받드는 **샤크타**(Śākta)**파** · ②**수은**(水銀)을 시바신이 그 아내와 결합에서 발생한 불로불사의 영약으로 취급하고 있는 **라세슈바라**(Raseśvara)**파** · ③카스트 제도를 부정하고 우상숭배나 순례 등의 외적인 의례의 폐지를 주창하는 **바사바**(Basaba)**파** · ④인간의 해골을 엮어 머리나 목의 장식으로 걸고 이에 독특한 수행법을 중시하는 **카파리카**(Kāpālika)**파** 등이 있다.

3) 샤크티파

샤크티파(Śāktaṃ)는 비슈누파 · 시바파와 함께 힌두교의 3종파로 꼽힌다. **우주의 근원적인 힘**을 상징하는 **샤크티**[Shakti 또는 **디비**(Devi)]를 절대신이자 최고신으로 숭배하고 있다. 이에 따라 샤크티를 우주의 근본 원리인 **브라만**(Brahman)과 동일시하여 우주의 최고 통치자로 숭배하고 있다. 절대자 샤크티에게 모든 것을 바치고 몸과 마음을 여신에게 의지하는 헌신적인 믿음인 이른바 **박티**

(Bhakti)를 통해서만 구원을 얻을 수 있다고 믿고 있다. 역사적이고 우화적인 설화 등을 통해 베다의 가르침을 해설하고 있는 힌두교 성전 문학으로서 **푸라나**(Purāṇa) 문헌의 **데비 마하트마**(Devi Mahatmya)를 주요 경전으로 삼고 있다.

4) 스마르타파

스마르타파(Smartism)는 힌두교의 모든 주요한 신들이 브라만(Brahman)이 형상화된 존재들 또는 브라만의 여러 모습이라고 믿는 힌두교 종파이다.

스마르타파는 모든 사람이 신을 선택할 때 무제한의 자유를 허용한다. 그러나 대개 ①**비슈누**(Viṣṇu) ②**시바**(Śiva) ③**데비**(Devi) ④**수르야**(Surya) ⑤**가네샤**(Ganesha) 등 5신을 비인격적 절대자인 브라만이 인간의 모습을 띠고 나타난 현현으로 보아 숭배한다.

이들 브라만 현현 중에서 어떤 신을 숭배할 것인지는 전적으로 각 개인에게 달려있는데 그 이유는 이들 서로 다른 신의 현현들 또는 성격들은 모두 그 본질과 위계에서 동등하다고 보고 있기 때문이다. 이런 시각에서 스마르타파는 자유주의적 성격과 절충주의적 성격을 겸비하고 있는 힌두교 종파로 꼽히고 있다.

우리나라 종교인구 통계지표 (2)

출처 : 통계청 (2015)

우리나라 종교인구분포	※ 해당 종교단체의 주장
개신교	970만 명
불교	760만 명
천주교	390만 명
대순진리회※	160만 명
창가학회(남묘호렌게쿄)※	150만 명
원불교	120만 명
증산도※	60만 명
유교	50만 명
하나님의 교회※	40만 명
신천지※	30만 명
천도교※	30만 명
통일교※	20만 명
이슬람교※	15만 명
여호와의 증인※	10만 명
태극도※	10만 명
천리교※	10만 명

제7장 불교의 교리와 신앙관

1. 교리와 신앙체계

석가모니 고행상①

불교(佛敎, Buddhism)는 **석가모니**[釋迦牟尼(Śakyamuni), Gautama Siddhārtha, B.C.563-483]를 **교조**(敎祖)로 그가 가르친 **법**(法, Dharma)을 교의로 삼고 있는 종교이다. 석가모니의 성은 **고타마**(Gautama)이고 이름은 **싯다르타**(Siddhārtha)이다.

석가모니란 **석가족**(釋迦, Śākya)**의 성자**라는 뜻이다. 그 밖에 **불타**(佛陀, Buddha)·**여래**(如來,Tathāgata)·**세존**(世尊, 세상에서 가장 높다는 뜻)·**사주**(師主, 스승 또는 승려의 높임말) 등의 별칭이 있다. 불교는 **법**(法)을 **석가모니 가르침**으로 새기고 있어 불교를 **불법**(佛法)이라 하고 **부처로 나아가는 길**이라는 뜻에서 **불도**(佛道) **석가모니 가르침**이라는 뜻에서 **석교**(釋敎)라고도 칭한다.

불교라는 말은 ①**석가모니가 가르친 법**이라는 뜻과 ②**부처가 되기 위한 교법**(敎法)이라는 뜻을 함께 아우르고 있는데 여기서 **불**(佛)은 **불타**(佛陀, 산스크리트어 Buddha의 음역)의 줄인 말로 **깨달은**[각성(覺性)] **사람**이라는 뜻이다. 그러나 일반적으로 불은 통상 부처를 의미하는 석가모니로 한정해 사용하고 있다.

불교는 교조 석가모니가 **보리수**(菩提樹, Bodhi-Tree) 아래에서 **달마**[達磨, Dharma, **진리**(眞理), **다르마**]를 깨침으로써 **불타**(佛陀, Buddha, **깨달은 자**)가 된 뒤(35세) 죽을 때까지[입적(入寂), 80세] 사람들을 교화할 목적으로 가르친 설교 내용을 핵심 교리로 삼고 있다.

불교는 석가모니 생존 시에 이미 교단이 조직되어 포교가 시작되었고 사후에 인도·스리랑카 등지로 전파되었으며 이후 동남아시아 중국을 거쳐 한국과 일본으로 세력권이 확대되어 세계적 종교로서 입지를 굳혔다.

그러나 한때 이슬람교에 밀려 교권을 잠식당하기도 했는데(14세기 이후) 오늘날 발상지 인도에서는 세력이 미약하나 스리랑카·미얀마·태국·캄보디아·티베트를 비롯하여 우리나라를 중심으로 동아시아 지역에 수많은 신자를 보유하고 있다. 불교의 주요 특징은 다음과 같다.

①**신**(神, God)의 의미가 **형해화**(形骸化)되어 있다. 이를테면 부처가 후일 대중에게 이상화된 인물로 추앙되어 절대자로서 깨달음과 구제의 대상이 되고는 있으나 여타 종교처럼 창조자 또는 정복자와 같은 신은 보유하고 있지 않다.

②교리를 **지혜**(智慧)와 **자비**(慈悲)에 두고 있다. **지혜**는 여러 가지로 발전하는데 모든 것[일체(一切)]을 **종**(縱)으로 절단하는 시간적 원리인 **무상**(無常)과 모든 것을 **횡**(橫)으로 연결하는 공간적 원리인 **연기**(緣起)에 주안점을 두고 있다. 이는 **공**(空)으로 표현된다. **자비**는 끝없는 **무한**(無限)이며 허무한 **무상**(無償)에 대한 애정으로 증오나 원한이 없는 개념이다. 이에 광적인 신앙을 배척하고 관용과 평등을 관철하고자 한다.

③현실을 직시하는 경향이 강하고 모든 일에 집착과 구애를 버리고 오로지 그 실천만을 강조하고 있다.

④깨달음으로 몸과 마음의 번뇌로부터 해방되어 조용하고 편안하고 흔들리지 않는 **해탈**(解脫, Vimoksa, Vimutti)을 이상의 경지로 삼아 이를 **열반**(涅槃, Nirvāna, Emancipation)이라 일컫고 있다.

불교는 부처 탄생 이후 **원시불교**(原始佛教)・**부파불교**(部派佛教)・**소승불교**(小乘佛教)・**대승불교**(大乘佛教) 등으로 분파되어 아시아 여러 나라에서 다양하게 발전했고 경전도 여러 가지가 새롭게 편찬되었다. 이에 따라 교리나 의식도 개별 불교의 발전과정에 따라 저마다 특별한 차이가 있어 불교의 교리 및 신앙관을 일목요연하게 정리하는 것은 매우 어렵다. 이러한 점은 다른 종교에서는 찾아볼 수 없는 불교만의 독특한 종교적 특성이다.

불교의 교조 석가모니는 **브라만교**[**바라문교**(婆羅門教), Brahmanism]의 정통 교리가 흔들리던 시기(B.C.5세기경)에 **크샤트리아**(Kshatriya, 무사・왕족 계급) 가문에서 태어났다. 그가 출생한 때는 브라만교의 전통 사상에 대한 회의로 이에 새로운 사상을 추구하고자 노력했던 비브라만적 신흥 사조가 다수 출현했던 시기였다. 당시 브라만의 전통교리를 신봉하는 승려와 구분하여 이들의 신흥 사조를 이른바 **사문**(沙門, Samaṇa)이라고 칭했는데 불교도 이러한 비브라만적 신흥 계통에 뿌리를 두고 있었다.

그러나 불교는 전통 브라만교의 형이상학적・본질론적 경향과 여타 사문의 회의적・부정적인 경향은 지양했는데 이를테면 **세상은 끝이 있는가? 시간은 유한한가? 내세는 있는가?** 등에 관한 원초적 문제에 관해서는 특별한 관심을 두지 않았다.

요컨대 부처는 어떠한 전제나 선입관에 기반한 추론은 피하고 모든 것을 현실에 존재하고 있는 모습에 대하여 있는 그대로의 시각을 중요시했다. 이를테면 부처는 절대 변치 않는 가장 내밀하고 초월적인 자아로서 **아트만**(Ātman)이나 우주의 최고 원리로서 **브라만**(梵, Brahman) 등과 같은 형이상학적 문제에 대한 사상적 논리로부터 탈피하여 **인간이 지금 여기에**? **왜**? **어떻게**? **존재하고 있는가**?라고 하는 실존적 의문을 보다 중요시하였다.

부처가 깨친 진리는 형이상학의 차원에서가 아니라 모든 것 일체가 존재하는 모든 현상은 그나마 혼자만의 것은 하나도 없다는 전제하에 이에 따라 모든 조건과 원인이 없으면 결과도 없다는 이른바 **연기**(緣起)에 근거하고 있다. 이에 따라 세계는 특별한 신이나 브라만에 의해 창조된 것이 아닌 저마다의 의존관계 곧 인연에 따라 낳고 죽는다고 설파하였다.

요컨대 부처의 가르침으로서 불교의 교리는 인간 저마다 실제 생활에서 난관에 봉착했을 때 이를 타개하기 위한 문제해결에 주안점을 두고 있다.

결국에 불교의 교리나 이론은 자연히 인생의 문제해결이라는 실제 목적을 중요시하고 있어 이론을 위한 이론이나 형이상학적 이론은 도외시하고 있는 특징이 있다.

한편 부처는 사람마다 그 사람만이 지닌 사회적 조건과 개인차에 따라 가르침을 달리했는데 곧 모든 사람에게 공통되는 획일적이고 일방적인 방법은 지양하고 다양한 길을 모색하였다. 이에 따라 외견상 불교의 교리가 너무 다양하게 전개되어 때로는 서로 모순되는 것처럼 보이는 결과를 초래하고 있기도 하다.

2. 불교의 구분

1) 원시불교

원시불교(原始佛教)는 일반적으로 석가모니가 도를 깨닫고 전파한 때로부터 사후 그의 제자들이 석가모니의 가르침을 정리하여 성립된 불교를 뜻한다. **초기불교**(初期佛教) 또는 **근본불교**(根本佛教)라고도 한다. 여기서 근본불교는 석가모니의 근본 사상이 무엇인가에 주안점을 두고 있음을 특별히 강조하고 있는 표현이다.

원시불교는 석가모니의 가르침을 제자들의 구전에 의한 직접 화법의 형식으로 정리하고 있다는 특징이 있다. 이에 따라 석가모니의 근본 사상이 무엇인가 하는 것에 주안점을 두고 있다. 석가모니는 당시 인도 사상계에 있어 화두가 되었던 갖가지 형이상학적 문제에 관한 논쟁으로 이를테면 **세계는 영원한가? 세계는 유한한가? 영혼과 육체는 같은가? 여래**(如來, Tath Gata)**는 사후에 존재하는가?** 등과 같은 물음에 관해서는 아무런 해답도 주지 않았다. 그것은 이러한 문제는 아무리 따져보아도 결코 답을 얻을 수 없는 무익한 담론이라 보았기 때문이다.

석가모니는 이러한 형이상학적 문제에 관심을 두기보다는 마음속 **정적**(靜寂)의 경지로서 열반 또는 평화를 얻고자 노력했다. 곧 석가모니가 해결하고자 했던 것은 인생에 있어 반드시 수반되는 고통의 문제에 관심을 두었다. 깨달음을 성취한 석가모니는 제자들에게 다음과 같은 교의를 전하고 가르쳤다.

①인간이 경험하는 모든 것은 끊임없이 변화하고 있으며 거기

에는 고정적인 실체가 없음에도 거기에 무엇인가 변치 않는 불변의 실체가 있다고 생각하고 이에 집착하기 때문에 번뇌가 생겨 고통받게 된다. ②번뇌는 진리에 대한 무지와 집착에 기인한 것이므로[12 **연기설**(十二緣起說)] 바른 수행[8**정도**(八正道)]에 의해 지혜를 완성하여 이로써 진리에 눈뜨게 되면 마침내 집착을 끊고 일체의 속박에서 벗어나서[**해탈**(解脫)] 이상의 경지[**열반**(涅槃)]에 도달할 수 있게 된다.

석가모니는 이러한 기초적인 대의를 그를 따르는 제자들과 무리에게 가르쳤는데 이상의 설교에 대한 요점을 정리한 체계가 이른바 **사성제**(四聖諦, Catvāri Āryasatyāni)이다.

2) 부파불교

부파불교(部派佛敎)는 석가모니와 제자 시대 초기불교를 계승하고 **대승불교**(大乘佛敎)에 대응해 전통 학파에 의해 발전한 불교를 말한다. 석가모니 사후(B.C.3세기경) 불교 교단은 계율과 교리 해석상 의견이 첨예하게 대립하여 그 결과 보수적 색채가 짙은 **상좌부**(上座部, Thera-vāda, 11부)와 진보적 성격의 **대중부**(大衆部, Mahāsāṃghika, 9부)로 분열되어 이로써 소위 **소승 20부**(小乘二十部)가 성립하게 되었다. 여기서 이들 각각의 부파에 속한 **경**[經, 부처가 가르친 진리를 수록한 전적(典籍)] · **율**[律, 부처가 제정한 규칙들을 수록한 전적] · **논**[論, 경의 내용을 밝게 해설한 전적]에 언급된 가르침을 부파불교로 정의한다. 여기서 **경 · 율 · 논**의 3가지 불경을 일컬어 **삼장**(三藏)이라고 한다.

부파불교 시대 동안 각 부파는 석가모니의 가르침을 정리 ·

분류하고 각기 독자적인 경과 율을 전파했다. 또 경과 율을 해석·연구하고 그 조직을 체계화하는 학문을 발달시켰는데 이것을 **아비달마**[阿毘達磨, Abhidharma, **대법**(對法)]라 하여 **논**(論)이라 불렀다.

부파불교는 불교의 교의 확립이라는 시각에서 큰 공적을 남겼으나 번잡한 교의와 불교의 학문화를 지향하여 종교로서 불교의 위상과 활력을 소진케 하고 신앙적 동력을 저해하는 등의 역효과를 제공하기도 했다. 이는 새로운 불교개혁 운동인 **대승불교**(大乘佛敎, Mahāyāna)를 일으키는 결과를 낳았다.

3) 소승불교

아소카왕(Asoka)을 새긴 조각상②

소승불교(小乘佛敎, Hīnayāna)는 개인의 해탈을 강조하는 불교로 요약할 수 있다. 석가모니가 불교를 창시하면서(B.C.6세기경) 누구든지 지나친 욕심을 버리고 올바른 수행에 임하면 현실의 고통에서 벗어나 해탈에 이를 수 있다고 가르쳤는데 이러한 평등사상은 당시 카스트 제도에 신음하던 인도의 대중들에게 큰 환영을 받았다.

당시 인도 전 계층을 아우르는 강력한 중앙집권체제를 구축한 고대 인도 최초 통일왕조인 **마우리아**

왕조(Maurya dynasty, B.C.317-B.C.180) 제3대 **아소카왕**(Asoka, B.C.268?-B.C.232?)는 불교장려정책을 펼쳤는데 곧 불경을 정리하고 곳곳마다 돌기둥과 불탑을 세워 부처의 가르침을 전파해 나갔다.

한편 아소카는 인도 남부를 제외한 인도 전역을 통일하여 전성기를 구가했는데 상비군과 관료제로 정복지에 강력한 통치권을 행사해 정국안정에 주력했으나 화폐와 문자가 통일되어 있지 않아 사후 반세기 만에 멸망하였다. 문화적으로 불교를 장려하였으며 불교의 경전을 편찬·전파하였다. 불교의 자비와 살생금지 그리고 비폭력을 통치의 기본으로 선언하기도 했다.

아소카왕은 재위 시 국가 정신을 통일하고 부처의 권위를 빌려 왕권을 강화하고자 했는데 이 시기의 불교가 개인의 해탈을 강조한 **소승불교**(小乘佛教)였다.

이후 소승불교는 태국 등 동남아시아로 전파되었는데 여기서 **소승**(小乘)은 **작은 수레**라는 뜻으로 개인의 해탈을 중요시하는 불파임을 표창하고 있다. 대표적인 경전에는 석가모니와 제자들의 언행록인 **아함경**(阿含經, Āgama)·인도의 승려 **법구**(法救, Dharmatrāta, ?-?)가 인생에 지침이 될 만큼 좋은 구절을 모아 엮은 경전인 **법구경**(法句經, Dharmapāda)·우리나라 불교 계율의 기초를 이루고 있는 불교 경전으로서 **범망경**(梵網經, Brahmajāla Sutta) 등이 있다.

4) 대승불교

대승불교(大乘佛教, Mahāyāna)는 **삼론종**(三論宗)·**법상종**(法相宗)·**화엄종**(華嚴宗)·**천태종**(天台宗)·**진언종**(眞言宗)·**율종**(律宗)·**선종**(禪宗) 등이 이

에 속한다. 석가모니 사후(B.C.100?) 인도에서 일어난 불교 부흥 운동은 당시 여러 파로 쪼개져 있는 상황에서 오로지 자신들의 주장만이 최상의 것이라고 고집해 온 불교의 폐쇄적인 자세를 비판하면서 이에 재래 불교를 **소승**(小乘, Hinayana)이라 깎아내리고 이타적 세계관을 바탕에 둔 분파로서 이른바 **대승**(大乘, Mahāyāna)이라고 칭하면서 활발하고 폭넓은 불교 전파 활동을 전개하였다.

대승은 많은 사람을 구제하여 태우는 **큰 수레**라는 뜻으로 일체중생의 제도를 목표에 두었다. 이 운동은 종래 출가자인 승려만의 종교였던 불교를 널리 대중에게 개방하려는 진보적 사상을 가진 자들이 주축이 되었다.

이러한 새로운 불교 운동은 당시까지 석가모니에게만 한정하던 이상적 인간상으로서 **보살**(菩薩, Bodhisattva)이라는 개념을 확대하여 일체중생 또한 성불 가능성을 인정하여 이로써 일체중생을 모두 보살로 보고 자기만의 구제보다는 **이타**(利他)를 지향하는 보살의 역할을 이상으로 삼고 광범위한 포교 활동을 펼쳐나갔다.

이 불교 운동은 대승불교 각각의 경전을 통해 탄력받게 되었다. 주요 경전은 ①**공**(空, Śūnyatā)의 사상을 강조함과 동시에 모든 법의 실상은 반야에 의해 밝혀진다고 설명하는 경전으로 종래 고정관념을 타파하여 일체 집착에서 해탈을 실천의 중심으로 삼은 **반야경**(般若經, Prajuāpāramitā-sūtra) ②**일승**(一乘)을 강조하고 영구한 본불(本佛)을 세우는 **법화경**(法華經, Saddharma Puṇḍarīka Sūtra) ③광대한 불타의 세계를 가르치는 **화엄경**(華嚴經, Avataṃsaka Sūtra) ④출가자를 가르치는 **유마경**(維摩經, Ārya-Vimalakīrtinirdesa nāma mahāyāna Sūtra) 등이다.

이상의 경전들은 오랜 세월에 걸쳐 대승이 불교의 중심세력

나가알랄수나의 화상③

이 되어가는 과정을 통해 제자리를 찾았는데 이 모두는 후일 **나가알랄수나**[那伽閼剌樹那, Nāgārjuna, **용수**(龍樹)]의 출현으로(2-3세기경) 대승불교의 사상적 기반을 확립했다.

한편 대승불교 초기부터 일반 대중의 교화를 위해 만들어진 **다라니**[陀羅尼, Dharani', **지혜**(智慧)·**삼매**(三昧)]를 외우고 **주법**(呪法)을 설교하는 **밀교**(密敎)가 불교 활동의 중심이 되었는데(7세기 이후) 당시 밀교는 **금강승**(金剛乘, Vajra-yāna)이라는 이름으로 불렸다. 대승불교는 한(漢)나라 때 중국으로 건너가 몽골·티베트·한국·일본 등 **북방불교**(北方佛敎)의 주류가 되었다.

우리나라에는 고구려 **문자왕**(文咨王, 재위 491-518) 때 **용수**(龍樹)의 **중관론**(中觀論, Madhyamakakārikā) 등 **천태**(天台)·**열반**(涅槃)의 교법이 들어와 대승불교에 관한 연구 및 교화가 활발히 전개되었다.

3. 불교의 주요 개념

1) 석가모니

석가모니[釋迦牟尼(Śakyamuni)는 불교의 창시자로서 **싯다르타**(Gotama Sidhārtha)가 성불한 후의 이름으로 이는 그를 존경한 사람들이 수

여한 존칭이다. 그는 현재 **네팔**(Nepal)의 **타라이**(Tarai) 지방에 고대 인도 **석가족**(Śakya)이 세운 **카필라**(Kapila)국에서 아버지 **정반왕**(淨飯王, Śuddhodāna)과 어머니 **마야부인**[**마하마야**(摩訶摩耶), Mahamaya] 사이에 태자로 태어났다. 마야부인은 그가 태어난 지 불과 7일 만에 죽고 태자는 이모이자 최초의 **비구니**(比丘尼, Bhikṣunī)가 된 **마하파자파티**(Mahapajapat)에 의해 양육되었다.

싯다르타는 장성하여 인근 **콜리야족**([**구리족**(拘利族), Koliya] 공주였고 그 또한 석가족 출신이었던 **야쇼다라**(耶輸陀羅, Yasodharā) 공주와 혼인하고 슬하에 아들 **나훌라**(羅睺羅, Rahula)를 두었다. 그러나 젊은 날 싯다르타는 평범한 왕자로 사는 것보다 삶의 근본 문제인 생로병사의 고통에서 영원히 벗어나는 길에 더한 관심을 두었다.

결국에 출가를 결심한 싯다르타는(29세) 온갖 고행을 견디며 6년여 동안 여러 스승을 찾아다녔으나 그런데도 깨달음을 얻지 못하자 수행방법을 바꾸게 되고 드디어 인도 북동부 **비하르**(Bihar)에 있는 **부다가야**(Buddha Gayā)의 보리수 아래서 명상에 잠긴 지 7일 만에 깨달음을 얻게 된다(35세).

성불한 석가모니는 이후 인도 북부 **바라나시**(Varbnasi, **베나레스**)의 교외인 **사르나트**[**녹야원**(鹿野園), Sarnath]에서 자신과 함께 수행했던 5명의 **비구**(比丘, Bhiksu)를 대상으로 **사성제**(四聖諦) · **팔정도**(八正道) · **연기법**(緣起法) 등에 관하여 최초의 설법으로서 이른바 **초전법륜**(初轉法輪, Dhammacakkappavattana Sutta)을 말하고 이후 인도의 각지를 돌며 설법에 임하면서 교단을 일으켰다.

석가모니는 인도 북부의 현재 **카시아**(Kasia) 지방인 **쿠시나가라**(Kuśinagara)의 **사라쌍수**(沙羅雙樹, Sala 나무) 아래에서 죽음을 맞이했다

(80세). 그는 마지막 설법에서 **나야말로 등불이며 법이야말로 등불이다**라고 가르쳤다. 이 점은 불교가 신학이 아니라 인간학이라는 평가를 가능케 하는 대목이 되고 있기도 하다.

불교계에서는 석가모니를 모든 괴로움에서 완전하고 절대적인 해탈을 얻은 사람으로 나아가 일체중생을 고통에서 건져 내고자 한량없는 지혜와 무한한 자비심을 나타내 보인 도덕적 완성자로 추앙하고 있다. 다만 석가모니는 신격화된 절대적 존재가 아닌 진리의 발견자로서 존경의 대상이 되고 있다.

불교에서 석가모니에 대한 찬사는 그를 지칭하는 별호로서 이른바 **여래십호**[如來十號 또는 **십종통호**(十種通號)]에 잘 나타나 있는데 그 내용은 ①**진리의 체험자 그리고 열반**(涅槃)**에 다다른 자**라는 **여래**(如來, Tathāgata) ②**세상의 공양과 존경을 받을만한 자**라는 **응공**[應供, **아라한**(阿羅漢), Arhat] ③**올바른 깨달음을 얻은 자**라는 **정변지**[正遍知, **정등각자**(正等覺者), Samyaksambuddha] ④ **아는 것과 행함이 완전한 자**라는 **명행족**(明行足, Vidyācaraṇa-Saṃpanna) ⑤**훌륭하게 완성한 자**라는 **선서**(善逝, Sugata) ⑥**세상을 완전히 이해한 자**라는 **세간해**(世間解, Lokavid) ⑦**최상의 인간**이라는 **무상사**(無上士, Anuttara) ⑧**사람을 통제하는 능력을 보유한 자**라는 **조어장부**(調御丈夫, Puruṣa damyasārathi) ⑨**사람과 하늘의 스승**이라는 **천인사**(天人師, Śāstā Devamanuṣyānām) ⑩**복과 덕을 갖춘 자로서 높은 스승**이라는 **세존**[世尊, Bhagavat, **파가파**(婆伽婆), **박가범**(薄伽梵)] 등이다.

2) 사성제

사성제[四聖諦, Catvāri Āryasatyāni) 또는 **사제**(四諦)]는 **전승**(傳承)이라는 뜻

의 **원시불교**(原始佛敎)의 경전인 **아함경**(阿含經, Āgama)에 나오는 가르침으로 불교의 기본적 교의 중 하나이다. 여기서 **제**(諦, Satya)는 **진리 또는 깨우침**을 뜻한다. 사성제는 4가지 **높은 깨우침**[높은(Ārya) 깨우침(Satya)] 또는 **4가지 고귀한 진리**(Four Noble Truths)라는 뜻을 담고 있는데 **고제**(苦諦)·**집제**(集諦)·**멸제**(滅諦)·**도제**(道諦) 등 4가지 진리를 담고 있어 이에 간략히 **고집멸도**(苦集滅道)라고 칭한다.

①**고제**는 불완전하고 더러움과 고통으로 가득한 현실을 바르게 보는 것이다. **고**(苦)는 ㉠**낳고**(生) ㉡**늙고**(老) ㉢**병들고**(病) ㉣**죽는다**(死)는 **생노병사**(生老病死)의 4가지와 **애별리고**(愛別離苦)·**원증회고**(怨憎會苦)·**구부득고**(求不得苦) **오온성고**(五蘊盛苦)의 4가지를 합한 8고로 특정하고 있다. ㉤**애별리고**는 사랑하는 사람과 이별하거나 사별하는 고통 ㉥**원증회고**는 싫어하고 미워하는 사람을 만나고 함께 산다는 고통을 말하며 이는 고뇌의 원인으로 기능한다. 이들은 특히 자기중심적인 애증에 대한 집착이 강하면 강할수록 고뇌는 더욱 커지게 된다. ㉦**구부득고**는 생각대로 되지 않기 때문에 생기는 고뇌로 욕구가 충족되지 않을 때 생기는 고통이다. ㉧**오온성고**는 앞의 7가지를 망라한 것으로 **오온**(五蘊, Panca Khandha)에 대한 자기중심적인 집착을 지니게 되면 모든 것이 고통이라는 것을 재차 강조한 것이다.

②**집제**란 고의 원인이나 이유라는 뜻이다. 이를테면 고의 원인으로서 어디서나 기쁘고 즐거운 것을 추구하는 **갈망**[갈애(渴愛)]을 뜻하는데 이를 고뇌의 원인으로 보고 있다. 갈애는 **욕애**(欲愛, Kāma-taṇhā)와 **유애**(有愛, Bhava-taṇhā)와 **무유애**(無有愛, Vibhava-taṇhā)의 **3애**(三愛)가 있다. ㉠**욕애**는 감각적 욕구에 대한 것으로 이를테면 현

실에서의 감각적 쾌락을 추구하는 애욕을 말한다. ㉡**유애**는 존재를 뜻하는 **유**(有)에 대한 갈애로서 사후에 천국 등의 훌륭한 곳에 태어나고 싶다는 욕구이다. ㉢**무유애**의 **무유**는 허무를 말한다. 꿈과 같이 아무것도 없는 허무한 것에 안주하고자 하는 것을 무유애라 하는데 무유애 또한 자기중심적인 것으로 금하고 있다. 현세적 시각에서 갈애는 번뇌에 지나지 않는 것이다. 또 괴로울 수밖에 없는 인간 존재의 고통의 원인을 **3독**(三毒)으로 설명하기도 한다. 곧 ㉠자기에게 맞으므로 탐욕을 일으키고 ㉡또 맞지 않기 때문에 분노하며 ㉢그것이 다시 갖가지 어리석음을 불러일으켜 괴로움이 생겨난다는 것이다.

③**멸제**는 깨달음의 목표가 되는 **열반**(涅槃)의 세계를 가리킨다. 곧 모든 번뇌를 대표하는 갈애를 남김없이 멸함으로써 얻게 되는 해탈을 말한다.

④**도제**는 **유**(有)에도 **무**(無)에도 집착하지 않는 **중도**(中道)의 수행법으로서 원시불교의 근본 교의를 이루고 있다. 이는 팔정도에서 그 구체적인 내용으로 설명되어 있다.

3) 팔정도

팔정도(八正道, Aryástanga-marga)는 깨달음을 얻기 위한 8가지 수행을 가리키는 불교의 교리로서 즐거움을 바라는 것과 고행 등의 극단을 떠난 **중도**(中道)의 수행으로 올바른 깨우침으로 인도하기 위한 가장 합리적인 수행법으로 특정되어 있다.

①**정견**(正見, Samyag-drsti)으로 이는 바른 견해이다. 곧 불교의 바른

세계관과 인생관으로서 인연과 사제에 관한 지혜이다.

②**정사유**(正思惟, Samyak-saṃkalpa)는 몸과 말에 의한 행동이나 행위를 하기 전에 갖추어야 할 바른 의사 또는 결의를 가리킨다. 이를테면 부드러운 조화와 자비 및 충정의 마음으로 바르게 기억하고 바르게 생각하는 일이다.

③**정어**(正語, Samyag-vāc)는 정사유 뒤에 부수하는 바른 언어적 행위이다. 거짓말이나 나쁜 말 그 밖에 이간질 등을 하지 않고 진실하고 남을 사랑하며 융화시키는 유익한 말을 하는 것이다.

④**정업**(正業, Samyak-karmānta)은 정사유 뒤에 따라오는 바른 신체적 행위이다. 생명을 사랑하고 자비를 베풀고 성도덕을 지키는 등의 선행을 하는 일이다.

⑤**정명**(正命, Samyag-ājīva)은 바른 생활이다. 이것은 바른 직업에 의하여 바르게 생활하는 것을 의미하지만 규칙적인 일상생활도 포함된다. 경제생활과 가정생활이 건전하게 수행되는 것이다.

⑥**정정진**(正精進, Samyag-vyāyāma)은 용기를 가지고 바르게 노력하는 것이다. 정진은 이상을 향하여 노력하는 것이며 그것은 모든 면에서 이상으로서의 선을 낳고 증대시키며 이에 어긋나는 악을 줄이고 제거하도록 노력하는 것을 말한다.

⑦**정념**(正念, Samyak-smṛti)은 바른 의식을 가지고 이상과 목적을 언제나 잊지 않는 일이다.

⑧**정정**(正定, Samyak-samādhi)은 정신통일을 말한다. 일상생활에서 마음을 안정시키고 정신을 집중하는 것은 바른 지혜를 얻거나 지혜를 적절하게 활용하기 위한 선결 요건이 된다. 흐트러짐이 없는 마음과 무념무상의 상태는 정정이 진전된 것이다.

팔정도 중에 **정견**은 나머지를 달성하기 위한 목적이다. 그리고 팔정도는 8가지 항목이나 이것은 하나의 성도를 이루는 각 부분이며 8가지는 일체로서 유기적으로 결합 된 별개의 것이 아니다. 팔정도는 석가모니 최초의 법문이며 불교의 기본적 근본 교의로서 그 지위를 점하고 있다.

4) 연기법

연기(緣起, Pratītya-samutpāda)란 **인연생기**(因緣生起)의 줄임말로 모든 현상은 무수한 **원인**(因)과 **조건**(緣)이 상호 관계하여 성립된다는 뜻이다. 세상에 존재하는 모든 것은 반드시 그것이 생겨날 원인과 조건에 따라 곧 연기의 법칙에 따라 생겨난다는 것이 **연기법**(緣起法)이다. 이 세상이 이루어지는 근본 원리를 설명하는 것이다.

연기는 간략히 **이것이 있으면 저것이 있고 이것이 생기면 저것이 생긴다. 이것이 없으면 저것이 없고 이것이 멸하면 저것도 멸한다**와 같이 표현할 수 있다. 연기설의 일반적인 형태는 이른바 **12연기**(十二緣起)이다.

①**무명**(無明)은 실제로 존재하지 않는 무상한 것을 실체로 착각하고 그 무상한 형체를 완전하고 영원한 것으로 집착해버리는 어리석음을 말한다. 즉 진리에 대한 무지이다.

②**행**(行)은 밝지 못한 상태인 **무명**으로 행동하고 말하고 생각함으로써 습관·성격 등 바르지 못한 자기가 형성되어 간다. 이로써 **업**(業)이 쌓여가게 된다.

③**식**(識)은 **행**에 의해 형성된 잠재된 힘으로 받아들인 모든 인

식을 판단하는 작용을 한다. 분별하는 인식작용을 말한다.

④**명색**(名色)으로 ㉠**명**(名)은 정신적인 것이고 ㉡**색**(色)은 물질적인 것을 말한다. **명색**은 물질적인 것과 정신적인 것이 결합 된 상태로 인식작용으로 일체의 존재가 현상으로 나타남을 말한다.

⑤**육처**(六處)는 **명색**이 있으므로 그것을 지각하는 능력이 일어난다. 곧 눈·귀·코·혀·몸·의지 등이 그것이다.

⑥**촉**(觸)은 접촉한다는 뜻으로 감각기관과 그 대상인 지각의 주체가 화합·접촉하는 것을 말한다.

⑦**수**(受)는 감수작용으로 **촉**에 의해 즐거움이나 괴로움이나 즐거운 것도 아니고 괴로운 것도 아닌 느낌의 3가지가 일어난다.

⑧**애**(愛)는 심한 욕구로 **수**에 의해 일어난 맹목적 욕심이다.

⑨**취**(取)는 **애**에 의해 일어난 욕구가 추구하는 대상을 소유하는 것이다. 즉 그릇된 소유의 마음으로 살상하고 훔치며 망령된 언어를 사용하고 **사취**(詐取)하는 등 몸과 언어로 **업**(業)을 쌓게 된다.

⑩**유**(有)는 **취**에 의해 있음이 발생한다. 곧 몸과 말로써 짓는 행동 뒤에 발생한다. 유에는 3가지가 있는데 ㉠욕망이 있는 **욕계**(慾界, Kāma-dhātu) ㉡욕망은 없으나 물질이 남은 **색계**(色界, Rūpa-dhātu) ㉢욕망과 물질은 없고 정신적인 것이 남은 **무색계**(無色界, Arūpa-dhāta) 등이다. 이들 **삼계**(三界)는 생사의 테두리를 벗어나지 못한다.

⑪**생**(生)은 **유**로 말미암아 존재 자체가 형성된다.

⑫**노사**(老死)는 **생**에서 비롯된 늙음과 죽음의 괴로움을 말한다. 즉 생사에서 비롯되는 근심과 슬픔과 번뇌와 괴로움이 있게 된다. 이 생과 사는 단순히 육체적인 생사만이 아니라 자신이 나고 또 죽는다고 하는 생각에서 오는 정신적인 괴로움을 말한다.

4. 불교의 교리

1) 무아

무아[無我, Anātman, **제법무아**(諸法無我)]는 불교의 특징을 잘 나타내는 대표적 교리로 모든 존재에는 고정불변의 실체로서의 **나**[**실아**(實我)]가 없다는 것이다. 이를테면 모든 존재는 끊임없이 변화하기 때문에 영원한 실체를 가지고 있지 않다는 것이다.

무아설은 불교 이전에 인도의 **브라만**(Brahman) 사상에서 절대 변치 않는 가장 내밀하고 초월적인 자아로 취급되었던 이른바 **아트만**(Ātman) 개념에 대립해서 생겨났다. 석가모니는 절대적 자아의 존재로부터 이기심이 태동하고 이 이기심은 서로의 평화로운 삶을 해치는 근본적인 장애물이라고 보았다. 곧 보통사람은 자신이 살아있다는 것과 자신이 가진 것이 영원할 줄 알고 거기에 집착하며 이 집착으로 여러 가지 고통을 받게 된다는 것이다.

그러나 석가모니는 사실은 영원히 변하지 않는 존재는 없으며 이 존재에 대한 참모습을 바로 알게 되면 집착하는 마음을 다스릴 수 있기에 이로써 마음의 평화를 얻을 수 있고 결국에 고통에서 벗어날 수 있다고 설파하였다.

2) 3독

삼독[三毒, Triviṣa, **탐진치**(貪瞋癡)]는 근본적인 3가지 번뇌를 말하는데 곧 ①**탐욕**(貪慾) ②**진에**(瞋恚) ③**우치**(愚癡)를 말한다. 줄여서 **탐진치**

(貪瞋癡)라고도 하며 이 3가지 번뇌가 중생을 해롭게 하는 것이 마치 독약과 같다고 하여 달리 **삼독**(三毒)이라고도 한다.

탐욕은 ㉠원하는 바에 욕심을 내어 집착하는 것 ㉡뜻에 맞는 일에 집착하는 것 ㉢정도를 넘어서서 욕심을 부리는 것 ㉣명성과 이익을 지나치게 좋아하는 것 등이 모두 이에 해당한다.

불교는 5**욕**(五慾)이라 칭하고 ㉠**식욕**(食慾) ㉡**색욕**(色慾) ㉢**재욕**(財慾) ㉣**명예욕**(名譽慾) ㉤**수면욕**(睡眠欲) 등을 꼽는다. 그러나 이것을 구하는 것이 탐욕이 아니라 그것이 정도를 지나칠 때 탐욕으로 본다.

한편 여자만의 욕망도 있는데 ㉠**색욕** ㉡얼굴 아름다움에 대한 **형모욕**(形貌慾) ㉢옷치장에 관한 **위의욕**(威儀慾) ㉣아름다운 몸매에 관한 **자태욕**(姿態慾) ㉤아름다운 음성에 대한 **언어욕**(言語慾) ㉥피부 윤기에 대한 **세활욕**(細滑慾) 등의 6**욕**(六慾)이 그것이다.

진에는 분노하는 것으로서 산목숨에 대하여 미워하고 성내는 것을 말한다. 따라서 진에는 분노뿐만 아니라 시기와 질투를 포함한다. 진에는 수행하는 데 가장 큰 허물이 되는 것으로 다스리기 어려운 것으로 보고 있다.

우치는 현상이나 사물의 도리를 이해할 수 없는 어두운 마음으로 이로 인해 그대로의 모습을 판단할 수 없게 된다. 따라서 모든 번뇌는 우치로 인해 일어나게 되는 것으로 보고 있다.

삼독은 **나**(我)에서 비롯되는데 이에 따라 나에게 미혹한 것이 우치이고 우치 때문에 이 세상을 살아가는 중에 나에게 맞으면 탐욕을 일으키고 나에게 맞지 않으면 진에를 일으키게 된다.

이처럼 삼독은 중생을 생사의 윤회 속으로 빠뜨리는 근원이 되고 중생의 고통을 만드는 원인으로 해석되고 있다. 따라서 삼독을 제거하면 고통으로부터 떠나 열반의 경지에 도달할 수 있게 된다고 보고 있다. 삼독을 없애기 위한 수행으로 ①**팔정도**(八正道)와 ②**계**(戒, Sla) · **정**(定, Sama-dhi) · **혜**(慧, Paa)의 **삼학**(三學, Tisso Sikkha)을 들고 있다. 여기서 **삼학**은 ㉠**계**로써 탐욕을 다스리고 ㉡**정**으로써 진에를 다스리며 ㉢**혜**로써 어리석음을 다스린다는 것이다.

3) 명상

명상(冥想)은 불교에서 가장 오래된 원시 경전으로서 **숫타니파타**(Sutta-nipāta)에서 괴로움을 벗어나기 위한 궁극적 방법이며 사성제의 결론이라 가르치고 있다. 명상은 지각에 대한 지각도 여의고 지각에 대한 잘못된 지각도 여의고 지각이 없는 것도 아니고 지각이 없어진 것도 아닌 상태에 도달하는 것이다. 이로 인해 지각된 물질적 형상이 소멸한 상태를 이른바 **적멸**(寂滅)이라고 한다.

4) 명색

명색(名色, Nāma-rūpa)은 어떠한 형체에 대한 정신적인 작용을 말한다. 이를테면 형체에 이름을 짓거나 물질에 뜻을 부여하는 것을 말하는데 넓은 의미에서 물체에 주의를 기울이거나 관심을 가지는 것으로 해석된다. 명색은 어떤 물질에 의미 또는 이름을 부여하면 그때부터 그것에 대한 감정이 생긴다는 것으로 예컨대 행복에 의미를 부여하면 행복해지고 불행에 의미를 부여하면 불행해진다는 것이다.

5) 오온

오온[五蘊, Pañca-skandha, **오음**(五陰)]은 고정불변의 **자아**[我, Atman]가 없음을 말하는 **무아**(無我, An-Atman)를 설명하기 위해 제시된 논리로 곧 인간 존재를 구성하는 5요소를 말한다. **온**(蘊, skandha)은 **인연**(因緣, Hetu Pratyaya)에 따라 발생하고 형성되는 모든 현상으로 이른바 **유위법**(有爲法, Saṃskṛta)의 총합을 의미한다. 따라서 오온은 인간 존재가 5종류 유위법에 불과하며 그 실체가 없음을 뜻한다. 오온은 우리의 자아의식을 부단히 변화하는 4종류의 심리 현상으로 해제하는데 주안점을 두고 있다.

①**색**(色, Rūpa)은 가변적이며 불가침적 물질현상을 뜻한다. 눈・귀・코・혀・몸 등의 인식능력인 **5근**(五根) 및 그것들 각각에 대응하는 색깔과 형태・소리・냄새・맛・감촉 등의 인식대상인 **5경**(五境)과 비가시적 물질현상인 **무표색**(無表色) 등을 포함한다.

②**수**(受, Vedanā)는 사유능력[인식능력]인 **6근**(六根)이 인식대상과 접촉한 뒤 일어나는 수동적 반응을 의미한다. 구체적으로는 좋아하는 대상이나 싫어하는 대상이나 좋지도 싫지도 않은 대상 등에 각각 대응하는 ㉠**즐거움**[樂]・㉡**고통**[苦]・㉢**고통도 즐거움도 아닌 느낌**[不苦不樂] 등 3종류의 정서적 반응이다.

③**상**(想, Saṃjñā)은 **청황**(青黃)・**장단**(長短)・**남녀**(男女)・**원친**(怨親)・**고락**(苦樂) 등의 구별을 통해 대상을 파악하는 작용을 의미한다.

④**행**(行, Saṃskārā)은 마음이 어떤 행위를 하도록 만드는 **의지작용**[思, Ctanā]을 말한다. 그리고 ⑤**식**(識, Vijñāna)은 각 인식대상의 고유한 특징을 통해 기타 대상과 식별하는 작용을 말한다.

6) 공

모든 개념은 서로가 인과에 의해 의존성을 띠고 있으므로 양극단은 결코 홀로 존재할 수 없으며 다른 극단과 함께 존재하는데 여기서 양극단은 공존한다는 것이 **공**(空, Sunyata)이다. 공은 양극단 각각의 존재를 인정하되 양극단은 공존하므로 이를 하나로 이해해보자는 것에서 출발한다.

한편 공은 모든 가치판단이 상대적 기준에 따라 달라지므로 모든 것이 의미가 없다는 것이 아니라 상대적 기준에 따라 다르게 볼 수 있다는 시각을 전제하고 있다.

일반적으로 불교를 허무주의로 보는 것은 공에 대한 이해가 부족하기 때문인데 본래 공은 부풀어 속이 비어 있다는 뜻이다. 곧 비어 있기에 물을 담을 수 있다는 것이다.

개인 자신의 존재를 포함한 모든 존재는 **인연**(因緣, Hetu Pratyaya)에 따라 생긴 것이기 때문에 지금 존재하고 있는 측면에서만 그 존재성이 임시로 인정될 수 있는 것이며 실제로는 거기에는 어떠한 불변한 자아나 실체 같은 것은 없는 **제행무상**(諸行無常, Anicca)이며 이에 모든 것을 공으로 설명하고 있다.

제행무상은 불교의 교의를 요약하여 제시한 슬로건이 되는 이른바 **3법인**(三法印, Tilakkhaṇa)의 하나로서 곧 모든 것은 나고 죽고 변화하여 잠시도 같은 상태에 머무르지 않고 마치 꿈이나 환영이나 허깨비처럼 실체가 없는 것을 말한다. 요컨대 공 사상에서는 공을 관조하는 것이 곧 연기의 법칙을 보는 것이며 또한 진실한 세계인 중도의 진리에 눈을 뜨는 것이라고 보고 있다.

7) 일체유심조

일체유심조(一切唯心造)는 모든 것은 오로지 마음이 지어낸다는 뜻이다. **길흉화복**(吉凶禍福)・**흥망성쇠**(興亡盛衰)・**희로애락**(喜怒哀樂) 등이 모두 밖으로부터 오는 것이 아니라 인간의 마음속에서 나온다는 것에 기본적인 교리의 주안점을 두고 있다.

8) 이타심

이타심(利他心)은 나와 남이라는 양극단을 하나로 이해하는 **공**(空)의 개념에서 비롯되었다. 이를테면 서로가 서로에게 인과로 의존하고 있으므로 나의 이익은 남을 이롭게 하는 데서 나오게 된다는 이른바 **자리이타**(自利利他)의 개념이 파생했고 여기에서 다시 **자비**(慈悲)라는 개념이 생겨났다.

불교에서 이타심은 부처의 계율을 원칙대로 고수하는 불교로서 **상좌부불교**(上座部佛教, Theravada)와는 차별되는 **대승불교**(大乘佛教, Mahāyāna)의 특징을 엿보이는 화두가 되고 있는데 이에 대승불교는 이타심을 매우 중요하게 다루고 또 강조하고 있다.

참고로 상좌부불교에서는 개인의 올바른 수행을 강조하는 팔정도를 주된 가르침에 두고 있으나 대승불교에서는 나의 깨달음을 추구하면서도 남을 적극적으로 이해하고 공감하려는 자비를 주된 가르침에 두고 있다. 이타심의 수행방법은 대체로 남이 나를 어떻게 대하고 있는가에 집중하지 않고 내가 남을 어떻게 대할 것인가에만 집중하고 있는 특징이 있다.

이러한 사조는 대승불교의 대표적인 수행법으로 이승의 번뇌를 해탈하여 열반에 이른다는 말로 완성을 뜻하는 **바라밀**(波羅蜜, Paramita)과 **사무량심**(四無量心)에서도 엿볼 수 있다. 예컨대 바라밀에서는 남을 아무 조건 없이 돕는 **보시**(布施)와 남의 모욕적 반응에도 평정심을 잃지 않는 **인욕**(忍辱)을 통해 남을 대하는 자세로서 이타심을 확인할 수 있다고 가르치고 있다.

이타심에 관하여 4가지 측정할 수 없이 큰 마음가짐을 뜻하는 **자**(慈)・**비**(悲)・**희**(喜)・**사**(捨)의 4가지 수행법으로서 **사무량심**(四無量心)이 있다. ①**자**는 친절한 얼굴로 상대방에게 즐거움을 주고자 하는 마음 ②**비**는 상대방의 불행에 같이 슬퍼하는 마음 ③**희**는 상대방의 성공에 같이 기뻐하는 마음 ④**사**는 상대에게 이러한 마음을 되돌려받지 못하거나 이러한 나를 남들이 어리석다고 비난해도 평정심을 잃지 않는 마음을 말한다.

이타심의 교리는 상대방에게 열린 마음으로 다가서서 상대의 아픔에 같이 슬퍼하고 상대의 성공을 같이 기뻐하며 내가 준 마음을 남이 나에게 갚지 않더라도 평정심을 가지는 공감 능력에 핵심을 두고 있다. 이것이 자비로운 마음이라 할 수 있으며 이러한 마음을 가지는 것이 대승불교의 **공사상**(空思想)을 몸으로 직접 실천하는 것이 된다.

참고로 이타심의 개념에서 발전하여 세상 모든 것은 그물처럼 얽혀 하나로 연결되어 있다는 **화엄사상**(華嚴思想)이 주창되었다.

5. 불교의 주요 부처

1) 석가모니불

석가모니불(釋迦牟尼佛)은 부처로 모시는 석가모니를 말한다. 불교의 교조 석가모니는 산스크리트어 **샤키아무니**(Sakyamuni)의 음역으로 앞서 본대로 **석가족**(釋迦族)에서 나온 성자라는 뜻이다. 석가모니는 본래 **고타마 싯다르타**(Gotama Sidhārtha)의 성불 후 이름으로 그를 존경하게 된 사람들이 붙인 존칭이다. 탄생과 입멸 연대에 대해서는 설이 분분하나 우리나라의 경우 **세계불교도우의회**(World Fellowship of Buddhists, WFB)가 채택한 설을 따르고 있다(B.C.624-544).

석가모니불은 모든 괴로움으로부터 완전하고도 절대적인 해탈을 얻은 사람이다. 나아가 그는 일체중생을 고통에서 건져 내고자 한량없는 지혜와 무한한 자비심을 나타내 보인 도덕적 완성자였다. 이러한 맥락에서 불교의 **신행대상**(信行對象)은 석가모니불이라고 볼 수 있다. 다만 석가모니불은 신격화된 절대적 존재라기보다는 제법의 실상을 깨달은 진리의 발견자로서 존경의 대상으로 보는 것이 마땅하다.

석가모니불에 대한 찬사는 그를 지칭하는 10가지 별호인 **여래십호**(如來十號)에서도 잘 나타나고 있다. 앞서 본대로 ①고귀한 자란 뜻의 **무상사**(無上士) ②존경할만한 자라는 **응공**(應供) 완전한 현자라는 정편지(正遍知) 지혜와 덕행의 완성자라는 **명행족**(明行足) 다시는 나타나지 않을 복된 자라는 **선서**(善逝) 세상의 일체를 다 아는 자라는 **세간해**(世間解) 제신과 인간의 스승이라는 **천인사**(天人師) 인간의 자기 극복에의 독보적 안내자라는 **조어장부**(調御丈夫) 그리고 **불세존**(佛世尊) 등이 그것이다.

석가모니의 다른 이름인 부처는 **진리를 깨달아 아는 자**라는 의미와 **진리를 중생을 위해 펼친 자**라는 의미를 모두 지니고 있다. 석가모니의 입멸 후 불교 교단 내에서는 **부처는 누구인가? 불신**(佛身)**이란 무엇인가?**"라는 의문이 제기되었고 이를 둘러싼 견해차가 오랫동안 계속되었다. 이러한 **불타관**(佛陀觀)은 **근본불교**(根本佛敎)·**부파불교**(部派佛敎)·**대승불교**(大乘佛敎)라는 불교의 발전단계를 거치면서 여러 형태로 변천되었다.

석가모니는 우주의 진리를 깨닫고 **보리수**(菩提樹) 밑에 대좌하여 깨달음을 통해 모든 의혹에서 완전히 벗어났다. 한동안 깨달음의 경지를 혼자 즐기다가 이러한 기쁨을 다른 사람들에게도 나누어 주고자 하였다.

석가모니는 우선 지난날 함께 고행하던 5인의 수행자를 교화하기 위하여 **바라나시**(Varanasi) 교외 **사르나트**[Sarnath, **녹야원**(鹿野苑)]를 방문하였다. 그들 5명은 고행을 그만둔 석가를 경멸했으나 이내 쾌락과 고행의 양극단을 배제한 중도의 설법에 감화되었다. 이때 석가모니의 최초 설법을 **초전법륜**(初轉法輪, Dhammacakkappavattana Sutta)이라고 한다. 이로 인해 붓다의 제자가 된 5인의 **비구**(比丘)가 생기면서 **불**(佛)·**법**(法)·**승**(僧)의 불교 교단이 성립하였다.

석가모니 가르침은 심원하면서도 상대에 따라 문답 형식이나 비유 또는 **인연설화**(因緣說話)를 활용하고 쉬운 말로 설법했으므로 점차 제자가 늘어났다. 그는 입적할 때까지 설법을 그치지 않았는데 설법 중에 받은 공양이 잘못되어 심한 식중독을 앓았다.

고령에 금식을 자주 했었기에 장이 매우 약한 탓이었다.

석가모니는 병이 위독함을 깨닫고 최후 목욕을 마친 후 **사라수**(沙羅樹) 숲속으로 들어가 북쪽을 바라보고 오른쪽으로 누워 발을 포갠 다음 밤중에 제자들에게 마지막 가르침을 폈다. 이후 쉬지 말고 수행에 임할 것을 유언에 남기고 **쿠시나가라**(拘尸那揭羅, Kuśinagara)에서 입멸했다.

2) 아미타불

아미타삼존도(彌陀三尊圖)④

아미타불[阿彌陀佛, Amitabha, **무량광불**(無量光佛), **무량수불**(無量壽佛)]은 이른바 윤회하고 있는 중생을 구원하는 자비로운 부처라는 **구제불**(救濟佛)임과 동시에 **서방극락세계**(西方極樂世界)에 머물며 설법하는 부처로 주로 한마음으로 염불을 외면 서방극락에 왕생해 영생을 얻을 수 있다고 가르치는 대승불교의 일파인 **정토교**(淨土敎)에서 숭앙하는 부처이다.

정토종 근본 경전인 **무량수경**(無量壽經, Sukhāvatī-vyūha-sūtra)에 따르면 아미타불은 원래 **법장**(法藏)이라는 비구승이었는데 48개의 큰 서원을 세우고 오랜 수행 끝에 서원을 모두 이룬 뒤 부처가 되어 서방 극락세계를 세워 다스리게 되었으며 지금도 그곳에서 설법하고 있다고 한다.

오늘날 **정토**(淨土)라고 하면 대개 아미타불의 **서방극락정토**(西方極樂淨土)를 가리킬 만큼 일반인에게 신앙의 대상으로 자리잡고 있는데 이에 따라 아미타불과 관련된 각종 **존상**(尊像)을 세우고 예배하고 있기도 하다. **아미타삼존**(彌陀三尊)은 아미타불 양옆에 **관음보살**(觀音菩薩)과 **세지보살**(勢至菩薩)이 있는 상이다.

아미타불이라는 낱말은 헤아릴 수 없는 광명을 가진 것이라는 **무량광**(無量光)의 산스크리트어 **아미타바**(Amitabha)와 헤아릴 수 없는 수명을 가진 것이라는 **무량수**(無量壽)의 산스크리트어 **아미타유스**(Amitayus) 두 원어의 음역이다.

여기서 무량광은 완전한 지혜를 상징하고 무량수는 자비를 상징한다. 따라서 아미타불은 이 2가지 덕성을 갖춘 부처라는 뜻이 있으며 이를 바탕으로 모든 사람을 구제하는 구제불로서 그 지위를 점한다.

무량수경(無量壽經) · **아미타경**(阿彌陀經) 등에서 아미타불은 10**겁**(劫, 1겁은 4억 3천 2백만 년) 전에 성불하였다고 하나 이것은 중생을 제도하기 위한 방으로 실제로는 이보다 훨씬 오랜 옛날에 이미 완전한 깨달음을 성취한 부처로 인식하고 이러한 의미에서 **구원불**(久遠佛) 또는 **구원미타**(久遠彌陀)라고도 한다.

아미타불은 대승불교에서 가장 중요한 부처로 정토사상의 발달과 함께 중국 · 한국 · 일본뿐만 아니라 인도 및 서역 등에서도 일찍부터 널리 전파되었다.

3) 비로나자불

비로나자불(毘盧遮那佛)⑤

육안으로는 볼 수 없는 **광명**(光明)한 부처를 **비로자나불**(毘盧遮那佛, Vairocana)이라 일컫는다. 곧 모든 부처의 육신이 아닌 진리의 모습으로서 **진신**(眞身)인 **법신불**(法身佛)이다.

법신은 빛깔이나 형상이 없는 우주의 본체인 **진여실상**(眞如實相)을 의미하는 것으로 이 부처를 **신**(身)이라 칭하고 있으나 평범한 **색신**(色身)이나 **생신**(生身)이 아닌 갖가지 몸이 이것을 근거로 나오게 되는 원천적인 몸을 뜻한다.

비로나자불을 형상화 시킬 때는 **천엽연화**(千葉蓮華)의 단상에 결가부좌를 하고 앉아 왼손은 무릎 위에 놓고 오른손은 가볍게 들고 있다. 불상의 **화대**(華臺) 주위에 피어 있는 1,000개의 꽃잎 하나하나가 100억의 국토를 표현하고 있다. 또 큰 연화로 이루어져 있는 이 세계 가운데에는 우주의 만물을 모두 간직하고 있다 하여 흔히 **연화장세계**(蓮華藏世界)라고 한다.

연화장세계의 교주는 **삼천대천세계**(三千大千世界)의 교주로 우주를 총괄하는 부처다. 이는 비로자나불이 허공과 같이 끝없이 크고 넓어 어디나 가득 차 있음을 상징적으로 나타낸 것이다. 경전상으로 **화엄경**(華嚴經) 교주이고 석가모니불이 세상에 나타난 모습인 **응신**(應身)으로 삼고 있다. 이에 비로자나불은 때와 장소 및 사람에 따라 가변적으로 그 모습을 나타내고 있는 특징이 있다.

비로나자불은 미혹에 결박된 사람의 눈에는 보이지 않으나 일심으로 생각하고 맑은 믿음으로 의심하지 않으면 어디에서든지 만날 수 있다고 한다. 곧 중생이 진심으로 기도하고 간절히 희구하는 바에 따라 그들의 생각이나 행위 경계에 따라 때를 놓치지 않고 때를 기다리지 않고 언제 어디서든 알맞게 행동하고 설법하며 여러 가지 서로 다른 모습으로 나타난다고 한다.

비로자나불은 항상 여러 가지 몸과 여러 가지 명호 그리고 삶의 방편을 나타내어 잠시도 쉬지 않고 진리를 설파함으로써 삶의 현장에서 일체중생을 제도하고 있다고 한다.

그러나 화엄경에서 비로자나불은 침묵으로 일관한다. 석가모니불이 보리수 아래에서 깨달음을 이루자마자 비로자나불과 일체를 이루게 되며 그 깨달음의 세계를 **보현보살**(普賢菩薩)을 비롯한 수많은 보살에게 자신의 무량한 광명에 의지하여 설법하는 형식을 취하고 있다. 여기서 비로자나불에 의해 정화된 세계는 특별한 부처의 세계가 아니라 바로 인간 자신이 살아가는 현실세계를 의미한다는 특징을 갖는다.

우리나라 사찰에서 비로자나불을 봉안하고 있는 전각을 **대적광전**(大寂光殿) 또는 **대광명전**(大光明殿)이라고 한다. 이러한 전각의 명칭이 있는 경우 보통 비로자나불을 중심으로 좌우에 **노사나불**

(盧舍那佛)과 석가모니불을 봉안한다. 또 **비로전**(毘盧殿) 또는 **화엄전**(華嚴殿)인 경우 보통 비로자나불만을 봉안하는 것이 상례이다. 법당 안의 비로자나불상은 보통 **지권인**(智拳印)을 하고 **결가부좌**(結跏趺坐) 자세로 앉아 있다. 지권인은 왼손 집게손가락을 뻗쳐 세우고 오른손으로 그 첫째 마디를 쥐는 모습으로 오른손은 **불계**(佛界)를 왼손은 **중생계**(衆生界)를 표시하는 것으로 이는 중생과 부처는 둘이 아닌 일체라는 뜻을 지니고 있다.

4) 미륵불

금동미륵보살반가사유상
(국보83호)⑥

미륵불(彌勒佛, Maitreya)은 현재는 보살이지만 다음 세상에 부처로 나타날 것이라고 믿고 있는 이를테면 미래의 부처이다. 석가모니는 현세에 있어서 진리에 눈뜬 **현재불**(現在佛)인데 진리는 영원한 과거에서 **미래영겁**(未來永劫)에 이르기까지 변치 않는 불멸이므로 과거 세상에도 석가모니와 같이 깨달은 사람이 있었을 것이라 하여 부파불교 시대 이른바 **과거불**(過去佛)에 대한 설이 일었고 이에 따라 석가모니 이전 **6불**(六佛)을 포함하여 과거 7불이라는 생각과 나아가 **연등불**(燃燈佛)이라는 최초의 부처에 대한 관념도 일어나게 되었다.

한편 미래에도 진리에 눈뜬 부처가 되는 이른바 미래불이 존재한다는 생각도 일어났는데 **미래불**(未來佛, Maitreya)이 그것이다. 미륵은 현재는 보살인 채 그 정토인 **도솔천**(兜率天, Tuṣita)에서 **천인**(天人)을 위해 설법을 하고 있으나 석가모니 예언에 의하면 그 목숨이 **4천세**(56억 7천만년)가 되었을 때 **인간계**(人間界)로 내려와 **용화수**(龍華樹) 밑에서 성불하고 그때 **불격**(佛格)을 얻어 미륵불이 되며 석가모니를 대신한다고 해서 **보처**(補處)의 보살로 이해되고 있다. 따라서 미륵에 관해서는 **미륵보살**(彌勒菩薩)과 **미륵불**(彌勒佛)의 2상이 만들어지고 있다.

미륵신앙은 우리나라의 경우 대부분 마을에 미륵이라 불리는 돌부처가 없는 곳이 없을 정도로 민중 속에 깊이 파고들어 있는데 그 이유는 새로운 세상을 약속한 미륵신앙이 고통스러운 현실을 살아가던 민중들에게 위로가 되었기 때문이다.

5) 약사여래

약사여래(藥師如來)⑦

약사여래(藥師如來, Bhaisaijyaguru-vaidūrya)는 중생의 질병을 고쳐주는 약사 신앙의 대상이 되는 부처를 말한다.

유리와 같은 칠보로 이룩된 청정한 세계라는 뜻으로 약사여래의 정토를 뜻하는 동쪽 **정유리세계**(淨瑠璃世界)에 있으면서 모든 중생의 질병을 치료하고 재앙을 소멸시키며 부처의 **원만행**(圓滿行)을 닦는 이로 하여금 깨달음을 이루게 하는 부처이다.

그는 과거세에 **약왕**(藥王)이라는 이름의

보살로 수행하면서 중생의 아픔과 슬픔을 소멸시키기 위한 12가지 대원으로 이른바 **약사십이대원**(藥師十二大願)을 세웠다고 한다.

①내 몸과 남의 몸에 광명이 가득하게 하려는 원 ②덕이 높아 중생을 모두 깨우치려는 원 ③중생에게 욕망에 만족하여 결핍하지 않게 하려는 원 ④중생에게 **대승교**(大乘教)에 들어오게 하려는 원 ⑤중생에게 깨끗한 **업**(業, Karma)을 지어 대승의 보살이 지녀야 할 계법으로 **삼취정계**(三聚淨戒)를 갖추게 하려는 원 ⑥불구자에게 모든 기관을 완전하게 하려는 원 ⑦몸과 마음이 안락하여 깨달음을 얻게 하려는 원 ⑧여인에게 모두 남자가 되게 하려는 원 ⑨나쁜 소견을 없애고 부처의 바른 **지견**(知見)으로 포섭하려는 원 ⑩나쁜 왕이나 강도 등의 고난에서 중생을 구제하려는 원 ⑪중생의 기갈을 면하게 하고 배부르게 하려는 원 ⑫가난하여 의복이 없는 이에게 훌륭한 옷을 갖게 하려는 원 등이다.

약사여래는 이러한 공덕으로 부처가 되었고 또 한량없는 중생의 고통을 없애 준다는 것이다. 12대원 속에는 약사여래가 단순히 중생의 병고를 구제하는 일에 그치지 않고 의복이나 음식 등의 의식주 문제는 물론 사도나 외도에 빠진 자・파계자・범법자 등의 구제에까지 미치고 있음을 볼 수 있다.

12대원 이외에도 극락왕생을 원하는 자・악귀를 물리쳐서 횡사를 면하고 싶은 자・온갖 재앙으로부터 보호받고 싶은 자들이 약사여래의 명호를 부르면서 발원하면 구제를 받을 수 있다고 한다. 또 국가가 큰 재난에 처했을 때도 약사여래의 본원력을 통하여 구제받을 수 있다고 한다.

약사 신앙은 우리나라에서 불교 신앙에서 중요한 신앙 형태였다. 그의 이름을 외우고 그의 가호를 빌면 모든 재액이 없어지고 질병이 낫게 된다는 실리적인 신앙은 일반 민중들 사이에서 강한 설득력과 호소력을 갖게 했다. 또 선남선녀가 약사여래상을 조석으로 모시어 꽃을 뿌리고 향을 사르면 장수하게 됨은 물론 부귀와 높은 직위를 얻게 된다고 한다.

현재 우리나라 사찰에는 이 약사여래를 중심으로 좌우에 **일광보살**(日光菩薩)과 **월광보살**(月光菩薩)을 모신 **약사전**(藥師殿)을 부속시키고 있어 약사신앙의 통속성을 대변하고 있기도 하다.

6) 노사나불

노사나불(盧舍那佛)⑧

오랜 수행으로 무궁무진한 공덕을 쌓고 나타난 부처이다. 삼신불은 ①영원불변의 진리를 몸으로 삼고 있는 **법신불**(法身佛) ②수행으로 부처가 된 **보신불**(報身佛) ③중생을 교화하기 위해 여러 가지 형상으로 변하는 **화신불**(化身佛)을 이르는 말인데 **노사나불**(盧舍那佛)은 이 중 보신불에 해당한다.

부처 생존 시에는 없던 사상으로 대승불교 특히 화엄을 중시하는 계통에서 삼신불의 하나로 자리 잡았다. 전각이나 탱화에 삼신불이 표현될 때는 가운데 석가모니불이 왼쪽에 비로자나불이 위치하고 노사나불은 오른쪽에 자리 잡는다.

6. 불교의 주요 경전

1) 화엄경

대방광불화엄경(大方廣佛華嚴經, Mahāvaipulya Buddhāvataṃsaka Sūtra)의 약칭으로서 **화엄경**(華嚴經)은 초기 대승불교의 가장 중요한 경전 중 하나로 현재 중국과 우리나라의 **화엄종**(華嚴宗)을 비롯한 많은 종파의 핵심 경전으로 사용되고 있다. 주요 내용은 다음과 같다.

제1회는 불타가 인도 동부 **비하르**(Bihar)주 남부를 중심으로 번영했던 왕국으로서 인도 고대 16개 왕국 중의 하나인 **마가다국**[**마게타**(摩揭陁), Magadha]에서 깨달음을 완성한 때부터 시작한다.

당시 불타는 진리를 상징하는 법신불 **비로자나불**(毘盧遮那佛, Vairocana)과 일체가 되어 있었기에 많은 보살이 차례로 불타를 찬양하는 노래를 읊는다. 긴 찬양의 노래가 이어진 후 아름다운 세계가 불타의 신력으로 크게 진동하고 향기롭고 보배로운 구름이 무수한 **공양구**(供養具)를 뿌린다. 이러한 세계를 **불국토**[佛國土, **연화장장엄세계해**(蓮華藏莊嚴世界海)]라고 한다.

제2회는 불타는 깨달음을 이룬 **적멸도량**(寂滅道場)에서 멀지 않은 법당의 **사자좌**(師子座)에 앉아 있다. 완전한 지혜를 가진 **문수보살**(文殊菩薩, Mañjuśrī)이 **사제**[四諦, **고**(苦) · **집**(集) · **멸**(滅) · **도**(道)]를 또한 10인의 보살이 각각 10종의 심원한 법을 설파한다.

제3회부터는 설법의 장소를 천상으로 옮겨 여기서는 보살이 가져야 할 마음가짐과 생활방식으로서 **십지**(十地, Dasabhūmi)의 법을 해제한다. ①깨달음의 눈이 뜨여 기쁨으로 가득 차 있는 경지인

환희지(歡喜地) ②기본적인 도덕적 마음을 지켜 나쁜 죄의 때를 떨쳐버리는 경지인 **이구지**(離垢地) ③점차 지혜의 빛이 나타나는 경지인 **명지**(明地) ④그 지혜가 더욱 증대되는 경지인 **염지**(燄地) ⑤어떤 것에도 지배를 당하지 않는 평등한 마음의 경지인 **난승지**(難勝地) ⑥일체는 허망하여 오직 마음의 활동에 지나지 않음을 깨달은 경지인 **현전지**(現前地) ⑦ 열반에도 생사에도 자유로 출입하는 경지인 **원행지**(遠行地) ⑧다시는 지혜가 파괴될 수 없는 경지에 이르러 결코 목적에 사로잡히지 않는 경지인 **부동지**(不動地) ⑨불타의 마음에 들어가 불가사의한 힘을 획득하는 경지인 **선혜지**(善慧地) ⑩무수한 여래의 설법에도 이를 모두 이해하여 스스로 자비심을 일으켜 중생의 번뇌를 해소하는 경지인 **법운지**(法雲地) 등이다. 십지는 자신을 위해 깨달음을 구하는 동시에 다른 사람도 깨달음으로 향하게 한다는 이타행을 닦는 것이 중요하다.

제4회는 보살이 수행하는 10가지 **이타행**(利他行)으로 **십행**(十行)을 말하고 있다. ①남에게 베풀어 기쁘게 하는 **환희행**(歡喜行) ②모든 중생을 이익되게 하는 **요익행**(饒益行) ③인욕을 닦아 성내지 않고 참는 **무에한행**(無恚恨行) ④끊임없이 가르침을 구하고 중생을 제도하는 **무진행**(無盡行) ⑤바른 생각으로 어리석지 않고 혼란스럽지 않은 **이치란행**(離癡亂行) ⑥청정한 행위를 하여 중생을 교화하는 **선현행**(善現行) ⑦모든 것에 집착하지 않은 **무착행**(無著行) ⑧행하기 어려운 청정한 행위를 존중하여 그것을 성취하는 **존중행**(尊重行) ⑨바른 가르침을 지키고 보호하는 **선법행**(善法行) ⑩가르친 대로 행하고 행한 대로 가르쳐 말과 행동이 일치하는 **진실행**(眞實行). 등이다.

제5회는 수행의 공덕을 중생에게 돌리는 보살의 10가지 행위로서 **십회향**(十廻向)을 말하고 있다. 그 내용은 ①공덕을 중생에게 돌려 모든 중생을 차별하지 않고 구제하고 보호하는 **구호일체중생리중생상회향**(救護一切衆生離衆生相廻向) ②굳은 믿음을 중생에게 돌려 중생이 이익을 얻게 하는 **불괴회향**(不壞廻向) ③모든 부처가 한 것과 같이 공덕을 중생에게 돌려주는 **등일체불회향**(等一切佛廻向) ④자신이 닦은 청정한 일을 두루 중생에게 이르게 하는 **지일체처회향**(至一切處廻向) ⑤끝없는 공덕을 중생에게 돌려 중생이 그 공덕을 얻도록 하는 **무진공덕장회향**(無盡功德藏廻向) ⑥자신이 닦은 청정한 일을 중생에게 돌려 중생이 청정한 일을 하게 하는 **수순평등선근회향**(隨順平等善根廻向) ⑦자신이 닦은 모든 청정한 일을 중생에게 돌려 모든 중생을 이익되게 하는 **수순등관일체중생회향**(隨順等觀一切衆生廻向) ⑧자신이 닦은 청정한 일을 중생에게 돌려주는 **여상회향**(如相廻向) ⑨모든 대상에 집착하지 않고 해탈한 마음으로 자신이 닦은 청정한 일을 중생에게 돌려주는 **무박무착해탈회향**(無縛無著解脫廻向) ⑩청정한 일을 거듭 닦아 이를 중생에게 돌려 이로써 진리의 세계에 들게 하는 **법계무량회향**(法界無量廻向) 등이다.

제6회는 보살 수행단계를 10종으로 나눈 **10지**(十地)를 강조하고 있다. 십지는 화엄경에서 매우 중요하게 다루고 있는 교리이다.

제7회에서는 지금까지의 설법을 요약하여 설명하고 있으며 제8회에는 이른바 **선재동자**(善財童子)라는 소년이 차례로 53명을 찾아가서 법을 구하는 이야기가 실려 있다. 그 53명 중에는 보살을 비롯하여 일반인이 망라되어 있다.

2) 금강경

구마라집(鳩摩羅什)의 동상⑨

금강경(金剛經)은 본래 명칭이 소위 **금강반야바라밀경**(金剛般若波羅蜜經, Vajracchedikā Prajñāpāramitā Sūtra)이라고 한다. 우리나라 불교 종단인 조계종의 근본이 되는 **소의경전**(所依經典)이다. 석가모니에 의해 설파된 **공사상**(空思想)을 다룬 대승불교의 대표 경전이다. 중국 **구마라집**(鳩摩羅什, Kumārajīva, 344-414)에 의해 한자로 번역되었다(402). 여기서 구마라집은 인도학 및 베다학에 관해 백과사전 이상의 지식을 보유한 현자로서 산스크리트 불교 경전을 한문으로 번역한 **역경가**(譯經家) 중에 첫손에 꼽히는 사람이다. 불교의 종교사상과 철학사상이 중국에 전파된 것은 대부분 그의 노력과 영향에 힘입은 바 컸다.

금강반야바라밀경은 원래 산스크리트어로 쓰였으며 구마라습이 한역하였다. 금강은 다이아몬드를 뜻하며 견고하고 날카롭다는 의미를 지니고 있다. 반야는 지혜를 뜻하고 **바라밀**(波羅蜜)은 **바라밀다**(波羅蜜多, Pāramitā)의 줄임말로 저쪽 언덕으로 건너가는 이라는 이를테면 **도피안**(到彼岸) 또는 **열반**(涅槃)을 뜻하는 말이다. 금강반야바라밀다경은 금강석과 같이 견고한 지혜를 얻어 무명을 타파하고 열반에 이르는 부처의 설법이라고 해제할 수 있다.

금강경은 인도 **스라바스티**[Śrāvasti, **사위국**(舍衛國)]를 배경으로 석가모니의 제자 가운데 제일이라는 평가를 받은 수제자 **수보리**(須菩提, Subhuti)를 위해 설파한 경전이다.

그 내용은 한곳에 집착하여 마음을 움직이지 말고 항상 머무르지 않는 마음을 지키며 모양으로 부처를 보지 말고 진리로서 존경하고 모양이 없는 모든 모습을 본다면 곧 진리인 여래를 볼 수 있다는 것으로 요약할 수 있다. 금강경은 산스크리트 원본도 현존하며 대승불교의 진수를 담고 있는 경전이라고 할 수 있다.

3) 법화경

영산회상도(靈山會上圖)⑩

법화경(法華經)은 **묘법연화경**(妙法蓮華經, Saddharma-pundari-ka-sūtra)의 줄임말로 흰 연꽃과 같은 올바른 가르침이라는 뜻이다. 대승경전 중 하나로 예부터 가장 뛰어난 경전으로 평가되었다. 법화경은 석가모니 40년 설법을 집약한 경전으로 현재 **천태종**(天台宗)의 근본 경전이다. 현존하는 3종의 한문 번역본도 **구마라집**(鳩摩羅什)이 번역한 것이다.

법화경에서 부처는 머나먼 과거부터 **미래영겁**(未來永劫)에 걸쳐 존재하는 초월적 존재로 세상에 출현한 것은 인간이 부처의 깨달음을 열 수 있다면 누구라도 부처가 될 수 있다고 설파하고 있다.

석가모니가 법화경을 설법한 장소는 인도 중부의 **마갈타국**(摩竭陀國, Magadha)의 수도로서 현재 **비하르**(Bihar) 지방 인근의 이른바 **영취산**(靈鷲山)인데 법화경을 설법할 때 그 모임을 영취산의 이름을 본떠 **영산회**(靈山會) 또는 **영산회상**(靈山會上)이라 하며 이 모임의 장면을 **영산회상도**(靈山會上圖)라고 부른다. 이는 법당 불단 뒤쪽 벽에 거는 족자에 그린 불화인 **후불탱화**(後佛幀畵)로 많이 사용된다.

4) 반야경

당나라 현장법사(玄奘法師)[11]

반야경(般若經, Prajñāpāramitā Sūtra)은 소위 **반야바라밀다경**(般若波羅蜜多經)이라고도 한다. **반야**(般若, Prajna)는 근원적인 지혜를 **바라밀다**(波羅蜜多, Pāramitā)는 저쪽 언덕으로 건너가는 뜻으로 이에 **반야바라밀다**는 **피안**(彼岸)인 곧 해탈에 이르는 최고무상의 지혜라는 뜻이다.

이상의 지혜는 일체의 존재 그 자체의 본질을 상정하여 구체화하려는 고정적 인식을 부정하고 모든 것을 상대적 관계성인 **공**(空, Śūnyatā) 또는 **연기**(緣起)의 시각에서 보는 인식이라는 것에서 그 의미를 찾을 수 있는데 이에 **반야바라밀다** 사상은 모든 대승불교 사상의 기초가 되었다.

반야경은 **반야**[지혜(智慧)]를 주제로 한 경전을 총칭하며 당나라 **현장**(玄奘, 602-664)이 번역하여 대반야경 600권의 총서를 발간했다. 예로부터 반야경은 국가적으로 천재지변이나 어려운 일이 있을 때 그리고 **기복**(祈福)이 필요할 때 승려들에게 설파하게 함으로써 어려움을 극복할 수 있었다고 믿었다.

7. 우리나라 불교 종단

1) 조계종

보조국사 지눌 (1158-1210)[12]

조계종(大韓佛敎曹溪宗)은 우리나라 최대의 불교 종단이다. 창립 정신은 **보조국사 지눌**(普照國師 知訥, 1158-1210)에 연유하는 **선교일치**(禪敎一致)에 있다.

조선 시대는 **배불정책**(排佛政策)으로 명맥만 유지하면서 **선종**(禪宗)과 **교종**(敎宗)이 임진왜란 때까지 계승되다가 조선 말에 이르러 양립하면서 **선종**은 **조계종 · 천태종 · 총남종** 등으로 **교종**은 **화엄종 · 자은종 · 중신종 · 시흥종** 등으로 분리되었다. 이후 일제강점기 시 이를 통합하여 조선 불교 조계종이 설립되었다(1924).

광복 후 대한불교조계종으로 출발했으나 오랫동안 **비구**(比丘) · **대처**(帶妻) 승려간 분규가 끊이지 않아(1954-1962) 불교 정화 운동이 계속되었고 그 결과 비구·비구니만을 인정하는 통합종단으로 대한불교조계종이 재발족되어 현재 이르고 있다(1962).

종헌(宗憲)에 의하면 **종지**(宗旨)는 석가모니의 **자각각타각행원만**(自覺覺他覺行圓滿)의 교리를 받들어 수행·실천하여 **직지인심견성성불**(直指人心見性成佛)의 법을 전함으로써 중생을 제도함에 두고 있다. **자각가타각행원만**은 스스로 깨치고 남도 깨닫게 하며[**자각각타**(自覺覺他)] 깨달음의 행이 원만한 가르침을 받들어 체득한다[**각행원만**(覺行圓滿)]는 뜻이다. **직지인심견성성불**은 교학에 의지하지 않고 좌선으로 사람 마음을 직관하여 불의 깨달음에 도달하는 것을 말한다.

2) 천태종

대각국사 의천 (1055-1101)[13]

천태종(天台宗)은 **법화경**(法華經)을 근본 경전으로 하는 **천태교학**(天台教學)을 중심으로 **대각국사 의천**(大覺國師 義天, 1055-1101)에 의해 설립된 종파이다.

천태종은 중국에서 성립된 대표적 종파의 하나로 **수나라**(隋, 581-619) 당시 고승 **지자대사**(智者大師, 538-597)가 법화경을 중심으로 창립했다. 천태종이라는 명칭은 지자대사가 천태산에 머물면서 이 교학을 폈기 때문에 붙여진 이름이다.

의천은 화엄종의 승려였으나 평소 천

태교 **종학교관**(宗學敎觀)이 아직 하나의 종이 되지 않고 있음을 개탄하며 스스로 천태종을 창시했다.

종지(宗旨)는 온갖 번뇌에서 벗어나는 것과 일체중생을 제도하는 것에 목적을 둔 **회삼귀일**(會三歸一)과 수행법으로서 **일심삼관**(一心三觀)에 두고 있다. 일심삼관은 ①모든 현상에는 불변하는 실체가 없다고 보는 **공관**(空觀) ②모든 현상은 여러 인연의 일시적 화합으로 존재한다고 보는 **가관**(假觀) ③**공**(空)이나 **가**(假)의 어느 한쪽에 치우치지 않는 진리를 보는 **중관**(中觀)은 서로 원만하게 하나로 융합되어 있으므로 한마음으로 동시에 닦는 수행법을 말한다.

천태종은 특히 의천의 호국 이념을 계승하여 국민사상의 통일과 사회정화에 공헌에 각별한 관심을 기울이고 있다. 부설 교육기관으로 금강대학교가 있다.

3) 진각종

진각종 종조 손규상 (1902-1963)[14]

진각종(大韓佛敎眞覺宗)은 **밀교계**(密敎系) 속한 종파로 **손규상**(孫珪祥, 1902-1963) 대종사가 창종했다(1947). 밀교는 **비로자나불**[毘盧遮那佛, Vairocana, **대일여래**(大日如來)]을 본존으로 하는 종파로서 비로자나불은 두루 빛을 비추는 존재라는 의미를 담고 있는데 곧 우주 만물의 창조주로서 모든 만물이 이 부처님에게서 탄생하였다고 한다. 석가모니가 이 부처님의 **응신**(應身)이다.

진각종이 속한 밀교는 힌두교 영향을 깊게 받은 불교로서 티베트에서 가장 흥했고 아직도 지배적인 종교 또는 종파로서 지위를 점하고 있다.

진각종은 법신 비로자나불을 교주로 대승불교에서 최고 지혜를 상징하는 **문수보살**(文殊菩薩, Mañjuśrī)의 **육자진언**(六字眞言)을 본존으로 손규상 대종사를 종조에 두고 있다. **소의경전**(所依經典)은 ①밀교 사상의 이론적 원리를 밝히고 있는 근본 경전으로서 **대일경**(大日經) ②밀교에서 의지하는 비밀 경전 중 하나인 **금강정경**(金剛頂經) ③**관세음보살**(觀世音菩薩, Avalokiteśvara)이 불도를 닦아 얻은 공덕과 복덕 그리고 그의 설법과 전생 이야기 그 밖에 진언의 공덕 등에 대해 설법하고 있는 **대승장엄보왕경**(大乘莊嚴寶王經) 등이다.

육자진언은 불교에서 많이 외워지는 기도문 중 하나로 모든 죄악이 소멸하고 모든 공덕이 생겨난다는 뜻을 담고 있는데 이른바 **옴 마니 반메 훔**(唵麼抳鉢銘吽, Oṃ maṇi padme hūṃ)으로 **주문**(呪文)한다. **천수경**(千手經)에서 **옴**(Oṃ)은 하늘 세상을 **마**(ma)는 **아수라**(阿修羅, Asura)를 **니**(ṇi)는 인간을 **반**(pad)은 축생을 **메**(me)는 **아귀**(餓鬼, Preta)를 **훔**(hūṃ)은 지옥 세계의 제도를 뜻하고 또한 일체의 복덕 지혜와 모든 공덕행의 근본을 아우른 진언을 뜻한다. 이를테면 육도의 중생들을 제도하여 육도의 문을 닫게 한다는 뜻이다. 이 단어는 진각종에서 상당히 중요하게 다루고 있다.

진각종은 우리나라에서 성립된 독자적인 밀교 종단으로 현재 우리나라 한국의 3대 밀교 종단인 **진언종**(眞言宗, 1954)과 **총지종**(總指宗, 1974)이 진각종에서 분리되었다.

종단의 승려는 남녀 모두 머리를 깎지 않는 **반승반속**(半僧半俗)

의 형태로 사찰의 주지에 해당하는 **정사**(正師)라 칭하는 남자 교화자와 **전수**(傳授)라고 부르는 여자 교화자 부부가 짝을 이루어 함께 맡는 경우가 많다. 부설 교육기관으로 위덕대학교와 심인중·고교 그리고 진선여중·고가 있다.

4) 태고종

태고국사 보우 (1301-1383)[15]

태고종(太古宗)은 고려말 서로 다른 쟁론을 화합해 불교를 하나로 소통한다는 **원융회통**(圓融會通) 정신으로 통일한 **태고국사 보우**(太古國師 普愚, 1301-1383)의 **통불교**(通佛教) 전통을 계승한 정통종단이다.

해방 후 우리나라 불교는 **비구**(比丘)와 **대처**(帶妻) 간의 갈등으로 분규가 끊이지 않았는데(1950-1960) 결국 법원판결로 대처가 패소하면서 대처승들이 강제로 종단에서 밀려나게 되었다. 이윽고 대처파는 **박대륜**(朴大輪, 1883-1979)을 종정으로 고려말 불교를 통합한 태고 보우의 이름을 딴 태고종을 선포하였다(1970). **소의경전**(所依經典)은 **금강경**(金剛經)과 **화엄경**(華嚴經)이다.

태고종은 다른 불교 교단과는 달리 **대중교화**(大衆教化)를 이념으로 머리를 기를 수 있고 결혼도 할 수 있는 특징이 있다. 무엇보다도 종단이 10여 개의 큰 사찰을 제외하고 전국 3,000여 개의 규모가 작고 역사가 짧은 사설 기관으로 **사·암**(寺·庵)으로 이루어져 있는 특색이 있다.

한편 태고종은 한국불교의 전통문화인 **영산재**(靈山齋)를 보유하고 있고 전라남도 순천의 **선암사**(仙巖寺)에 있는 승가대학은 태고종 승려를 배출하는 교육기관으로 유명하다.

5) 법화종

원효대사 (617-686)[16]

대각국사 의천(大覺國師 義天, 1055-1101)을 종조로 **정각**(正覺)이 창종하였다(1946). **법화경**(法華經)에서 가르침으로 깨우친 **성문**(聲聞)과 부처 가르침 없이 홀로 깨달은 **연각**(緣覺, Pratyeka-buddha) 자기와 남을 함께 깨우치는 보살의 **삼승**(三乘)이 **일승**(一乘)으로 지향된다는 교리인 이른바 **회삼귀일사상**(會三歸一思想)을 본체로 **일심삼관**(一心三觀)과 **교관겸수**(敎觀兼修)를 익혀 중생을 교화하는데 **종지**(宗旨)를 두고 있다.

신라 **원효대사**(元曉, 617-686)와 고려 **제관**(諦觀, ?-970)의 사상을 계승하고 경전은 **법화경**(法華經)이며 **본존**(本尊)은 **석가모니불**(釋迦牟尼佛)과 **십계만다라**(十界曼多羅)이다. 승속의 구분은 없으며 재래 기복적인 요소를 일체 배제하고 있는 특징이 있다.

6) 화엄종

의상대사 (625-702)[17]

중국 **당**(唐)나라 때 성립된 종파로 **화엄경**(華嚴經)을 근본 경전으로 하며 **천태종**(天台宗)과 함께 중국 불교의 쌍벽을 이루고 있다. 화엄종은 화엄경을 필사하고 읽는 화엄 신앙과 이에 기반한 신앙 단체 **화엄재회**(華嚴齋會)를 통해 발전해 왔는데 이러한 배경 아래 당의 **두순**(杜順, 557-640)은 종래 화엄에 관한 학문적 연구보다 실천적·신앙적 입장을 선양하여 화엄종 교조가 되었다.

우리나라 화엄종은 신라의 **원효대사**(元曉, 617-686)·**의상대사**(義湘, 625-702) 등이 선양하였고 특히 의상은 **부석사**(浮石寺)를 창건하여(676) 화엄의 종지를 널리 편 이래 **해동화엄종**(海東華嚴宗)을 창립하기도 했다.

한편 의상의 **화엄일승법계도**(華嚴一乘法界圖)는 방대한 화엄경 정수를 요약한 것으로 화엄학 연구에 큰 영향을 끼쳤고 신라 **심상**(審祥, ?~740)은 일본에 화엄학을 전달하기도 하였다. 이후 **대각국사 의천**(大覺國師, 義天)은 고려 불교의 통합이라는 관점에서 **화엄**(華嚴)·**선**(禪)·**천태**(天台)를 융합하였으며 이후로 어느 종파에 속하더라도 화엄학의 연구는 필수적인 것으로 자리를 잡게 되었다.

화엄종 교리의 중심은 **공사상**(空思想)과 같이 어느 하나의 수행에 관통하면 모든 수행덕목을 다 꿰뚫어 볼 수 있다는 **일즉일체**(一卽一切) · **일체즉일**(一切則一)의 무한의 관계를 갖는 **원융무애**(圓融無礙)를 설하는 **법계연기관**(法界緣起觀)에 두고 있다.

요컨대 화엄종은 일체의 천지 만물을 **비로자나불**(毘盧遮那佛)의 **현현**(顯現)으로 보며 불타의 깨달음의 경지에서 전 우주를 절대적으로 긍정하는 통일적 시각을 견지하고 있다.

제8장 아브라함 계통 종교의 교리와 신앙관

1. 유대교

1) 계통

(1) 유대민족의 역사

유대(Judea) 민족의 역사는 그들의 조상 **아브라함**(Abraham)에서부터 시작한다(B.C.2000년경). 서아시아에서 아프리카 북동부를 삶의 기반에 두었던 **셈족**(Semite)의 한 씨족을 **메소포타미아 문명**(Ancient Mesopotamia Civilization)의 발상지 **우르**(Ur) 인근에서 살던 아브라함이 신의 계시에 따라 그들을 인솔하고 서쪽을 향해 유목 여행을 계속하다가 이윽고 **가나안**[Canaan, 현재 **팔레스타인**(Philistine)]에 정착한다.

아브라함은 다른 부족과는 달리 **우상숭배**(偶像崇拜, Idolatry)를 거부하고 눈에 보이지 않는 **유일신**[**야훼**(Yahweh)]을 숭배했으며 신과의 약속에 따라 가나안을 소위 **약속의 땅**(הארץ המובטחת, Promised Land)으로 명명하기에 이른다. **강을 건너온 자**라는 뜻을 지닌 **히브리**(Hebrew)라는 말은 이러한 아브라함의 유랑에서 유래한다.

한편 아브라함의 손자 **야곱**[Jacob, 별명은 **이스라엘**(Israel)]은 나중에 **이스라엘 12 지파**(Twelve Tribes of Israel)의 조상이 되는 12자녀를 두었으나 심한 기근 때문에 이집트로 이주한다. 12지파는 순서대로 ① **르우벤**(Reuben) ② **시므온**(Simeon) ③ **레위**(Levi) ④ **유다**(Judah) ⑤ **단**(Dan) ⑥ **납달리**(Naphtali) ⑦ **갓**(Gad) ⑧ **아셀**(Asher) ⑨ **잇사갈**(Issachar) ⑩ **스불론**(Zebulun)

⑪**요셉**(Joseph) ⑫**베냐민**(Benjamin) 등이다.

이후 그들의 자손이 **이집트**[Egypt, **애굽**(埃及)]의 노예가 되어 노역에 종사할 때 신의 명령을 들은 이스라엘의 영도자 **모세**(Moses)는 이집트 탈출을 계획하고 이집트군의 추적을 피해 **시나이반도**(Senai Pen.)에 도착한다.

모세는 이곳 **시나이산**(Senai Mt.)에서 신과 계약을 맺는다. 신이 내린 **십계명**(十誡命, Ten Commandments)을 준수하는 대신에 신은 유대 민족을 지켜주고 이스라엘 땅을 보증한 것이다. 이로써 신은 이스라엘의 주인이 되고 이스라엘 민족은 주인의 선택받은 민족인 **선민**(選民)이 되기에 이른다.

이윽고 이스라엘은 시나이 방랑 후(B.C.13세기 말) 그들은 약속의 땅 가나안에 정착한다. 가나안에 들어간 이후 그들은 유목 생활을 농경 생활로 바꾸고 비교적 평화스러운 생활을 영위했으나 **소아시아**(Asia Minor, Anatolia)계 전투적인 해양 민족으로서 가나안 지중해 연안을 보유했던 **필리스틴**(Philistine, **블레셋**)의 위협을 받음과 동시에 부족들이 서로 협조하지 않는 등의 문제가 발생했다.

이후 유대 출신의 **다윗왕**(David, 1030-961)이 필리스틴을 제압하고 왕정을 확고히 하여 국가 번영의 초석을 구축했다(B.C.1000년경). 다윗이 인솔한 유대 왕국은 **시리아**(Syria)·팔레스타인 전역에 걸친 대제국을 건설하고 **예루살렘**(Jerusalem)을 수도로 정했다.

다윗의 아들인 **솔로몬**(Solomon, 990?-B.C.931)은 외국 무역에 주력하는 한편 금속 기술 등 국내 산업의 발전에 진력해 경제적 기반을 더욱 확고히 했다. 그러나 솔로몬 왕이 죽자 부족이 분열하고 왕국이 남북으로 분단된다. 그리고 북쪽은 **아시리아**(Assyria)에게 남쪽은 **바빌로니아**(Babylonia)에 의해 멸망한다. 북쪽의 10부족은 추방당하고 난 뒤 역사에서 모습을 감추었으나 남쪽의 주민은 바빌로니아에 연행되어 포로 생활에 임한다(B.C.586-B.C.538).

유대인의 조국 귀환이 실현된 것은 바빌로니아 제국이 **페르시아**(Persia)에 정복되면서다. 페르시아 제국의 지배 아래 신전이 재건되고 성벽도 보수된 예루살렘은 위엄을 다시 회복했다.

이후 그리스계 왕조의 지배를 받게 되는데 유대인들은 유대교의 관습이 금지된 것에 대항해 반란을 일으켰다. 이른바 **마카베오 전쟁**(Maccabean Revolt, B.C.168-B.C.141)을 계기로 유대 국가는 독립한다(B.C.166). 그러나 이내 강대한 로마제국의 지배를 받게 되고(B.C.60). 예수의 처형 이후(30) 로마제국에 대한 유대인들의 반란이 시작된다. 그러나 공방전 끝에 예루살렘은 함락되고 조국에서 추방된 유대인들의 유랑이 시작된다(70).

(2) 유대교의 기원

유대교(Judaism)의 기원은 고대 이스라엘인의 종교로 거슬러 올라가나 일반적으로 유대교는 이스라엘의 유다왕국이 신바빌로니아의 바빌론으로 포로가 되어 이주한 사건인 이른바 **바빌론유수**(Babylonian Captivity, B.C.597-B.C.538) 이후 모세의 율법을 근간으로 하여 발전한 유대인의 고유 종교를 말한다.

사울과 다윗왕으로부터 시작된 고대 이스라엘은(B.C. 1000년대 말) 신바빌로니아에 의하여 무너졌는데(B.C.6세기 초) 당시 전 국토는 괴멸적 타격을 입고 초토화되었으며 지배층·지식층·기술자 다수가 바빌론에 포로로 끌려갔다. 이 사건은 이스라엘 종교사는 물론이고 유대교의 성격에도 그 흔적을 남겼다.

페르시아 **키루스 2세**(Cyrus the Great, B.C.585-B.C.529)의 메소포타미아 정복은 반세기에 걸친 이스라엘의 바빌론 포로기에 종지부를 찍고 해방을 가져왔다. 그들 일부가 야훼신이 그들 조상에게 주기로 약속하였다는 땅 가나안으로 돌아와 폐허가 된 예루살렘과 성전을 복구하였고 학사 **에스라**(Ezra, B.C.480-440)의 지도로 선민으로서 사상적 유일신 신앙을 종교적 이념으로 하는 민족집단으로 그들의 역사를 재개하였다. 이 시기에 과거의 역사가 신학적으로 검토되면서 그에 따라 **전승**(傳承) 또한 재편성되었다.

(3) 유대교의 특색

유대교 본래의 특색은 **율법**(律法)에 있다. 율법의 기초는 계약에 기초를 두고 있는데 이것은 원래 고대 메소포타미아의 경제적·사회적 통념이었다. 이러한 통념을 신과 인간의 관계 속에 끌어들인 점에 유대교의 특성이 있다.

이스라엘 민족의 신은 그들 조상을 선택하여 자기 백성으로 삼았고 그 자손들에게 약속한 땅을 주어 그들을 지키고 축복한다는 것에 기초를 두고 있는데 이것이 곧 **선민사상**(選民思想)이다.

한편 이스라엘 민족은 신앙의 조상 아브라함과 같이 대대로 믿어온 신에게만 오직 믿음을 다하고 자신들을 신의 백성으로 선택한 야훼 이외의 신을 섬기지는 않는다는 사실에 신과의 계약이행의 기초를 두었다. 계약이행의 내용은 신의 편에서는 **헤세드**(חֶסֶד, Chesed)이고 백성 쪽에서는 신이 부여한 율법의 준수였다.

유대교는 보통 민족종교로 정의된다. 유대교의 경전인 **구약성**

서(舊約聖書, Old Testament)는 후일 그리스도교의 경전이 되었기 때문에 정통 유대교는 이후 **구전**(口傳)의 율법과 그 해석을 집대성한 **탈무드**(תלמוד, Talmud)를 경전에 추가했다. 여기에 후일 시대에 따른 율법해석이나 **전승**(傳承) 형성이 율법의 스승으로 불린 이른바 **랍비**(רַבִּי, Rabbī)의 지도로 꾸준히 이어지고 있으며 정통파・개혁파 등 여러 파가 생겨나고 있다.

이스라엘 예루살렘에 있는 랍비 본부는 유대교의 2대 종합집단인 **아슈케나짐**(אשכנזים, Aschkenasim)과 **스파라딤**(סְפָרַדִּים, Sefardí)을 통합하는 형태로서 최고 권위를 이루고 있으며 민법 특히 혼인법의 규제를 통하여 교단 유지의 구실을 다하고 있다.

2) 구분

현재 유대교에 영향을 끼친 고대 유대교의 분파는 **바리새파**(Pharisees)다. 학술적으로 유대 종교의 시작은 바빌론에서 귀환하여 성전을 재건한 시기를 기준에 두고 있다(B.C.5세기경).

당시 유대교는 바리새파를 위시하여 성전을 재건하고 제사장이 된 **레위 지파**(Levites)의 후손을 몰아내고 제사장직을 차지한 **사두개파**(Sadducess)와 **헬레니즘**(Hellenism)의 영향을 받아 형성된 **바리새파**(Pharisees)와 **에세네파**(Essenes) 등이 있었다(B.C.3-2세기경).

이들 3파는 상호 영향을 끼치며 발전하였으나 로마제국의 이스라엘 평정과(70) 유대 종교의 중심지인 예루살렘 성전이 파괴되고 반로마제국주의자들의 축출로 인해 친 로마제국 편에 섰던 바리새파만이 살아남아 현재 유대교 뿌리로 존속하고 있다.

(1) 사두개파

사두개파(Sadducess)는 성전을 신앙적 중심에 둔 분파였다. 바빌론에서 본국에 귀환한 유대인은(6세기말) 예루살렘 성전을 재건하면서(B.C.5세기) 성전 중심주의적・인종주의적 사상을 기반으로 정치적으로 제사장직을 다시 세웠는데 이때 계급적 제사장 자리를 지킨 이들이 곧 사두개파이다.

사두개파는 혈통적으로는 신과의 약속에 따라 제사장 승계가 보장된 레위 지파의 후손은 아니었다. 다만 그들은 후일 성전에서 활동하던 레위 지파 후손을 정치적으로 축출하고 제사장직을 차지한 이들과 그들의 후손이었다(B.C.3세기-2세기).

이스라엘은 헬라의 지배를 받게 된 때부터 성전 재건 시기에(B.C.3세기-1세기) 정치・경제적으로 헬라・로마 문화의 영향 아래 있었는데 당시 사두개파는 헬라주의적 정치 성향을 보이면서도 문화적으로는 헬라의 문화와 기존의 유대 문화를 융합하기 위해 힘을 쏟았다.

이들은 기존의 견해를 받아들이면서 기존 제사장이었던 레위 지파를 밀어내고(B.C.3세기) 제사장의 자리를 차지했다. 이에 선지자나 대대로 이어져 온 권위를 인정하지 않았다.

한편 사두개파는 성전의 제사장 직급으로 **모세 5경**(Pentateuch, Five Books of Moses)만을 정경으로 인정함과 동시에 모세 율법은 누구나 자유롭게 해석할 권한이 있다고 주장했다. 이들은 로마제국이 예루살렘 성전을 파괴한 이후(70) 완전히 사라져 끝내 바리새파에 흡수되고야 말았다.

(2) 바리새파

바리새파(Pharisees)는 **분리된 자 · 분리주의자 · 구별된 자**라는 뜻을 담고 있다. 대개 율법을 철저히 준수하면서 불결한 것들과 부정한 자들이 넘쳐나는 세상과 이방인들로부터 분리되어 나온 사람들이라는 의미로 새긴다.

바리새파는 신앙적으로 보수적이고 경건주의자였던 유대인을 헬라의 문화에 동화시키려는 정복 정책에 반대하여 선민으로서 성결을 지키자는 경건주의 운동을 기치에 걸고 결성된 분파이다. ①헬라주의 타파 ②율법 중심의 신앙 회복 ③경건주의적인 생활 ④유대교 부흥 등에 주안점을 두고 있다.

바리새파는 팔레스타인 지역을 지배한 **셀레우코스 제국**(Seleucid Empire)의 헬라주의 영향 아래 형성된 분파였다(2세기경). 이들은 당시 유대 왕족에 의해 새롭게 형성된 사두개파의 성전 중심적이고 비혈통적인 제사장들의 율법해석과 그들의 제사만으로는 성전과 제사장의 지위를 이어갈 수 없다고 인식하였다.

바리새파도 반헬라주의적 색채를 띠고 있었으나 생존을 위해 당시 사회에 합당한 율법해석과 세부 규칙에 대한 제정 그리고 율법학습 방법에 관한 연구 등을 수행하였고 더불어 율법에 따른 행위와 계약 등에 대한 기준을 제시하는 역할을 감당했다.

이들은 성전에서 제사를 지냈으나 대부분 신흥 사두개파에게 축출당한 제사장의 후손이었으므로 대개 수공업 등의 일반 직업을 겸한 채 회당에서 활동하였고 일부만이 직업으로 회당에서 **필사**(筆寫)와 교육 그 밖에 율법해석 등의 업무에 임했다.

바리새파는 지역별 산재한 회당을 중심으로 활동하였으며 끊임없이 제사장과 대립 관계를 유지하면서 서로 영향을 주고받았다. 로마제국과 이스라엘과의 전쟁(70) 그리고 성전파괴 기간에는 친 로마제국의 입장을 지지하여 그 결과 바리새파 중심인 회당은 파괴되지 않았고 또 전승과 문서 등도 보존할 수 있었다.

유대의 역사가 요세푸스 (37?-100?)①

바리새(Pharisee)라는 말은 유대 역사가인 **요세푸스**(Flavius Josephus, 37?-100?)의 책에서 처음 사용되었다. 바리새파의 교리는 ①정경으로 구약성서 인정 ②율법 연구와 금식이나 레위기의 정결 의식과 율법의 엄격한 준수 ③구전 율법인 조상의 전통 중시 ④엄격한 레위기 규범의 적용과 세속과의 분리를 통한 정결과 정화 ⑤역사가 하나님에 의해 통제되고 하나님의 목적에 의해 다스려진다는 믿음 ⑥부활과 천사와 영의 존재 인정 ⑦자신들이 참되고 경건한 이스라엘인으로서 하나님과 각별한 관계가 있고 장차 다윗의 후손인 기름 부음 받은 주의 힘으로 다윗 왕국의 영광이 재현될 것이라는 믿음 ⑧장차 시야는 하나님에 의해 이스라엘을 다스릴 왕으로 높임 받을 것이라는 믿음 등에 두고 있다.

바리새파는 엄격한 율법 준수와 신앙적 모범으로 유대인들에게 큰 신망과 존경을 받았으며 회당 조직을 통해 유대 사회에 지대한 영향력을 끼쳤다. 구성원은 서기관이나 제사장 그리고

바리새인을 통렬히 질타하는 예수②

유대 중산계층이었고 유대 교파 중 가장 큰 세력을 형성했다.

그러나 자신들만이 성서의 유일한 해석자라고 자처한 바리새파는 한편으로 율법의 문자적 실천을 통해 의롭게 된다고 주장하면서 다른 한편으로 정작 자신들은 유전을 내세워 율법 준수를 외면하고 또 지나치게 외적인 **의**(義)만을 강조하고 **세리**(稅吏)나 죄인들과 교제를 삼가는 등의 형식주의 · 외식주의 · 율법주의 · 극단적 분리주의 · 권위주의적 특권의식에 젖어있었다. 이에 예수로부터 **독사의 자식**(마태복음, 12:34) · **맹인**(마태복음, 15:12-14) · **외식하는 자**(마태복음, 6:2-5) · **뱀**(마태복음, 23:33) · **마귀의 자식**(요한복음, 8:44) 등 큰 질타를 받았다(마태복음, 23:1-36).

(3) 에세네파

에세네파(Essenes)는 성전에서 축출된 진보적 **레위인**(Levites)의 전통을 보존한 유파이다(B.C.3세기-2세기). **사해**(死海, Dead Sea) 서안의 **쿰란**(Qumran) 동굴에서 발견한 구약성서 사본 및 유대교 관련 문서를 칭하는 이른바 **사해 문서**(死海文書, Dead Sea Scrolls) 발견 이전 간접적인 자료만 있던 시기에는 다만 단순한 분파주의로만 알려졌으나

에세네파 공동체 근거지가 된 쿰란(Qumran)③

쿰란 지역의 쿰란 공동체 유적이 발견되면서 유대교의 유파로 알려졌다. 사해 두루마리라고 불리는 고문서는 그들이 가지고 있었던 것으로 추측되고 있다.

에세네파는 여러 도시에 흩어져 살았지만 서로 구제하고 몸을 씻으며 금욕주의 생활을 이어나갔다. 학설은 이들이 **사독**(Zadok)계 사제들에서 분리된 것으로 보고 있다.

에세네파가 흔히 쿰란 공동체라고 불리는 이유는 이들이 금욕 생활을 하던 장소는 정치적 이유로 완전히 파괴되었고 그들의 정착지 중 하나였던 곳인 쿰란 동굴이 온전히 발견되었기 때문이다. 이들은 앞으로 도래할 종말에 대한 기대와 믿음을 갖고 있었기에 당시 세상을 부정적으로 이해하고 로마제국 사회와 분리되려는 경향이 강했다. 반로마제국 성향이었던 에세네파는 유대 독립전쟁 중에 로마군 공격으로 멸망한 것으로 보고 있다.

에세네파는 유대교 분파 중 가장 진보적인 성향을 보였고 예루살렘 성전 반대주의와 신비 철학적 성격이 지녔다. 정치적으로 성전을 장악한 사두개파로 인해 제사장의 지위를 상실하고 (B.C.2세기) 유대 종교의 진보적 성향을 취했다. 이들은 사두개파와 바리새파의 토라 해석과 활동이 충분하지 못하다고 보고 이에 사두개파가 성전을 장악하기 시작한 이후부터(B.C.2세기) 예루살렘 성전은 자정 능력을 상실한 것으로 규정했다.

이로써 에세네파는 사두개파와 바리새파를 중심으로 하는 기존 유대교에서 벗어난 진보적 시각을 견지했다. 요컨대 에세네파는 정치적으로 제사장직을 찬탈한 사두개파가 관리하던 예루살렘 성전과 함께 사두개파와 친밀하고 보수적 율법을 주장하는 바리새파와도 분리주의적 입장을 견지했다.

이후 에세네파는 광야로 이동하여 공동체를 이루고 생활했고 광야의 에세네 공동체에 소속되어 살아간 일부와 일반 직업을 갖고 사회활동을 하는 이들로 분리되어 생활하였다. 또 유대교의 특징이었던 성전 중심주의를 벗어나 자신들의 제사 장소에서 활동하였고 그곳을 부패한 성전과 달리 진정한 성소로 여겼다.

사회활동에 임한 에세네파는 때때로 유대 절기에 성전에 가기도 했지만 대부분 자신이 속한 지역 성소에 모였으며 일부 기간을 정해 성소에서 수도 활동에 임하기도 했다.

정결한 삶을 위해 자신들만의 성소에서 정결 예식과 제사의식을 거행했고 다양한 저술 활동과 교육을 전개했다. 대다수는 결혼하지 않고 소박하게 살면서 신의 **남은 의인**(Righteous Remnant)이라고 자처했다.

에세네파는 로마제국의 이스라엘 전쟁에서 반로마제국적 성향을 보인 이유로 공격을 받아 관련 성소와 기록 자료들이 소실되었고 그나마 살아남은 에세네파는 대부분 그리스도교와 바리새파에 흡수되었다.

(4) 젤롯파

에세네파 내에서 더욱 진보적인 성향의 부류가 **열심당**(熱心黨)으로 알려진 **젤롯파**[Zealot, **열심당**(熱心黨)]로 발전하였다. 이들은 로마제국의 이스라엘 지배에 반발하여 무장저항세력을 형성하고 이에 투쟁의 중심세력이 되었다(1세기).

당시 로마제국이 이스라엘 유일신 **여호와**(Jehovah)를 대신해 로마의 죽은 황제를 신으로 숭배하는 황제 숭배를 강요하자 이에 유대인이 반발하여 항쟁을 일으켰다가 진압된 바 있었는데 **젤롯파**[**열심당**]는 이스라엘은 다윗 왕 자손으로 기름 부음을 받은 유대인만이 지배할 수 있다고 주장하면서 로마제국에 대항했다.

그들은 대대적인 유대인 반란인 제1차 유대-로마 전쟁에서 주도적인 역할을 했다(66-70). 이들은 예루살렘을 장악하여 끈질기게 버텼으나(4년간) 이윽고 로마군이 예루살렘을 함락시키고 성전을 파괴하는 것으로 종식되었다(70).

열심당원은 당시 가뭄과 굶주림으로 고통받던 갈릴리와 유대 민중의 비폭력투쟁이 대제사장들의 관심을 끌지 못하고 비폭력투쟁에 가담한 민중이 힘없이 로마에 진압당한 모습을 보면서 이에 투쟁방법을 테러로 바꿔 지배계급의 이목을 집중시키고자 했다(40년말).

식민지에서 테러리즘은 대체로 지배계급보다는 지배계급에 협조하는 특권계급을 공격하는 특징을 보이는데 열심당원도 예외가 아니어서 로마제국에 협조하던 대제사장 공격을 일차 테러의 목표에 두었다.

당시 예루살렘에서는 소위 **시카리파**(Siccari)라고 불리는 새로운 형태의 **비적**(匪賊)이 등장했는데 이들은 축제 기간에 단검을 옷 속에 숨겼다가 은밀히 대상자를 살해했다. 그들이 쓰러지면 다른 사람들과 같이 모른 척 분개하는 행동으로 자신을 숨기곤 했다. 그렇게 일차 대상으로서 대제사장은 하나하나 쓰러져 갔다.

유대 역사가 요세푸스는 당시 유대인은 바리새인 · 사두개파 · 에세네파 · 혁명론자 등으로 나뉘어 있었다고 기술하고 있는데 여기서 열심당은 혁명론자들에 속한다.

에세네파는 공동체 생활을 통해 비정치적으로 은둔생활을 하면서 신앙을 지켰고 바리새인파 · 사두개파는 체제를 위협하지 않는 한 종교 문제에 대해 간섭하지 않는 로마제국과 타협하며 그들의 지위를 지켰다. 그러나 열심당원은 로마에 대한 정치적 투쟁을 우선으로 여겨 과격한 방법도 서슴지 않았다.

당시 열심당은 유대인 정착촌을 습격하여 로마의 지배에 협력하는 이들을 살해하거나 유대인이 로마에 대항할 때 필요하면 동족과 싸움도 불사하도록 선동하기도 했다. 요세푸스는 이러한 열심당원을 과격한 민족주의 전사로 묘사하고 있다.

로마제국은 이들을 십자가형으로 처형했는데 예수의 양옆 십자가에서 처형된 강도 두 사람도 실제로는 강도가 아니라 열심당원이었거나 로마제국에 반대하여 십자가형을 받은 자들이었을 것으로 추정하고 있다.

신약성서에 강도 두 사람은 헬라어 **레스테스**(Lestes, λησ τής)를 번역한 말인데 이 단어는 열심당원의 뜻을 포함하고 있다(마가복음, 15:27). 한편 예수의 12제자 중 가나안인 **시몬**(Simon the Canaanite)이 열심당원이었다.

3) 교리

(1) 하쉠 신앙

통곡의 벽에서 기도하는 유대인④

유대교(Judaism)는 유대인의 종교로 **하쉠**(השם)을 유일신으로 숭배하며 **토라**(Torah)를 비롯한 히브리 성서 **타나크**(Tanakh) 25권을 정경으로 인정하고 있다. 또한 탈무드를 비롯한 구전 토라를 기록 토라와 같은 권위를 가진 경전으로 취급하며 사용하고 있다. 여기서 히브리어 **쉠**(שם)은 이름이란 뜻으로 여기에 정관사 **하**(ה)가 붙으면 하쉠으로 **여호와**(Jehovah)를 가리킨다.

유대인들은 하나님 이름은 너무 거룩해 함부로 말할 수 없다고 생각했기에 **여호와**(יהוה) 라고 쓰고 **아도나이**(אדני, Adonai)라고 읽거나 또는 **하쉠**(השם)이라고 불렀다. 이는 지금도 마찬가지다. 그러나 그리스도교와 달리 예수를 신으로 고백하지 않기에 복음서를 비롯한 신약성서를 인정하지 않는다.

유대교 기본 신조는 ①하쉠이 유일한 신이라는 유일신 사상 ②혼탁한 세상이 멸망할 때 **마쉬아흐**(מָשִׁיחַ, 메시아)가 나타나 신의 백성인 선민으로서 유대민족과 이방 민족을 장차 올 세상인 **올람**

하바(עוֹלָם הַבָּא)로 이끌어 간다는 종말론 ③신과 특수관계를 맺었다는 선민사상 ④신의 가르침을 따르는 율법주의 등에 두고 있다.

하쉠은 천지 만물의 창조자이며 절대의 신이다. 하쉠은 야곱의 아들들을 이끌고 이집트에서 탈출한 모세와 시나이산에서 계약을 맺었다. 하쉠은 세상이 끝나는 순간에 메시아를 보내 그의 백성에 반역하는 다른 민족들을 벌하여 새로운 신의 나라를 건설한다는 것이다. 여기서 신의 백성이란 신이 구원할 민족으로서 유대 민족을 일컫는다.

신은 유대 민족을 선택했고 또한 모세를 통해 유대 민족이 신의 뜻을 따를 것을 약속함으로써 신과의 특수한 계약을 맺은 것으로 보고 있다. 이를테면 신이 유대 민족을 유대 민족이 하쉠을 선택한 것이다. 이 사건을 통해 유대 민족은 신이 자신이 택한 민족을 신의 백성으로 삼았고 그 자손들에게 약속의 땅을 주어 그들을 지키고 축복한다는 선민사상을 가지게 되었다.

(2) 우상숭배금지

유대교는 유대인의 종교사를 돌이켜보면서 어떻게 야훼 신앙이 주변 문화와 교류하며 변질되고 왜곡되어 갔는가에 집중하고 이에 이민족들의 우상숭배에 혼합되고 오염된 우상숭배의 신앙을 버리고 다시 과거의 정결한 신앙으로 돌아가야 한다는 교의를 핵심에 두고 있다.

(3) 메시아 사상

유대교는 **메시아**(Messiah)라는 구원 사상을 갖고 있다. 메시아는 왕이나 예언자를 세울 때 그들의 머리 위에 기름을 붓는 유대 전통에서 비롯된 말로 '기름 부음을 받은 자'라는 뜻으로 원래는 기름 부음을 받은 모든 유대인 군주를 의미했다.

그러나 **바빌론유수**(Babylonian Captivity) 이후 장래 이스라엘을 적으로부터 구원하고 올람 하바를 열어갈 통치자를 의미한다. 메시아가 다스리는 올람 하바 세상은 지상에 인류애와 영광이 가득하며 전쟁이 사라지고 항구적인 평화가 도래한 세상이다.

유대교는 아직 메시아가 도래하지 않았다고 본다. 이에 예수를 하나님의 아들이라 사칭한 거짓 예언자로 보았기에 예수가 로마에 의해 처형당한 것에 아무런 이의를 달고 있지 않다.

(4) 선민사상

같은 아브라함계 종교이면서도 나라와 민족을 초월한 세계인의 종교가 된 그리스도교와 이슬람과 비교하여 유대교는 대표적인 **선민사상**(選民思想)을 가진 종교이다.

유대교에서는 야훼가 모든 민족을 지배하지만 그중에서 특히 유대인들을 아브라함과 야곱과 모세 그리고 토라를 통해 선택된 선민으로 보고 다른 민족을 유대인이 타락할 경우 그들의 징벌을 위해서 사용한다는 신앙을 지니고 있다.

(5) 율법의 준수

유대인에게 율법의 준수는 매우 중요하게 다루어지고 있다. 종교적·생활적으로 금기나 규정이 매우 많은 편인데 이를테면 유대인들이 지켜야 할 율법은 무려 613개에 이른다. 여기에는 해야 하는 의무적 율법 248개와 하면 안 되는 금지적 율법이 365개이다. 일례로 안식일 준수와 같은 율법 외에도 옷에 술을 달고 입어야 한다는 규정이나 혼방 섬유를 입으면 안 된다는 규정부터 부부간 성관계나 생리 후에는 부정하므로 씻고 서로 떨어져 있어야 한다는 식의 세세한 규정들이 매우 많다.

주요한 율법준수규정은 ①양피지를 만들기 위해서는 1년 미만이나 몸에 흠이 있거나 임신한 동물을 잡는 것은 금지되어 있다. ②필기구로는 항상 갈대를 깎아 만든 펜과 전통적인 방법으로 녹슨 철 가루와 물고기로 만든 아교 등으로 만든 잉크를 써야 한다. ③성서를 필사할 때는 항상 필사자 옆에 사람 2명이 지켜보고 있어야 한다. 이때 **아도나이**(주님)가 들어가는 글씨를 쓸 때는 쓰기 직전 잠시 손을 놓고 목욕한 후 마음을 가지런히 해야 하며 반드시 기존의 펜을 버리고 새로운 펜으로 바꿔 써야 한다. ④성서를 읽을 때 두루마리는 절대 손으로 만져서는 안 되고 은으로 만든 손 모양의 포인터를 짚어가며 읽어야 한다.

음식 규정도 유대교는 비늘이 없는 물고기는 먹지 못하며 먹을 수 있는 새 종류도 한정되어있다. 단 음주와 흡연에 대해서는 이슬람권과 비교할 수 없을 정도로 관대한 편이다. 축제나 식사할 때 술을 자유로이 즐기는 문화가 정착되어 있으며 안식일에도 포도주 한잔으로 시작과 끝을 장식한다. 또 흡연을 죄로 보는 근본주의 이슬람과는 달리 유대교 율법에서는 흡연을 딱히 규제하지 않아 담배를 즐기는 독실한 유대교도가 매우 많다.

그 외에 유대교의 주요 명절은 이집트 탈출을 기념하는 **유월절**(逾越節, Passover) 이집트 탈출 후 40년 광야 생활을 기념하는 **초**

막절(草幕節, Feast of Tabernacles) 유대인의 민족적 원수인 **하만**(Haman)에 맞써 유대인 **모르드개**(Mordecai)와 그의 사촌동생이자 페르시아 **아하수에로**(Ahasuerus, Xerxes I, B.C.486-464)의 왕비였던 **에스더**(Esther)가 유대인의 멸절을 막은 것을 기념하는 **부림절**(Purim) 유다 **마카베오**(Maccabeus)가 그리스인에게서 독립을 쟁취한 **마카비 혁명**(Maccabean Revolt, B.C.167-164)을 기리는 **하누카**(Hannukkah) 등이 있다.

유대교의 종교적 선생 개념인 랍비는 오래 전부터 율법에 따라 남자만이 될 수 있었으나 지금은 진보파 유대교를 중심으로 여자도 랍비로 임명하고 있기도 하다. 그러나 정통파 유대교인들은 여전히 변화에 크게 배타적이다.

(6) 의례

유대인들은 매일 아침·점심·저녁 3번에 걸쳐 기도하는 시간을 가지면서 **쉐마**(Shema, 신명기 6:4-9)나 **아미다**(Amidah) 기도문 혹은 **토라**(Torah)나 예언서를 낭송한다. 여기서 쉐마는 유대교에서 가장 중요시하고 있는 기본 신조 또는 전형적인 신앙고백이다. 아미다 기도문은 서서 조용히 암송하는 봉헌기도의 성격을 지닌다.

특히 창조자 하나님에 대한 찬양과 예루살렘 성전 재건을 기원하는 아침기도는 쉐마의 선포에 이어 출애굽 사건과 시나이산에서의 사건이 기록된 성서 낭송을 포함하여 구속자 하나님에 대한 찬미 및 종말론적 기원으로 끝난다.

이처럼 경건한 유대인의 하루는 태초의 창조 사건과 출애굽에서 나타난 구속사건 그리고 시나이산에서 모세가 토라를 받은 사건 등을 날마다 되새기고 있다.

히브리어로 **샤바트**(שבת, Sabbath)라 불리는 안식일은 **안식일 중의 안식일**로 여겨지는 **욤 키푸르**(יום כיפור, Yom kippur)를 제외하고 유대교 모든 축일 가운데 가장 핵심적인 것으로 인식하고 있다. 안식일의 의미는 하나님의 창조를 기억하고 출애굽을 상기함으로써 인간 역사에 개입하는 구속자 하나님을 기억하는 데에 있다.

한편 남자아이가 태어나면 출생 후 8일째 되는 날에 **할례**(割禮, Circumcision) 의식을 행하고 히브리어 이름을 지어준다. 이 때 10명 이상의 유대인 성인이 입회하여야 한다. 유대법상 모친이 유대인이면 출생과 더불어 인종적으로 이미 유대인으로 인정받지만 이와 더불어 할례를 받아야 비로소 선민으로 인정받는다. 만약 부친만 유대인인 경우 반드시 할례를 받아야만 인종적으로 유대인임을 인정받을 수 있다. 이에 비해 여자아이 경우에는 출생 후 첫 번째 안식일 회당 예배 도중 아기의 출생을 축복하는 간단한 의식이 행해지고 히브리어 이름을 지어준다.

4) 경전

①**율법서**(律法書) **토라**(Torah) ②**예언서**(豫言書) **느비임**(Neviim), ③**성문서**(成文書) **케투빔**(Kethuvim)으로 구성된 히브리 성서 **타낙**(TaNaK) 등이 경전이다. 타낙은 **토라**(T) · **느비임**(N) · **케투빔**(K) 3개 첫 자음에 모음인 a를 붙여서 부른 것이다.

이러한 경전의 구성체계는 개신교 구약성서와 순서는 다르나 목록이 같다. 여기서 히브리 성서 **모세 5경**(Pentateuch)인 토라를 매우 권위 있게 여기고 있다.

(1) 토라

토라(תּוֹרָה, Torah)는 구약성서 첫 5편으로 **창세기**(創世記, Genesis) · **출애굽기**(出埃及記, Exodus) · **레위기**(Leviticus) · **민수기**(民數記, Numbers) · **신명기**(申命記, Deuteronomy)를 일컫는다. 흔히 모세 5경이라 하며 가장 중요한 경전이다. 히브리어로는 **가르침** 혹은 **법**을 뜻한다.

오늘날 토라를 경전으로 삼고 있는 종교는 유대교·그리스도·교·이슬람교 등이다. 그러나 이슬람교는 창조주가 모세에게 토라를 계시했으나 현재 토라는 원본이 왜곡된 책이므로 신뢰할 수 없다고 주장하고 있다.

이스라엘의 법 제도는 이스라엘 민족이 주변 강대국들에 의해 삶의 터전에서 쫓겨나 각기 흩어지면서 궁극적으로는 사멸해 갈 수밖에 없는 운명이었지만 정치적인 독립을 잃고 이스라엘 땅으로부터 실질적인 관계를 박탈당한 상황에서도 율법을 따르는 생활은 하루아침에 폐지되지 않았다. 전 세계로 흩어졌음에도 그들 자신의 율법과 이를 시행할 법정이 여전히 존속했다. 이것이 바로 이스라엘의 율법서인 토라의 골격으로 발전되었다.

이스라엘의 성전이 파괴된 이후에도 성결법과 성전에 관련된 율법 그리고 희생제물을 드리는 것과 관련된 율법은 정교하게 이론화되었다. 사람과 하나님과의 관계·사람과 사람과의 관계·개인과 공동체와의 관계에 대한 유대 율법은 일상생활에서 실제적인 문제가 나타날 때마다 적용되곤 했다.

유대인 신앙의 원리에 따르면 모든 유대 율법의 뿌리가 되는 근거는 하나님의 계시이다. 인간과 하나님과의 관계를 다스려주는 계명은 일상생활을 이끌어주는 규범을 형성시켰는데 기도와 관련된 율법 안식일과 공휴일 그리고 규례에 대한 율법 등이 그 내용이다. 이런 내용은 이슬람 율법인 **샤리아**(Sharī'ah)의 운용방식과 크게 다를 바가 없다.

유대인에게 성서 전체는 신약성서가 없는 구약성서만을 의미하며 토라는 율법서만 지칭한다. 히브리어의 토라는 개념상 모세오경만이 아닌 구약성서 전체를 말한다.

(2) 느비임

느비임(נְבִיאִים, Nevi'im)은 히브리 성서인 타나크에서 토라와 케투빔 사이의 책들에 대한 분류이다. 히브리어로 예언자라는 의미로 예언자 곧 선지자에 관한 책들이 여기 속한다.

여호수아(Joshua) · **사사기**(Judges, 士師記) · **사무엘서**(Books of Samuel) · **열왕기서**(列王記, Books of Kings) 등을 전기 예언서로 구분하고 **이사야서**(Isaiah) · **예레미야서**(Jeremiah) · **에스겔서**(Ezekiel) 그리고 나머지 12권의 소예언서들을 후기예언서로 구분하고 있다.

(3) 케투빔

성문서(成文書)인 **케투빔**(כְּתוּבִים, Ketubim)은 토라와 느비임에 이어 타나크를 구성하는 3번째 구분 단위의 명칭이다. 케투빔은 성령으로 말미암아 작성되었다고 믿기지만 예언서에 견주어 권위가 한 단계 낮다. 히브리어 성서 사본의 케투빔에는 11권의 소책자가 포함되며 이 가운데 역대기는 **역대기상**(Chronicle I) 및 **역대기하**(Chronicle II)를 묶어 1권으로 본다. **에스라서**(Ezra) 및 **느헤미야서**(Nehemiah) 또한 1권으로 본다.

2. 바하이교

1) 계통

바하이교(Bahaism)는 아브라함 계통의 종교로서 이른바 **바하올라**(Baha'u'llah)를 신의 마지막 사자로 믿는 종교이다. 바하올라의 본래 이름은 **미르자 알리 호세인**(Mírzá `Alí Ḥossein, 1817-1892)으로 후일 **하나님의 영광**이라는 뜻의 바하올라로 개명하고 자신이 새로운 문명시대 인류를 위한 하나님의 사자라고 주장하고 바하이 신앙을 창시했다.

바하올라의 아들 압둘 바하 (1844-1921)⑤

바하이교는 아브라함 계통 소수종교 중 여호와의 증인 다음으로 세계 선교에 성공한 신흥종교 교단이다. **바하이**(Baha'i)라는 단어는 바하이교 자체를 가리키는 형용사로 쓰이거나 바하올라를 따르는 사람들을 지칭하는 용어로 쓰인다. 본래 바하이는 아랍어로 **영광** 또는 **휘광**을 뜻한다.

바하이 신앙은 **페르시아**[이란(Iran)]에서 바하올라가 창시한 종교로(19세기) 당시 바하올라는 바하이 신앙 포교를 이유로 오스만 제국으로 추방당했고 최후 사망

할 때까지 수감 상태에 있었다.

바하올라 사후 그의 아들인 **압둘 바하**(Abdu'l-Bahá', 1844-1921)의 지도로 바하이 신앙은 페르시아와 오스만 지역까지 확장되었고 이내 미국과 유럽에 확고한 기반을 마련하였다.

압둘 바하 사망 이후 바하이 공동체는 새로운 국면에 접어들었으며 바하올라가 계획한 이 시대를 위한 새로운 행정 질서인 선출 기구와 임명 기구의 인도를 받게 되었다. 전 세계적으로 200여 국가에 약 5백만 명의 바하이가 있다.

이란에서는 현재 바하이 신앙의 활동이 금지되어 있으며(1979-) 적발 시 처벌된다. 이 때문에 많은 바하이 신도들은 종교적 박해를 피해 미국으로 탈출하였고 현재 바하이는 미국에서 가장 큰 교단을 꾸리고 있다.

바하이교는 유일신을 신봉하고 모든 인류의 정신적인 융합을 강조하고 있는 종교이다. ①모든 창조의 근원인 하나님은 한 분이라는 하나님의 단일성 ②모든 주요 종교의 정신적 근원은 하나이며 같은 하나님에게서 온 것이라는 종교의 단일성 ③모든 인류가 평등하게 창조되었다는 인류의 단일성 등의 3가지에 교리의 기초를 두고 있다.

바하이 신앙은 기도와 성찰 그리고 인류를 위한 봉사의 삶을 사는 것과 하나님을 알고 하나님을 사랑하는 방법을 배우는 것에 인간의 존재 목적이 있다고 가르치고 있다.

바하이 신앙은 신의 말씀을 전하는 예언자들이 시대마다 온 것으로 보고 있으며 그 예언자는 각각 그 시대의 필요와 사람들의 역량에 맞추어 종교를 확립하였다고 보고 있다.

이렇란 예언자들로는 아브라함 계열의 **모세**(Moses) · **예수**(Jesus) · **무함마드**(Muhammad)와 인도 계열로 힌두교 비슈누신의 대표적인 화신인 **크리슈나**(Kṛṣṇa) · **부처**(Buddha) 등이 있다고 주장한다.

바하이 계열에는 최근의 사자로서 **바압**(Báb)과 바하올라가 있다. 바하이 신앙에 따르면 각각의 예언자들이 다음의 인물을 예언하였고 바하올라의 생애와 가르침은 이전 경전들의 최종 약속을 완성하였다고 한다.

바하이교의 신앙으로 인류는 집단 진화의 과정에 있으며 이 시대의 필요는 전 세계적인 평화와 정의 그리고 융합을 점진적으로 확립하는 것에 있다고 믿고 있다.

2) 구분

바하이 가르침의 3가지 핵심 원리는 ①**하나님의 단일성** ②**종교의 단일성** ③**인류의 단일성**이다. 바하이교는 이 원리로부터 하나님이 주기적으로 전달자를 보내 그의 뜻을 드러내며 이로써 인류의 성품을 변형시키고 응답한 이들에게 도덕적 · 정신적 품성을 계발하는 믿음이 생겨난다고 가르치고 있다. 나아가 종교는 순차적이며 같은 근원으로부터 나와 시대 시대마다 점진적으로 다르나 서로 같게 펼쳐지는 것으로 여기고 있다.

(1) 하나님과 예언자

바하이 경전에서 하나님은 인간이 정확히는 알 수 없으며 한 분이고 전지전능하고 만유에 살아있는 불멸한 존재로 우주 만물을 창조한 신으로 인식하고 있다.

하나님과 우주의 존재는 시작도 끝도 없이 영원하다고 생각하며 직접 접근할 수는 없으나 하나님은 모든 창조물을 인식하고 있고 그 뜻과 목적은 하나님의 예언자라고 불리는 사자를 통해서 밝혀진다고 보고 있다.

바하이 가르침에 따르면 하나님은 인간이 완전히 이해할 수 없을 만큼 무한히 위대하고 상상할 수 없이 지극히 높은 까닭에 인간은 하나님의 예언자 계시를 통해 하나님을 이해하게 된다.

바하이 신앙에서 하나님은 종종 가장 강력하고 만물을 사랑하는 신과 같은 속성과 이름으로 지칭되고 또 불리며 특히 한 분이라는 점이 강조되고 있다. 삼위일체설과 같은 교리는 바하이 관점에서는 하나님은 한 분이시며 대등한 자가 없다는 원칙하에서 경우에 따라 타협안으로 취급되고 있기도 하다.

한편 바하이교는 하나님께 적용되는 속성은 하나님의 신성을 인간의 언어로 표현하고 정신적으로 개인의 잠재력을 개발하기 위해 하나님을 경배할 때 그들 자신의 본래 속성에 집중할 수 있게끔 이끌고 있다고 가르치고 있다. 또 인간의 존재 목적은 기도와 성찰 그리고 타인에 대한 봉사와 같은 방법을 통해 하나님을 알고 사랑하는 방법을 배우는 것에 있다고 주창하고 있다.

(2) 신앙의 기초

바하이는 종교가 각각의 예언자에 의해 점진적으로 계시 되었다는 믿음에 기초하여 세상의 주요 종교들의 가르침이 옳다고 여기고 있으며 각 종교의 창시자들을 하나님의 예언자들로 보고 있다. 따라서 경전은 진실로서 그 가르침은 예언자가 온 시대와 장소에 맞추어져 있다. 다만 예배·음식·규례 등과 같은 구체적인 신앙적 가르침은 다음에 온 예언자가 폐하기도 하는데 이는 새로운 시대와 장소의 요구에 더욱 적절히 대응하기 위함에 논지를 두고 있다.

그러나 이웃사랑과 자선활동 등과 같은 일반적인 가르침은 시대변화와 관계없이 일관되게 강조하고 있다. 바하이 신앙에서 이러한 점진적 계시의 과정은 끝이 없으며 주기적이라고 믿고 있다. 다만 바하이는 바하올라 계시의 주기인 1,000년 이내 하나님의 새로운 예언자는 출현하지 않을 것이라고 믿고 있다.

바하이는 고유의 경전과 가르침 그리고 율법과 역사를 가진 종교이다. 초기에는 바하이를 이슬람교의 한 종파로 취급하기도 했으나 현재는 바하이를 독립적인 종교로 인정하고 있다.

바하이는 그리스도교가 유대교에 뿌리를 두고 있는 것과 마찬가지로 이슬람에 종교적 배경을 두고 있다. 그러나 수니파와 시아파 이슬람 공히 바하이를 배교자로 간주하여 박해를 가하고 있는 상황이다.

(3) 인간의 존재 이유

바하이 경전에 따르면 인간은 이성적인 영혼을 가지고 있으며 이에 하나님의 지위를 알아보고 자신의 창조주와 인간의 관계를 인식할 수 있는 독특한 역량을 지닌 존재라고 보고 있다. 바하이는 모든 인간은 하나님의 예언자를 통해 하나님을 알아보고 그 가르침을 따라야 하고 하나님을 알아보고 그의 명령에 순종하며 인류에 봉사하고 정기적으로 기도하는 습관을 강조하고 이로써 인간의 영혼이 하나님께 가까워지며 이러한 모습이 바하이 신앙에서 보는 정신적인 이상의 모습이라고 가르치고 있다.

한편 인간이 죽으면 다음 세상으로 가게 되며 이 물질세계에서의 정신적인 성장이 다음 세상에서의 심판과 발전의 토대가 된다. 다만 천국과 지옥은 현세와 내세에서 하나님께 가깝거나 멀어지는 정신적인 상태를 의미하고 사후에 보상과 처벌이라는 물리적인 장소를 의미하는 것은 아니라고 가르치고 있다.

3) 교리와 경전

(1) 교리

바하올라가 선포한 바하이 신앙의 기본 원리는 ①미신이나 전통에 얽매이지 않고 독자적으로 진리를 탐구할 것 ②바하이 신앙의 중추적 원리이자 기본이념인 인류의 단일성을 명확히 새길 것 ③모든 종교의 일체성과 종교적·인종적·계급적·국가적인 모든 종류의 편견을 제거할 것 ④종교와 과학의 조화 그리고 남녀 평등을 지향할 것 ⑤의무교육의 도입과 세계 보조어를 채택할 것 ⑥극단적인 빈부의 철폐와 국제분쟁 판결을 위한 세계 사법부를 설치할 것 ⑦봉사의 정신으로 일을 할 것 ⑧정의는 인간사회의 기본 원리이며 종교는 세상 사람과 국민을 보호하는 성채임을 명확히 할 것 ⑨지속적이고 보편적인 평화를 인류 최상의 목표로 확립시킬 것 등이다.

바하이교에는 신비주의적인 특징을 지닌 여러 경전이 존재한

바하이교 성전⑥

다. 일례로 바하올라 저서 중에 **일곱 골짜기**(The Seven Valleys)를 꼽을 수 있다. 이 경전은 페르시아 이슬람교 시인 **앗타**(Aṭṭār of Nishapur, 1145-1221)의 스타일을 따라 하나님을 향한 영혼의 여정을 7단계로 나누어 설명하고 있다. 영어로 번역된 이후(1906) 현재 바하올라의 저서로 널리 읽히고 있다. 바하이 가르침은 보편적이고 영구적인 **대성약**(大成約)과 각 종교가 현시된 시기에 고유한 **소성약**(小成約)이 있다고 가르치고 있다. 대성약은 하나님과 인류 사이에 변치 않는 약속으로 하나님의 예언자가 1,000년 주기로 혼란과 불확실의 시대에 온다는 것이다.

소성약은 하나님의 예언자와 그의 추종자들 사이에 약속을 의미하며 사회적인 가르침과 종교적 권위의 승계를 의미한다. 바하이에게 바하올라의 계시는 그의 추종자들에게는 소성약에 충실한 것을 의미하며 바하이 경전에서 성약에 충실해야 하는 것이 모든 신자가 갖추어야 할 미덕이라고 강조하고 있다.

한편 바하이 신앙에서 신자들은 행정기구가 신성하게 임명되었다고 믿고 있어 이에 따라 분파를 만들려는 시도는 바하올라의 가르침에 어긋나는 것이라고 보고 있다.

(2) 경전

바하올라의 주요 경전에는 바하이 율법서인 ①**지성서**(至誠書, The Kitab-I-Aqdas) 바하이 신앙의 근간을 다룬 ②**확신의 서**(The Kitáb-I-Iqaná) 리고 바하올라의 신비주의적 저술인 ③**일곱 골짜기**(The Seven Valleys)와 ④**네 골짜기**(The Four Valleys) 등이 있다.

바하이 경전의 일관된 논조는 인간의 기본적 평등과 모든 종류의 편견을 제거에 있다. 이에 인류는 매우 다양하나 근본은 하나라고 본다. 이에 인종차별・국수주의・카스트제도・사회계급 및 성차별적 위계질서는 융합을 파괴하는 인위적 걸림돌로 여겨진다. 요컨대 바하이 가르침은 인류의 화합이 현 세계의 종교적 정치적 상황에서 다른 무엇보다도 중요한 문제라고 보는데 주안점을 두고 있다.

3. 만다야교

1) 계통

만다야교(Mandaeism)는 **영지주의**(靈智主義, Gnosticism)적 교리를 가진 아브라함 계통의 유일신교이다. 만다야교는 급진적인 이원론적 세계관을 가졌다. 이들은 신이 보낸 여러 예언자 중에 **세례요한**(John the Baptist)이 가장 으뜸이라고 칭하고 **예수**(Jesus)는 세례요한의 모습을 모방한 예언자로 취급하고 있다.

만다야교는 **아브라함**(Abraham)・**예수**・**모세**(Moses) 등을 믿지 않으

만다야교의 야다나 의식[7]

며 대신에 **아담**(Adam) · **에녹**(Enoch) · **노아**(Noah) 등을 예언자로 공경한다.

만다야교 신은 유대교 · 그리스도교 · 이슬람교의 **야훼**(Yahweh)와 같다. 또 교리나 가르침을 어떠한 문서나 기록으로 남기지 않고 암호화된 방식으로 전수하고 있어 인이 아닌 외부인은 이들의 교리를 알기는 매우 어렵다. 일부 공개된 정보에 따르면 성스러운 장소에서 **야다나**(Yardana)라 불리는 흐르는 물로 제사장이 집례하는 세례의식을 행한다.

만다야교는 종교적 신조와 체계화된 교리보다는 전승에 의존하고 있다. 따라서 만다야교 신앙 체계에 대한 안내서 또는 교리서는 존재하지 않는다. **성전**(聖典)은 규모가 매우 큰 편이다. **종말론**(終末論, Eschatology) · **신론**(神論, Doctrine of God) · 사후세계 등의 종교적 교의가 비체계적인 형태로 존재하고 있는 특징이 있다.

2) 교리와 경전

만다야교의 영지주의적 교의는 다음과 같다. ①무형상의 지고한 존재가 시공간에 나타날 때 **영계**(Spiritual World) · **고급계**(Etheric World) · **물질계**(Material World)와 이들 세계에 존재하는 것을 창조하는 것으로 나타난다. 창조행위는 이 존재가 세계의 단수 또는 복수의 창조자에게 창조권을 위임하여 이루어진다. 특히 물질계는 **전형적 인간**(Archetypal Man)에 의해 창조되었고 자신의 모습을 본떠 물질 우주를 창조하였다. ②**이원론**(二元論, Dualism)을 신봉하여 우주적 아버지와 어머니·빛과 어둠·좌와 우를 비롯한 각각 대립하는 것들이 우주적 측면과 소우주적 측면에서 존재한다. ③이원론의 특징으로 물질세계의 원형으로서 지고한 존재의 세계가 존재한다. ④인간의 영혼은 영계로부터 추락해 물질계에 속박된 상태에 있다. 인간의 영혼이 결국에 돌아가야 할 고향은 지고한 존재 그 자체이다. ⑤별들과 행성이 인간의 운명에 영향을 미치며 또한 이는 사후 영혼이 구금되는 장소이다. ⑥각 영혼이 사는 동안 영혼을 돕는 단수 또는 복수의 **구세주 영**(Saviour Spirits)이 있다. 또 이들은 사후 영혼이 **빛의 세계들**(Worlds of Light)로 여행하는 것을 돕는다. ⑦지고한 존재의 **생각들**(Ideas)과 특질이 의인화되어 있다. ⑧영혼을 돕고 깨끗하게 하며 **영체**(Spiritual Body)로 재탄생하게 하고 물질계로부터 고급계로 상승할 수 있는 성례로서 **신비의식**(Mysteries)이 있다. ⑨**비입교인**(Initiates)은 비밀 준수의무가 있다.

만다야교의 경전 중 가장 중요한 것은 **긴자 라바**[Genzā Rabbā, Genzā, **아담의 책**(Book of Adam)]이다. 긴자 라바는 만다야교의 역사·신학·기도의 집성이다. 또 **만다야교의 기도 정전**(Canonical Prayerbook of the Mandaeans)이라고도 불리는 **콜라스타**(Qolastā)가 있다. 또 **세례요한의 서**(The Book of John the Baptist)라고도 불리는 **드라사 드 이아히아**(Draša d-Iahia)가 있다. 여기서 **이아히아**(Iahia)는 세례요한을 가리키는 이름으로 여기에는 세례요한과 예수의 대화가 수록되어 있다.

세계 종교의 통계지표 (3)

출처 : Pew Research Center Global-Christianity-Traditions (2021)

세계 그리스도교 인구비율	36%
교회 소속 그리스도교	24억 4,630만 4천 명
천주교	12억 5,612만 명
개신교	6억 77만 2천 명
독립교회 그리스도교	4억 245만 1천 명
아프리카	1억 1,662만 8천 명
아시아	1억 2,393만 7천 명
유럽	1,994만 6천 명
중남미	4,603만 3천 명
북미	9,476만 5천 명
오세아니아	114만 5천 명
정교회 그리스도교	2억 9,550만 8천 명
무소속 그리스도교	1억 1,357만 1천 명
복음주의	4억 12만 1천 명
오순절주의	6억 6,721만 6천 명

제9장 인도 계통 종교의 교리와 신앙관

1. 자이나교

1) 계통

바르다마나 (B.C.599-527)①

자이나교(Jainism)는 고대 인도에서 제사의례를 강조하던 **베다 브라만**교(Veda Brahmanism)에 대항해 이에 개혁을 앞세워 발생한 종교이다.

현재까지 존속하고 있는 자이나교는 인도 계통의 종교·철학으로서 실질적으로는 불교의 교조인 **고타마 붓다**(Gotama Buddha)와 같은 시대에 살았던 **바르다마나**(Vardhamana, Vira, Ativira, Vardhamana, Sanmati, Nayaputta, Kashyapa, Kevala, B.C.599-527)의 가르침에 종교적 기반을 두고 있다.

2) 구분

자이나교(Jainism)는 영혼의 **해탈**(解脫, Nirvana, Vimutti)을 최고의 목표에 두고 있다. 여기서 해탈은 윤회의 사슬에서 벗어나는 것이다.

영혼의 본래 상태는 ①**완전한 믿음** ②**완전한 지식** ③**완전한 능력** ④**완전한 기쁨**이나 해탈하지 못한 영혼은 무지와 격정을 원인으로 형성된 **카르마**[Karma, **업**(業)]가 영혼과 결합하고 있어 본래 상태가 가려져 있다. 따라서 해탈에 이르는 길은 새로운 카르마 유입을 차단하고 이미 들어온 카르마를 제거하는 것에 있다. 카르마 차단과 제거의 완성인 해탈은 무지와 격정이라는 원인을 제거할 수 있는 ①**바른 믿음** ②**바른 지식** ③**바른 행동**에 의해 이룰 수 있다.

자이나교는 믿음의 완성과 지적 완성과 윤리적 완성이 불가분의 관계에 있다고 보고 해탈에 이르는 과정에 소위 **아힘사**(Ahimsa)라는 윤리적 실천으로서 바른 행동을 중시하고 있다. 또 **고행**[苦行, **수행**(修行), Asceticism]이 카르마를 제거하는데 효과적인 행동으로 보고 있고 해탈을 성취한 영혼은 영원한 안식과 평화를 누린다고 가르치고 있다.

티르탕카라(Tīrthaṅkara')②

자이나교는 인간이 완전해질 수 있다는 것을 바르다마나와 같은 예언자인 **티르탕카라**(Tīrthaṅkara')가 실례로 보였으며 또한 그 길을 가르친 것이라고 믿고 있다. 이에 모든 인간은 신의 은총이나 티르탕카라의 자비가 아니라 스스로 카르마를 완전히 제거함으로써 해탈에 도달해야 한다고 보고 있다. 이러한 시각에서 자이나교는 무신론적이면서도 철저한 자력 신앙 종교로 볼 수 있다.

3) 교조와 교리

(1) 교조

자이나교는 불교의 교조인 고타마 붓다와 동시대 사람이었던 **바르다마나**(Vardhamana)의 가르침에서 연유한 종교·철학이다. 바르다마나는 인류가 영적으로 타락해가는 시기에 태어나서 본래 자이나교의 가르침을 회복시키고 전수한 영적 개혁가로서 지위를 점한다. 그는 본래 자이나교의 가르침에 따른 철저한 고행을 통해 현생에서 비로소 자기를 완전히 극복하여 이른바 **완전지**(Kevala-Jnana)에 도달하였다고 한다.

자이나교에서 바르다마나는 윤회 사슬을 끊고 해탈에 이르러 **지나**(Jina, 정복자 · 승리자) 또는 **마하비라**(Mahavira, 대영웅)의 실례가 된 예언자로서 자이나교 가르침을 본래 모습으로 되살리고 전수할 자격을 갖춘 교조로 숭상되고 있으며 완전에 이르는 길 또 해탈에 이르는 길로 인도하는 자이나교 교조로서 추앙하고 있다.

(2) 교리

자이나교는 인도의 유물론자를 제외한 고대 인도의 모든 종교적 전통과 마찬가지로 해탈을 목표에 두고 있다. 자이나교에서는 우주는 크게 **영혼**(Jiva, Soul)과 **비영혼**(Ajiva, Non-Soul)으로 곧 **정신**(Spirit)과 **비정신**(Non-Spirit)으로 이루어져 있다고 본다. 여기서 영혼은 완전한 믿음·완전한 지식·완전한 능력·완전한 기쁨을 자신의 **본질적 성질**(Guna)로 하는 **실체**(Dravya, Substance)이다.

자이나교는 해탈한 영혼을 제외한 모든 영혼은 **무지**(Avidya)를 근본적 원인으로 탐욕·성냄·속임·오만 등의 **격정**(Passions)을 직접적 원인으로 형성된 **카르마 물질**(Karma-Matter)로서 곧 **카르마**[업(業)]

에 의해 본성이 발현되지 못하는 속박 상태에 있게 되고 그 결과 무지와 격정에 의해 형성된 카르마는 영혼 속으로 들어와 영혼과 결합하여 영혼의 속박 상태를 이루게 된다고 가르치고 있다. 여기서 해탈은 새로운 카르마의 유입을 차단하고 이미 유입된 모든 카르마를 제거함으로써 성취된다고 보고 있다. 해탈에 이르는 길로서 카르마를 차단하고 제거하는 길은 바른 믿음·바른 지식·바른 행동의 3가지에 두고 있다.

4) 교단

바르다마나는 생존 시에 교단을 형성했으나 수차례 분열하였고 그의 사후에도 상황은 매한가지였다. 그의 사후에 일어난 가장 큰 분열은 자이나교 성직자는 바르다마나처럼 나체로 생활해야 한다는 종교적 보수주의적 입장을 내세운 **공의파**(空依派)와 성직자도 흰옷을 입을 수 있다는 종교적 자유주의적 입장을 내세운 **백의파**(白衣派)로 나뉜 것이었다. 그러나 이들의 기본적인 교리는 의복 외에는 별다른 차이가 없었다. 그의 사후에 일어난 나머지 분열도 자이나교의 기본적인 교리에 대한 차이가 아니라 그 밖에 소소한 문제에 기초하고 있었다.

한편 자이나교는 힌두교처럼 세계가 전능한 최고신에 의해 생성·유지·파괴되는 것이 아니라 불교처럼 카르마 법칙의 자율성에 의해 생성·유지·파괴된다는 시각을 견지하고 있다는 이유에서 종교적으로 **무신론**(無神論, Atheism)을 지향하고 있다. 다만 해탈한 영혼은 완전한 지식과 능력을 겸비한 가진 존재인 사실상 신이기 때문에 경배의 대상으로 취급하고 있다.

그러나 자이나교는 카르마 법칙에 기반한 철저한 자력 신앙에 근본을 두고 있다. 인도의 일반 자이나교 신자는 대부분 힌두교의 신들을 모시는 예배나 제사에 임하고 있으나 속박으로부터의 해탈이 어떠한 신도 해결할 수 없는 자신의 몫이라는 철학적·종교적 신념을 고수하고 있다.

2. 시크교

1) 계통

시크교(Sikhism)는 인도 북부에서 힌두교의 **바크티**[Bhakti, **신애**(信愛)] 신앙과 이슬람교의 **신비사상**(神秘思想, Mysticism) 등이 융합되어 탄생한 종교로서(15세기) 세계 5대 종교 중의 하나이다. **시크**(Sikh)라는 용어는 산스크리트어로 **시스야**(Sisya, **교육** 또는 **학습**)에서 전래했다는 설과 **식사**(Siksa, **가르침**)에서 유래했다는 설이 있다.

시크교의 기본사상은 **바히구루**(Vahiguru)라는 신의 메시지와 이름으로 개인적 수양을 통한 해탈을 목적에 두고 있다. 시크교도는 교조 **구루 나나크**(Guru Nanak, 1469-1539)를 포함하여 그의 후계자 9명의 **구루**[**법주**(法主), Guru]의 가르침을 따르고 사회·경제·종교 등에 관한 다양한 내용을 수록하고 있는 경전인 **구루 그란스 사히브**(Guru Granth Sahib)에 따라 행동한다. 이외에도 시크교는 주로 인도 북부와 파키스탄 중북부에 걸친 광대한 지방인 **펀자브**(Punjab) 지방의 역사·사회·문화 등과 관련된 제반 사항을 교리

구루 나나크 (1469-1539)③

에 포함하고 있는 특징이 있다. 현재 시크교 신도들 대부분도 펀자브 지방에 거주하고 있다. 교조 나나크는 현재 파키스탄 영토로서 펀자브 주도 **라호르**(Lahore)에서 출생했는데 유년기부터 종교에 매료되어 출가 후 성자들을 두루 만나게 되었다. 30세 때 길을 잃고 헤매다 급류에 휘말려 떠내려가게 되었는데 다행히 목숨을 건지게 되면서 힌두교도 아니고 이슬람도 아닌 새로운 종교에 대한 영감이 떠올랐다고 한다. 나나크는 신의 계시를 받아 전도에 임하고 인도 각지를 널리 순회하면서 힌두교·이슬람교 설교자들과 종교적 논쟁에 임하면서 나름의 교리를 통해 포교 활동에 전념했다.

나나크는 메카·로마·스리랑카·티베트 등을 여행하면서 ①곤경에 처한 자를 돕는다는 **반드 차코**(Vand Chakko) ②돈을 정직하게 또 거짓 없이 벌어야 한다는 **키랏 카로**(Kirat Karo) ①성스러운 이름을 외치며 신을 언제나 기억하고 신을 향한 끊임없는 헌신에 임해야 한다는 **나암 자프나**(Naam Japna) 등의 원칙을 가르쳤다.

시크교는 힌두교의 번잡한 카스트 제도·미신·종교의례 등을 배격하고 인간의 절대 평등을 기치에 내걸고 있다. 이에 신도는 하급계층인 카스트 출신이 많다는 특징이 있다.

시크교는 종교적 성소인 **구르드와라**(Gurdwara)에 모여 자신들의

시크교도와 하르만디르의 황금사원④

경전인 그란트 사히브를 읽으며 송영과 설교 등 종교의식을 거행하고 그들의 전통적인 축제일을 지킨다. 대표적인 장소로는 인도 펀자브에 소재한 **하리만디르 사원**[Harmandir, 일명 **황금사원**(Golden Temple)]이다(16세기).

하리만디르 사원 앞은 강당이고 중앙은 홀이며 음식을 준비하기 위한 공동 식당과 물로 씻기 위한 연못 등이 갖추어져 있다. 경전을 읽어주는 **그란티**(Granthi)와 **마한트**(Mahant)들이 사원을 관리하는 사제 역할을 감당하며 그들의 지위는 세습된다.

2) 구분

시크교도들은 이른바 5K(Five K's) ①깎지 않은 머리카락과 수염인 **케쉬**(Kesh) ②나무 빗 **캉가**(Kangha) ③단검 **키르판**(Kirpan) ④쇠팔찌 **카라**(Kara) ⑤속바지 **카체라**(Kachera) 등을 항상 몸에 지니고 다닐 것을 권하고 있다. 5개의 K는 시크교도들의 정체성을 드러내는 징표일 뿐 아니라 종교적 의미도 담고 있다.

자르지 않은 머리카락은 신이 인간에게 주신 것을 훼손하지 않고 그대로 간직한다는 의미이다. 그들은 긴 머리카락을 캉가라고 불리는 작은 나무 빗으로 헝클어지지 않도록 하루에 두 번씩 빗질한다. 이것은 신체적 청결과 함께 정돈되고 질서 잡힌 삶을 유지해야 함을 뜻한다. 키르판이라 불리는 단검은 용기와 약자에 대한 보호를 쇠팔찌 카라는 무한함을 상징하는데 곧 그들이 신에게 영원히 귀속되어 있음을 뜻한다. 무릎 위로 올라오는 짧은 속바지 형태의 카체라는 대개 착용한 사람에게 겸손과 정결함을 상기시키기 위한 것이다.

3) 교리

신은 하나다라는 개념은 시크교의 핵심 교의 가운데 하나로 시크교도는 이른바 **와헤구루**(Waheguru)라는 신을 숭상한다. 시크교는 본래 이슬람교와 힌두교 등의 개념들을 널리 포용하고 있으나 기본적으로 일신교를 유지하고 있다. 게다가 육식도 제한이 없고 다른 종교에 비해 비교적 자유로운 종교 중 하나다.

시크교도는 ①신을 찬양하고 신의 이름으로 명상에 임하는 **남자포**(Naam Japo) ②신이 부여한 저마다 능력과 재능을 통해 열심히 삶에 임하는 **키라트 카로**(Kirat Karo) ③자신이 가진 것을 남에게 베푸는 **반드 크하오**(Vand Chhako) 등 3가지 원칙을 지향한다.

한편 인간을 나약하게 만드는 5가지 근원을 예시하고 있는데 ①**정욕**(Kaam, 情慾) ②**분노**(Krodh, 憤怒) ③**탐욕**(Lobh, 貪欲) ④**집착**(Moh, 執着) ⑤**오만**(Hankaar, 傲慢) 등이고 이러한 5가지에 사로잡히지 않는 상태가 시크교에서 말하는 **다르마**(法, Dharma)이다. 나아가 **해탈**(解脫, Moksha)

에 이르기 위해 개발해야 할 5가지 덕목이 요구되고 있는데 ①**진리**(Sat) ②**만족**(Santokh) ③**연민**(Daya) ④**겸손**(Nimrata) ⑤**사랑**(Pyaar) 등이다.

시크교는 ①다른 종교와 신념 ②종교적 그리고 사회적 평등 ③미신에 의존하지 않은 합리적인 관례 우주·진화 그리고 양자역학에 대한 현대적 과학 관념 등을 수용하고 있다. 시크교 목표는 신과 하나 되는 것이다. 시크교도는 그들의 신 **와헤구루**를 매일같이 되뇌며 자신을 신에게 맡기고 신의 발끝에 엎드려 자복하는 의례를 행한다.

시크교의 예배⑤

시크교는 삶에 충실하게 사는 것을 영적으로 극히 중요한 것으로 여기고 또 수입의 10%를 나눠주라고 가르치고 있다. 시크교도는 일출 전에 일어나 명상하고 기도문을 외우는 의례를 행한다. 사원에는 구루 근본 **성전**(聖典)과 모든 이에게 무료로 숙식을 제공하고 있다.

시크교가 전하는 일차적인 메시지는 ①명상 ②신들을 향한 경배 ③인류에 대한 봉사 ④선한 사람으로 살아가는 것에 교리의 주안점을 두고 있다.

세계 종교의 통계지표 (4)

출처 : Pew Research Center Global-Christianity-Traditions (2021)

세계 개신교 인구분포	
침례교회	1억 500만 명
루터교회	9,000만 명
성공회	8,500만 명
개혁주의 교회	8,000만 명
감리교회	8,000만 명
아프리카 감독 감리교회	500만 명
스위스 개혁교회 (칼뱅주의)	240만 명
네덜란드 개신교회 (칼뱅주의)	230만 명
장로교회 (미국)	180만 명
장로교회 (한국)	500만 명
그리스도 연합 교회	120만 명
재림교회	2,000만 명
재세례파	350만 명
비교파 복음주의	4,000만 명
복고주의 개신교	2,000만 명

제10장 도 계통 종교의 교리와 신앙관

1. 도교

1) 계통

도교(道教, Taoism)는 고대 중국에서 발생한 민족종교로 **신선사상**(神仙思想)을 기본으로 **음양**(陰陽)·**오행**(五行)·**복서**(卜筮)·**무축**(巫祝)·**참위**(讖緯) 등을 더하고 거기에 **도가**(道家)의 철학을 도입한 후 불교의 영향 아래 성립된 **도**(道) 계통의 종교이다. 도교는 하나로서 **도**(道)의 3가지 모습인 ①**옥청**(玉淸) ②**상청**(上淸) ③**태청**(太淸)의 이른바 **삼청**(三淸, Three Pure Ones)을 최고신으로 하는 다신교이다.

경전으로는 도교 성전의 집성인 **도장**(道藏)이 있다. 도교 신자를 **도교인**(道教人) 또는 **도교도**(道教徒)라고 하며 **우화등선**(羽化登仙)을 목표로 하는 무리라는 뜻에서 **우류**(羽流)라고도 한다. **도사**(道士)는 도교의 전문적 종교가이며 여성 도사는 **여관**(女冠)이라고 한다.

2) 구분

(1) 음양

음양(陰陽)의 본래 의미는 산의 두 측면으로 하나는 양지로 다른 하나는 음지로 표현된다. 음은 구름이 해를 덮는 것이고 양은 해가 나온 것이며 이를 확대해 음은 구름·비·음지·북향·

뒷면을 양은 일출·양지·남향을 의미한다. 음양은 천지 만물을 만들어 낼 때 상반되는 성질의 두 가지 기운으로서 음과 양을 말한다.

고대 중국에서 음양 이론은 자연현상을 설명하는 중요한 개념이었고 음양의 작용을 통해 만물이 생성 변화한다고 생각했다. 이러한 시각에서 자연현상에서 인체에 이르기까지 모든 것에 음양이론이 적용되었다.

음양을 설명할 때 서로 대립하는 모습을 보이는 물과 불의 특성을 빌려 이를 음양의 징조라고도 보고 있으나 사실 음양은 사실 한 **기**(氣)의 두 측면으로 이를테면 운동능력과 에너지를 지닌 기로서 사물을 분류해 사물 간의 상호관계를 규정한 원리이다. 따라서 항상 서로 대립하는 상태를 유지하면서도 하나로 통일되려는 성질을 보이는데 이것이 바로 조화이며 이 조화 원리를 이용하여 음양이론을 전개한다. 예컨대 인체 내의 기능을 조절하는 것이 한의학 치료의 이론적 근거을 예시할 수 있다.

음양의 부호로서 음은 끊어진 **파선**(破線, --)으로 약함을 나타내고 양은 이어진 **실선**(實線, —)으로 강함을 나타낸다. 음양의 상징인 **태극**(太極)은 우주에서 두 가지 위대한 힘의 완전한 균형을 나타낸다. 음양의 두 가지 힘은 서로 긴장 관계를 유지하고 있으나 적대관계는 아니며 상호 의존적이며 본질적으로는 하나이다.

음양이론은 오행이론에 접목되어 이른바 **음양오행이론**(陰陽五行理論)으로 전개된다. 오행이론의 가장 큰 특징은 오행이 서로 연관되어 있다고 봄으로써 하나의 사물을 부분으로 이해하기보다는 전체로 보려는 관점에 있다.

(2) 오행

목(木)・**화**(火)・**토**(土)・**금**(金)・**수**(水) 5종에 의해 자연현상 일체를 해석하는 사상을 오행설이라고 한다. 이들 5종이 특별히 선택된 이유는 하늘에서는 **오기**(五氣)가 순환하고 땅에서는 사람들이 사용하기 때문이라고 보고 있다.

고대 중국에서 우주를 구성하는 5원소의 변화를 오기가 유행한다고 했고 백성이 사용하는 경우 자연계에 통상적으로 존재하는 기본적인 물질의 변화를 가리키는 것으로 보았다.

오행설은 **전국시대**(戰國時代, B.C.403-B.C.221) **제**(齊, B.C.1046-B.C.221)의 사상가 **추연**(鄒衍, B.C.305-B.C.240)이 창시했는데 그는 **오덕종시설**(五德終始說)이라는 오행설을 주창했다. 그 핵심은 제왕은 오행의 어느 한 가지 덕을 갖추며 왕조는 **오덕**(五德)의 순서에 따라서 교대한다는 것이었다. 그리고 오행은 **화**(火)→**수**(水)→**토**(土)→**목**(木)→**금**(金)의 순서로 각각 전자를 이기고 나타난다고 생각하고 이를 **상극설**[相剋說 또는 **상승설**(相勝說)]이라고 칭했다. 이후 오행이 목→화→토→금→수의 순서대로 생성된다는 **상생설**(相生說)이 탄생하였다.

본래 정치사상에서 발생했다고 추정되고 있는 오행설은 마침내 여러 가지 자연현상의 설명에 응용하게 되었다. 곧 모든 자연현상은 범주마다 5가지씩 정리되고 각각이 오행의 어딘가에 속한다고 본 것이다. 오행이론은 음양이론과 함께 발전하면서 천문학이나 의학 등에 큰 영향을 미쳤다.

(3) 복서

복서(卜筮)에서 **복**(卜)은 거북이 등껍질인 **귀갑**(龜甲)이나 동물의 뼈인 **수골**(獸骨)을 불에 태워 그것이 갈라지는 금의 모양을 보고 점을 치던 방법을 말한다. 중국 **은**(殷, B.C.?-1100) 시대는 **신정**(神政) 시대였기에 모든 일의 결정에는 조상신의 의향을 물어 행해야만 했는데 그 방법으로서 **복점**(卜占)이 성행하였고 이에 따라 **복관**(卜官)의 지위도 높았다. **서**(筮)는 50개의 대나무에 새긴 **수**(數)의 조작으로 길흉의 점을 치는 방법이다.

(4) 무축

무축(巫祝)은 중국 고대에 **무**(巫)는 강신을 통해 신의 뜻을 인간에게 전달하는 자이고 **축**(祝)은 축문을 읽거나 기도를 통해 말로 인간의 소망을 신에게 전달하는 자였다. 당시에는 왕의 **시신**(侍臣)과 같은 존재였다.

무축은 후대에 이르러 신과 인간의 매개 역할을 한다는 점에서는 구별이 모호해져 무축으로 고유명사화되었고 오늘날에는 일반적으로 무당을 가리키는 말이 되었다.

무당은 춤으로써 무아의 경지에 돌입하여 **탈혼**(脫魂)의 과정을 거쳐서 신과 접하고 거기서 **신탁**(信託)을 통해 **반신반인**(半神半人)의 기능을 발휘한다. 그러한 과정에서 무당은 인간의 소망을 신에게 전하고 또 신의 의사를 탐지하여 이를 인간에게 계시해주는 이른바 **영매자**(靈媒者)로서 기능한다.

(5) 참위

참위[讖緯 또는 **도참**(圖讖)]는 내용과 형식을 불문하고 미래에 일어날 일에 대한 예언 혹은 징조를 통칭하는 말로 특히 인간 생활에 있어 **길흉화복**(吉凶禍福) 또는 **성쇠득실**(盛衰得失)에 대한 예언 혹은 징조를 뜻한다. 한편 **참위서**[讖緯書 또는 **도참서**(圖讖書)]는 미래의 일을 예견하는 데 사용되는 책을 말하는데 우리나라에서는 흔히 도참서를 **도선비기**(道詵秘記)·**토정비결**(土亭秘訣) 등과 같이 **기**(秘記)·**밀기**(密記)·**비결**(秘訣)이라고 칭했다.

(6) 삼청

삼청(三清)인 태청(太清)·옥청(玉清)·상청(上清)[1]

삼청(三淸)은 하나인 도의 서로 다른 모습인 **옥청**(玉淸)·**상청**(上淸)·**태청**(太淸)을 말한다. 도교의 최고신으로서 **천존**(天尊)을 일컫는데 ①**옥청**은 태초의 시작으로서의 우주적인 존재인 **원시천존**(元始天尊) ②**상청**은 영험한 보석으로서의 우주적인 존재인 **영보천존**[靈寶天尊 또는 **태상도군**(太上道君)] ③**태청**은 도과 덕으로서의 우주적인 존재인 **도덕천존**[道德天尊 또는 **태상노군**(太上老君)]이라 불린다.

삼청은 도교의 우주관에 연유한 사상으로 이를테면 처음에 **일기**(一氣)가 있었는데 이것이 **삼기**(三氣)로 나뉘고 **삼천**(三天)이 되었다고 한다. 여기서 일기가 **대라천**(大羅天)이고 삼기는 ①**청미천**(淸微

天) ②**우여천**(禹餘天) ③**대적천**(大赤天)인데 이것을 **삼청**(三淸) 또는 **삼경**(三境)이라고 한다. 하나인 **도**(道)가 3신 또는 신선 또는 하늘에 나타나는 것을 하나의 기운이 3가지 맑은 기로 나타난다는 **일기화삼청**(一炁化三淸)이라고 한다. 그 밖에 **사어**(四御, Four Emperors)로서 ① **옥황상제**(玉皇大帝, Jade Emperor, Yu Huang) ②**중천자미북극대제**(中天紫微北極大帝, Beiji Dadi) ③**구진상궁천황대제**(勾陳上宮天皇大帝, Tianhuang Dadi) ④**후천황지기**(后土皇地祇, Empress of Earth) 등이 있다.

3) 사상과 분파

(1) 사상

노자 (B.C.604?-?)②

도교(道敎)의 창시자는 **후한**(後漢, 25-220) 말기에 가장 일찍 성립된(2세기 전반) 도교적 종교 교단인 **태평도**(太平道)보다 약간 뒤늦게 성립된 도교적 종교 교단인 **오두미도**[五斗米道, **오두미교**(五斗米敎), **천사도**(天師道), **정일도**(正一道)] 창시자인 **후한**(25-220) 시대 **장도릉**(張道陵, 34-156)으로 알려져 있다. 도교라는 말을 최초로 사용한 사람은 **북위**(北魏, 386-534)의 **구겸지**(寇謙之, 365-448)로 그는 도교를 집대성한 사람 또는 최초의 교단 도교의 창시자로 알려져 있다.

도가(道家)와 도교는 사상과 신앙의 관계라고 할 수 있다. 도가의 이론가 **노자**[老子, **이이**(李耳), B.C.604?-?]는 도교에서 신선으로 옥황상제에 버금가는 신적인 존재로서 지위를 점하고 있다. 도가는 노자와 장자의 사상에 기반을 두고 있으나 도교는 노자의 저서인 **도덕경**(道德經)에 절대적인 권위를 두고 경전으로 삼고 있다.

도교는 신선사상에 중국 민간신앙이 결부되어 이루어진 종교로 일반적으로 도교와 신선도를 같은 의미로 새긴다. 주요 교의는 **불로장생**(不老長生)에 있으며 의학・약학・화학・**연금술**(鍊金術)을 동반하고 그 위에 신비적인 **방술**(方術)을 닦음으로써 스스로 **진인**(眞人)・**신인**(神人)・**선인**(仙人)이 되기를 원한다.

도교가 백성들의 호응을 얻을 수 있었던 것은 유교의 **성리학**(性理學)처럼 배타주의나 편향주의로 나아가지 않고 모든 것을 포용하는 조화로움을 지녔기 때문이다.

도교의 경전은 불교의 대장경에 해당하는 **도장**(道藏)이 있다. 현재 도장은 5,305권으로 이루어진 **정통도장**(正統道藏)과 180권의 **속장**(續藏)을 합해 총 5,485권으로 이루어져 있다

정통도장은 ①**동현**(洞玄) ②**동진**(洞眞) ③**동신**(洞神)의 **삼동**(三洞)과 ①**태현**(太玄) ②**태평**(太平) ③**태청**(太淸) ④**정일**(正一) 4개의 보완부로 구성된 **삼동사보**(三洞四輔)의 체계로 이루어져 있다.

이상의 도교 경전의 분류는 불교의 관념을 빌려 성립된 것이라 할 수 있으나 실제로 경전의 배분은 극히 무질서하여 매우 잡다하다. 이것은 중국 토착의 도교라는 종교가 지닌 교학의 미숙을 시사한다.

(2) 분파

도교는 후대에 종교 교단으로서 체제와 조직을 갖추어 **교단도교**(敎團道敎)가 되었는데 이를테면 경전으로서 **도장**(道藏)과 **사원**(寺院)으로서 **도관**(道觀) 그리고 성직자 또는 전문적인 종교인으로서 **도사**(道士)・**여도사**(女道士) 등의 교단체제를 갖추고 종교가 되었다.

이후 시대에 따라 도사들 간에 사상의 차이가 발생하고 이에 따라 많은 분파가 생겼다. 일례로 한때 중국에서 140여 개의 도교 종파가 창립되었는데(1910) 이를 **성립도교**(成立道敎) 또는 **교단도교**(敎團道敎)라고 칭하고 여기에서 벗어난 도교 또는 그 집단을 **민중도교**(民衆道敎)라고 부른다.

도교에서 신격화된 관우 (161-219)③

민중도교는 매우 강한 주술성을 보이며 고타마 붓다・공자・ 관음보살・예수・무함마드・**관우**(關羽, 161-219)・토지신 등을 숭배하고 있는데 이러한 시각에서 매우 개인적인 성격을 띤 종교이다. 민중도교에 속하는 분파 또는 단체로는 **무위교**(無爲敎)・**원돈교**(圓頓敎)・**홍양교**(弘陽敎)・**선천교**(先天敎)・**구궁도**(九宮道)・**금단팔괘도**(金丹八卦道)・**일관도**(一貫道) 등이 있는데 이들은 대체로 현세 기복적인 특성이 있다.

2. 유교

1) 계통

공자 (B.C.551-B.C.479)④

공자(孔子, Confucius, B.C.551-B.C.479)가 창시한 **유교**[儒教, **공자교**(孔子教)]는 **인**(仁)을 도덕을 일관하는 최고이념으로 삼고 **수신제가치국평천하**(修身齊家治國平天下)의 실현을 목표로 하는 일종의 윤리학·정치학이며 오랫동안 중국·한국·일본 등 동양사상을 지배해 왔다.

춘추시대(춘추시대, B.C.8세기-B.C.3세기) 말기에 태어난 공자는 선각자였으나 고국 **노**(魯, B.C.1046-B.C.256)나라에서는 뜻을 이루지 못하고 여러 나라를 주유하며 이른바 **선왕**(先王)**의 도**(道)를 역설하였으나 끝내 그 이상을 펴지는 못하였다. 만년에 귀향하여 많은 제자를 가르치는 한편 **시**(詩) **서**(書)의 2경을 정리하고 **예**(禮)·**악**(樂)을 선정하였으며 **춘추**(春秋)를 저술하고 또한 **역**(易)을 좋아하여 그 해석서라 할 수 있는 **십익**(十翼) 등을 저술하였다.

공자 사상은 그의 사후 제자들이 수집 편찬한 그의 언행록인 **논어**(論語)에 잘 나타나 있다. 이에 따르면 공자는 인을 가장 중시하였으며 인은 **효**(孝)이며 **제**(悌)라 하여 인의 근본을 가족적 결합의 윤리에서부터 시작하여 혈족의 애정을 강조하고 이를 인간사회의 질서 있는 조화 원리로 삼아 정치에도 접목하였다.

공자는 춘추시대 말기 인간주의적 풍조 속에 인간 내면에 존재하는 도덕성에 주목하고 현실사회의 혼란을 구제하려는데 역점을 두었다. 공자는 훌륭한 정치를 행했던 **주**(周, B.C.1046-B.C.771)나라의 **예악**(禮樂)을 본보기로 그 실행을 강조하고 예는 전통적·관습적 사회규범이며 그것은 곧 인의 사회성·객관성을 보증하는 것이라 주창하였다.

맹자 (B.C.372?-B.C.289?)⑤

이후 **아성**(亞聖)이라 일컫는 **맹자**(孟子, Mencius, B.C.372?-B.C.289?)가 출현해 인의 실천을 위한 **의**(義)를 내세워 **인의**(仁義)를 주창했으며 또 인간의 본성은 **선**(善)에 근거하여 내면적 도덕론을 앞세워 선한 본성에서 우러나오는 **덕치**(德治)로서 **왕도론**(王道論)을 주창하였다.

맹자에 의해 유교는 체계를 잡고 또 정치론으로도 정비되었으며 이에 대한 실천 요의로서 5가지 **인륜**(人倫)인 **부자유친**(父子有親)·**군신유의**(君臣有義)·**부부유별**(夫婦有別)·**장유유서**(長幼有序)·**붕우유신**(朋友有信) 등의 이른바 **오륜**(五倫)의 체계를 정립하였다.

현대적 의미에서 유교는 **유학**(儒學) · **유학사상**(儒學思想)으로 이해되고 있어 종교로 취급할 수는 없다. 곧 **인**(仁)으로써 모든 도덕을 일관하는 데 주안점을 두고 **수신제가치국평천하**(修身齊家治國平天下)를 목표에 둔 일종의 윤리학 또는 정치학이라 할 수 있다.

이에 유교를 평가하는 사조도 ①교주 · 교리 · 교단 · 내세관 등의 개념이 희박하므로 종교가 아닌 일련의 통치 사상에 불과하다고 보는 주장 ②실질적으로 종교로 볼 수는 없으나 다른 사상과 종교를 억압하며 스스로 종교적 성격을 자초한 측면이 크다는 주장 ③근대의 서구적 학문이나 분류 개념을 대입할 때 종교적 색채가 강하게 드러난다는 주장 등 다양하다. 요컨대 유교가 종교가 아니라 학문으로 취급될 경우 **유학**(儒學)이라고 표기한다.

2) 구분

유교는 본래 **제자백가**[諸子百家, **도가**(道家) · **묵가**(墨家) · **법가**(法家) · **명가**(名家) · **음양가**(陰陽家) · **종횡가**(縱橫家) · **병가**(兵家) · **잡가**(雜家) · **농가**(農家) · **소설가**(小說家)] 중의 한 학파에 불과했으나 **한**(漢, B.C.202-220)나라 왕조의 권력 안정과 함께 그 통치를 정당화하는 이론으로서 중시되어 중국 정치사상 중에서 정통적 지위를 점하게 되었다. 이를테면 유학은 중국의 왕조 정치체제가 존속되는 동안 국가 질서를 뒷받침하는 기반으로서 정통사상을 계승해 왔다.

유교 사상의 핵심은 자기 자신의 수양에 힘써 이로써 천하를 이상적으로 다스리는 것을 목표로 삼는 학문이며 왕도 정치를 향한 실천이라고도 할 수 있다.

3) 유교사상

(1) 종교적 특성

유교의 종교적 측면은 **경천사상**(敬天思想)에서 볼 수 있다. 경천사상은 우주와 인간을 주재하는 초인간적·초자연적 절대자에 대한 숭배의 자취를 담고 있는데 예컨대 **은·주**(殷周)나라 시대에 걸쳐 숭배 대상이던 **상제**(上帝)와 **천**(天)은 인간을 감찰하고 화복을 내려주는 무한한 권위를 지닌 절대자로서 인식되었다.

이러한 상제나 천에 대한 근본적인 인식의 전환은 공자 때에 비롯되었는데 공자는 천의 권위를 지키는 가운데 그 **신성**(神性)을 인간에게 내부화했다. 곧 천은 **경외**(敬畏)의 존재로서 인간의 성숙인 **인**(仁)과 주체적 각성인 **덕**(德)에 의해 천의 세계가 열릴 수 있다고 보았다.

공자는 **천인관계**(天人關係)에서 초월과 내재를 동시에 파악하면서 초월자에 대해 직접 설명하지도 특정한 제례의식도 요구하지 않았다. 공자의 시각에서 상제에 대한 관념은 천 속에 수렴되고 그것은 다시 인격에 내부화된다고 보아 인간의 실질적 태도와 삶 자체를 중요시하였다.

한편 유교에서는 제사를 중요시한다. 일반적으로 종교에서 행하는 제의는 **기복**(祈福)에 치우쳐 있으나 유교의 제의는 윤리성과 도덕성을 기반에 두고 있는 특징이 있다. 곧 유교의 제의는 대가나 보상을 요구하는 기복으로 연결되지 않고 또한 주술적 요구를 배격하고 세속 세계를 도덕화하려는데 주안점을 두고 있다. 나아가 건실한 윤리성을 기반으로 인간의 외형적·절차적 관계를 설정할 뿐만 아니라 인간의 주체적 체험을 강화하는데 목적을 두고 있다.

유교는 인간의 삶을 충실하게 하는 데 힘쓰기를 강조하며 내세에 대해서는 유보적인 시각을 견지하고 있다. 공자는 자신이 처한 환경에서 도리를 다하려고 했고 이에 내세의 영원한 삶을 기대하지 않았다. 오히려 그는 죽음의 문제는 삶 속에서 논해야 한다고 보았다. 이를테면 인간의 삶이 얼마나 실존적 깊이를 가지며 어떠한 의미를 지니느냐 하는 것에 큰 관심을 가졌다.

공자는 인간이 마땅히 가야 할 길을 도라고 생각했기에 아침에 도를 깨달으면 저녁에 죽어도 좋다고 할 정도로 도와의 일치를 추구하였다. 공자는 인생에서 인격적으로 최고의 가치를 성취함으로써만 인생의 의미를 깨닫게 될 수 있다고 보았다.

공자는 믿음을 돈독히 하고 배우기를 좋아하며[**독신호학**(篤信好學)] 죽음에 임하더라도 도를 참되게 하며[**수사선도**(守死善道)] 몸을 죽여 인을 이룬다[**살신성인**(殺身成仁)]고 설파했다. 누구나 스스로 본분을 자각하고 실천함으로써 행복을 성취할 수 있다고 보았다.

인간의 도리를 의미하는 **인**(仁)은 자식을 사랑하고[**자**(慈)] 부모에게 효도하는[**효**(孝)] 친자관계에서 시작한다. 자식은 부모에게서 직접 발생한 관계이므로 **부모**(親)와 **자식**(子)은 무조건적 관계이며 이 관계에서 본질적 특성은 **사랑**(博愛)과 **존경**(尊敬)으로 보았다.

공자는 자식이 부모에게 효도하는 마음은 부모가 죽어서도 제사의 형태로 유지됨으로써 사회의 정신적 방향이 정립된다고 보고 **선조**(先祖)에 대한 제사는 자신이 생겨난 근원을 반성해[**보본추원**(報本追遠)] 자신의 존재 의미를 자각하는 것이 중요하다고 보았다. 따라서 의례는 효성의 정감을 담는 그릇이고 그것이 나타나는 방식이라고 보아 자신의 마음속에서 우러나오는 사랑과 존경으로부터 자신의 존재의의를 발견해야 한다고 주창했다.

사후세계에 대해서도 객관적 존재 자체에 의미를 부여하기보다 현세에 살아있는 이들의 진실성에 주안점을 두었다. 이에 유교에서는 죽은 이 섬기기를 살아있는 이 섬기기와 같이 한다[**사사여사생**(事死如事生)]고 했고 내가 직접 제사하지 않으면 제사 지내지 않은 것과 같다[**오불여제여부제**(吾不與祭如不祭)]고 하였다. 요컨대 유교에서 효는 존경의 마음이 조상뿐만 아니라 천에까지 거슬러 올라가는 중요한 종교적 덕목이다.

(2) 생활관계

공자는 제 몸을 닦아 백성을 편안히 한다[**수기이안백성**(修己而安百姓)]고 가르치고 있는데 이에 따라 유교는 스스로 닦는 마음[**수신**(修身)]을 바탕으로 모든 사람을 평안하게 한다[**평천하**(平天下)]는 **수기치인**(修己治人)의 도를 이상으로 삼고 있다. 나아가 유교의 도는 수도와 실천을 병행하고 있어 개인의 수양을 사회에까지 확대하고 있다. 나아가 인간이 보편적으로 지닌 밝은 덕을 세상에 밝히는 것[**명명덕어천하**(明明德於天下)]을 최고 이상에 두고 있다.

유교의 현실 지향적 성격은 현실에 안주하기보다는 현실을 개혁하려는 데 특징이 있다. 인간에 내재 되어있는 참된 가치를 현실 속에서 보존하고 함양함으로써 이를테면 현실에서 현실을 개혁하는 적극적 방법을 택하고 있다. 이러한 정신에 대해 **중용**(中庸)에서는 높고 밝은 진리를 극진히 하면서 일상일용을 말미암는다[**극고명이도중용**(極高明而道中庸)]고 했고 세상에 있지만 세상을 벗어남[**즉세간이출세간**(卽世間而出世間)]이라고 하였다.

유교에도 중심 경전이 있으나 일정한 계통을 갖춘 사원이나 교회를 설립하는 등의 교조화된 신앙방식을 택하지는 않고 있다. 대개 유생들은 사제나 승려와 같은 일정한 종교적 신분이 아니라 혼인도 하고 가정도 돌보는 일반인으로 생활을 해나갔다. 오히려 인간의 범상한 생활 자체를 중시하고 고양하면서 일상으로부터의 이탈을 잘못된 것으로 보았다.

한편 인간에게 있는 **희로애락**(喜怒哀樂)의 정서를 존중했기에 금욕주의를 배척하는 것을 부정했다. 인간의 감정을 삶의 현장에 적절히 조절해 삶을 가꾸고자 하였다. 나아가 이상 세계는 현실세계를 떠날 수 없다고 보아 일상과 이상 그리고 감성과 이성 등의 이원적 분리를 허용하지 않았다.

이처럼 유교는 **성**(聖)과 **속**(俗)은 인간의 삶에 내재하는 것이기에 뿌리가 따로 있다고 보지 않았고 이에 성속이 하나로 수렴한 상태로서 중화 상태를 소중하게 취급했다.

공자는 스스로 성인의 호칭을 사양했다. 종교를 창설한 교조는 아니었으나 **10철인**(十哲人)·**72현**(七十二賢人)·3,000인 제자를 배출했으며 2,500년의 유교 전통에서 이른바 **만세종사**(萬世宗師)로 추앙받고 있다.

(3) 윤리사상

공자의 **인**(仁)은 모든 **덕**(德)의 총체적 표현임과 동시에 **전인성**(全人性)을 뜻한다. 인을 추구하는 군자는 인의 극치인 성인의 경지에 도달하려 하지만 인에 이르는 길은 다양하다. 곧 인의 개념은 **인자**(仁慈)라든가 **박애**(博愛)라는 뜻으로 파악할 수도 있는데 이에 공자는 **지자**(知者)는 의혹하지 않고[**불혹**(不惑)] **인자**(仁者)는 근심하지 않으며[**불우**(不憂)] **용자**(勇者)는 두려워하지 않는다[**불구**(不懼)]고 가르쳤다.

유교는 **효제**(孝悌)와 **충서**(忠恕)를 중요시하고 있다. 전자는 효도와 존경의 원리이고 후자는 성실과 이해의 원리이다. 나아가 효는 만행의 근본으로 **경애**(敬愛)·**자애**(慈愛)·**우애**(友愛)의 근원이 된다. 종적으로 어버이에 대한 경애로부터 멀리 조상에까지 **보본추원**(報本追遠)하며 횡적으로 부모와 자녀에 대한 **애휼**(愛恤)을 확대해 타인의 부모와 자녀에까지 미루어 나가는 방법을 취하고 있다.

유교에서도 보편적인 사랑으로서의 인류애를 자르치고 있는데 방법론에 있어 자기의 가장 절실한 부모 형제와의 관계를 토대로 궁극적으로 만인에게까지 확대하고 있다.

공자의 윤리사상은 맹자에 이르러 보다 체계적으로 정비되었는데 곧 맹자의 **4덕**(四德)인 ①**인** ②**의** ③**예** ④**지**(仁義禮智) **4단**(四端)인 ①**측은**(惻隱) ②**수오**(羞惡) ③**사양**(辭讓) ④**시비**(是非) 등은 **윤리설**(倫理說)의 기반이 되어 후세 **성리학파**(性理學派)에 큰 영향을 미쳤다.

(4) 정치사상

유교는 인본주의에 기초하여 정치제도를 완비하려고 하였다. 공자는 사람에 근거한 사람을 위한 정치가 실현되지 않으면 혼란에 빠진다고 보고 **안인**(安人)과 **안백성**(安百姓)의 본분을 가르쳤다. 곧 백성의 안녕과 행복을 성취함이 지대한 임무였고 이를 저해하는 모순을 극복하는 것이 바로 인의를 근본으로 하는 유교의 핵심 취지임을 명확히 했다.

공자는 살상과 남의 것을 몰래 훔치는 **투도**(偸盜)가 없는 정치를 추구했고 맹자도 백성의 **안업**(安業)과 인륜을 근본에 둔 정치를 주장하였다. 이른바 덕치와 왕도로써 인도주의 국가를 성립시키고자 하였다.

유교는 또한 타율적 명령과 형벌에 의한 강제가 아닌 양심의 자유와 인격의 자율성을 중심으로 한 인도주의의 정치를 주장하였다. 이는 명분과 사실이 일치함을 말하는 이른바 **정명사상**(正名思想)으로 계수되었다.

4) 경전

사서오경[四書五經, Four Books and Five Classics 또는 **사서삼경**(四書三經)]은 유교의 교육 및 교양서적으로 유교 교육의 가장 핵심적인 책이다(B.C.300년 경). **사서**(四書)는 ①**논어**(論語) · ②**맹자**(孟子) · ③**대학**(大學) · ④**중용**(中庸)을 말하고 **삼경**(三經)은 ①**시경**(詩經) · ②**서경**(書經) · ③**역경**(易經)을 말한다. **삼경**에 ④**춘추**(春秋)와 ⑤**예기**(禮記)를 더해 **오경**(五經)이라 하고 이에 **사서오경**이라 부른다.

(1) 논어

논어(論語)는 공자와 그 제자 간의 대화를 기록한 책이다. 저자는 불명이나 공자의 제자와 문인들이 공동 편찬한 것으로 추정하고 있다.

논어는 한 사람의 저자가 일관되게 기술한 것이 아니라 공자의 생애 전체에 걸친 언행을 모아 놓은 것이기에 여타 경전과는 달리 격언이나 금언을 모아 놓은 성격을 띤다. 공자가 제자와 그 밖에 여러 사람의 질문에 대답하고 토론한 것이 **논**(論) 제자들에게 전해준 가르침을 **어**(語)라고 한다.

(2) 맹자

맹자(孟子)는 전국시대의 유가였던 맹자가 각국의 제후에게 유세하거나 자신의 제자들과 대화를 나눈 것 또는 다른 사상가와 논쟁한 것 등을 기록한 어록이다. 전국시대 유세하기 위해 군주와의 대화나 상대 학파의 사상가와의 논쟁에서 논어에 비해 많은 비유와 변론법을 사용하고 있다.

맹자의 내용은 살인을 좋아하지 않는 군주가 능히 천하를 통일할 것이며 군주가 포악하고 무도하여 천명이 떠나면 필부에 불과하다고 하여 왕도정치와 혁명론을 역설하고 있다. 이로 인하여 오랫동안 높이 인정받지 못했으나 **남송**(南宋, 1127-1279)의 **주자**[朱子, **주희**(朱熹), 1130-1200]가 맹자를 사서의 하나로 인정하고 주석한 후 유교에서 가장 중요한 경서 13**경**(十三經)의 하나로 인정받았다.

(3) 대학

대학(大學)은 본래 **예기**(禮記) 제42편이었던 것을 **송**(宋)의 **사마 광**(司馬光, 1019-1086)이 처음으로 분리해서 **대학광의**(大學廣義)를 만들었고 이후 **주자**(朱子)가 **대학장구**(大學章句)로 계승하여 **경**(經) 1**장**(章)·**전**(傳) 10**장**(章)으로 구별하여 주석을 가해 편찬했다.

증자 (B.C.505-B.C.435)⑥

주자는 **경**은 공자의 말을 **증자**(曾子, B.C.505-B.C.435)가 기술한 것이고 **전**은 증자의 뜻을 그 제자가 기술한 것이라 단정하고 있다. 경에서는 명덕을 밝히는 일로서 **명명덕**(明明德) 백성을 새롭게 하는 일로서 **신민**(新民) 지선에 머무르는 일로서 **지지선**(止至善)을 대학의 **3강령**(三綱領)이라 하고 **격물**(格物) · **치지**(致知) · **성의**(誠意) · **정심**(正心) · **수신**(修身) · **제가**(齊家) · **치국**(治國) · **평천하**(平天下)의 8**조목**(八條目)으로 정리하여 유교의 윤곽을 제시하였다. 실천과정으로서는 8조목에 3강령이 포함되고 사물의 이치를 명확히 하고 탐구하는 것이 그 첫결음이라고 하였다. 이것이 평천하의 궁극 목적과 연결된다는 것이 대학의 논리이다. 전은 경의 설명이라는 뜻이다.

대학은 자기 수양을 완성하고 사회 질서를 이루는 과정을 일목요연하게 이론적으로 보여주고 있다. 나아가 대학은 유가의 주요 사상을 체계적으로 설명하고 있는데 그 내용은 자신을 수양한 후에 백성을 다스리라는 **수기치인**(修己治人)으로 요약할 수 있다. 곧 사회의 지도자는 먼저 자기 자신을 수양하고 책임과 의무를 다한 후에 이를 주변 사회로 넓혀 나가야 한다는 것이다. 이러한 내용을 8조목 3강령에서 기술하고 있다.

(4) 중용

자사 (B.C.483?-B.C.402?)⑦

중용(中庸)의 작자는 일반적으로 **자사**(子思, B.C.483?-B.C.402?)라고 알려져 있다. 요지는 **요 · 순**(堯舜)의 통치 정신이 **도통**(道統)인데 도통의 핵심은 중용이므로 이를 터득하고 실천해야 한다는 것에 두고 있다.

사람은 인간적 욕심과 도덕적 본성을 함께 담고 있어 가장 지혜로운 사람이라도 인간적 욕심이 없을 수 없으며 가장 어리석은 사람이라도 도덕적 본성이 없을 수 없는데 이에 두 마음을 다스리는 이치가 곧 중용이라고 한다.

도덕적 본성상 자기 자신의 주체가 되도록 하고 인간적 욕심이 매번 도덕적 본성의 명을 듣게 하는 것이 중용의 도를 실천하는 길이다. 이를 위해 **성**(性) · **도**(道) · **교**(敎)라는 개념으로 천도와 인도와의 관계를 설명한다.

성은 하늘이 준 사람 속에 있는 하늘의 속성이고 **도**는 하늘이 부여한 본연의 성을 따르는 것인데 효도와 자식 사랑 · 형제간의 우애 · 가정의 화목 · 이웃사랑 등이 모두 도이다. **교**는 교훈 · 예절 · 법칙 · 제도 등으로 도를 구체화한 것을 말한다.

중용은 ①**성**(誠)은 **진실무망**(眞實無妄, Trustworthy)이고 ②**중용**(中庸)은 치우치거나 기대지 않고 지나침도 모자람도 없는 평상의 이치이며 ③**중화**(中和)는 실천적 측면에서 중에 대한 설명이라고 요약할 수 있다. 일괄하면 희로애락이 일어나지 않는 상태를 **중**(中)이라고 하며 일어나고 모두 절도에 맞는 것을 **화**(和)라고 한다.

(5) 시경

시경(詩經)은 고대 중국의 시가를 모아 엮은 책으로 본래는 3,000여 편이었으나 공자에 의해 305편으로 추려졌다. 시경에 실린 노래들은 철기의 보급으로 농경문화가 비약적으로 발전하고 봉건제가 정착되어 사상과 예술이 부흥하던 **주**(周, B.C.1046-B.C.256) 나라 초기에 회자 되었다.

공자는 제자를 가르치는 데 육경 중 시를 첫머리로 삼았다. 시는 인간의 가장 순수한 감정에서 우러난 것이므로 정서를 순화하고 다양한 사물을 인식하는 데 매우 중요했기 때문이었다.

시경은 **풍**(風)・**아**(雅)・**송**(頌)으로 구분된다. ①**풍**은 **국풍**(國風)이라고 하며 제후국에서 채집된 민요이다. **애가**(愛歌)가 대부분으로 남녀의 정과 이별 등이 원초적으로 소박하게 그려져 있다. ②**아**는 **대아**(大雅)와 **소아**(小雅)로 나누어진다. 궁궐에서 연주되는 곡조에 붙인 가사로 귀족풍을 띠고 있다. ③**송**은 종묘의 제사에 쓰이던 **악가**(樂歌)로 **주송**(周頌)・**노송**(魯頌)・**상송**(商頌) 등이 있다. 풍・아・송에 **부**(賦)・**비**(比)・**흥**(興)을 더한 것이 이른바 **육의**(六義)이다.

(6) 서경

서경(書經)은 **요왕**(堯, B.C.2356?-B.C.2255?)부터 **주**(周) 시대까지 **요・순**(堯舜)의 두 왕과 **우왕**(禹王)・**탕왕**(湯王)・**문왕**(文王) 또는 **무왕**(武王)의

3왕이 ①신하에게 당부하는 훈계 ②군왕이 백성에게 내린 포고와 명령 ③군왕에게 올린 신하의 진언 ④전쟁을 앞두고 백성과 장병들에게 한 훈시 ⑤대신들 사이의 대화 등을 담고 있다.

서경은 중국에서 가장 오래된 역사서로 중국 고대 국가의 정사에 관한 문서를 공자가 편찬하였다고 전한다. 특히 주나라의 정치철학을 상세하면서도 구체적으로 언급하고 있다. **우서**(虞書)·**하서**(夏書)·**상서**(商書)·**주서**(周書) 등의 4부로 나뉘어 있는데 각각 **요순**·**하**(夏)·**은**(殷)·**주**(周)나라에 관련된 내용을 담고 있다.

(7) 역경

③**역경**(易經)은 세계의 변화에 관한 원리를 기술한 책이라 볼 수 있다. 달리 **주**(周)나라 당시 **점서**(占書)라는 것에서 **주역**(周易)이라고도 한다. 도교에서도 이를 경전으로 삼은 바 있고 역사적으로 동서양 및 그 밖에 여러 분야에서 참고한 바 있다.

중국 고대에 거북의 갑골이나 짐승의 뼈로 치는 **점**(占)은 그것을 태웠을 때 생긴 모양을 기준에 두었다. 아울러 갑골문은 **복서**(卜筮)에 사용되었다. 주나라 당시에는 **서죽**(筮竹)을 써서 길흉을 점치기도 했는데 이러한 **점**(占)을 해설한 것이 역경이다.

역경의 철학상 요소로서 **태극**(太極)은 스스로 움직이지 않으나 삼라만상을 움직이게 하는 우주의 순환 원리로 이를 인격화하면 신이 된다. 태극은 **음양**(陰陽)으로 양분되는데 **양**은 하늘·남자·광명·위·해·강인·정신·불 등을 나타내고 **음**은 땅·여자·암흑·아래·달·유약·육체·물 등을 나타낸다. 음양은 음과 양으로 다시 조합되어 **사상**(四象)이 생성된다. ①양으로서 양으로 작용하는 **태양**(太陽) ②양으로서 음으로 작용하는 **소음**(少陰) ③음으로서 양으로 작용하는 **소양**(少陽) ④음으로서 음으로 작용하는 **태음**(太陰) 등이다. 여기서 사상이 다시 음과 양으로 양분되어 **팔괘**[八卦, **건**(乾)·**태**(兌)·**리**(離)·**진**(震)·**손**(巽)·**감**(坎)·**간**(艮)·**곤**(坤)]가 된다.

(8) 춘추

춘추(春秋)는 연월에 따라 기술하는 최초 **편년체**(編年體) 역사서로 **춘추시대**(春秋時代, B.C.8세기-B.C.3세기) **노**(魯, B.C.1055-B.C.249)나라 **은공**(隱公, ?-B.C.712)부터 **애공**(哀公, B.C.?-B.C.468)에 이르는(12공 242년간) 기록을 담고 있다. 춘추의 의미는 **춘하추동**(春夏秋冬)에서 하는 춘에 동은 추에 포함시켜 1년간이란 뜻으로서 곧 **연대기**(年代記)를 의미한다.

춘추는 본래 노나라 사관이 기록한 **궁정연대기**(宮廷年代記)였는데 여기에 공자가 역사의식과 가치관을 더해 재차 기록한 것이다. 춘추에는 공자의 **미언대의**(微言大義)가 담겨 있다고 하여 **춘추학**(春秋學)이 성립되었는데 그 단서는 **맹자**(孟子)가 제공했다. 여기서 미언대의는 역사적 사건이나 인물에 대해 형식적이고 간결한 문장을 통해 그 옳고 그름이나 선하고 악함을 판단하여 결정하는 곧 **포폄**(褒貶)을 가한 춘추의 독특한 문체를 말한다.

맹자는 **주왕조**(周王朝)의 권위가 쇠하여 **도의**(道義)가 희미해진 혼란기에 공자가 명분을 바로잡고 인륜을 밝혀 세태를 바로잡고자 춘추를 지었다고 전하고 있다. 이에 춘추는 단순한 역사적 사실만을 담고 있는 책이 아니라 사건에 의탁해 대의명분을 피력한 책이라는 특징이 있다. 한편 춘추를 **경**(經)으로 권위를 높인 것은 **순자**(荀子, B.C.298?-B.C.238?)이다.

순자 (B.C.298?-B.C.238?)⑧

춘추는 경문이 지극히 간결하여 원 뜻을 파악하기가 쉽지 않아 **전국시대**(戰國時代, B.C.476-B.C.221) 당시 ①한나라 초기 사상계를 주도했던 **경학**(經學)의 선구자 **공양고**(公羊高) · ②**주**(周)나라 유학자인 **곡량적**(穀梁赤) · ③노나라의 사관으로 사서 편찬을 주도한 **좌구명**(左丘明) 등의 3인이 **전**(傳)을 지어 해석을 시도했다. 이들이 지은 **공양전**(公羊傳) · **곡량전**(穀梁傳) · **좌씨전**(左氏傳)을 **춘추삼전**(春秋三傳)이라고 한다. 이들 서적은 **주자학파**(朱子學派)에서 중요하게 다루어졌다.

(9) 예기

예기(禮記)는 중국 고대 **예**(禮)에 관한 기록과 해설을 담은 예서이다. 공자는 **하**(夏) · **은**(殷) · **주**(周) 3대 문물제도와 **의례**(儀禮)를 집대성하고 체계화했는데 예에 관한 기록은 **한**(漢, B.C.206-B.C.220)나라에 이르러 200여 편이나 집적되었다. 예기의 내용은 ①**통론**(通論) ②**제도**(制度) ③**명당음양기**(明堂陰陽記) ④**상복**(喪服) ⑤**세자법**(世子法) ⑥**제사**(祭祀) ⑦**길례**(吉禮) ⑧**길사**(吉事) ⑨**악기**(樂記) 등으로 구성되어 있다.

3. 천도교

1) 계통

수운 최제우 (1824-1865)⑨

천도교(天道敎)는 **수운 최제우**(水雲 崔濟愚, 1824-1865)에 의해 창립된 우리나라의 토착 종교이다(1860). 천도교는 **천주**(天主)인 한울님을 신앙의 대상으로 하고 **지상천국건설**(地上天國建設)을 이상으로 하며 **성**(誠)·**경**(敬)·**신**(信)을 도덕의 근본에 두고 **시천주**(侍天主)와 **사인여천**(事人如天)의 윤리 그리고 **주문**(呪文)·**청수**(淸水)·**시일**(侍日)·**성미**(誠米)·**기도**(祈禱) 등의 수행방법을 제시하고 있다.

천도교를 창립한 최제우는 일찍 세태에 대한 회의로 **제세안민**(濟世安民)의 **대도**(大道)를 구하리라 결심하고 세상을 돌며 인심풍속과 정치풍물을 통찰했다. 그는 경주에서 결정적 종교체험을 하게 되는데(1860) 곧 상제로부터 **천도**(天道)의 원리를 깨닫게 된다.

그는 자신이 깨달은 도를 당시 세력을 떨치던 **서학**(西學)에 대응하여 **동학**(東學)이라 칭하고 포교에 임했고 따르는 자들이 많아지자 관헌의 지목이 심해져 어쩔 수 없이 남원에 피신하게 된다. 그는 이곳에서 **논학문**(論學文)·**안심가**(安心歌)·**교훈가**(敎訓歌)·**도**

해월 최시형 (1827-1898)⑩

수사(道修詞) 등을 저술했다.

최제우는 이후로도 급증하는 동학의 신도를 관리하기 위해 각지에 **접소**(接所)를 두고 또 접소에는 **접주**(接主)를 두어 그 지방의 신도를 다스리게 했다(1863). 이것이 이른바 **접주제**(接主制)인데 이는 동학의 최초 교회제도였다.

그는 신도의 결속과 참된 믿음을 역설하면서 한편으로 **해월 최시형**(海月 崔時亨, 1827-1898)을 후계자로 내정했다. 이에 조정에서는 동학 신도들이 크게 느는 것을 보고 이를 경계하여 최제우를 비롯해 그 제자 23명을 체포하였다(1864). 그는 심문 중에 **이단사교**(異端邪敎)로 **혹세무민**(惑世誣民)하는 **사도난정**(邪道亂政)이라는 죄목으로 참형을 당했다(1864.3).

최제우의 참형 이후 동학은 일시 침체 되었으나 조선말 전제정치의 폭압에 대한 저항운동이 번져 동학혁명으로 폭발하게 된다(1894). 이 기간에 교단을 이끈 지도자는 2대 교주 최시형이었다. 그는 최제우의 뒤를 이어 교주가 되었으나 교주 참형 이후 정부에서 동학을 금하고 있었기 때문에 숨어 포교하면서 조직을

의암 손병희 (1882-1921)[11]

확산시켜 나갔다. 이후 교조의 신원운동을 전개하여 동학의 신앙의 자유를 부르짖었으며(1893) 이내 동학혁명의 숨은 지도자 역할을 했다.

동학혁명 실패 후 최시형 또한 지하에 숨어 포교에 전념하다가 교수형을 당했다(1898). 최시형의 뒤를 이어 3대 교주는 **의암 손병희**(義菴 孫秉熙, 1882-1921)였는데 그는 한때 동학에 가담하여 동학혁명 당시 10만의 도중을 이끌고 전투에 가담하기도 했다. 이후 동학을 **천도교**(天道教)라 개칭하고(1905) **천도교중앙총부**(天道教中央總部)를 설치하고 각종 개혁 운동을 전개했다. 특히 3.1 독립운동을 계획하여 33인 민족대표로 활동하다가 체포되어 복역 중 병보석으로 석방되었으나(1919) 선박 후 곧 사망했다(1922).

이후 다시금 천도교는 언론・출판・계몽운동・농촌운동・여성운동 등 신문화운동을 앞장서 전개했으나(1920년대) 신・구파의 갈등으로 교세가 크게 위축되고 한때 천도교 청년회가 중심이 되어 조직한 독립운동단체가 주도한 이른바 **오심당사건**(吾心黨事件)으로 신도 수백 명이 검거되는 등 일제의 탄압을 받다가(1929) 해방을 맞이했다. 해방 후 북한지역의 천도교인을 제외한 남한의 신・구파가 합동하여 교단체제를 견고히 하고 현재 서울의 수운회관을 건립하여(1972) 포교에 임하고 있다.

2) 구분

천도교(天道教) **종지**(宗旨)는 **인내천**(人乃天)이다. 사람이 한울이라는 뜻이다. 이러한 천도교의 종지는 3대 교조인 손병희 때 주창된 것으로 오늘까지 천도교 **종단**(宗團)의 종지가 되고 있다.

인내천은 손병희 때 정해진 종지이지만 최제우가 천명한 **시천주**(侍天主)에 그 근원을 둔 것으로 천도교의 종교적 핵심을 나타내는 말이기도 하다. 최제우는 자신이 경험한 종교체험을 통하여(1860) 한울님이라는 절대적 신이 다른 어느 곳에 있는 것이 아니라 바로 사람의 몸에 주체적으로 모셔져 있음을 깨닫고 이러한 깨달음과 함께 내 몸에 한울님을 모셨다는 의미의 시천주를 가장 중요한 가르침의 요체로 삼았다.

요컨대 천도교는 따라서 기성종교에서 말하는 현세·천당·지옥 등이 다른 차원의 공간이나 세계에 존재하는 것도 아니고 더불어 극락·연옥·지옥 등이 별도의 세계에 존재하는 것이 아니라 한울님 모심을 마음으로 깨닫느냐의 여부에 따라 그 삶이 천당도 되고 또 지옥도 된다는 것에 주안점을 두었다. 아울러 한울님이라는 신은 초월적 공간에 있는 존재가 아니라 바로 개인의 몸에 있는 동시에 이 우주에 편만해 있다는 것이 천도교 교의의 핵심이라 할 수 있다.

3) 교리와 신관

(1) 교리

천도교의 교조인 최제우는 한울님이라는 절대적 신에게서 내 마음이 곧 네 마음이라는 **오심즉여심**(吾心卽汝心)의 깨달음을 얻었다. 이는 한울님이라는 절대적 신이 다른 어느 곳에 있는 것이 아니라 바로 자신의 안에 모셔져 있다는 것으로 요약되는데 한울님을 내 몸에 모시고 있다는 **시천주**(侍天主)의 진리를 가장 핵심적인 교리로 삼고 있다.

시천주는 내 안에 자리한 참 주체인 한울님의 목소리에 귀를 기울여 한 치도 그 뜻에 어긋남이 없이 행동하며 살아감을 의미한다. 이러한 시천주 삶을 통해 자신의 참다운 자아이자 우주의 본체인 한울님이 자신의 몸에 있음을 깨닫게 되고 나아가 잃어버린 자아를 다시 회복할 수 있는 것이 한울님으로부터 받은 핵심적 교의로 본다.

따라서 최제우는 이러한 시천주의 진리를 천도교의 가장 핵심적인 사상으로 삼았다. 나아가 손병희에 의해 천명되는 육신을 성령으로 바꾸라는 **이신환성**(以身換性)의 설법 역시 이러한 시천주 진리에 근원을 둔 가르침이라 볼 수 있다.

천도교는 이러한 대신사의 가르침인 시천주를 한울님을 내 몸에 모시고 섬김으로써 **신인합일**(神人合一)의 경지에 이르는 것이며 인간이 우주에 나타날 때 한울님으로부터 선천적으로 받은 **천심**(天心)을 다시 회복해 이를 자신의 삶 속에서 한 치도 어김없이 실천하는 삶을 말하는 것이라고 가르치고 있다. 요컨대 천도교에서 시천주는 인간이 태어날 때 가장 순수한 본연의 마음을 회복하는 것이며 나아가 실천하는 것이 된다고 보고 있다.

천도교 교조 최제우는 자신의 결정적인 종교체험을 통해 깨닫게 된 시천주 진리를 동학의 가장 중요한 가르침으로 천명하고 이를 근간으로 무궁한 존재인 한울님을 내 몸에 모셨으므로 궁극적으로 무한한 우주와 더불어 무궁한 나가 될 수 있다는 천도교의 인간관과 이 우주는 모든 생명체와 유기적인 연관을 맺고 있는 커다란 하나의 생명체라는 천도교의 우주관 나아가 이 우주의 근원적인 섭리가 곧 신의 작용이며 동시에 신의 면모라는 천도교의 신관 여기에서 한 걸음 더 나아가 천도교의 사후관과 가치관 등을 확립하였다.

(2) 신관

천도교는 믿음의 대상인 신을 한울님이라 부르고 있다. 이 명칭은 **땅**(地)의 상대개념인 **하늘**(天)을 염두에 두고 붙인 이름이 아니고 **천지**(天地)인 곧 우주적 개념을 지닌 명칭이다.

한울님이라는 신은 인간이 두 발을 딛고 서 있는 이 땅의 상대가 되는 하늘에만 있는 것이 아니라 우주 어디에나 편만해 있으며 동시에 내 몸에 주체적으로 모셔져 있다고 보는 것이 천도교의 신관이다.

이러한 신관은 시천주로 일괄할 수 있는데 이에 따라 사람들 모두가 한울님을 모시고 있으므로 한울님을 모시고 있는 사람들 역시 무궁한 한울님과 같은 존재가 될 수 있다고 보고 있다.

천도교의 신관은 종래 신이 어느 초월적 공간에 존재한다고 믿어왔던 초월적 유일신의 신관과 만물 속에 있다고 하는 **범신**(汎神)의 신관을 동시에 극복하고 있다.

이러한 천도교의 신인 한울님은 초월적이면서 동시에 내재적이고 인격적이며 무궁한 절대자로서 아직도 인간의 역사창조에 뜻을 다 이루지 못하고 계속 인간을 통해 새로운 창조와 진화를 거듭하고 있는 신으로 여기고 있다.

요컨대 천도교의 종교적 경배의 대상이 되는 한울님은 어떠한 표현으로도 개념화될 수 없는 이를테면 인간 지식의 한계를 초월한 무궁한 존재로 인식되어 있다.

한울님과 사람과의 관계를 설파하고 있는 천도교 신관은 단순한 초월적 신관이나 내재적 범신이 아닌 초월과 내재를 모두 포함하고 있으며 동시에 인격성과 자연성을 합체한 신관으로 요약할 수 있다. 천도교는 사람이 한울님을 모시고 있으니 사람이 이에 한울이라는 **인내천**(人乃天) 사상을 신관의 근간에 두고 있다.

4) 신앙 체계

천도교의 종교적 행위는 수행과 신앙 2가지를 겸하고 있다. 그 내용은 **5관**(五款)으로 요약되는데 **주문**(呪文) **청수**(淸水) **시일**(侍日) **성미**(誠米) **기도**(祈禱) 등이다.

①**주문**은 천도교의 주문을 읽으며 수련에 임하는 것 ②**청수**는 모든 의식에 맑고 깨끗한 청수를 봉전하고 진행하는 것 ③**기도**는 매일 저녁 9시에 행하는 매일 기도와 일정한 날과 기간을 정하여 놓고 행하는 특별기도를 말하고 ④**시일**은 일요일 오전 11시에 봉행하는 종교적인 집회 ⑤**성미**는 매일 밥을 지을 때 한 식구당 한 순갈씩 정성으로 떠놓은 쌀을 모았다가 1달에 1번씩 교회에 헌납하는 것을 말한다.

천도교의 주문에는 **강령주문**(降靈呪文)으로 **지기금지원위대강**(至氣今至願爲大降)의 8자와 **본주문**(本呪文)으로 **시천주조화정영세불망만사지**(侍天主造化定永世不忘萬事知)의 13자가 있다. 전자는 한울님의 기운과 내 기운이 서로 융화 일체가 되고자 하는 주문이고 후자는 천인합일의 경지에 이르러 한울님의 무궁한 가르침을 받고 나아가 한울님의 덕에 이르고자 하는 주문이다. 강령주문과 본주문을 합하여 천도교에서는 통상 **주문**(呪文)이라고 칭한다.

천도교에는 종교적인 행위로 **심고**(心告)라는 것이 있는데 이는 다름 아닌 한울님에게 기원하고 서원하는 신앙고백의 방법이다. 모든 천도교인은 오후 9시에 **청수**(淸水)를 받들어 놓고 기도식을 봉행하는 종교의식을 갖는다. 이 기도식 역시 경배의 대상인 한울님께 기원과 서원을 드리는 의식이다. 또 매일 오후 9시 기도식 외에 특별한 목적과 서원을 정해 놓고 일정 기간 행하는 특별기도 의식이 있다.

주문이 종교적 수행방법이라면 기도와 심고는 기원과 서원을 담은 신앙 체계로 볼 수 있다.

천도교에서는 이러한 주문과 심고·기도를 통한 종교적인 행위를 수행하고 그 실천 방법으로 **성**(誠)·**경**(敬)·**신**(信)을 강조하고 있는데 이를테면 한울님에 대한 확고한 믿음[信]과 이 믿음을 바탕으로 끊이지 않고 정성[誠]을 다하고 그 결과 우러나게 되는 공경[敬]을 생활 속에서 늘 실천하여야 한다는 것이다.

4. 원불교

1) 계통

소태산 박중빈 (1891-1943)⑫

원불교(圓佛敎, Won-Buddhism)는 일제강점기에 **소태산 박중빈**(少太山 朴重彬, 1891-1943)이 창시한 우리나라 신흥 토속종교이다(1916). 외견상 부처의 가르침[**불법**(佛法)]을 종교의 근원으로 표방하고 있으나 교조인 박중빈이 **금강경**(金剛經)을 독학해서 창시한 과정에서 동학 최제우의 영향을 받은 도(道)적인 영향이 가미되어 있어 일반적으로 종단의 성립과 조직·운영 등에서 기존의 불교와는 관련이 없는 신흥종교로 본다. 일례로 완전한 불살생을 강조하고 있는 불교와 달리 **연고**(緣故) 없이 살생을 말라는 규칙이 있다.

2) 구분

원불교는 우주의 근본 원리인 ○ 모양인 **일원상**(一圓相) 진리를 신앙의 대상과 수행의 표본으로 삼는 종교로 진리적 신앙과 사실적 도덕의 훈련을 통해 낙원을 실현하려는 이상을 앞세우고 있다. 교조 박중빈은 전남 **영광**(靈光)에서 출생해 일찍 우주와 인생에 대한 의문을 품고 여러 방면에서 이를 해소하려 노력했으나 여의치 못하게 되자 외부로부터의 문제해결을 포기하고 독자적인 수도 고행에 임하게 되었다. 마침내 5년여의 침잠 끝에 우주와 세계의 새로운 질서에 대한 깨달음을 얻었다고 한다(1916).

그는 자신의 깨달음을 **만유**(萬有)가 한 **체성**(體性)이며 **만법**(萬法)이 한 근원이라는 말로 표현하고 **불생불멸**(不生不滅)과 **인과응보**(因果應報)의 진리를 천명하였다.

이후 그는 **유**(儒)·**불**(佛)·**선**(仙) 3교의 경전을 비롯해 그리스도교 성서 등을 두루 섭렵했는데 특히 **금강경**(金剛經)이 자신이 깨달은 진리와 일치함을 깨닫고 근본 진리를 밝히는 데는 **불법**(佛法)에 따라야 한다는 생각에 석가를 선각자로 숭상하는 동시에 불교와의 인연을 스스로 정하였다.

그러나 그는 자신이 깨달은 진리를 펼치기 위해서는 기존 불교와는 다른 새로운 교단 설립을 계획하고 물질이 **개벽**(開闢)되니 정신을 개벽하자는 기치를 걸었다. 나아가 새 교단 창립과 새로운 세상에 대한 구제책을 법어로 발표하였다.

그 내용은 ①**수신**(修身)의 **요법**(要法) ②**제가**(齊家)의 **요법**(要法) ③**강자약자**(强者弱者)의 **진화상**(進化上) **요법**(要法) ④**지도인**(指導人)으로서 준비할 점 등이었다. 이러한 **개교**(開敎)의 기치 아래 최초의 법어로 새 교단을 열었다.

박중빈은 불교의 현대화와 생활화를 주장하면서 신앙의 대상을 **불상**(佛像)이 아닌 **법신불**(法身佛)의 **일원상**(一圓相, ○)으로 삼고 시주와 동냥 등을 폐지하는 대신에 각자가 정당한 직업에 종사하며 교화사업을 시행한다는 이른바 생활불교를 표방하였다.

한편 그는 **대기도**(大祈禱)를 시작하여(1919) 3개월 후 최종 기도에서 **무아봉공**(無我奉公)의 정신적 기초를 확립하여 **신성**(信誠) · **단결**(團結) · **공심**(公心)을 더욱 굳건히 하였는데 이것이 현재 원불교 교단 창립의 얼이 되었다(1924).

이후 **불교정전**(佛敎正典)을 간행하고(1938) 기본 원리인 일원상의 진리를 공표했으나 일제 탄압으로 겨우 교단을 유지해가기도 했다. 박중빈 사후(1943) **송규**(宋奎, 1900-1962)가 **종법사**(宗法師)가 되어 교통을 계승하고 광복 후 교명을 원불교로 개칭하여(1947) 오늘에 이르고 있다.

3) 신앙 체계

(1) 종지와 목적

원불교 **종지**(宗旨)는 우주 만물의 본원이고 **제불제성**(諸佛諸聖)의 **심인**(心印)이며 일체중생의 본성인 법신불 **일원상**(法身佛一圓相)에 두고 있다. 종지 아래 진리적 신앙과 사실적 도덕 훈련으로 일체중생을 **광대무량**(廣大無量)한 낙원으로 인도함에 목적을 두고 있다.

(2) 일원상

일원상(一圓相) ○은 상징적 표현으로 부처님 · 하나님 · 진리 · 도 · 태극 등과 같은 궁극적 진리를 가리킨다. 말로는 일원상이고 형상은 원으로 우주 만물의 본원이고 모든 성자의 마음이며 모든 중생의 청정한 마음으로 우주 만물의 생성변화를 주재하지만 볼 수도 들을 수도 만질 수도 없는 것으로 인식하고 있다.

(3) 불교와의 관계

원불교의 개조인 박중빈 스스로 자신의 깨달음이 부처와 부합한다고 하며 연원으로 하였고 불법을 주체로 삼아 미래에 걸맞은 시대화·대중화·생활화된 불법으로 교화한다고 천명하였다. 박중빈 당대부터 불교와 다양한 교류를 해왔으나 조직 운영 면에서는 기존의 불교와 직접 관련은 없다.

현재 한국불교종단협의회의 전신인 대한불교 총연합회가 출범할 당시 창립회원으로 가입하였으나(1967) 불교재산관리법에 대한 의견 차이로 탈퇴하였다(1970). 대한불교 종단협의회 재가입 논의가 있었으나(2004) 현재까지 이루어지지 않고 있다.

4) 교리와 경전

(1) 교리

박중빈은 그가 깨달은 진리를 ○으로 상징하고 이는 불생불멸의 진리와 인과보응의 이치가 서로 맞물려 삼라만상이 전개되고 있음을 밝혔다. 원불교의 교리는 이 일원상의 진리를 최고 종지로 하였다. 곧 일원상의 진리는 **만사만리**(萬事萬理)의 근원이요 만물을 움직이는 생성력이라고 보고 있다.

이러한 사상적 기반 위에 박중빈은 **사은사요**(四恩四要)의 **신앙문**(信仰門)과 **삼학팔조**(三學八條)의 **수행문**(修行門)을 열었다. 그가 펼친 일원상의 진리는 모든 존재를 서로 가능하게 하는 **이법**(理法)과 큰 힘을 지니고 있다는 것이며 이러한 없어서는 살 수 없는 힘의 관계를 **은**(恩)이라 칭했다. 인간이 이와 같은 큰 은혜를 자각하여 항상 감사하고 보은한다면 이로써 진리의 위력을 얻게 되고 자신은 언제나 **상생상화**(相生相和)의 기운을 받게 된다는 것이다. 이 은혜를 ①**천지은**(天地恩) ②**부모은**(父母恩) ③**동포은**(同胞恩) ④**법률은**(法律恩) 4가지로 구분하여 4은(四恩)이라고 칭했다.

이상의 사은에 보답하는 것을 밝히고 있는 것이 신앙문이다. 한편 원불교에서는 인간의 본성은 일원상의 진리에 근거하고 있어 그릇됨도 없고 요란함도 없고 어리석음도 없으나 이 본래의 마음이 경계에 끌려 욕심을 일으키게 되어 사람들이 이 때문에 본성을 잃는다고 가르치고 있다. 따라서 정신을 수양하고 끊임없이 수행해 가면 일원상과 같이 원만하고 거짓 없는 본래 마음을 회복하고 그 마음을 활용하면 한없는 은혜와 위력을 얻게 된다고 가르치면서 이를 수행문에서 밝히고 있다.

그 밖에 신앙문에서 강조하고 있는 것은 **자력양성**(自力養性)·**지자본위**(智者本位)·**타자녀교육**(他子女敎育)·**공도자숭배**(公道者崇拜) 등 사회개조에 관한 사항이다. 이 4가지 실천 요목을 4요(四要)라 이르고 앞선 4은과 4요를 합하여 인생의 **요도**(要道)라 칭하고 있다.

수행문에 **신**(信)·**분**(忿)·**의**(疑)·**성**(誠)의 조목을 추진해야 할 4가지 조목으로서 **진행4조**(進行四條)라고 했고 **불신**(不信)·**탐욕**(貪慾)·**나태**(懶怠)·**어리석음**[우(愚)]의 조목을 버려야 할 4가지 조목으로서 **사연4조**(捨捐四條)이라 이르고 이를 합해 8조라 칭했다.

이상의 내용은 **원만구족**(圓滿具足)하고 **지공무사**(至公無私)한 법신불 일원상을 신앙의 대상으로 우주 만물이 천지·부모·동포의 사은으로 얽혀 있으니 인간은 이 은혜에서 떠날 수 없음을 알아 곳곳이 **처처불상**(處處佛像)이고 일일이 불공에 임하는 **사사불공**(事事

佛供)의 생활로 만사를 처리해야 한다는 것으로 요약할 수 있다. 이러한 신앙과 수행을 통해 인간은 원만구족하고 지공무사한 법신불 일원상과 **계합**(契合)하여 스스로 부처를 이루고 나아가 **제생의세**(濟生醫世)의 목표를 달성하는 데 종지의 목적을 두고 있다.

(2) 경전

원불교 경전은 9종의 교서와 그 밖의 것으로 나누어져 있다. 9종 교서는 ①**정전**(正典)은 박중빈이 원불교 교리와 강령을 밝힌 **원경**(元經)이며 **제일경전**(第一經典)이라고 한다. ②**대종경**(大宗經)은 박중빈의 언행록인 **통경**(通經)으로 총 15품 547장으로 구성되어 있다. ③**불조요경**(佛祖要經)은 원불교 보조 경전으로 원불교 사상과 관련이 깊은 불경과 글을 선택하여 수록한 것으로 **금강경**(金剛經)·**반야심경**(般若心經)·**42장경**(四十二章經)·**현자오복덕경**(賢者五福德經)·**업보차별경**(業報差別經)·**수심결**(修心訣)·**목우십도송**(牧牛十圖頌)·**휴휴암좌선문**(休休庵坐禪文) 등이 수록되어 있다. ④**원불교 예전**(圓佛教禮典)은 각종 예의 규범을 수록한 것이다. ⑤**성가**(聖歌)는 찬송·축원·전도의 성가집으로 계속하여 추가되고 있다. ⑥**정산종사법어**(鼎山宗師法語)는 원불교 제2대 종법사 송규의 일대 언행록이며 ⑦**세전**(世典)은 **태교**(胎教)로부터 **천도**(遷度)에 이르기까지의 인생 일세의 도리 강령이다. ⑧**원불교교사**(圓佛教教史)는 원불교 창립 당시부터 지금까지 교단의 역사를 기록한 책으로 계속 추가하고 있다. ⑨**원불교 교헌**(圓佛教教憲)은 원불교 교단의 기본 헌장으로 전문 10장 90조로 구성되어 있으며 교단 운영의 기본방침과 제도 및 기구와 업무 등이 명시되어 있는데 이 또한 때마다 절차에 따라 개편하고 있다.

5. 증산도

1) 계통

증산 강일순 (1871-1909)[13]

증산도(甑山道)는 **증산 강일순**(甑山 姜一淳, 1871-1909)을 교조로 추앙하는 증산교 계열의 민족 종단 중 하나이다. **보천교**(普天教) 신자였던 **안세찬**(雲山 安世燦, 1922-2012)과 그의 아들 **안중건**(耕田 安重建)이 중건하여 강일순을 세상의 주재자인 **옥황상제**(玉皇上帝)라고 믿으며 또 동양 우주론의 **삼극설**(三極說)을 본떠 강증산을 **무극제**(無極帝)로 창립 교주 안세찬을 **태극제**(太極帝)로 2대 교주 안중건을 **황극제**(皇極帝)라 칭한다. 현재 증산교 계열 종교 중 가장 규모가 큰 정통 대표 교단이다.

강증산을 천지의 주재자인 **상제**(上帝)로 그의 처 **고판례**(高判禮, 1880-1935)를 후계자 **수부**(首婦)로 섬기며 이 계통을 강일순 제자이자 창립 교주 안세찬의 부친 안병욱을 거쳐 2대 교주 안경전이 이은 것이다.

증산은 본래 천상의 옥황상제로 주요 종교의 성자들이 증언한 상제·천주·미륵 부처라 한다. 그는 해원(解冤)·상생(相生)·보은(報恩)의 이념을 바탕으로 가을 **개벽기**(開闢期)에 지상에 내려와 하늘과 땅을 뜯어고쳐 **후천선경**(後天仙景)을 여는 **천지공사**(天地公事)

를 행하였다고 전한다. 이에 이후 역사는 증산의 천지공사 내용에 따라 흘러가고 있다고 한다. 증산도는 증산의 천지공사의 중심적 조직체로 현실 속에 **인사**(人事)로 집행하는 단체라고 한다.

2) 구분

(1) 교조 강증산의 생애

강일순은 전북 **고부**(古阜) 출신으로 대한제국기 여러 종교단체가 믿는 소위 **증산사상**(甑山思想)을 개시한 종교창시자이다. 호는 **증산**(甑山)으로 이에 통상 증산 또는 강증산으로 불린다.

증산교의 경전인 **대순전경**(大巡典經)에 의하면 그의 모친 권씨 태몽에 갑자기 하늘이 남북으로 갈라지며 큰 불덩어리가 내려와 몸을 덮고 하늘과 땅이 밝아짐을 보았으며 그로부터 잉태하게 되어 13개월 만에 그를 낳았다고 한다. 출산 때는 그의 아버지가 두 선녀가 하늘에서 내려와 산모를 간호하는 것을 보았는데 이상한 향기가 온 집안에 가득하고 밝은 기운이 집을 둘러 하늘로 솟아 7일간 계속되었다고 한다.

가난한 농가의 2남 1녀 중 장남으로 태어난 그는 학문적 소질이 있었음에도 경제적인 빈곤에 일찍 학업을 중단하고 다른 지방에서 더부살이도 했으며 결혼한 후(21세) 처가에서 훈장도 했다고 전해지고 있다.

동학농민운동이 발발하자(1894) 그는 사람들에게 이 혁명은 실패할 것이니 집으로 돌아가라고 충고했다고 한다. 동학농민운동 후에 나타난 사회적 혼란과 참상을 경험하고 인간과 세상을 구원할 새로운 종교를 세울 결심을 하게 된 그는 이러한 혼란에서 벗어나는 길은 기성종교나 인간의 능력으로는 할 수 없고 오직 하늘과 땅의 질서를 근본적으로 뜯어고치는 방법밖에는 없다고 깨우치게 된다.

이에 그는 유·불·선 등의 기성종교의 교리와 음양·풍수·복서·의술 등을 연구하는 한편 **신명**(神明)을 부리는 도술과 과거와 미래를 알 수 있는 공부를 위해 전국을 유랑하였다. 이 기간에 증산교의 중요한 주문이 된 **태을주**(太乙呪)를 얻게 되었다고 한다. 여기서 태을주는 강일순이 만든 주문으로 현재 강증산을 옥황상제로 믿는 종교 계열에서 수행을 위해 흔히 사용하는 주문이다. 그 내용은 **훔치훔치 태을천상원군 훔리치야도래 훔리함리사바하**(吽哆吽哆 太乙天上元君 吽哩哆哪都來 吽哩喊哩娑婆訶)로 23개의 글자로 구성되어 있다.

이후 완주 **모악산**(母岳山)에 있는 **대원사**(大院寺)에 들어가 수도 생활을 하던 강일순은 하늘과 땅의 원리를 깨닫고 인간의 욕심과 음란·성냄·어리석음 등의 4가지를 극복함으로써 **성도**(成道)하게 되었다고 한다(1901).

성도한 이후 그는 귀가하여 증산교 교리의 핵심인 **천지공사**(天地公事)를 행하였는데 이를 위해 전북 각지를 중심으로 포교에 임했다(1902-1909). 그는 자신이 세운 종교를 만고에 없는 **무극대도**(無極大道)라고 일컬었다. 증산교라는 명칭은 훗날 그의 호를 따서 일컬어진 것이다.

한때 그는 갑자기 자신의 죽음을 예고하여 사방에 흩어져 있던 추종자들을 모은 뒤 세상에 있는 모든 병을 대속하고 죽었다고 한다(1909). 그가 죽자 추종자 일부가 남아 장례식을 치렀는데 이후 강일순의 교단은 재차 부흥하여 한때 약 6백만 신도를 자랑하던 보천교 등으로 계승되었으며 현재에도 수십 개의 교파로 이어져 내려오고 있다. 그는 후천 세계에 관해서 예언한 **현무경**(玄武經)을 남겼으며 증산교에서는 교단의 창시자일 뿐만 아니라 신앙의 대상으로서 추앙되고 있다.

(2) 증산도의 연원

증산도에서는 강증산을 **증산상제**(甑山上帝)이라 칭한다. 이를테면 천상의 옥경에서 인간으로 강세한 상제가 된다. 동양문화에서 **상제**(上帝) 혹은 **옥황상제**(玉皇上帝)는 천상의 하느님을 가리키는 공식 호칭이다.

한편 강증산이 성을 **강**(姜)씨로 하여 이 세상에 태어난 것은 강씨가 가장 오래된 인류의 시원 성이기 때문에 **후천개벽**(後天開闢)을 맞아 모든 것이 뿌리로 돌아가는 **원시반본**(原始反本)의 섭리를 따라 강씨 성으로 왔다고 한다.

교명 증산도에서 증산은 강일순의 호인 **증산**(甑山)을 일컫는 것으로 증산도는 곧 증산의 도라는 뜻이다. 증산도는 우주의 **이법**(理法)이 큰 변혁을 맞이하는 가을 개벽의 때에 직접 인간으로 강세하여 새로운 삶의 길을 제시한 증산상제의 가르침을 말한다. 아울러 **증산상제**[강일순]와 태모 **고수부**[고판례]의 가르침을 받들고 실천하는 신앙 단체를 동시에 지칭하기도 한다.

증산도의 가르침을 통해 **증**(甑)은 시루라는 뜻으로 곧 쌀을 익혀 떡을 만드는 시루처럼 지금까지 모든 인류 문화를 거두어 성숙시키는 가르침이라는 의미라고 한다. 증산교라 하지 않고 증산도라고 칭하고 있는 이유는 천상의 상제가 직접 내려와 이제 종교의 시대가 끝나고 도의 시대가 열렸기 때문이라고 한다.

(3) 증산도를 창립한 안세찬

운산 안세찬 (1922-2012)[14]

운산 안세찬(雲山 安世燦, 1922-2012)은 1922년 충남 **서산**(瑞山)에서 태어나 어려서부터 **보천교**(普天敎)를 신봉하던 부친의 영향을 받았다. 그는 보천교의 근원지인 충남 일대를 중심으로 신도들을 규합해(1974) 본격적인 종교 활동에 임하다가 이윽고 **대법사증산교**(大法社 甑山敎)를 창립했다(1978). 그는 여기에서 **종도사**(宗道師)가 되고 그의 아들 **안중건**(安重建)을 교화원장으로 삼아 교리강좌와 강연회 등 본격적인 활동을 전개하였다.

이후 교세의 확장으로 명칭을 **증산도장**(甑山道場)으로 개칭하고(1980) 활동지역을 서울로 옮겨 젊은 청년과 대학생을 중심으로 포교활동을 전개하였다. 당시 **이것이 개벽이다**(1983)와 **증산도의 진리**(1984)를 간행하여 증산도를 크게 알렸고 이후에는 **증산도도전**(甑山道道典) 발행 및 증산대학 설립 그 밖에 TV 방송국[STB] 설립 등 비약적인 발전을 도모하였다.

그가 정립한 교리의 핵심은 **인존정립**(人尊正立)·**상생조화**(相生造化)·**해원보은**(解寃報恩)의 법리를 **심령법도**(心靈法度)로 **광제창생**(廣濟蒼生)

하는 목적과 홍익인간의 이념을 실현하는 것이며, 이 세상은 머지않아 가을철의 **대개벽운동**(大開闢運動)이 일어나 **병겁**(病劫) 등 많은 어려움을 겪고 새로운 세상이 되는데 이런 어려운 세상을 바로잡고 인류를 구원할 사명이 증산도에 주어졌다고 하였다.

3) 경전과 교리

(1) 경전

증산도 경전은 **도전**(道典)이다. 도전은 증산상제와 태모 고수부의 생애·행적·언행을 수록하고 있다. 도전은 '도의 법전'이라는 뜻으로 증산교는 인류 경전사의 완결판으로 취급하고 있다.

현재 증산교를 주도하고 있는 종정 안경전은 30년 이상의 기간에 걸쳐 증산의 행적을 답사하고 증산을 보필한 성도들과 그 후손들의 증언을 채록해 철저한 고증을 거쳐 초기에 남겨진 기록의 오류를 수정해 전체 11편으로 구성하고 있다. 도전 초판이 간행된 이후(1992) 개정판이 출간되고(2003) 현재 세계 주요 7개국 언어로 번역되어 있다.

그 밖에 경전은 **증산도의 진리**(1981)를 **교전**(敎典)으로 삼고 있다. 주요 내용은 증산상제의 강세와 우주관·신관·천지공사 및 신앙문화에 이르기까지 전반적인 가르침을 담고 있다. 총 10장으로 구성되어 있다.

(2) 교리

증산도의 **종지**(宗旨)는 ①우주 만물은 매 순간 생명을 열어가는 개벽운동으로 존재한다는 **후천개벽**(後天開闢, The Great Opening of the Later Heaven) ②우주의 가을 시대를 맞아 인간을 포함한 천지 만물이 생명의 근원으로 돌아가야 한다는 **원시반본**(原始反本, Seeking out the Beginning and Returning to the Origin) ③덕을 베풀어 준 사람에게 또 자기의 근본에 대해 은혜를 갚는다는 ④**보은**(報恩, Requital of Benevolence) ⑤뭇 생명의 원과 한을 푼다는 **해원**(解冤, Resolution of Bitterness and Grief) ⑥생명을 살리고 서로를 잘되게 한다는 실천 이념인 **상생**(相生, Mutual Life-Saving, Mutual Life-Bettering) 등이다. 이 가르침들은 우주 1년의 여름에서 가을로 넘어가는 때의 정신인 곧 후천개벽 또는 가을 개벽의 정신에 근본을 두고 있다.

4) 특징

증산교는 한민족의 시원 종교인 신교로부터 모셔오던 상제가 조선에 강세하였다고 믿고 있는데 그 인물이 다름 아닌 증산도의 교조인 강증산 상제라고 한다. 타 종교의 신이나 교조도 증산 상제가 내보낸 일꾼이라 보고 있기에 기성종교는 최종적으로 증산도로 귀착된다고 보고 있다.

증산도에서는 현재를 우주의 여름에서 가을로 바뀌는 **하추교역기**(夏秋交易期)라고 말한다. 하추교역기는 자연과 문명 그리고 인간이 모두 개벽하는 시기로서 완성을 추구해야 하는 시대를 말한다. 태을주 외 7가지 주문을 통하여 정기보존과 영성개발을 강조하고 있기도 하다. 이에 주문의 힘으로 인간의 마음과 영성을 치유할 수 있다고 가르치고 있다.

세계 종교의 통계지표 (5)

출처 : Pew Research Center Global-Christianity-Traditions (2021)

세계 개신교 인구분포	
침례교회	1억 500만 명
루터교회	9,000만 명
성공회	8,500만 명
개혁주의 교회	8,000만 명
감리교회	8,000만 명
아프리카 감독 감리교회	500만 명
스위스 개혁교회 (칼뱅주의)	240만 명
네덜란드 개신교회 (칼뱅주의)	230만 명
장로교회 (미국)	180만 명
장로교회 (한국)	500만 명
그리스도 연합 교회	120만 명
재림교회	2,000만 명
재세례파	350만 명
비교파 복음주의	4,000만 명
복고주의 개신교	2,000만 명

제11장 이란 계통 종교의 교리와 신앙관

1. 조로아스터교

1) 계통

아후라 마즈다(Ahura Mazda)①

조로아스터교(Zoroastrianism)는 **마즈다교**(Mazdaism) 또는 **배화교**(拜火敎)라고도 불리는데 이는 페르시아 지역에서 발원한 이란 계통의 종교로 인류 역사상 가장 오래된 일신교로 꼽힌다.

조로아스터교는 창조신 **아후라 마즈다**(Ahura Mazdā)를 중심으로 선과 악의 질서 및 세계를 구분하는 것을 종교적 특징에 두고 있다.

한편 배화교라는 명칭은 중국에서 묘사한 이들의 모습이 주로 불을 숭상한다고 해서 붙여진 명칭인데 실제로는 조로아스터교도가 하루에 5번 진행되는 의식을 신성하게 여기기 때문에 이때 의식에 쓰이는 성화를 보존하려는 데서 비롯된 오해로 토속신앙과 같이 불을 숭배하는 종교는 아니었다. 오늘날의 이란은 이슬람 국가이지만 이란 국민에게는 전통적인 페르시아를 상징하던 유서 깊은 종교로 여겨지고 있다.

조로아스터교는 지리적으로 중동의 박트리아 지방에서 예언자인 **자라투스트라**[Zaraϑuštra, Zarathustra, **조로아스터**(Zoroaster)]가 세운 종교라고 알려져 있다. 조로아스터교의 명칭은 창시자인 자라투스트라에게서 유래한다.

2) 구분

(1) 아후라 마즈다

아후라 마즈다(Ahura Mazdā)는 조로아스터교 최고신의 고대 이란 언어인 **아베스타어**(Avestan) 이름으로 창시자 자라투스트라가 창조되지 않고 원래부터 존재하는 불생불멸의 최고신이라 선언한 신의 이름이다. **아후라**(Ahura)는 **빛**을 그리고 **마즈다**(Mazda)는 **지혜**라는 뜻으로 곧 빛과 지혜의 존재로 풀이된다. 아후라 마즈다는 조로아스터교에서 최고의 숭배 대상으로 조로아스터교 전례서인 **야스나**(Yasna)에서 가장 먼저 그리고 가장 자주 부르는 신이다.

자라투스트라는 아후라 마즈다를 우주와 우주의 법칙과 질서를 창조하였고 그것을 유지하는 최고의 신이라고 가르치고 있다. 아울러 아후라 마즈다는 우주의 운행을 위해 쌍둥이 **영**(靈)으로 선·진리·빛·생명의 영인 **스펜타 마이뉴**[Spenta Mainyu, **오즈마르드**(Ormazd)]와 악·거짓·어둠·죽음·파괴의 영인 **앙그라 마이뉴**[Angra Mainyu, **아흐리만**(Ahriman)]를 창조하였고 이에 따라 세상의 역사는 이들 쌍둥이 영의 투쟁으로 이루어지게 되었다고 전한다.

이후 아후라 마즈다는 선한 영인 스펜타 마이뉴와 같은 존재로 인식되었고 악한 영인 앙그라 마이뉴와 직접 대치하는 것으로 나타나게 된다.

이러한 조로아스터 신학에서 아후라 마즈다는 지극히 지혜로우며 풍요롭고 미망을 깨우쳐 진실을 깨닫게 하는 영으로 모든 선한 것들의 창조자로서 지위를 점한다. 또 이러한 선한 영인 아후라 마즈다와 악한 영인 앙그라 마이뉴는 모두 영원한 존재로 서로 상대를 제한한다고 여기고 있으며 선한 영은 위의 영역에 악한 영은 아래의 영역에 거주하는데 그 중간에 존재하는 영역인 세상은 이들 두 영의 전쟁터로 보고 있다.

조로아스터교의 후기 문헌에는(3세기경) 시간이라는 뜻의 **주르반**(Zurvan)이 쌍둥이 영 오르마즈드와 아흐리만의 아버지로 등장하는데 이에 따르면 이 두 쌍둥이 영이 서로 번갈아 가며 세상을 되고 끝내는 선한 영인 오르마즈드의 승리로 세상의 역사가 끝나게 된다고전하고 있다. 이러한 우주론이 영지주의적 종교인 **마니교**(摩尼教, Manichaeism)에 반영되었는데 여기서 마니교의 최고신을 다름 아닌 주르반이었다.

마니교의 교의에 따르면 **오르마즈드**는 최고신 **주르반**의 첫 번째 창조물인 빛의 **원초 인간**(Primal Man)인데 현재 이 빛의 영인 오르마즈드가 어둠의 영인 **아흐리만**에 의해 패배를 당한 상태에 처해 있으며 최고신 주르반의 두 번째 창조물인 **살아있는 영**(Living Spirit)인 자라투스트라・붓다・예수・**마니**(Mani) 등과 같은 메시아 또는 예언자의 도움을 받아 빛의 영은 현재 자신이 처해 있는 패배의 상태에서 벗어난다고 가르치고 있다.

(2) 자라투스트라

자라투스트라 (Zaraϑuštra)②

자라투스트라(Zarathustra, B.C.628-B.C.551)는 고대 페르시아에서 고위 사제계급으로 태어났다. 자라투스트라의 삶과 출생에 대해서 정확하게 알려진 것은 거의 없다. 자라투스트라의 영어명. 역사상의 인물이라는 것은 분명하지만 어느 시대 사람인지는 확실치 않다.

조로아스터교의 창시자 조로아스터의 생애는 전설 외에 대부분 알려지지 않고 있다. 다만 전승에 의하면 방랑생활을 중에 **천사장**(天使長, Archangel)을 만나게 되는데(30세) 당시 천사장은 참된 신은 아후라 마즈다이고 조로아스터는 그의 예언자라고 계시했다고 한다. 이때부터 조로아스터는 진리를 전하기 시작했고 때로 미친 사람 취급을 받는가 하면 투옥되기까지 했으나 그런데도 조로아스터교는 급속히 발전했다. 조로아스터 말기 큰 전쟁이 있었는데 그는 **거룩한 불**[성화(聖火)] 앞에 서 있다가 적군에 의해 살해당했다고 한다(77세).

조로아스터교는 수 세기 동안 상당수 이란인의 국교로 숭배되었다. 이슬람 이전 이란 왕조의 정치 세력은 고대에 조로아스터교에 커다란 명성을 안겨 주었으며 또 그 주요 교리의 일부는 여타 종교 계통에서 채택하기도 하였다.

3) 교리

조로아스터교는 일반적으로 **마즈다교**(Mazdaism)와 동의어로 사용된다. 창조자 아후라 마즈다는 모두가 선하며 그로부터 어떤 **악**(惡)도 기원하지 않는다. 따라서 조로아스터교에서 선과 악은 분명한 근원이 있는데 악은 마즈다의 창조를 파괴하려 하고 선은 그것을 지속하려고 한다는 것이 그것이다.

조로아스터교는 ①**선한 생각** ②**선한 언어** ③**선한 행위**를 통하여 인생에 적극적으로 참여하는 것이 행복을 보장하고 혼란을 막을 수 있는 길이라고 가르치고 있다. 이러한 능동적인 참가는 조로아스터의 **자유의지**(Free Will) 개념에서 중심적인 요소로 꼽고 있다.

한편 조로아스터교는 모든 형태의 수도원 생활을 거부하고 있는 특징이 있다. 또 조로아스터교에서 아후라 마즈다는 궁극적으로 악한 신 **앙그라 마이뉴**(Angra Mainyu, Ahriman)에 승리할 것이며 그 시점에서 우주의 혁신을 경험하고 이윽고 **시간**[時間, **주르반**(Zurvan)]이 끝난다는 사상이다.

현대 조로아스터교는 이슬람의 영향으로 교세가 쇠퇴하였다. 본고장인 이란에서는 25,000여 명의 신도가 있으며 약 일만 명의 신도들이 한때 전통적인 조로아스터교의 근거지였던 중앙아시아 지방에 살고 있다.

조로아스터교는 터키·이라크·이란에 걸친 **쿠르디스탄**(Kurdistan) 지역을 주요 거주지로 하는 쿠르드 문화와 밀접한 관련을 지니고 있으며 한때 이라크령 쿠르디스탄에서 10여만 명의 사람들이 조로아스터교로 개종한 것으로 추측되고 있기도 하다(2015).

2. 마니교

1) 계통과 구분

마니교도③

마니교(摩尼敎, Manichaeism)는 페르시아에서 **마니**(Mani, 210?-276)가 창시한 고유의 이원론적 종교이다(3세기). 마니교는 창설될 당시 그리스도교 혹은 조로아스터교의 이단으로 취급받기도 했으나 짧은 시기 이를 극복하고 일관된 교리와 엄격한 제도 그리고 조직을 갖춘 하나의 종교로 자리 잡았다.

마니교는 빛의 사도 또는 최고의 빛을 비추는 자로 전하는 예언자 마니가 페르시아에서 창시한 이원론적 종교운동에서 시작되었다. 마니의 활동 초기에는 그리스도교·조로아스터교·불교 등의 여러 요소를 가미한 이단으로 여겨지기도 했다.

창시자 마니는 오늘날 이라크 남부 지역에서 태어났으며 한때 계시를 받아 대중들에게 설교를 시작했다(24세). 마니는 스스로 자신이 아담에서 시작하여 아브라함·붓다·예수·조로아스터로부터 이어져 내려온 예언자들의 마지막 계승자라고 칭했다. 또 종교적 진리는 한 지역에 국한되는 것이 아니라 전 세계에 보편적으로 적용되는 것이라고 주창하면서 선교 초기부터 전 세계를 개종시키고자 활발한 선교 활동을 펼쳤다.

마니는 특정 언어로 특정 시기에 내려진 종교적 계시는 지역적 제한이 있으며 시간이 흐름에 따라 와전될 수도 있다고 판단하고 종교적인 타락을 피하고 교리의 통일성을 유지하기 위해 자신의 교리와 계시 내용을 글로 기록했다. 그리고 자신의 저술을 다른 언어로 번역하기도 했다.

중국에서의 마니교 (14-15세기)④

마니의 선교 활동은 초창기 방해를 받지 않았으나 후에 페르시아 제국으로부터 심한 박해를 받기도 했다. 끝내 감옥에 붙잡힌 마니는 26일 동안 재판을 받은 뒤 제자들에게 최후의 메시지를 남기고 죽었다. 이를 마니교도는 **빛을 비추는 자의 고통** 또는 **마니의 수난**이라고 부르고 있다.

페르시아 **사산제국**(Sassanid Empire, 224-651) 동부로 전파된 마니교는 조로아스터교의 심한 박해에도 교세를 크게 확장했는데 특히 중국이 동투르키스탄을 정복한 후에 동·서 교역로를 따라 인도를 거쳐 중국에까지 전파되었다. 중국 황실에 선교단이 다다랐고(694) 끝내 중국에서 종교의 자유를 허락받기도 했다(732).

한편 **동투르키스탄**(East Trukistan)을 점령한 위구르 왕국이 마니교를 국교로 받아들이기도 했다(8세기). 이 당시까지 전성기를 누리던 마니교는 중국에서 금지되며 박해를 받기 시작했고 이후 교세가 크게 줄었으나 몽골의 침입까지는 교회를 유지했다(13세기).

2) 마니의 생애와 역사

마니는 **파르티아왕국**(Parthian Kingdom)의 수도 **바빌로니아**(Babylonia)에서 출생했다. 양친은 **메디아**(Media) 출신 **아르사케스**(Arsakes) 왕가의 후손으로 상류계급에 속했다. 일찍이 주위의 영향으로 영지주의적 **만다교**(Mandaism)의 감화를 받았으나 환상 중에 본 천사로부터 새로운 종교를 전하라는 명을 받고 자기의 종교를 세워 공생활을 시작하였다(241).

마니는 자신의 이전 예언자들 이를테면 아담·자라투스트라·붓다·예수의 가르침이 후대 신봉자들에 의해 타락되고 잘못 해석되었다고 주장하면서 이러한 가르침을 자신이 본래의 완전한 모습으로 되돌려 놓았다고 주장하였다.

마니교는 창시 이후 교세가 급속도로 퍼져 나갔는데 그 과정에서 마니교는 타 종교의 신들을 수용하여 마니교의 경전에 적합하게 바꾸어 나갔다. 일례로 마니교의 원본 아람어 경전에는 이미 예수에 관한 이야기가 포함되어 있었음을 예시할 수 있다. 또 중국에 전해진 마니교가 불교와 만났을 때도 어둠의 세계에서 빛을 구하고 있는 사람들에게 빛의 세계에서 보내는 부름을 뜻하는 **카리아**(Karia)는 중국 불교 경전의 **관음**(觀音, Guan Yin)과 동일시된 사례도 이에 결부할 수 있다.

마니교는 동쪽과 서쪽 두 방향으로 급속도로 전파되었다. 마니교의 확산과 성공은 그 밖의 여타 종교에 위협으로 느껴졌으며 그 결과 헬레니즘·그리스도교·조로아스터교·이슬람교·불교 문화권에서 크게 박해를 받았다.

마니교는 291년에는 페르시아 제국에서 박해가 일어나 **바흐람 II세**(Bahrām II, 재위276-293)에 의해 사도 **시신**(Sisin)이 살해되었고(291) 또한 많은 마니교도가 학살당했다. 한때 그리스도교를 크게 탄압했던(303) 로마 황제 **디오클레티아누스**(Diocletianus, 284-305)는 이전에 마니교를 탄압하는 칙령을 공표하기도 했다(296). 당시 칙령의 결과로 이집트와 북아프리카에서 많은 마니교 순교자가 발생했다. 이에 더하여 그리스도교인들은 **테오도시우스 I세**(Theodosius I, 379-395)에게 마니교도의 시민권을 박탈할 것을 요구하였고(381) 이에 테오도시우스 I세는 마니교의 사제 혹은 승려들을 사형에 처한다는 칙령을 공표하기에 이르렀다(382).

한편 초대 그리스도교 교회가 낳은 위대한 철학자이자 사상가였던 **아우구스티누스**(Aurelius Augustinus, 354-430)는 마니교에서 그리스도교로 개종하기도 하였다(387).

3) 교리

마니교 신학에서는 선과 악의 이원론적 관점을 가르치고 있다. 마니교 핵심 교의 중 하나는 비록 전능하지는 않으나 영원하고 강력한 힘인 **선한 힘**(최고신, God)에 제한적·영속적 힘인 **악한**

힘[사탄(Satan)]이 대항한다는 것이다. 이 교의는 전지전능한 신을 부정하고 2개의 정반대 힘을 상정하여 주요한 신학적 문제 중 하나인 악의 문제를 해결하고 있다. 마니교가 선과 악 그리고 빛과 어둠의 투쟁이라는 이원론적인 관점을 지향하고 있다.

마니교는 인간과 세계와 영혼이 최고신의 대리자인 원초 인간과 사탄 간의 투쟁에 따른 산물로 본다. 그리고 인간과 세계를 원초 인간과 사탄·선과 악·빛과 어둠 등의 전쟁이 벌어지고 있는 전쟁터라고 본다.

마니교는 영혼이 각 인간을 특정한다고 보는데 영혼이 빛과 어둠에서 영향력을 받아 상반되고 갈등하는 2가지 경향을 띤 모습이라고 본다. 또 이러한 빛과 어둠의 전쟁은 세계와 육체도 마찬가지라고 이해하고 있다. 곧 세계와 육체를 빛과 어둠의 전쟁터로 보고 이에 세계와 육체가 본래 선하거나 악하다고 여기지 않고 있으며 빛과 어둠을 모두 띠고 있는 것으로 본다. 비와 같은 자연현상도 이러한 영적 전쟁의 물리적 현시로 보고 있다.

마니교의 세계관에 따르면 결함 있는 창조물들에서 발견되는 악은 신이 만든 것이 아니며 사탄이 신에 대하여 반란을 일으킴에 따른 결과물이라고 설명하고 있다. 나아가 세계와 영혼 그리고 육체에는 빛과 어둠의 요소가 함께 있는데 어둠으로부터 빛의 요소를 분리하여 빛의 요소가 자신의 근원인 신으로 돌아갈 수 있게 하는 것이 세계와 영혼과 육체가 창조 또는 현시된 목적이며 마니교도를 비롯한 모든 인간의 사명이라고 보고 있다. 특이하게 마니교는 신의 절대적 주권을 강조하면서 운명론적인 주장으로 인간에게 자유의지가 없다고 가르치고 있다.

제12장 국내·외 신흥종교 교리와 신앙관

1. 사이언톨로지교

1) 계통

라파예트 로널드 허버드 (1911-1986)①

사이언톨로지교(Church of Scientology)는 인간의 정신과 영혼 치료를 과학기술을 통해서 치료할 수 있다고 믿고 있는 현대 신흥종교다.

미국 공상과학 소설가인 **라파예트 로널드 허바드**(Lafayette Ronald Hubbard, 1911-1986)가 인간의 악한 심성을 소위 **테탄**(Thetan)이라고 부르는 정신적 생명 에너지를 이용해 제거하여 몸의 아픈 증상을 치료하는 것을 기본교리로 삼아 창설한 종교로(1954) 미국 로스앤젤레스에 본부를 두고 있다.

전 세계적으로 약 800만의 신도를 두고 있는 사이언톨로지교는 할리우드 영화배우 **존 트래볼타**(John Joseph Travolta)·**톰 크루즈**

(Tom Cruise) · **더스틴 호프만**(Dustin Hoffman) 등 미국 유명 연예인도 심취해 있는 것으로 알려져 있다. 그러나 유럽 일부 국가는 사이언톨로지교를 범죄 집단 또는 불법 종교단체로 취급하고 있다.

2) 교리의 요의

사이언톨로지교의 교리는 허바드가 출판하여 미국에서 베스트셀러가 된 **다이아네틱스**(Dianetics)에 기반하고 있다(1950). 사람의 마음은 감성적인 **반응적 마음**(Reactive mind)과 이성적인 **분석적 마음**(Analytical Mind)으로 이루어져 있으며 반응적 마음에는 **기억의 흔적**(Engrams)으로부터 발생한 두려움 · 불안 · 분노 등이 존재하여 고통의 원인이 된다는 것이다. 그리고 과거의 사건을 돌아보고 제거하여 현재에 미치는 영향을 없애고 고통에서 벗어날 수 있다고 주장하고 있다. 최종적으로 반응적인 마음을 없애는 것을 **정화**(Clear)라고 하며 정화되면 이후로는 아프지 않게 된다고 한다.

과거의 아픈 기억을 지우고 정화에 이르기 위해서는 실제로 **E-미터**(E-Meter)라는 장치를 사용한다. E-미터는 거짓말탐지기와 유사한 몸에 전류를 보내는 기계인데 사이언톨로지 측에서는 상대방의 정신을 분석할 수 있다고 한다.

사이언톨로지교의 사제들인 **감사자**(Auditor)는 이 E-미터를 이용해 신자에게 질문을 던지고 반응을 분석하고 새로운 기억을 심어주는 상담을 하면서 문제를 해결하고 기억의 흔적으로부터 자유로워질 수 있다고 주장하고 있다. 사이언톨로지교는 E-미터가 인간의 정신뿐만 아니라 심지어 사물의 정신까지도 파악할 수 있다고 주장하고 있다.

종교의 구조를 갖추게 되면서 E-미터 치료는 세부단계로 구분되며 단계별로 신도를 대상으로 비용이 필요했고 마음으로부터 자유로워지기 위한 단계들을 **완전한 자유를 향한 다리**(The Bridge to Total Freedom)라고 부르기 시작했다. 여기서 브리지의 시작에 있는 사람을 **사전정화**(Pre-Clear)라고 하며 **정화**(Clear) 단계 위에도 몸을 초월한 상태인 이른바 OT(Operating Thetan) 단계가 최종적인 목표로 추가되어 있다.

사이언톨로지에는 영적 존재를 테탄이라고 하며 이 용어는 생각 · 생명 · 정신의 뜻을 가진 그리스 문자 θ(세타, Theta)에서 유래한 말이다. 사이언톨로지교는 테탄은 사람에 붙어살며 죽지 않는 존재로 여기고 있으며 온갖 악에서 인간의 육신을 보호한다고 여기고 있다.

또 물질 · 에너지 · 공간 · 시간 등으로 구성된 우주는 테탄의 힘으로 생명력을 유지한다고 믿고 있다. 사이언톨로지에서 OT 초월단계를 넘어 어느 정도 상위 단계에 오르게 되면 허버드가 직접 쓴 창조신화 문서를 비밀리 전달받는다고 한다.

그 내용은 오래전에 당시(1950)와 지구와 흡사하게 사람들이 사는 곳이 있으며 인구문제로 이른바 **제누**(XENU)라는 은하계 독재자가 인간을 냉동하여 감옥 행성인 지구로 냉동 인간을 화산에 떨어뜨리고 수소폭탄을 떨어뜨렸고 그렇게 몸을 떠난 테탄들이 터져 나와 맴돌고 있으며 인간의 아기가 태어나면 그 신체에 테탄이 모여들어 아이의 영혼이 된다는 이야기이다. 그래서 E-미터로 이 외계 영혼들을 찾아 내보내야 한다고 주장하고 있다.

2. 천리교

1) 계통

나카야마 미키 (1798-1887)②

천리교(天理教)는 일본 **덴리시**(天理市)에 본거지를 둔 신흥종교이다. **에도 시대** [**강호시대**(江戸時代), 1603-1867] 나라현의 농민 **나카야마 미키**(中山美伎, 1798-1887)에게 **천리왕명**(天理王命)이 내려 이후 포교에 힘쓰게 되었다고 한다(1838).

천리교는 일본의 신화·**가미**[**신**(神)]·자연 신앙과 **애니미즘**(Animisim)·조상숭배 등이 혼합된 일본 민족종교인 **신토**(神道) 일종으로 보는 의견도 있으나 교리나 신앙생활상 일견 불교에 가깝다고 보는 설이 다수이다. 전 세계 약 200만 신자가 있는 것으로 추정되고 일본에 150만 명이 있다. 우리나라에는 현재 약 30여 만의 신자가 있는 것으로 추산되고 있다.

2) 교리의 요의

교조 **나까야마 미키**는 아들의 병을 치료하기 위한 의식을 행하던 중 어버이 신의 계시를 받고 일본 **나라현**(奈良縣) 덴리시에서 천리교를 창시하였다(1838, 41세). 천리교는 일본에서 가장 오래된 신종교 가운데 하나로 현재 50여 개국에 전파되어 있다.

천리교 신앙 대상은 **어버이 신**으로 이는 세계와 인간을 창조하고 수호하는 근원적·절대적 신으로 처음부터 영원히 생명을 주고 수호해 주는 신이다. 어버이 신은 인류가 즐겁게 사는 모습을 생각하고 스스로 즐기려고 인류를 창조하였다고 한다.

천리교에서는 남을 도움으로써 내 몸이 도움을 받는다고 가르치고 있는데 이는 인류 모두가 어버이 신의 자녀이며 서로가 형제자매임을 깨달아 즐거운 삶의 세계를 이룩하자는 의미를 담고 있다. 또 천리교에서는 **대물**(貸物)과 **차물**(借物)이라는 교리가 있는데 이를테면 어버이 신의 시각에서 인간의 몸은 어버이 신이 빌려준 것이며 인간의 시각에서 인간의 몸은 어버이 신으로부터 빌린 것이라는 의미이다. 이러한 사실을 깨닫게 되면 인류는 모두 겸허하고 순직한 마음을 지니게 되고 그러면 자연스럽게 즐거운 삶을 누릴 수 있다고 가르치고 있다.

천리교는 최초 부산에서 포교를 시작하며 우리나라에 유입되었다(1893). 일제강점기하에서 약 3만여 명의 신도가 있었는데 그 절반은 한국인이었으며 1,200여 개의 포교소가 있었던 것으로 알려져 있다. 이후 천리교는 천경수양원·대한천리교 총본원·대한천리교 총본부 등으로 교단 명칭을 사용하다가 대한천리교라는 재단법인을 설립하였다(1963).

현재 천리교는 **신체**(神體)를 어느 것으로 하느냐에 대한 문제로 대한천리교와 한국천리교 연합회로 양분되었다(1988). 일반적으로 대한천리교가 한국적인 천리교를 지향한다면 한국천리교 연합회는 일본 천리교와의 밀접한 관계를 유지하려는 의도를 지니고 있다고 알려져 있다. 주요 의례로는 춘계 대제·교조 탄생제·추계 대제 등이 있으며 1달에 1번 **월차제**(月次祭)를 거행한다. 경전에는 **신악가**(神樂歌)·**친필**(親筆)·**지도 말씀** 등이 있다.

3. 창가학회

1) 계통

창가학회(創価学会, Soka Gakkai International, SGI)는 일본 **마키구치 쓰네사부로**(牧口常三郞, Tsunesaburō Makiguchi, 1871-1944) 초대 회장과 **도다 조세이**(戶田城聖, Toda Jōsei, 1900-1958) 2대 회장이 **창가교육학체계**(創価教育學體系)를 펴내면서 설립한 종교단체다(1930). 현재 전 세계 192개 국가와 지역에 회원을 두고 있다.

2) 특성과 연혁

창가학회(SGI)가 타 종교와 구분되는 가장 큰 특징은 인간혁명이라는 철학에 있다. 이는 한 개인의 생명 안의 깨달음이 다른 사람들에게 좋은 영향을 주고받으며 결국에 혁명과 같은 가치를 이룰 수 있다는 것이다.

SGI는 모두의 생명에 불성이 있다는 자타를 존중하는 마음과 개인의 깨달음과 더불어 민중을 즐겁게 한다는 사상 등도 현대가 바라는 평화적인 종교상에 대한 **마키구치 쓰네사부로**와 **도다**

마키구치 쓰네사부로 (1871-1944)③

도다 조세이 (1900-1958)④

조세이의 투쟁에서 시작된 세계 운동으로 보고 있다.

창가학회는 각 개인의 생명에 불계의 생명을 나타나게 해서 이로써 행복한 경지로 이끈다고 하는 이른바 **인간혁명**(人間革命)을 실현한 단체라고 가르치고 있다.

초창기 초대 회장인 **마키구치 쓰네사부로**가 **니치렌**(日蓮, 1222-1282)을 종조로 하는 **일련정종**(日蓮正宗)에 입신하게 되면서(1928) 교육혁명의 일대 선언서라고도 자평하고 있는 이른바 **창가교육학체계**(創價教育學體系)를 발간하게 되었고(1930) 이를 계기로 **창가교육학회**(創價教育學會)의 활동을 개시하였다.

창가학회의 목적은 교육의 발본적 변혁에 두었으나 신앙의 심화와 함께 활발한 사상운동으로 전개되었다. 창가학회는 최초의 총회를 통해(1939) 기관지인 **가치창조**(價值創造)를 발간하고(1941) 본격적인 도약기를 맞이했다.

당시 일본의 제국주의적 기조 아래 일본이 국가 신도체제로 돌입하게 되면서 일본 내 대다수 종교계가 국가 신도체제를 찬양했으나

이케다 다이사쿠 (1928-)⑤

창가학회는 동조하지 않았다. 이에 군부 탄압이 시작되었고 이에 창가학회는 해산 지경에 이르게 되었다.

마키구치 쓰네사부로는 노령에도 도다 조세이와 더불어 최후까지 굽히지 않았으나 심한 옥중생활로 죽음에 이르렀다(1944). 이후에 도다 조세이는 스승 마키구치 쓰네사부로의 정신을 이어 창가학회 재건에 힘을 쏟았다. 그 결과 도다 조세이를 거쳐 3대 명예회장인 **이케다 다이사쿠**(池田大作, Ikeda Daisaku, 1928-) 때에 이르러 창가학회는 전 세계 192개국으로 확대되었다.

3) 신앙 체계

창가학회는 **만다라**(曼荼羅, Mandala)를 본존으로 **법화경**(法華經)과 일본의 **일련교**(日蓮敎) 창시자인 **니치렌**의 저서를 토대로 생활 속에 불법을 실천하는 단체이며 입신 후 **어본존**(御本尊)을 창가학회 본부에서 받아 개별회원이 회관에 가지 않고도 본존을 면하고 창제를 할 수 있는 특징을 지니고 있다.

여기서 어본존은 니치렌의 불법에서 신앙의 대상이 된다. 이를테면 불교에서 신앙과 예배의 대상을 **도상화**(圖像化)한 것을 **본존**(本尊)이라고 하는데 불교의 많은 종파는 **석존**(釋尊)과 여타 불보살의 **상**(像)을 본존에 두고 있다.

창가학회가 신봉하는 니치렌의 불법에서는 **10계**(十界)의 문자 만다라를 근본 존경의 대상으로 삼고 있다. 참고로 만다라는 산스크리트어의 만다라를 음역한 것으로 공덕이 모이는 **공덕취**(功德聚)와 원의 고리처럼 모든 **공덕**(功德)이 하나도 빠짐없이 갖춰져 있는 **윤원구족**(輪圓具足) 등이라고 의역하고 있다.

창가학회의 수행법으로서 집에서만 창제하는 것이 아니라 불법 수행의 기반인 **신**(信)·**행**(行)·**학**(學)의 단련을 위해 법화경을 비롯한 독경 및 창제와 활동으로 자신의 인간혁명에 도전한다. 단순히 자신만을 위한 종교가 아닌 자신과 함께 타인 또한 행복해질 수 있도록 도전하는 것이 불법의 요체이기에 큰 회합이 중요한 것이 아니라 가정방문을 통해 대화로 회원 개개인의 고충과 고민에 대해 적극적으로 격려하고 공감하는 활동을 한다.

창가학회 회원이라면 모두가 개인의 신심 활동에 임하고 있는데 그 내용은 ①**부별**(部別) 활동 ②법화경 등을 아침저녁으로 봉창하는 일 ③**나무묘법연화경**(南無妙法蓮華經)의 일본식 발음인 **남묘호렌게쿄**라고 봉창하는 것으로 요약된다. 창가학회의 경전은 법화경이며 **남묘호렌게쿄**(南無妙法蓮華經)를 **기원문**(祈願文)으로 삼고 있다.

창가학회 교리의 핵심은 석가모니의 법화경에 따라 모든 민중이 성불할 수 있다는 데 두고 있다.

한편 창가학회는 성불의 원리를 설명할 때 고생을 거듭하는 수행을 통해 중생이었던 자신이 부처로 바뀐다고 하는 것이 아니라 자기 내면에 감추어져 있는 부처의 생명을 열어서 성불하게 되는 것이라고 가르치고 있다.

행복의 원리도 자신의 행복을 부처에게 대신 가져다 달라고 비는 것이 아니라 스스로 가능성을 열어 자기가 쟁취하는 것으로 설명하고 있다. 그리고 전자와 같은 기복신앙을 이른바 **일흉**(一凶)이라고 말하며 금하고 있기도 하다.

4. 라스타파리교

1) 계통

라스파타리 운동의 상징 드레들록(Dreadlock)⑥

자메이카(Jamaica)에서 시작된 신흥종교로(1930년대) **라스타파리 운동**(Rastafari Movement)이라고도 일컫는다. 이에 참여하고 있는 교도들은 대부분 사회 운동에 참여하고 있다는 사실과 외견상 머리털을 꼬아 길게 늘어뜨린 이른바 **드레들록**(Dreadlock)의 모습을 하고 있는 특징이 있다. 또 이들은 **마리화나**[Marihuana, **대마초**(大麻草)] 흡연을 신성시하고 있다는 것과 또 **레게**(Reggae) 음악 창시자로 유명하다.

라스타파리안(Rastafarian)의 명칭은 **에티오피아**(Ethiopia) 황제 **하일레 셀라시에 I세**(Haile Selassie I, 1892-1975)에서 유래했다. 대부분 라스타

하일레 셀라시에 I세 (1892-1975)⑦

파리안은 처음 하일레 셀라시에를 신으로 믿었으나 그는 자신을 신이라 생각하지 않았다. 흑인의 국민적 운동으로 시작된 라스타파리 운동은 현재 전 세계 모든 인종에 널리 퍼져 있다.

초기 라스타파리안은 모든 아프리카인이 고대 히브리 민족의 자손이라고 가르쳤다. 이에 따라 신이 불순종에 대한 대가로 아프리카 흑인을 백인의 노예로 만들었다고 가르치고 있다.

라스타파리안은 한때 하일레 셀라시에가 아프리카계 주민들을 아프리카로 돌려보낼 곳을 마련했다고 믿었다. 그러나 하일레 셀라시에 사망 후(1975) 그들은 교리 일부를 바꾸기도 했다. 한편 오늘날 대부분 라스타파리안은 실제 아프리카에서 사는 것이 아닌 영적으로 아프리카로 복귀하려는 신앙적 경향을 엿보이고 있는 특징이 있다.

2) 교리의 요의

라스타파리교는 성서의 내용 상당 부분을 수용한 유일신교이지만 그 해석 방법은 기존 그리스도교와 많은 차이가 있다. 이들은 **야훼**(Yahweh)의 앞글자인 **야**(Yah)를 신이 세상 모든 곳에 임재하고 있다는 의미로 새겨 이에 범신론적 믿음을 가지고 있다. 이를테면 **야**(Yah)가 예수로 현현한 이후 하일레 셀라시에로 다시 현현했다고 믿었다(1930-1974년 사이). 라스타파리교의 교리에 따르면 하일레 셀라시에는 예수의 두 번째 현현이 된다.

다른 종교와 구별되는 라스타파리교의 주요 특징 중 하나는 마리화나 흡연을 신성시하고 있다는 것이다. 자메이카에서 흡연은 일반 담배가 아닌 마리화나 흡연을 의미했는데(20세기 초). 이처럼 흡연을 신성시하는 문화는 일부 인도계 힌두교도 이민자들의 영향으로 들어온 뜸 문화가 변형된 것으로 추측되고 있다.

라스타파리교는 아프리카 흑인들이 아메리카 대륙으로 강제 이주를 당한 것에 대한 이른바 **아프로센트리즘**(Afrocentrism)과 유사한 사상을 지니고 있다. 여기서 아프로센트리즘은 아프리카계 미국인의 흑인 민족주의에서 발생한 흑인 우월사상으로 이를테면 아프리카가 모든 인류 문명과 문화의 기원이라는 역사관을 말한다. 따라서 상당수 라스타파리교 교도는 흑인 우월주의 성향을 가지고 있다. 이러한 라스타파리교 교리는 레게 음악을 통해 널리 전파되었다.

[부 록]

1. 출처 표기

제1장 신앙과 종교

[프로토콜명(https://)은 생략함]

① iai.tv/articles/schopenhauer-vs-nietzsche-the-meaning-of-suffering-auid-1801

② www.artinsight.co.kr/news/view.php?no=46398

③ commons.wikimedia.org/wiki/File:Karl_Marx.jpg

제2장 세계 종교의 신앙체계

① www.britannica.com/biography/Arthur-Schopenhauer

② www.britannica.com/biography/Gottfried-Wilhelm-Leibniz

③ m.blog.naver.com/PostView.naver?isHttpsRedirect=true&blogId=worldkims&logNo=10137247903

④ alchetron.com/Protagoras

⑤ en.wikipedia.org/wiki/John_Locke

⑥ www.amazon.com/George-Berkeley-1685-1753-Philosopher-Smibert/dp/B07GX47G9L

⑦ en.wikipedia.org/wiki/Ren%C3%A9_Descartes

⑧ en.wikipedia.org/wiki/Baruch_Spinoza

⑨ www.britannica.com/biography/John-Calvin

⑩ m.post.naver.com/viewer/postView.naver?volumeNo=29235441&memberNo=11498950

⑪ www.insidehook.com/daily_brief/history/how-isaac-newton-made-social-distancing-work-for-him

⑫ en.wikipedia.org/wiki/Pierre-Simon_Laplace

⑬ en.wikipedia.org/wiki/Max_M%C3%BCller

⑭ www.shamansvoice.co.uk/siberian-shamanism/

⑮ library.acropolis.org/helena-petrovna-blavatsky/

⑯ medium.com/@abebaebrima/dogon-tribe-and-their-beliefs-b2bd6f31d3

⑰ m.blog.naver.com/PostView.naver?isHttpsRedirect=true&blogId=9339june&logNo=221241240247

제3장 세계 종교의 계통과 신관

① blog.daum.net/tea-zen/8386062

② toursofiran.com/blog/prophet-zoroaster-spiritual-leader-ethical-philosopher/
③ www.deviantart.com/kayumars/art/Ahura-Mazda-787123308
④ www.ancientpages.com/2018/06/07/anu-supreme-ruler-of-the-heavenly-abode-in-sumerian-pantheon-of
⑤ en.wikipedia.org/wiki/Enlil
⑥ www.worldhistory.org/Enki/
⑦ www.pinterest.co.kr/pin/98375573088182000/
⑧ en.wikipedia.org/wiki/Marduk
⑨ en.wikipedia.org/wiki/Abzu
⑩ mj2artesanos.es/en/category/59-estatuilla-sumeria-nammu.html
⑪ irandoostan.com/chogha-zanbil-the-pyramids-of-iran/
⑫ en.wikipedia.org/wiki/Ra
⑬ www.shutterstock.com/search/horus
⑭ en.wikipedia.org/wiki/Amun
⑮ www.dreamstime.com/royalty-free-stock-images-temple-delphi-image1160209
⑯ www.thecollector.com/oracle-of-delphi-oracular-statements/
⑰ www.pngegg.com/en/png-yzvph
⑱ en.wikipedia.org/wiki/Isis
⑲ en.wikipedia.org/wiki/Mithraism
⑳ brewminate.com/the-function-of-mystery-religions-in-ancient-greek-society/
㉑ commons.wikimedia.org/wiki/File:Roman_sarcophagus_of_a_reader_identified_to_Plotinus_and_
㉒ www.wikidata.org/wiki/Q465434

제4장 그리스도교의 교리와 신앙관

① www.alamy.com/emperor-constantinus-i-image5544754.html
② altandlight.sg/faith/paul-movie/
③ www.prints-online.com/theodosius-i-bust-4358184.html
④ www.italian-renaissance-art.com/Last-Judgement.html
⑤ cm.asiae.co.kr/article/2017103110242474877
⑥ www.posterlounge.com/p/578770.html
⑦ mg.wikipedia.org/wiki/Jean_Calvin

⑧ en.wikipedia.org/wiki/Eusebius
⑨ wikioo.org/ko/paintings.php?refarticle=8XYG3R&titlepainting=Philipp%20Melanchthon&artistname=
⑩ ko.m.wikipedia.org/wiki/%ED%8C%8C%EC%9D%BC:Ulrich_Zwingli_by_Hans_Asper_1531.jpg
⑪ en.wikipedia.org/wiki/Menno_Simons
⑫ en.wikipedia.org/wiki/Thomas_Cranmer
⑬ en.wikipedia.org/wiki/Elizabeth_I
⑭ ko.m.wikipedia.org/wiki/%ED%8C%8C%EC%9D%BC:John_Wesley_by_George_Romney.jpg
⑮ ko.wikipedia.org/wiki/%EC%B0%B0%EC%8A%A4_%EC%9B%A8%EC%8A%AC%EB%A6%AC
⑯ www.npg.org.uk/collections/search/portrait/mw256514/Heinrich-Bullinger
⑰ en.wikipedia.org/wiki/John_Knox
⑱ en.wikipedia.org/wiki/William_Miller_%28preacher%29
⑲ en.wikipedia.org/wiki/James_Springer_White
⑳ en.wikipedia.org/wiki/Jacobus_Arminius
㉑ leben.us/conrad-grebel-son-reformation-father-anabaptists/
㉒ gameo.org/index.php?title=Blaurock,_Georg_%28ca._1492-1529%29
㉓ www.britannica.com/biography/George-Fox
㉔ caringmagazine.org/how-william-and-catherine-booth-started-the-salvation-army/
㉕ www.youtube.com/channel/UCOqaQIpvQW-tMwLgaQYsSYw?app=desktop
㉖ www.yna.co.kr/view/AKR20160205216052088
㉗ epicworldhistory.blogspot.com/2012/09/vladimir-i-vladimir-great.html
㉘ diq.wikipedia.org/wiki/Peter_I
㉙ www.orthodoxkorea.org/kr-interview-met-ambrosios-russian-orthodox-patriarchate-korea/
㉚ kor.theasian.asia/archives/10995
㉛ namu.moe/w/%EC%8B%9C%EB%A6%AC%EC%95%84%20%EC%A0%95%EA%B5%90
㉜ www.yna.co.kr/view/AKR20190106040800080
㉝ www.atlasnews.co.kr/news/articleView.html?idxno=2148
㉞ ims.or.kr/ims/culture/20
㉟ en.wikipedia.org/wiki/Joseph_Smith
㊱ www.churchofjesuschrist.org/topics/joseph-smith/testimony?lang=kor
㊲ en.wikipedia.org/wiki/Charles_Taze_Russell

㊳ religion.moi.gov.tw/Knowledge/Content?ci=2&cid=481
㊴ thelampstand.com.au/150th-anniversary-of-the-death-of-brother-john-thomas/
㊵ en.wikipedia.org/wiki/William_Ellery_Channing

제5장 이슬람교의 교리와 신앙관

① monthly.chosun.com/client/news/viw.asp?ctcd=&nNewsNumb=201702100047
② cm.asiae.co.kr/article/2017083110444562719
③ www.wikiwand.com/en/Judge_%28Islamic_law%29
④ www.wikidata.org/wiki/Q101054
⑤ mevlanafoundation.com/mevlevi_order_en.html

제6장 힌두교의 교리와 신앙관

① en.wikipedia.org/wiki/Sannyasa
② thehindugods.org/brahma-the-hindu-lord-of-creation/
③ mythus.fandom.com/wiki/Vishnu
④ scion-origin.fandom.com/wiki/Shiva
⑤ www.hindupedia.com/en/R%C4%81ma
⑥ theharekrishnamovement.org/2013/03/10/sri-k%E1%B9%9B%E1%B9%A3%E1%B9%87a-pranama/
⑦ vedantasociety.net/ramakrishna
⑧ chennaimath.org/swami-vivekananda
⑨ ramanisblog.in/2015/04/20/rama-sita-in-vedas-a-contradiction/
⑩ www.dreamstime.com/illustration/radha-krishna.html

제7장 불교의 교리와 신앙관

① popco.net/zboard/view.php?id=best_article&no=1685
② www.joongang.co.kr/article/21631421#home
③ en.wikipedia.org/wiki/Nagarjuna
④ m.yeongnam.com/view.php?key=20190911.990011822072070
⑤ encykorea.aks.ac.kr/Contents/Item/E0025122
⑥ blog.daum.net/migiro/160

⑦ sagomeko.com/%F0%9F%99%8F-bhaisajyaguru-dharani-namo-bhagavate-bhaisajyaguru-vaidurya-medicine

⑧ www.koya-culture.com/mobile/article.html?no=98897

⑨ english.news.cn/20220518/7947071d263c44759107e39fe2f57295/c.html

⑩ m.blog.daum.net/sbk913/18282652?np_nil_b=1

⑪ ssp21.or.kr/webzigi/?filetype=contents/plusboard.php&pn_table=w112&page=3&bod_id=503

⑫ www.ibulgyo.com/news/articleView.html?idxno=169513

⑬ blog.daum.net/kieury/11301306

⑭ m.weekly.khan.co.kr/view.html?med_id=weekly&artid=18279&code=

⑮ ko.wikipedia.org/wiki/%EB%B3%B4%EC%9A%B0_%28%EA%B3%A0%EB%A0%A4%29

⑯ www.ibulgyo.com/news/articleView.html?idxno=157695

⑰ ko.wikipedia.org/wiki/%EC%9D%98%EC%83%81_%28%EC%8B%A0%EB%9D%BC%29

제8장 아브라함 계통 종교의 교리와 신앙관

① www.worldhistory.org/Flavius_Josephus/

② lovegodzj1990.tistory.com/entry/religious-world-defies-God-1

③ en.wikipedia.org/wiki/Qumran_Caves

④ www.ohmynews.com/NWS_Web/View/img_pg.aspx?CNTN_CD=IE000843897

⑤ suprememastertv.com/ro1/v/133654990891.html

⑥ www.picuki.com/tag/%EB%B0%94%ED%95%98%EC%9D%B4%EA%B5%90

⑦ surfiran.com/dokhrani-ceremony-baptizing-and-naming-children/

제9장 인도 계통 종교의 교리와 신앙관

① en.wikipedia.org/wiki/Mahavira

② www.researchgate.net/figure/9-Dharma-Tirthankara-Vidya-Sankara-temple-Srngeri_fig9_345416582

③ www.jagranjosh.com/general-knowledge/guru-nanak-jayanti-history-and-significance-1637217745-1

④ www.wikiwand.com/ko/%EC%8B%9C%ED%81%AC%EA%B5%90

⑤ ko.ndu.ac/sikhism-scriptures-prayers

제10장 도 계통 종교의 교리와 신앙관

① m.blog.naver.com/PostView.naver?isHttpsRedirect=true&blogId=momo8&logNo=130177289438

② m.blog.naver.com/PostView.naver?isHttpsRedirect=true&blogId=justinceo&logNo=30136004675
③ www.startour.pe.kr/local/china/china_infom_%E9%97%9C%E7%BE%BD.htm
④ www.theschooloflife.com/article/confucius/
⑤ zhoudynasty-confucius.weebly.com/mencius-and-confucianism.html
⑥ www.iheadlinenews.co.kr/news/articleView.html?idxno=31592
⑦ blog.daum.net/kieury/11305357
⑧ web.humoruniv.com/board/humor/read.html?table=studying&pg=0&number=23398
⑨ gdlsg.tistory.com/2507
⑩ www.aporia.co.kr/bbs/board.php?bo_table=rpb_edu&wr_id=61
⑪ www.yna.co.kr/view/AKR20220518022300504
⑫ namu.wiki/w/%EB%B0%95%EC%A4%91%EB%B9%88
⑬ brunch.co.kr/@tuesdaylisticle/4
⑭ namu.wiki/w/%EC%A6%9D%EC%82%B0%EB%8F%84?rev=296

제11장 이란 계통 종교의 교리와 신앙관

① www.worldhistory.org/Ahura_Mazda/
② toursofiran.com/blog/prophet-zoroaster-spiritual-leader-ethical-philosopher/
③ www.manichaeism.de/manichaeism/
④ en.wikipedia.org/wiki/Chinese_Manichaeism

제12장 국내 · 외 신흥종교 교리와 신앙관

① www.scientologynews.org/press-releases/the-l-ron-hubbard-series.html
② en.wikipedia.org/wiki/Nakayama_Miki
③ www.sokaglobal.org/about-the-soka-gakkai/lives-of-the-founding-presidents/tsunesaburo-makiguchi.html
④ www.wikidata.org/wiki/Q1195296
⑤ sginz.org/buddhism/daisaku-ikeda/
⑥ themicrogiant.com/hindu-judaic-influences-on-the-rastafari-movement/
⑦ en.wikipedia.org/wiki/Haile_Selassie

2. 참고문헌

고영섭. (2018). 태허 홍선의 현실 인식과 불입종 창종. 진단학보, (130), 109-133.

공일주. (2020). 무슬림 지식의 근거, 와히와 이성. 아랍과 이슬람 세계, 7, 13-47.

공헌배. (2021). 한국 개신교회의 기복신앙 연구-루터와 칼빈의 교리문답을 중심으로. 한국학연구, 76, 5-34.

김광식. (1993). 성육신의 현재적 의미. 기독교사상, 37(12), 10-17.

김광식. (1994). 웨슬리의 기독론. 신학논단, 22, 115-130.

김구원. (2013). 고대근동문명과 신화 비평. 개신논집, 13, 43-72.

김균진. (1987). 우리의 구원을 예정하신 하나님. 기독교사상, 31(7), 162-175.

김미숙. (2021). 자이나교 나체 고행법과 현대적 재조명. 인문사회, 12(1), 2755-2770.

김방룡. (2010). 소태산 박중빈 불교개혁과 선사상. 원불교 사상 종교문화, 45, 335-366.

김병훈. (2009). 장로교회와 성례: 개혁 신학의 성찬론. 장로교회와 신학, 6, 68-97.

김상옥. (1980). 그리스도인의 신앙과 아리우스 이단의 합리주의적 대항에 관한 고찰. 신학전망, (50), 85-103.

김영경. (2003). 바하이교의 역사적 개관-19세기 중동에서 태어나. 한국이슬람학회 논총, 13(1), 69-108.

김영한. (2008). 열린 유신론 신관에 대한 비판적 고찰. 신앙과 학문, 13(2), 103-128.

김영한. (2017). 칼빈의 신론. 신학과 교회, 8, 47-81.

김용준. (2021). 저스틴마터 신학에서 삼위일체론 가능성에 고찰. 개혁논총, 58, 9-38.

김운용. (2020). 16 세기 잉글랜드 교회개혁과 토마스 크랜머의 예배 개혁에 관한 연구. 신학과 실천, (72), 7-35.

김은수. (2002). 문화와 종교혼합주의. 선교신학, 6, 77-98.

김인. (2010). 프로테스탄트 윤리와 자본주의 정신. 도덕교육연구, 21, 69-93.

김종도. (2010). 기독교와 이슬람교 죄에 대한 인식. 한국중동학회논총, 31(1), 151-166.

김중순. (2013). 이슬람 근대주의의 이해. 동서인문학, 47, 23-52.

김천학. (2010). [화엄경] 의 연화장세계. 정토학연구, (14), 105-133.

김형수. (2020). 위-디오니시우스의 신적 본질에 대한 이해: 신플라톤주의에 대한 그리스도교적 해석. 가톨릭신학, (36), 45-81.

[부 록]

김홍미. (2012). 사성제와 연기법의 결합에 대하여 초기불전을 중심으로. 인도철학, (35), 115-149.

나정민. (2005). 카오스이론과 라플라스 악마. 과학사상, (50), 105-121.

류경희. (2009). 힌두종교 문헌의 역사적 전개와 종교사적 의의. 남아시아연구, 15(1), 41-72.

류지영. (2007). 모세오경에 나타난 법체계와 법사상. 법학연구, 25, 25-48.

문혜경. (2012). 델포이 신탁과 피티아의 기능. 서양고대사연구, 32, 71-107.

박경수. (2008). 깔뱅의 종교개혁과 선교. 선교와 신학, 21, 97-130.

박금표. (2003). 시크교와 민족주의 I : 시크교의 탄생기부터 타트 칼사 운동 시기까지를 중심으로. 인도연구, 8(1), 123-149.

박승길. (2007). 창가학회 차별화와 사제불이 이념 사상사. 일본사상, 12, 109-143.

박영희 · 이서정. (2014). 멜란히톤학문 및 정치적 활동. 세계역사와 문화연구, 33, 31-62.

박준건. (2010). 비베카난다 인간관과 사회사상에 관한 연구. 대동철학, (51), 161-180.

박창현. (2020). 루터의 종교개혁과 한국교회의 과제. 선교신학, (60), 144-191.

박혜숙. (2010). 메소포타미아 신화와 성서. 유럽사회문화, 5, 229-251.

배덕만. (2021). 하나님 나라를 산 사람: 메노 시몬스 진정한 모범. 활천, 812(7), 68-73.

배덕만. (2011). 한국교회의 허와 실, 근본주의. 기독교사상, 50-60.

배병삼. (2013). 유교의 공과 사. 동서사상, 14, 95-120.

배철현. (2003). 다리우스왕은 조로아스터교 신봉자였나. 중앙아시아연구, 8, 1-28.

배철현. (2002). [성서와 신화이야기] 바벨탑과 지구라트. 기독교사상, 46(11), 182-190.

배철현. (2002). 성서와 신화이야기-에덴과 파라다이스. 기독교사상, 46(7), 199-206.

배철현. (2006). 죽는 것도 이득이다. : 바울의 죽음관. 철학연구, 75, 105-132.

서경돈. (1997). 가톨릭 교회와 무류성. 가톨릭사상, 16, 25-64.

손태우. (2013). 샤리아의 법원에 관한 연구. 법학연구, 54(1), 143-174.

송말숙. (2021). 불교 심리상담에서 육도윤회의 활용 방안. 선학, 59, 87-116.

송혜경. (2014). 영지주의 종말론. *Catholic Theology and Thought*, (74), 150-189.

신문철. (2012). 오순절 성화론: 삼위일체 관점에서 성화론. 오순절 신학 논단, (10), 37-68.

신양섭. (2009). 페르시아 문화 동진과 조로아스터교. 한국중동학회논총, 30(1), 33-73.

심준보. (2016). 비베카난다의 요가관 연구: 라자요가에 나타난 하타 요가관과 현대 요가에 미친 영향을 중심으로. 인도연구, 21(1), 211-243.
안신. (2008). 바하이신앙의 세계평화론 연구. 신종교연구, 19(19), 112-137.
안신. (2021). 코로나 시대에 한국 신종교 인식과 대응. 종교연구, 81(2), 85-104.
엄한진. (2020). 예외주의에 갇힌 중동의 소수자 담론. 특집・일상 속의 제노포비아. 죽은 자의 트랜스내셔널. 공간, 72.
우병훈. (2017). 루터의 만인 제사장직 교리의 의미와 의의. 신학논단, 87, 209-235.
우택주. (2004). 구약성서해석을 위한 역사비평 미래. 한국기독교 신학논총, 34(1), 5-35.
원종천. (2010). 대각성 운동의 역사적 배경. 역사신학 논총, 20, 114-147.
유승종. (2012). 영지주의의 구원관 연구. 철학사상문화, 14, 214-233.
윤창렬. (2006). 주역의 선후천론과 증산도의 후천 개벽관. 한국정신과학회 학술대회논문집, 24, 139-151.
윤형. (2013). 구약신학적 관점에서 본 하나님의 쉠. *Canon&Culture*, 7(2), 143-166.
이국헌. (2015). 19 세기 미국 종교사에서 재림교회의 위치와 신앙전통. 종교연구, 75(4), 237-260.
이상호. (2017). 불교 팔정도의 윤리적 함의. 현대교육연구, 29, 143-160.
이수연. (2015). 중국 고대기독교 경교의 성경 번역. 번역학연구, 16(2), 139-164.
이수창. (2017). 백용성의 금강경에 대한 이해. 전자불전, 19, 1-24.
이오갑. (2010). 칼뱅의 구원론. 신학논단, 62, 179-204.
이오갑. (2006). 칼빈의 삼위일체론. 신학사상, (134), 217-248.
이은정. (2013). 샤리아와 카눈 사이 : 오스만 법 체제의 운용과 그 변화. 동양사학연구, 123, 195-236.
이현희. (2006). 의암 손병희 성사와 천도교의 3.1 운동. 동학학보, 10(1), 247-283.
임병필. (2019). 코란과 하디스에 언급된 지하드 의미. 한국 이슬람학회 논총, 29(3), 1-28.
장성모. (2010). 우파니샤드의 지혜. 도덕교육연구, 21, 33-67.
전경연. (1990). 바울의 알레고리적 성서해석. 신학연구, 31, 111-136.
정순일. (2014). 백학명과 박중빈 불교개혁사상. 원불교사상과 종교문화, 62, 1-27.
정승석. (2012). 인도 철학에서 자아 개념의 공유와 차별 : 베단타의 일원론과 상키야의 이원론을 중심으로. 인도철학, (36), 5-48.
정학열. (2018). 사성제를 통해 본 불교 생사관 고찰. 한국사상과 문화, (94), 181-205.

[부 록]

조관용. (2010). 신지학에서의 예술과 미적 직관 연구 : 블라봐츠키와 지나라자다사의 이론을 중심으로. 미학예술학연구, 31, 373-399.

조수동. (1989). 원시불교에 있어 atman과 anattan에 관한 연구. 철학논총, 5, 121-146.

조극훈. (2012). 동학 천도교 청수의 철학적 의미. 동학학보, 26, 377-402.

조기연. (2017). 존 웨슬리의 예배사상. 대학과 선교, (34), 353-383.

조현범. (2006). 천리교의 교리적 특성과 역사. 종교연구, 44, 115-138.

조현범. (2012). 한국 천주교와 조상의례 : 연옥 교리의 번역과 도입을 중심으로. 종교연구, 69, 85-122.

최수빈. (2014). 도교에서 바라보는 저세상: 과 사자들의 세계에 반영된 도교적 세계관과 구원. 도교문화연구, 41, 303-350.

한지윤·권선향·나상원·신창호. (2019). 소승불교와 대승불교 수행양식에서 찾아본 교육적 특징 : 아함경과 신화엄경론을 중심으로. 교육문제연구, 32(1), 49-69.

황병하. (2006). 이슬람의 수피즘과 영성. 종교문화학보, 2, 61-109.

Assmann, J. (2004). *Monotheism and polytheism. Religions of the Ancient World: A guide*, 17-31.

Avis, P. (2013). The Anglican understanding of the Church: An introduction. *SPCK.*

Banhatti, G. S. (1995). *Life and Philosophy of Swami Vivekananda.* Atlantic Publishers & Dist.

Berger, K., & Wilson, R. M. (2020). Gnosis/Gnostizismus. In Band 13 Gesellschaft/Gesellschaft und Christentum VI-Gottesbeweise (pp. 519-550). *De Gruyter.*

Brackney, W. H. (2009). *The A to Z of the Baptists* (Vol. 121). Scarecrow Press.

Buckley, J. J. (2000). The evidence for women priests in Mandaeism. *Journal of Near Eastern Studies*, 59(2), 93-106.

Bucur, B. G. (2011). "Early Christian binitarianism": From religious phenomenon to polemical insult to scholarly concept. *Modern Theology*, 27(1), 102-120.

Burton, J. (2022). *An introduction to the Hadith. In An Introduction to the Hadith.* Edinburgh University Press.

Byrne, P. (2013). *Natural religion and the nature of religion: The legacy of deism.* Routledge.

Campbell, J. E. (2016). *The Pentecostal Holiness Church, 1898-1948: Its Background and History*. Wipf and Stock Publishers.

Cassidy, B. (1988). The Assumption of the Virgin on the Tabernacle of Orsanmichele. *Journal of the Warburg and Courtauld Institutes*, 51(1), 174-180.

Crawford, J. R. (1968). Calvin and the Priesthood of all Believers. *Scottish Journal of Theology*, 21(2), 145-156.

DeScioli, P., & Kurzban, R. (2009). Mysteries of morality. *Cognition*, 112(2), 281-299.

Deshpande, M. S. (2010). *History of the Indian caste system and its impact on India today*.

Durrani, K. K., Hankir, A. Z., & Carrick, F. R. (2019). History and Principles of Islam and Islamophobia. In Islamophobia and Psychiatry (pp. 33-40). *Springer, Cham.*

Edwards, J., Goen, C. (1972). *The Great Awakening* (Vol.4). New Haven, CT: Yale Univ. Press.

Frohmader, R. E. (1980). *A Definitive Study of Gehenna, Sheol, and Hades.*

Ghirshman, R. (1961). The Ziggurat of Tchoga-Zanbil. *Scientific American*, 204(1), 68-77.

Gooren, H. (2004). An introduction to Pentecostalism: global charismatic Christianity. *Ars Disputandi*, 4(1), 206-209.

Jacobsen, T. (1968). The battle between Marduk and Tiamat. *Journal of the American Oriental Society*, 88(1), 104-108.

Kamali, M. H. (2007). Sharīah and civil law: Towards a methodology of harmonization. *Islamic Law and Society*, 14(3), 391-420.

Kendall, H. B. (1906). *The origin and history of the Primitive Methodist Church.*

King, K. L. (2005). *What is gnosticism?*. Harvard University Press.

King, L. W. (1902). *Enuma Elish: The Epic of Creation* (Vol. 1). Library of Alexandria.

Kramer, S. N. (1972). *Sumerian mythology* (Vol. 47). University of Pennsylvania Press.

Le Poidevin, R. (2010). *Agnosticism: A very short introduction* (Vol. 250). Oxford Univ. Press.

Littell, F. H. (2001). *The Anabaptist View of the Church* (Vol. 11). The Baptist Standard Bearer, Inc..

Lopez, D. (1995). Authority and Orality in the Mahāyāna. *Numen*, 42(1), 21-47.

Martin, W. R. (1960). *The truth about Seventh-day Adventism.* Zondervan Pub.

Murphree, W. A. (1997). Natural theology: Theism or antitheism?. *Sophia*, 36(1), 75-83.

Nath, V. (2001). From Brahmanism to Hinduism : Negotiating the Myth of the Great

Tradition. *Social Scientist*, 19-50.

Olcott, M. (1944). The caste system of India. *American Sociological Review*, 648-657.

O'Meara, D. J. (Ed.). (1981). *Neoplatonism and Christian thought*. SUNY Press.

Papathomas, G. D. (2010). The question of Henotheism. *Journal for the Study of Religions and Ideologies*, 1(2), 198-202.

Rinpoche, K. (1995). *Profound Buddhism: From Hinayana to Vajrayana.*

Rose, J. (2014). *Zoroastrianism: an introduction*. Bloomsbury Publishing.

Salt, A., & Boutsikas, E. (2005). Knowing when to consult the oracle at Delphi. *Antiquity*, 79(305), 564-572.

Shukla, G. P. (1950). The Hindu Code Bill & Constitution. *Allahabad LJ*, 48, 101.

Singh, N. G. K. (2004). *Sikhism.* Infobase Publishing.

Spicer, A. (2016). Introduction: Lutheran Churches and Confessional Identity. In Lutheran Churches in Early Modern Europe (pp. 25-40). *Routledge.*

Simpson, G. E. (1985). Religion and justice: some reflections on the Rastafari movement. *Phylon* (1960-), 46(4), 286-291.

Steiner, R. (2011). *Theosophy: An introduction to the supersensible knowledge of the world and the destination of man.* Rudolf Steiner Press.

Tardieu, M. (2008). *Manichaeism.* University of Illinois Press.

Torbet, R. G. (1963). *A History of the Baptists.* Judson Press.

Urban, H. B. (2011). *The Church of Scientology. In The Church of Scientology.* Princeton University Press.

Vail, A. R. (1914). Bahaism—A Study of a Contemporary Movement. *Harvard Theological Review*, 7(3), 339-357.

Warburg, M. (2018). *Citizens of the World: A History and Sociology of the Bahá'ís from a Globalisation Perspective. Brill.*

저자와의
협의하에
인지생략

세계 종교의 교리와 신앙관

2022년 7월 20일 1판 1쇄 인쇄
2022년 7월 28일 1판 1쇄 발행

저 자 심 종 석
발행인 고 성 익

05027
발행처 서울특별시 광진구 아차산로 335 삼영빌딩
도서출판 三 知 院
등 록 1978년 6월 2일 제2013-22호
전 화 737-1052·734-8979 FAX 739-2386

정가 29,500원

ISBN 978-89-7490-031-1-03200